Ihr interaktives E-Book in der DigiBox

Das Plus zum gedruckten Buch

+ Angereichertes E-Book
+ Multimediale Inhalte
+ Vielfältige Zusatzmaterialien auf einen Blick
+ Einfache Navigation
+ Für verschiedene Endgeräte (PC, Mac, Tablet, Smartphone)

Spannendes Lernen an jedem Ort.

PEFC
PEFC/06-39-364/05

Impressum

Ernährung und Lebensmittel
inkl. digitalem Zusatzpaket
1. Auflage 2019

RE NOVIUM | TRAUNER

Das Autorenteam

DANIEL ZÜLLIG
Unterrichtstätigkeit am Gewerblichen Berufs- und Weiterbildungszentrum St. Gallen (Schweiz) und an der Ostschweizer Gastronomiefachschule St. Gallen (Schweiz)

MARTIN A. ERLACHER
Unterrichtstätigkeit am Gewerblichen Berufs- und Weiterbildungszentrum St. Gallen (Schweiz), Internationaler Chefexperte, SwissSkills und WorldSkills Chefexperte Disciple d'Escoffier, Referententätigkeiten im In- und Ausland

DANIEL THOMET
Bildungsexperte und Berufsbildungsverantwortlicher für Lernende, Studierende und Berufsbildende/Lernort Praxis (Schweiz), Referententätigkeiten im In- und Ausland

MARIANNE SCHREIBER, MAG.
Tiroler Fachberufsschule für Tourismus, Absam

PETER FISCHER, SR, BOL
Berufsschule Altmünster

DAVID BREITWIESER, BED
Berufsschule Altmünster

EDUARD MITSCHE
Höhere Bundeslehranstalt für Tourismus, Wien-Wassermanngasse, i. R.

DIPL.-PÄD. JÜRGEN KIRCHNER BED
Höhere Lehranstalt für Tourismus Retz, Fachvorstand für den fachpraktischen und fachtheoretischen Unterricht

DIPL.-PÄD. ANDREA KRIEGER BED
Höhere Lehranstalt für wirtschaftliche Berufe Wien 19, Fachvorständin für den fachpraktischen und fachtheoretischen Unterricht, Koordinatorin für Personalentwicklung an der pädagogischen Hochschule Wien

DIPL.-PÄD. MAGDALENA MEIER
Höhere Lehranstalt für wirtschaftliche Berufe Zwettl

DR. EVA DERNDORFER
Ernährungsberatung und Sensorik, Wien

Herzlichen Dank an die fachliche Mitarbeit:
Willi Schmid (Master of Cheese), Urs Stieger (Aus- und Weiterbildung im Gastgewerbe), Conrad A. Fischer (RE NOVIUM), Roman Monn (RE NOVIUM / Gewerbliches Bildungszentrum Weinfelden), Sabrina Keller (Weltmeisterin 2011), Noemi Kessler (Weltmeisterin 2013), Simon P. Rindlisbacher (EHL Education Group), Sandra Bettoni-Lanz (Allgemeine Gewerbeschule Basel), Stephan Herter (Berufsfachschule BBZ Solothurn-Grenchen), Urs Schmid (Allgemeine Berufsschule Zürich), Nico Di Lonardo (Allgemeine Berufsschule Zürich)

Lektorat/Produktmanagement:
Stephanie Kriechbaum, Bakk.phil.
Korrektorat: Patricia Holder, Maja Pesic
Grafik und Gestaltung:
Teresa Foissner, Bettina Victor
Coverbild: clu / istockphoto.com
Fotos: stock.adobe, shutterstock, istockphoto
Herstellung:
TRAUNER Druck GmbH und Co KG, Linz, Österreich

ISBN 978-3-906121-34-5

www.renovium.ch
www.trauner.at

Ziele und Aufbau des Buches

Was ist «gesunde Ernährung»? Was steckt drin in unseren Lebensmitteln? Was tun bei einer Lebensmittelallergie? Diese und viele andere Fragen werden mithilfe des vorliegenden Buches beantwortet. Es vermittelt übersichtlich ein umfangreiches Wissen über Ernährung und deren Inhaltsstoffe.

Genauso wichtig ist es zu wissen wie Lebensmittel richtig gelagert, verarbeitet und kombiniert werden. Dieses Wissen schafft die Grundlage für eine aufregende und abwechslungsreiche Speisekarte. Nur wer seine Produkte kennt, kann seine Gäste bestmöglich beraten, auf Bedürfnisse eingehen und ein ausgewogenes, vielfältiges Menü präsentieren.

Aus Gründen der besseren Lesbarkeit wird stellvertretend nur die männliche Form verwendet. Selbstverständlich gelten alle Aussagen für beide Geschlechter.

Wesentliche Elemente und verwendete Symbole

Die **Ziele** am Anfang jedes Kapitels zeigen Ihnen, was Sie nach der Bearbeitung können sollen. Sie sind mit den Farben Blau, Rot, Schwarz nach der Kompetenzstufe gekennzeichnet.

Meine Ziele

Nach Bearbeitung dieses Kapitels kann ich
- Blau (Wiedergeben, Verstehen)
- Rot (Anwenden)
- Schwarz (Analysieren und Entwickeln)

Zur Erarbeitung der Kenntnisse und Fertigkeiten sowie zur Kontrolle des Lernerfolgs stehen Ihnen Selbsteinschätzungstests und zahlreiche Übungen zur Verfügung.

Sogenannte **Safety-Checks** im digitalen Zusatzpaket (www.renovium-digibox.ch) ermöglichen Ihnen, selbst festzustellen, inwieweit Sie in Ihrem Lernprozess erfolgreich sind.

Sprachlautschrift (Buchstaben für Buchstaben nachsprechen)
Diese «Sprachlautschrift» dient als Unterstützung für die richtige Aussprache von Fremdwörtern in der landesüblichen Form. Sie ist meist bei der ersten Nennung des Fremdwortes zu finden.

STARTEN SIE IHR DIGITALES ZUSATZPAKET ZUM BUCH!

In der **DigiBox** finden Sie Ihr persönliches E-Book und die Zusatzmaterialien zum Buch:
- www.renovium-digibox.ch aufrufen
- Einmal kostenlos registrieren
- Ihr digitales Zusatzpaket mit dem Lizenz-Key auf der Innenseite des Umschlages freischalten

Folgende Piktogramme unterstützen das Lehren und Lernen mit dem Buch:

- Wissenswertes und Tipps
- «Achtung!» und besonders wichtige Ergänzungen
- Verknüpfungen zu anderen Kapiteln oder Büchern
- Diskussionsaufgaben
- Downloads
- Zusatzmaterialien, Filme und Safety-Checks aus der DigiBox

Wir wünschen Ihnen ein intensives Arbeiten, spannende Übungen und Diskussionen und viel Erfolg beim praktischen Umsetzen!

Ihr Autorenteam

Vorwort

Sowohl Lernende wie auch Lehrende haben ihre eigenen Vorstellungen, wie Unterrichtsmittel sein sollten. Sie sollen ansprechend, abwechslungsreich, bestens strukturiert, unterhaltsam und natürlich auf dem neusten Wissensstand sein. Dadurch haben es Unterrichtsmittel per se nicht leicht, mit den Attributen «gut» oder gar «ausgezeichnet» verbunden zu werden.

Dem Zeitgeist entsprechend von A bis Z exzellent umgesetzt: Das trifft beim vorliegenden Unterrichtsmittel zu. Es beinhaltet und umfasst alles, was von modernen Lehr- und Lernarrangements erwartet wird. Die Inhalte wurden von Autoren mit profundem Know-how hinsichtlich der Anforderungen an die beiden Berufe Restaurantfachfrau/Restaurantfachmann EFZ und Restaurantangestellte/Restaurantangestellter EBA erarbeitet und methodisch-didaktisch nach aktuellen Standards umgesetzt. Kurzum, da waren Profis am Werk, die wissen, welche Kompetenzen und Techniken heute in unserer Branche von Berufsleuten erwartet werden und welche Methoden die besten sind, um Lernende zum Erfolg zu führen und sie auf ihrem Weg zu gefragten Berufsleuten tatkräftig zu unterstützen.

In unserer Zeit, in der Digitalisierung in aller Munde ist und in allen Lebensbereichen zum Thema geworden ist, wäre es fatal, wenn sich ein Verlag, wie dies noch vor nicht allzu langer Zeit üblich war, nur auf das gedruckte Wort stützen würde. So stehen den Lernenden diese umfassenden Unterrichtsmittel auch in bestens ausgearbeiteten elektronischen Versionen zur Verfügung.

Im Namen von Hotel & Gastro *formation* Schweiz danken wir dem ReNovium Verlag herzlich für diese beeindruckenden Unterrichtsmittel, die einen echten Mehrwert bringen – ein Angebot, das unserer Branche guttut.

Die Unterrichtsmittel sind wertvolle Ecksteine bei der Neuausrichtung der Berufe Restaurantfachfrau/Restaurantfachmann EFZ und Restaurantangestellte/Restaurantangestellter EBA, mit der wir schweizweit im Herbst 2019 starten werden.

Hotel & Gastro formation by Hotel & Gastro Union GastroSuisse hotelleriesuisse

Urs Masshardt, Präsident

Max Züst, Direktor

I Ernährung

Unsere Ernährung – ein Überblick

Kennen Sie den Ausspruch: «Du bist, was du isst»? Was könnte das bedeuten? Diskutieren Sie darüber.

Menschen ernähren sich sinnvollerweise unterschiedlich. Eine optimale Ernährungsform, die für alle Menschen gilt, gibt es nicht. Auch eine einseitige Ernährungsweise ist nicht empfehlenswert. Je abwechslungsreicher wir essen, desto eher nehmen wir alle Stoffe auf, die unser Körper benötigt.

Meine Ziele

Nach Bearbeitung dieses Kapitels kann ich

- mein persönliches Ernährungsverhalten beschreiben und kritisch bewerten;
- das Ernährungsverhalten der Gäste beschreiben und mögliche Einflussfaktoren nennen;
- den grundlegenden Zusammenhang zwischen Ernährung und Gesundheit erklären;
- die Eckpunkte einer ausgewogenen Ernährung anführen;
- die Bestandteile der Nahrung und deren wesentliche Aufgaben im Körper nennen;
- den Energie- und Nährstoffbedarf eines Menschen anhand eines Beispiels erklären;
- meinen täglichen Energie- und Nährstoffbedarf abschätzen.

1 Ernährungsverhalten

Essen ist für die einen ein Genuss, für die anderen reine Nahrungsaufnahme. Aber was beeinflusst eigentlich unser Ernährungsverhalten?

1.1 Warum essen wir?

Essen und Trinken erfüllt …

Körperliche Bedürfnisse	Gesellschaftliche Bedürfnisse	Seelische Bedürfnisse

Ohne Nahrung kann unser Körper nicht überleben. Essen und Trinken sind lebensnotwendige Triebe.	Gemeinsames Essen in der Familie, mit Freunden und Kollegen schafft eine gute Stimmung, fördert die Kommunikation und unterstützt unser Zusammenleben und -arbeiten.	Geruch, Geschmack und Aussehen, aber auch Inhaltsstoffe von Lebensmitteln beeinflussen unsere Stimmung und «wirken auf unsere Seele».

Unser Ernährungsverhalten wird auch in verschiedenen Sprüchen beschrieben:
«Essen und Trinken hält Leib und Seele zusammen.»
«Gegessen wird, was auf den Tisch kommt!»
«Was der Bauer nicht kennt, isst er nicht!»
Was ist mit diesen Aussagen gemeint?

1.2 Wie isst die Schweiz?

Noch nie in der Geschichte der Menschheit gab es eine solche Fülle an Lebensmitteln – zumindest in den industrialisierten Ländern. Und dennoch zeigen Daten aus den **Ernährungserhebungen,** dass sich die Menschen in der Schweiz im Durchschnitt **immer einseitiger, übermässiger** und **ungesünder** ernähren. Der Konsum von Süssem und Salzigem etwa ist in der Schweiz viermal so hoch wie empfohlen.

Laut schweizerischem Ernährungsbericht …

- … sind, je nach Altersgruppe 5–20 % der Kinder übergewichtig.
- … sind Herz-Kreislauf-Erkrankungen, die stark von Übergewicht und Ernährung abhängig sind, nach wie vor die häufigste Todesursache in der Schweiz.
- … nimmt der Konsum von Früchten und Gemüse stetig ab.
- … ist ein zu hoher Body-Mass-Index bei Männern häufiger (37,6 %) als bei Frauen (20,8 %).
- … ist der **Zuckerverzehr viel zu hoch.** Wesetliche Ursache: Süssgetränke
- … **fehlen** bereits Schulkindern gewisse **Vitamine und Mineralstoffe** (den Erwachsenen fehlen noch mehr).

Das Ernährungsverhalten der Schweizer Bevölkerung wird laufend untersucht. Die Ergebnisse werden im **schweizerischen Ernährungsbericht** zusammengefasst.

Meiden Sie Junk Food.

Warum machen Schweizer diese Ernährungsfehler? Diskutieren Sie darüber.

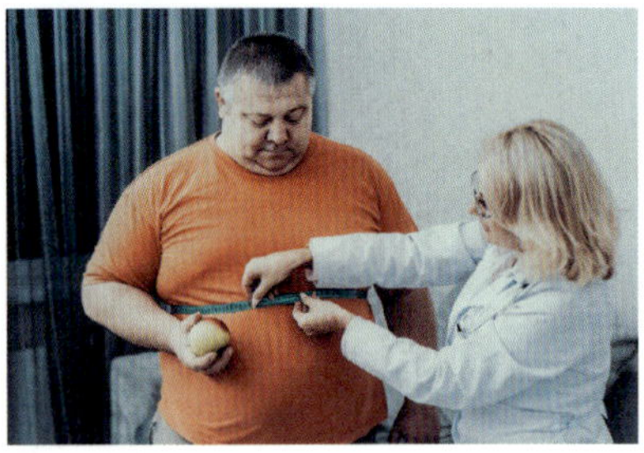

Diabetes mellitus = Zuckerkrankheit. Bei Typ I muss ein Leben lang Insulin von aussen zugeführt werden. Bei Typ II reicht oftmals schon eine gesündere Lebensweise, um die Blutzuckerwerte wieder zu normalisieren.

Welche Krankheiten, die in Verbindung mit Ernährung stehen, kommen in Ihrem Familien- und Freundeskreis vor? Diskutieren Sie darüber.

Markieren Sie in der Tabelle, durch welche Faktoren Sie beeinflusst werden:
Grün = positive Einflüsse.
Orange = neutral (weder positiv noch negativ).
Rot = negative Einflüsse.

1.3 Was sind die Folgen?

Fast 70 % der Schweizer sterben an Herz-Kreislauf-Erkrankungen (wie z. B. an Herzinfarkten oder Schlaganfällen) oder an Krebs.

- Zu viel Fett und Zucker im Essen und in Getränken kann zu **Übergewicht** führen. Übergewicht belastet Herz, Kreislauf, Knochen und Gelenke, verursacht Diabetes mellitus (Typ II), wirkt aber auch negativ auf die seelische Gesundheit.
- Rund 30 % der **Krebserkrankungen** (vor allem Darmkrebs und Brustkrebs) sind Folge von ungesunder Ernährung, Übergewicht und Bewegungsmangel.
- Vitamin- und Mineralstoffmängel machen sich z. B. durch **Müdigkeit, Konzentrationsschwäche** oder häufigere **Infektionskrankheiten** bemerkbar.
- Eine salzreiche Ernährung kann **Nierenprobleme, Bluthochdruck** und **Herz-Kreislauf-Probleme** verursachen.
- Der hohe Alkoholkonsum der Schweizer schädigt nicht nur die **Leber,** sondern auch **Magen, Bauchspeicheldrüse, Herz** und **Gehirn.**

Der Grossteil der Bevölkerung kennt die wesentlichen Punkte einer gesunden Ernährung. Rund 30 %, vor allem jüngere Menschen und Männer, kümmern sich aber laut eigenen Angaben nicht um die Ernährungsempfehlungen. Weshalb setzen so viele Menschen diese Empfehlungen nicht um? Und Sie? Ernähren Sie sich gesund? Wenn nicht, warum nicht? Denken Sie über Ihr eigenes Ernährungsverhalten nach.

1.4 Wer oder was beeinflusst unser Ernährungsverhalten?

Unser Ernährungsverhalten wird von vielen bewussten und unbewussten Faktoren beeinflusst.

Faktoren

Persönliche Einflüsse	Geografische Einflüsse	Arbeit	Freizeit	(Ernährungs-) Wissen

■ Familie und Herkunft, Erziehung ■ Alter und Geschlecht ■ Gesundheit ■ Ideale, Wertvorstellungen ■ Gefühle	■ Land und Esskultur ■ Lage des Wohnortes ■ Klima und Jahreszeiten ■ Religion ■ Angebot (Lebensmittelauswahl, Aussehen, Geruch, Geschmack, Art der Herstellung)	■ Beruf, Betrieb ■ Zeit ■ Geld	■ Aktivitäten, Hobbys ■ Freundeskreis ■ Interessen	■ Schule, Bildung ■ Medien, Werbung

2 Die «gesunde» Ernährung

Ich will mich fit fühlen, gut gelaunt sein und gegen eine gute Figur und schöne Haut habe ich auch nichts einzuwenden. Aber muss ich mich dafür gesund ernähren? Hängen Ernährung und Gesundheit zusammen?

Eine ausgewogene Ernährung ist die Basis für Gesundheit und Wohlbefinden.

2.1 Gesundheit – was ist das eigentlich?

Gemäss Definition der Weltgesundheitsorganisation (WHO) ist Gesundheit «ein Zustand völligen **psychischen, physischen** und **sozialen Wohlbefindens** und nicht nur das Freisein von Krankheit und Gebrechen. Sich des bestmöglichen Gesundheitszustandes zu erfreuen ist ein Grundrecht jedes Menschen, ohne Unterschied der Rasse, der Religion, der politischen Überzeugung, der wirtschaftlichen oder sozialen Stellung.»

Quelle: Weltgesundheitsorganisation

Diskutieren Sie die Definition der WHO zum Begriff «Gesundheit». Welche interessanten Aspekte finden Sie in der Definition?

Gesundheit können Sie fühlen und sehen, z. B. durch körperliche Fitness sowie allgemeines Wohlbefinden und Zufriedenheit mit dem eigenen Leben.

Die drei Säulen der Gesundheit

Um fit und leistungsfähig zu sein, sollten Sie u. a. den folgenden drei Lebensbereichen – man spricht auch von den drei Säulen der Gesundheit – Aufmerksamkeit schenken.

Drei Säulen der Gesundheit

Ausgewogene Ernährung	Regelmässige Bewegung	Ausreichend Erholung

Essen und Trinken entsprechend der Ernährungspyramide der SGE (siehe S. 15)	Täglich an die frische Luft. **Optimale Bewegung:** ▪ 150 Min./Woche Bewegung von mittlerer Intensität (30 Min. an 5 Tagen der Woche) ▪ 75 Min./Woche von höherer Intensität	Entspannung, ausreichend Schlaf

SGE = Schweizerische Gesellschaft für Ernährung
links.renovium.ch/sge

Wenn Sie auf Ihr **Gewicht** achten möchten, dann sorgen Sie für **ausreichend Schlaf.** Denn: Müdigkeit macht Appetit, und zwar auf Süsses und Fettes und mindert die Selbstkontrolle. Die Folge ist Übergewicht.

3 Ausgewogen Essen und Trinken

Gesunde Ernährung ist eigentlich ganz einfach: Ich kann mit ruhigem Gewissen alles essen, was ich gerne mag, solange ich darauf achte, auch frisches Obst, Gemüse und Vollkornprodukte zu essen sowie Wasser oder Mineralwasser zu trinken. So tue ich schon eine ganze Menge für meine Gesundheit.

3.1 Optimal versorgt auf Basis der schweizerischen Ernährungspyramide

Limonaden, aber auch **Fruchtsäfte** oder **Smoothies** enthalten durch natürlichen oder zugegebenen Zucker viele Kalorien. Sie sind **keine idealen Durstlöscher.**

Sie müssen nicht täglich Kalorien zählen und Nährstoffe berechnen, um sich fit und wohl zu fühlen. Wenn Sie ein paar einfache Regeln beachten, versorgen Sie Ihren Körper mit allem, was er braucht. Die Ernährungspyramide der SGE hilft Ihnen, Ihre Lebensqualität zu steigern.

Quelle: www.sge-ssn.ch/ich-und-du/essen-und-trinken/ausgewogen/schweizer-lebensmittel-pyramide/

Weitere Informationen zu den Empfehlungen der SGE finden Sie in Ihrem digitalen Zusatzpaket.

Täglich

Ein bis zwei Liter alkoholfreie Getränke, am besten in Form von (Mineral-)Wasser, ungesüssten Tees oder stark verdünnten Säften. Auch möglich sind koffeinhaltige Getränke: Kaffee, schwarzer/grüner Tee.

Fünf Portionen Gemüse und Früchte: in verschiedenen Farben, davon drei Portionen Gemüse und zwei Portionen Früchte. Eine Portion entspricht einer geballten Faust und kann auch durch ein Glas Gemüse-/Fruchtsaft (ohne Zuckerzusatz) ersetzt werden.

Drei Portionen Getreideprodukte, Kartoffeln und Hülsenfrüchte: auf Vollkornprodukte achten. Eine Portion entspricht ca. einer Scheibe Brot oder zwei Händen Kartoffeln und Hülsenfrüchte. Gegarte Nudeln, gegarter Reis, gegarte Polenta oder Müsli entsprechen zwei geballten Fäusten.

Drei Portionen Milch- und/oder Milchprodukte: Joghurt, Quark, Hüttenkäse , Halbhart-/Hart- oder Weichkäse und andere Milchprodukte. Eine Portion entspricht einem Glas/Becher bzw. einer Scheibe Käse.

Eine Portion Fleisch, Fisch, Eier oder Tofu: täglich zwischen diesen zusätzlichen Proteinquellen wechseln. Eine Portion entspricht 100-120 g bzw. zwei bis drei Eiern.

2-3 Esslöffel Pflanzenöle, Fette & Nüsse: davon mindestens die Hälfte in Form von Rapsöl. Sparen Sie mit Butter, Margarine und Rahmprodukten (ca. 1 EL pro Tag). Achten Sie auf ungesalzene Nüsse, Samen und Kerne.

Selten

Süsses, Salziges und Alkoholisches: Süssigkeiten, gesüsste Getränke, salzige Knabbereien und alkoholhaltige Getränke mit Mass geniessen.

Gewürze, Zucker und Schokolade sind laut Lebensmittelgesetz keine Genussmittel. Warum bezeichnen manche Menschen sie trotzdem als solche?

4 Inhaltsstoffe unserer Nahrung

Das Wort «Nahrung» leitet sich vom mittelhochdeutschen «narunge» ab, welches mit dem Wort «genesen» (ursprünglich «das Rettende – am Leben erhaltende») eng verwandt ist.

Lebensmittel sind gemäss einer EU-Verordnung alle Stoffe oder Erzeugnisse, die in verarbeitetem, teilweise verarbeitetem oder unverarbeitetem Zustand von Menschen aufgenommen werden. Getränke und Wasser – auch für die Herstellung von Lebensmitteln – zählen ebenso dazu.

Nahrungsmittel sind Lebensmittel, die lebensnotwendige Nahrungsinhaltsstoffe – Nährstoffe – liefern.

Genussmittel dagegen sind Lebensmittel, die vorwiegend zum Genuss gegessen, getrunken oder gekaut werden, aber nicht dringend zum Überleben benötigt werden (z. B. Kaffee)

Nährstoffe sind für die Erhaltung der Lebensvorgänge notwendig. Der Mensch kann sie nicht oder nur in unzureichender Menge selbst bilden.

4.1 Bestandteile der Nahrung

Ein Stück Brot beinhaltet diverse Zutaten, u. a. Mehl, Wasser, Teiglockerungsmittel und Gewürze. Diese Zutaten bestehen wiederum aus vielen noch kleineren Bestandteilen. Wie dies aussieht, sehen wir uns am Beispiel eines Mittagessens mit Getränk an.

4.2 Nährstoffe

Nährstoffe sind Inhaltsstoffe der Nahrung, die der Mensch für sämtliche Körperfunktionen, Wachstum und Fortpflanzung benötigt.

Energie wird in Kilojoule (kJ) oder Kilokalorien (kcal) gemessen. **1 kcal = 4,186 kJ.**

Die Nährstoffe werden eingeteilt in:		
Fett **Kohlenhydrate** **Proteine**	Makro-nährstoffe	Diese Nährstoffe werden in grösserer Menge benötigt. Sie werden auch «energieliefernde Nährstoffe» genannt.
Nahrungsfasern		Das sind Kohlenhydrate, die nicht verdaut werden können.
Vitamine **Mineralstoffe**	Mikro-nährstoffe	Sie werden vom Körper in geringen Mengen benötigt.
Wasser		Es ist die Grundlage für das Leben.

4.3 Aufgaben der Nährstoffe

Jeder Nährstoff hat seine ganz spezifische Aufgabe im Körper und kann eigentlich nicht ausgetauscht werden.

Aufgaben der Nährstoffe im menschlichen Körper	Nährstoffe
Energie für Bewegung und um die Körpertemperatur konstant zu halten	Kohlenhydrate Fett Proteine
Wachstum für Aufbau und Entwicklung von Körpersubstanzen (z. B. Zellen, Enzyme, Hormone)	Proteine Vitamine Mineralstoffe Wasser
Regulation der Körperfunktionen (Verdauung, Immunsystem)	Vitamine Mineralstoffe Nahrungsfasern Wasser

Zum besseren Verständnis kann der Körper mit einem Auto verglichen werden:

Auto vs. Mensch

Auto

Damit ein Auto fährt, muss man es betanken, und zwar mit Benzin oder Diesel. Das Auto benötigt zusätzlich Kühlwasser, Bremsflüssigkeit, Schmieröl, ausreichend Luft in den Reifen und man sollte es regelmässig zum Service bringen. Wenn das Auto schmutzig ist, dann fahren wir in die Waschstrasse. Manche polieren sogar noch den Lack.

Mensch

Damit der Mensch sich bewegen und arbeiten kann, muss er **Fett** und **Kohlenhydrate** «tanken». Ebenso benötigt er **Protein, Vitamine, Mineralstoffe, Nahrungsfasern, Wasser** sowie frische Luft, damit alle Körperteile und Organe funktionieren. Den Service machen wir hin und wieder beim Arzt. Zusätzlich achten wir auf die Körperhygiene, manche verwenden spezielle Pflegemittel.

Unser Körper «fährt» besonders gut, wenn er ausgewogen «getankt» wird. Das wird er, wenn unser Essen und Trinken ...

- alle notwendigen **Nährstoffe** enthält,
- den **Energiebedarf** deckt und
- manchmal auch etwas **«für die Seele»** dabei ist - z. B. ein süsses Dessert (was in kleinen Mengen durchaus erlaubt ist).

4.4 Wozu benötigen wir Energie?

Wir wissen, dass wir für alle körperlichen Tätigkeiten Energie benötigen, die wir in Form von Nahrung «tanken». Sogar wenn wir (scheinbar) nichts tun, benötigt unser Körper Energie - nämlich **für alle lebenserhaltenden Vorgänge im Körperinneren:** Gehirnfunktion, Herzschlag, Atmung, Leberfunktion, Verdauung etc.

Diesen Energiebedarf nennt man den Grundumsatz (GU), der sich ganz einfach berechnen lässt:

Grundumsatz (kJ) pro Tag = Körpergewicht (kg) x 100

Für jede weitere Bewegung, wie z. B. tägliche Arbeit oder Sport, aber auch für Sitzen oder Stehen, verbrauchen wir Energie. Dieser Energieverbrauch wird bei der

Wofür die Energie beim Grundumsatz benötigt wird

- Verdauungsorgane: 35 %
- Gehirn: 25 %
- Muskulatur: 20 %
- Herz: 6 %
- Aufrechterhaltung der Körpertemperatur

Körperliche Aktivität steigert den Energiebedarf.

Berechnung des Gesamtenergieverbrauches als **«Physical Activity Level»** (PAL)-Faktor berücksichtigt.

PAL-Faktoren

1,2
Liegende und sitzende Tätigkeit (Ausruhen, Fernsehen)

1,4–1,5
Hauptsächlich sitzende Tätigkeit (Büroarbeit)

1,6–1,7
Teils sitzende, stehende und gehende Tätigkeit

1,8–1,9
Grossteils stehende und gehende Tätigkeit (Köche, Restaurantfachleute)

2,0–2,4
Schwere körperliche Tätigkeit (Leistungssportler)

Für die Berechnung des **Gesamtenergiebedarfs** wird der durchschnittliche PAL-Faktor aus den verschiedenen Tätigkeiten im Laufe eines Tages mit dem Grundumsatz multipliziert:

Gesamtenergiebedarf (kJ) pro Tag = GU (kJ) x durchschnittlicher PAL-Faktor

Der Grundumsatz wird durch das Geschlecht (Frauen haben einen geringeren GU), die Körperoberfläche, Sport, Fieber, Stress, Medikamente, Fasten, das Alter und die Drüsenfunktion beeinflusst.

Kalorienbomben
1130 kJ = 100 g Pommes frites
1700 kJ = 1 Semmel + 100 g Fleischkäse
2355 kJ = 100 g Schokolade
2720 kJ = 100 g Erdnüsse

4.5 Energiebedarf optimal decken

Sie wissen nun, wie viel Energie Sie täglich durchschnittlich benötigen. Wie können Sie Ihren Energiebedarf optimal decken, ohne ständig Kalorien zu zählen? Auch das lässt sich einfach berechnen.

Kalorie (kcal) = Energie, die benötigt wird, um 1 g Wasser um 1 °C zu erwärmen.

Kilojoule (kJ) = Energie, die es braucht, um 1 kg Gewicht innert einer Sekunde einen Meter hoch zu heben.

Achten Sie auf Ihren Nährstoffbedarf

Ihre tägliche Energiezufuhr (kJ) sollte optimal auf die Energie liefernden Nährstoffe verteilt werden:

Verhältnis der Hauptnährstoffe in der Nahrung

Mindestens 50 % Kohlenhydrate
Maximal 30 % Fett
bis zu 15 % Protein

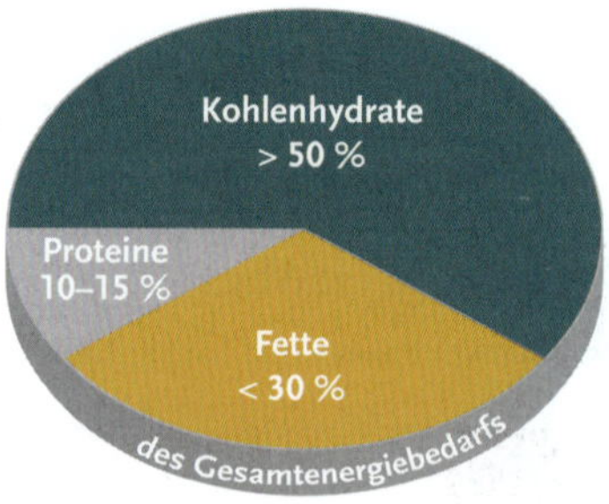

Quelle: D-A-CH-Referenzwerte für die Nährstoffzufuhr, 2017

Auch Alkohol liefert sehr viel Energie, nämlich ca. 29 kJ/g.

Der **Energiegehalt (kJ) der Nährstoffe** ist jedoch unterschiedlich:

1 g Fett	ca. 37 kJ
1 g Kohlenhydrate	ca. 17 kJ
1 g Protein	ca. 17 kJ

Die optimale Nährstoffverteilung am Teller

Quelle: http://www.vitalimpuls.com/kochbuch 2017

Kohlenhydrate stecken in den Beilagen. Da sie wesentlich weniger Energie als Fett enthalten, sollten die Beilagen auf dem Teller mindestens zwei Drittel einer Hauptspeise ausmachen.

Proteine nehmen wir über Fleisch, Fisch, Eier, aber auch über Hülsenfrüchte und Kartoffeln auf.

Fette gelangen hauptsächlich über die Art der Zubereitung in unser Essen. Sie werden aber auch über Desserts und Snacks aufgenommen.

So könnte eine gute Mahlzeit aussehen.

Energiezufuhr gleichmässig über den Tag verteilen

Essen Sie mindestens dreimal täglich! Wir wissen bereits, dass unser Körper ständig Energie benötigt, nicht nur bei körperlicher Aktivität. Damit wir über den Tag kontinuierlich leistungsfähig bleiben, müssen wir regelmässig Energie zuführen.

Achten Sie auf eine ausgeglichene Energiebilanz

Ihre Energiebilanz ist ausgeglichen, wenn Ihr Gewicht beziehungsweise Ihr Bauch- und Hüftumfang über längere Zeit nahezu gleich bleiben. Dann haben Sie nämlich genau so viel Energie «gegessen und getrunken», wie Ihr Körper benötigt – nicht zu viel und nicht zu wenig.

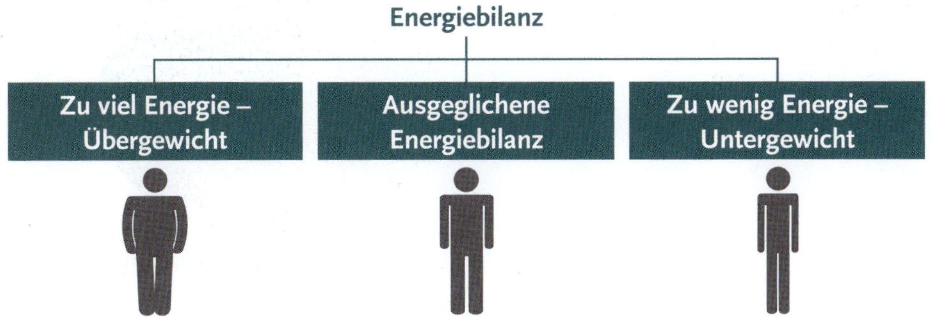

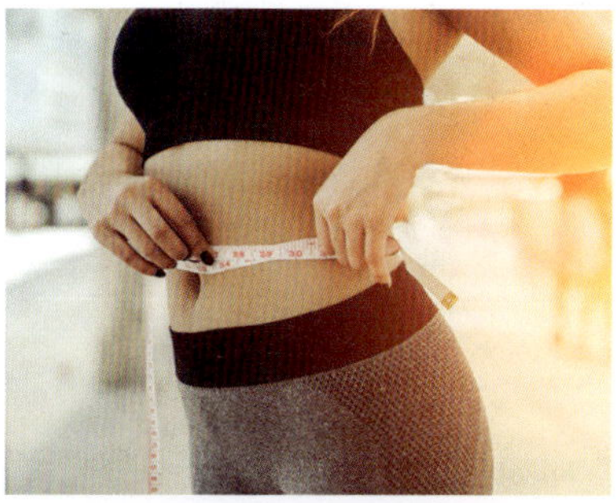

So messen Sie den Taillenumfang.

Waist-to-Hip-Ratio (WHR)

$$\text{WHR} = \frac{\text{Taillenumfang}}{\text{Hüftumfang}}$$

Idealwerte
> 0,85 Frauen
> 1 Männern

Body Mass Index (BMI)

$$\text{BMI} = \frac{\text{Körpergewicht (kg)}}{\text{Körpergrösse (m)}^2}$$

Idealwerte
19-24 Frauen
20-25 Männer
< 18,5 Untergewicht
> 25 Übergewicht

Je grösser die Energiereduktion während der Reduktionsdiät, desto schneller verliert man an Gewicht, aber umso mehr auch an Muskelmasse und umso mehr greift man in das Stoffwechselgeschehen ein.

Waist-to-Hip-Ratio (WHR)
Wenn Sie es genauer wissen möchten, können Sie Ihren Taillen- und Hüftumfang mit einem Massband messen und daraus den so genannten Waist-to-Hip-Ratio (W/H-Ratio oder WHR) errechnen.

Body Mass Index (BMI)
Die Waage verrät nicht, ob wir genug oder zu wenig Energie aufnehmen. Das tägliche Körpergewicht hängt nämlich auch von Faktoren wie Flüssigkeitsaufnahme, Bewegung, Hormonhaushalt u. a. ab. Wer sich nicht von der Waage trennen kann, berechnet aus seinem Gewicht am besten seinen Body Mass Index (BMI). Dieser definiert eine Art «Wohlfühlgewicht», das in einem breiten Bereich liegen kann.

Schlankheitsdiäten jeglicher Art sollten vermieden werden. Sie bewirken nicht nur den gefürchteten «Jojo-Effekt», sondern stören auch unser angeborenes Gefühl dafür, ob der Körper optimal mit Energie versorgt ist.

Schreckgespenst Jo-Jo-Effekt

Nach dem erfolgreichen Abnehmen wird nach Beendigung der Reduktionsdiät häufig wieder kontinuierlich zugenommen, bis das Körpergewicht unter Umständen sogar höher als am Beginn der Reduktionsdiät ist.

Dafür gibt es mehrere Gründe:

- Bei Reduktionsdiäten wird immer etwas Muskelmasse abgebaut. Je mehr Muskelmasse beim Abnehmen verloren geht, desto stärker verringert sich der Grundumsatz. Daraus ergibt sich nach der Diät ein neuer Energiebedarf für den Betroffenen.
- Die Anzahl der Fettgewebszellen, die in einem Körper vorhanden sind, wird beim Abnehmen nicht geringer, sie entleeren sich nur. Werden wieder mehr Nährstoffe aufgenommen, füllen sie sich wieder.

Inhaltsstoffe der Nahrung

Folgende Nahrungsinhaltsstoffe lernen Sie in diesem Kapitel kennen:
- Kohlenhydrate
- Proteine
- Fett
- Vitamine
- Mineralstoffe
- Nahrungsfasern
- Wasser

Je abwechslungsreicher wir essen, desto eher nehmen wir alle wichtigen Nährstoffe zu uns.

Meine Ziele

Nach Bearbeitung dieses Kapitels kann ich
- den Aufbau von Kohlenhydraten, Fetten und Proteinen beschreiben;
- mengenmässig bedeutende Vorkommen der verschiedenen Nährstoffe in Lebensmitteln nennen;
- eine geeignete Lebensmittelauswahl treffen, um meinen Körper optimal mit den verschiedenen Nährstoffen zu versorgen;
- Eigenschaften der Nährstoffe beschreiben;
- die Bedeutung der Nährstoffe für den menschlichen Körper beschreiben;
- Empfehlungen für die Zufuhr der einzelnen Nährstoffe geben.

Low-Carb Avocado-Burger

Ist es überhaupt möglich, kohlenhydratarm zu essen? Diskutieren Sie darüber.

Die chemische Zusammensetzung der Kohlenhydrate:
- Kohlenstoff (C)
- Wasserstoff (H)
- Sauerstoff (O)

Die Fachbegriffe für die verschiedenen Kohlenhydrate lauten:
- **Monosaccharide** = Einfachzucker.
- **Disaccharide** = Zweifachzucker.
- **Polysaccharide** = Vielfachzucker.

1 Kohlenhydrate - die schnelle Energie

Machen Brot, Nudeln und Kartoffeln dick? Bestimmt haben Sie schon von den kohlenhydratarmen «Low-Carb-Diäten» gehört. Dabei geht es darum, weniger Kohlenhydrate zu essen, um abzunehmen. Im Kapitel «Energie- und Nährstoffbedarf» (S. 18) haben Sie jedoch gelernt, dass man mindestens 50 % der Nahrungsenergie über Kohlenhydrate aufnehmen sollte. Warum wird bei diesen Diäten genau das Gegenteil empfohlen?

Bevor wir diese Fragen beantworten können, müssen wir uns zuerst ein wenig mit dem Aufbau, den Eigenschaften und den Aufgaben der Kohlenhydrate beschäftigen.

1.1 Aufbau und Einteilung der Kohlenhydrate

Der **Bauplan** der Kohlenhydrate ist ganz einfach: Alle Kohlenhydrate sind aus **Einfachzuckern** aufgebaut. Wenn man zwei oder mehrere Einfachzucker miteinander verbindet, entstehen weitere Kohlenhydrate.

Nach diesem Bauplan werden Kohlenhydrate nun eingeteilt:
- **Einfachfachzucker** bestehen aus **einem** Zuckermolekül.

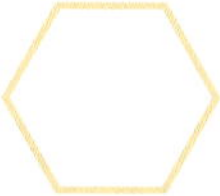

- **Zweifachzucker** bestehen aus **zwei** miteinander verbundenen Einfachzuckern.

- **Vielfachzucker** bestehen aus **vielen** Einfachzuckern, die wie eine Kette miteinander verbunden sind.

Der Fachausdruck für die gesamte Kohlenhydratgruppe lautet **Saccharide.** Das Wort leitet sich vom griechischen «sakcharon» ab, was «Zucker» bedeutet.

Der Bauplan und die Grösse der Kohlenhydratmoleküle entscheiden, was man damit machen kann und ob sie unserem Körper guttun oder nicht.

1.2 Vorkommen der Kohlenhydrate

Einfachzucker sind die «kleinsten» Kohlenhydrate und die Grundbausteine für alle weiteren Kohlenhydratarten. Wichtig für die Ernährung sind:

Einfachzucker

Traubenzucker
Glukose

ist in Obst, Honig und manchen Süssigkeiten enthalten.

Fruchtzucker
Fruktose

kommt in Obst und Honig sowie manchen Süssigkeiten und Süssgetränken vor.

Schleimzucker
Galaktose

ist Bestandteil des Milchzuckers, aber auch von Schleimstoffen (z. B. im Speichel).

Werden über längere Zeit weniger Kohlenhydrate gegessen, als der Körper benötigt, wird vermehrt Fett abgebaut. Leider entstehen dabei auch sogenannte Ketonkörper, die zu einer Übersäuerung des Körpers führen. Das ist der Grund, warum kohlenhydratarme Diäten langfristig schlecht für den Körper sein können.

Zweifachzucker kennen Sie bereits von Ihrer Arbeit.

Zweifachzucker

Rohr- und Rübenzucker
Saccharose

ist unser «Haushaltszucker» (Kristallzucker etc). Daher steckt viel davon in Süsswaren, Fertigprodukten und Süssgetränken. Er wird aus Zuckerrohr und Zuckerrüben gewonnen, kommt aber auch in Obst vor.

Milchzucker
Laktose

kommt nur in Milch vor. Rahm, Butter und gesäuerte Milchprodukte (Joghurt, Buttermilch) enthalten nur wenig Milchzucker.

Malzzucker
Maltose

entsteht durch den Abbau von Stärke im Verdauungstrakt und im keimenden Getreidekorn.
Aus Gerste und Weizen gewonnener Malzzucker bildet die Grundlage für die alkoholische Gärung bei der Bierherstellung. Als Aromastoff wird er auch Speisen und Getränken zugesetzt.

Getreide «keimt», wenn man es in Wasser gibt und dadurch eine neue Pflanze zu wachsen beginnt.

Stärke = wird aus zerkleinerten stärkehaltigen Lebensmitteln (z. B. Mais oder Kartoffeln) durch Auswaschen, Reinigen und Trocknen gewonnen.

Inulin = ein weiterer Vielfachzucker. Es besteht aus einer Kette von Fruchtzuckern und befindet sich in Spargel, Artischocken und Topinambur (kartoffelähnliche Wurzel). Inulin ist vorteilhaft für Diabetiker.

Vielfachzucker sollten wir am meisten essen – sie bestehen aus einer langen Kette von Einfachzuckern, meist Traubenzuckern. Die bekanntesten sind:

Vielfachzucker

Stärke

ist vorwiegend in Getreidekörnern, Getreideprodukten, Kartoffeln und Hülsenfrüchten enthalten.
Sie ist das wichtigste Nahrungskohlenhydrat.

Dextrine

kommen in Toast, Brotkruste oder trocken geröstetem Mehl vor.
Sie entstehen, wenn Stärke abgebaut wird, z. B. beim Backen oder Rösten.

Glykogen

kommt nur in kleinen Mengen in Leber und Muskeln von Mensch und Tieren vor.

Zellulose und Hemizellulose

sind vor allem in Schalenteilen von Getreide und Obst, in Wurzelgemüse, Hülsenfrüchten und Nüssen enthalten.
Sie sind nicht verdaulich (siehe Nahrungsfasern, S. 29).

Pektine

kommen in Obst und Gemüse, besonders in Beeren- und Kernobst vor.

Pflanzenschleime (Alginate, Agar und Carrageen)

werden aus Algen gewonnen und als Gelier- und Verdickungsmittel verwendet.

Es gibt noch viele weitere Kohlenhydrate und kohlenhydratartige Stoffe. Manche davon werden in der Lebensmittelindustrie als Zusatzstoffe verwendet, z. B. die Zuckeraustauschstoffe Sorbit, Xylit und Mannit. Sie werden später noch im Detail (siehe S. 97) vorgestellt.

gel regulieren. Das geschieht durch eine stärkere Produktion von Insulin, das den Blutzuckerspiegel wieder sinken lässt. Häufige Schwankungen des Blutzuckerspiegels belasten das Regelsystem und unsere Gesundheit.

Optimal für unseren Körper sind deshalb Lebensmittel mit einem niedrigen glykämischen Index. Durch den hohen Anteil an Vielfachzuckern werden sie im Darm sehr langsam verdaut und können den Blutzuckerspiegel regulieren.

Lebensmittel	Glykämischer Index (GI)
Traubenzucker (Glucose)	100
Weissbrot	75
Reis, gekocht	73
Nudeln aus Weissmehl	49
Bohnen, gekocht	24

Quelle: Elmadfa, I. (2015): Ernährungslehre

Weissbrot hat, im Gegensatz zu Vollkornbrot, einen hohen Glykämischen Index.

1.6 Nahrungsfasern – die komplexen Kohlenhydrate

Nahrungsfasern sind **unverdauliche Vielfachzucker,** die der Körper meistenteils wieder ausscheidet. Dennoch sind sie kein Ballast, sondern sehr wichtig für die Gesundheit.

Nahrungsfasern kommen vorrangig in Getreide, Hülsenfrüchten, Gemüse und Obst vor. Tierische Lebensmittel wie Fleisch, Fisch oder Eier liefern dagegen keine Nahrungsfasern.

Zu den Nahrungsfasern zählen u.a.:
- **Zellulose** und **Hemizellulose:** vor allem in Schalenteilen von Getreide, Obst, Wurzelgemüse und Hülsenfrüchten
- **β-Glucane:** in Hafer und Gerste
- **Pektine:** in Obst und Gemüse, besonders in Beeren- und Kernobst
- **Resistente Stärke:** in gekochten Kartoffeln

Haben Sie schon von **löslichen und unlöslichen Nahrungsfasern** gehört? Vor allem die löslichen Nahrungsfasern (Pektine, Pflanzenschleime etc.) in Obst, Zwiebelgemüse, Hafer und Hülsenfrüchten senken den Blutzucker- und Blutcholesterinspiegel und wirken positiv auf den Körper.

Wirkung im Körper
- **Kiefertraining und Zahngesundheit:** durch verstärktes Kauen
- **Sättigung und Gewichtsregulierung:** durch die längere Verweildauer der Nahrung in Magen und Darm
- **Verdauungsförderung:** durch höhere Darmbewegung und Wasserbindung, daher seltener Verstopfung und Darmdivertikel
- **Verzögerter Anstieg des Blutzuckerspiegels:** Nahrungsfasern bremsen die Aufnahme von Traubenzucker ins Blut (wichtig bei «Diabetes mellitus»).
- **Ausscheidung von Schadstoffen**
- **Cholesterinsenkende Wirkung:** durch teilweises Binden und Ausscheiden von Cholesterin
- **Positive Darmbakterien (Darmflora):** werden unterstützt

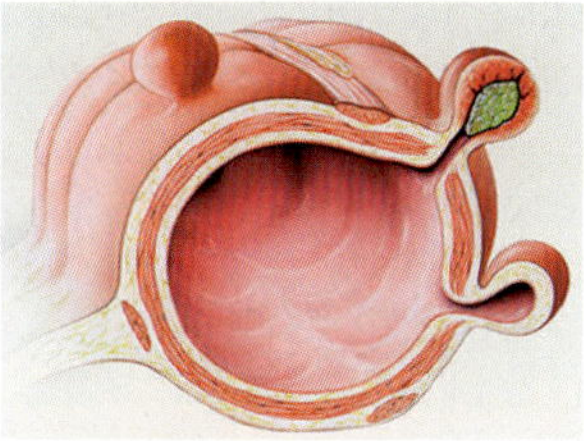

Darmdivertikel = krankhafte Veränderungen (Ausstülpungen) im Dickdarm.

Täglich sollten wir mindestens **30 g Nahrungsfasern** verzehren. Mit der folgenden Übersicht können Sie sich mengenmässig orientieren.

Nahrungsfasergehalt

Vollkornbrot	Haferflocken (Müsli)	Vollkornreis	Kartoffeln

ca. 8 g in zwei Scheiben	ca. 2 g in vier Esslöffeln	ca. 2 g in einer Beilagenportion	ca. 2 g in einer Beilagenportion
Gemüse und Salat	**Linsen**	**Birne**	**Himbeeren**

ca. 6 g in zwei Portionen	ca. 7 g in einer Beilagenportion	ca. 5 g	ca. 6 g in einer Portion

Ein geringer Nahrungsfasernanteil in der täglichen Ernährung (der Durchschnittswert in Mitteleuropa liegt bei etwa 20 g Nahrungsfasern am Tag) wirkt sich negativ auf unsere Gesundheit aus.

Nahrungsfasern quellen in Wasser. Achten Sie deshalb auf eine ausreichende Flüssigkeitsaufnahme.

2 Fette – Fluch oder Segen?

«Schweizer essen zu viel Fett, vor allem tierisches Fett», sagen Ernährungswissenschaftler. Doch beim Fisch wird immer wieder empfohlen, fetten Arten den Vorzug zu geben. Ist das nicht auch tierisches Fett?

Fett ist nicht gleich Fett! Entscheidend ist der Aufbau der Fettmoleküle. Mit ein paar grundlegenden Kenntnissen darüber können Sie bald selbst beurteilen,

- welche Fette dem Körper gut tun und welche nicht,
- welche zum Braten, Sautieren und Backen geeignet sind,
- welche besser zu Salaten und kalten Speisen verwendet werden etc.

Die chemische Zusammensetzung der Fette:

- Kohlenstoff (C)
- Wasserstoff (H)
- Sauerstoff (O)

2.1 Aufbau und Einteilung der Fette

Ein Fettmolekül besteht aus Glycerin und drei Fettsäuren.

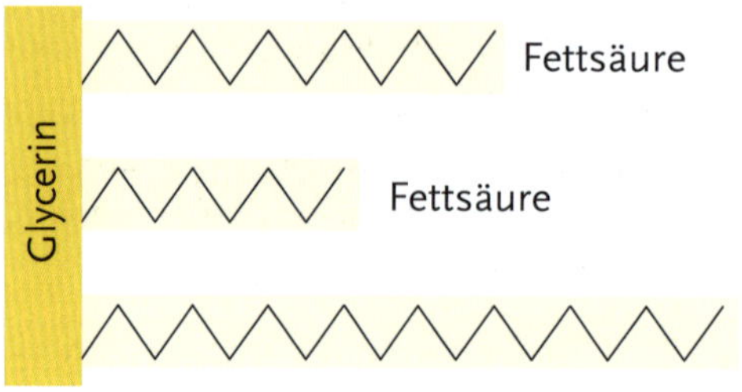

In der Fachsprache werden Fette auch **Triglyceride** genannt. Sie zählen – ebenso wie Cholesterin, Lezithin und andere fettähnliche Stoffe – zur Gruppe der **Lipide.**

Fettsäuren sind der bestimmende Teil in einem Fettmolekül. Sie sind verantwortlich für die Konsistenz, die Verwendungsmöglichkeiten in der Küche und den Gesundheitswert von Speisefetten.

In der Natur kommen hunderte verschiedene Fettsäuren vor. Allein im Milchfett konnten über 200 verschiedene Fettsäuren nachgewiesen werden.

Fettsäuren sind unterschiedlich lang und werden aufgrund ihrer chemischen Struktur unterschieden in gesättigte und ungesättigte Fettsäuren.

Gesättigt = keine Doppelbindungen.

Ungesättigt = mindestens eine Doppelbindung.

Wir können in diesem Buch nicht alle Fettsäuren thematisieren. Wenn wir aber die wesentlichen Unterschiede zwischen den gesättigten und ungesättigten Fettsäuren kennen, können wir fast alle Speisefette nach den oben genannten Kriterien beurteilen.

Gesättigte Fettsäuren
Gesättigte Fettsäuren sind bei Raumtemperatur fest. Daher sind alle Speisefette, die reich an gesättigten Fettsäuren sind, fest bis weich.

Feste Fette wie z. B. Butter oder Spickspeck bestehen, wie alle tierischen Fette, vor allem aus gesättigten Fettsäuren.

Mit Ausnahme von Kokos- und Palmfett kommen gesättigte Fettsäuren vor allem in tierischen Fetten vor. Wir müssen diese Fettsäuren aber nicht unbedingt aus der Nahrung aufnehmen. Denn der menschliche Körper kann sie bei Bedarf selbst herstellen. Wenn wir also zu viele davon essen, können sie sogar negativ auf den Cholesterinspiegel im Blut, auf das Herz und den Kreislauf wirken.

Mit welchen festen oder weichen Speisefetten haben Sie in Ihrem Betrieb bereits gearbeitet?

Ungesättigte Fettsäuren
Ungesättigte Fettsäuren sind bei Raumtemperatur flüssig. Sie sind Hauptbestandteil von vielen pflanzlichen Ölen.

Auch in Nüssen, Kernen (z. B. Sonnenblumenkernen) und fetten Fischen sind reichlich ungesättigte Fettsäuren enthalten.

Ungesättigte Fettsäuren

Einfach ungesättigte Fettsäuren

sind in Oliven(öl), Rapsöl, Sonnenblumenkernöl, Erdnüssen (Erdnussöl) und vielen Nüssen enthalten wie z. B. Ölsäure.

Mehrfach ungesättigte Fettsäuren

sind essenziell: **Omega-3-Fettsäuren** (z. B. Alpha-Linolensäure) kommen in fetten Kaltwasserfischen wie Lachs, Makrelen, Hering, aber auch in Rapsöl, Leinöl, Sojaöl und Nüssen vor. Diese Fettsäuren sind besonders gesund für unsere Arterien, Herz, Gehirn und Nerven.
Omega-6-Fettsäuren, insbesondere die Linolsäure, kommen in den verschiedenen pflanzlichen Ölen vor.

Essenziell = **lebensnotwendig;** der Körper kann diese Nährstoffe nicht selbst bilden und benötigt sie daher aus der Nahrung.

Die Konsistenz der Fette verrät, welche Fettsäuren im Fett überwiegen. Diese wiederum sind entscheidend für den Gesundheitswert, die Verwendungsmöglichkeiten und die Haltbarkeit.

2.2 Fette in der Küche

Öl als Geschmacksträger

Ohne Fett (fast) kein Geschmack

Haben Sie schon einmal Pasta ohne Olivenöl, fettarmen Käse oder ein Brot mit Konfitüre ohne Butter gegessen? Hat Ihnen das geschmeckt?

Rahm, Butter oder ein hochwertiges Öl sind bei vielen Zubereitungen das i-Tüpfelchen und das hat seinen Grund. Denn Fett vermittelt ein angenehmes Mundgefühl, löst viele Aromastoffe und macht das Essen erst richtig schmackhaft. Ohne Fett könnten wir viele Geschmacksstoffe nicht wahrnehmen.

Fett und Wasser – eine unliebsame Verbindung

Dichte = Masse/Volumen. Wasser hat 1 g/cm^3, Fett etwa 0,9 g/cm^3. Fett hat also eine geringere Dichte als Wasser und schwimmt an der Oberfläche.

Fett und Wasser sind **nicht mischbar,** sie stossen sich sogar gegenseitig ab. Weil Fett leichter ist – also eine geringere Dichte hat –, schwimmt es auf dem Wasser.

Die geringere Dichte von Fett hat aber auch Vorteile: So können Speisen degraissiert (entfettet)werden, wenn das Fett an der Oberfläche unerwünscht ist. Dies kennen Sie bestimmt schon von Ihrer Arbeit, z. B. bei den sogenannten «Fettaugen» auf der Suppe.

Emulgierbarkeit der Fette

Die Zutaten für eine gelungene Mayonnaise: Öl und Eigelb als Emulgator.

Ziel ist, dass sich Fett und Wasser verbinden, z. B. bei der Zubereitung einer sämigen Salatsauce aus Essig und Öl. Durch fleissiges Rühren gelingt das, aber nur für kurze Zeit. Bald schwimmt das Öl wieder oben und kein Gast hat Freude an dieser Salatsauce.

Das Problem lässt sich mit einem **Emulgator** lösen. Diese Substanz legt sich wie ein Mantel um die kleinen Fetttröpfchen. Der Emulgator verhindert das «Verkleben» der Fetttropfen und hebt die abstossende Wirkung gegen das Wasser auf. Lebensmittel wie Milch, Rahm und Eigelb enthalten natürliche Emulgatoren (z. B. Lezithin). Daher können sie selbst als Emulgatoren in der Küche verwendet werden. Für die Salatsauce werden Senf, Rahm oder Joghurt als Emulgatoren verwendet. In der Mayonnaise wirkt das Eigelb emulgierend.

Damit die Mayonnaise eine stabile Emulsion bildet, muss das Öl vorsichtig eingerührt werden.

Es entsteht eine **Emulsion,** das ist eine tröpfchenförmige Vermischung von Fett und Wasser.

Emulgatoren – Vermittler zwischen Wasser und Fett

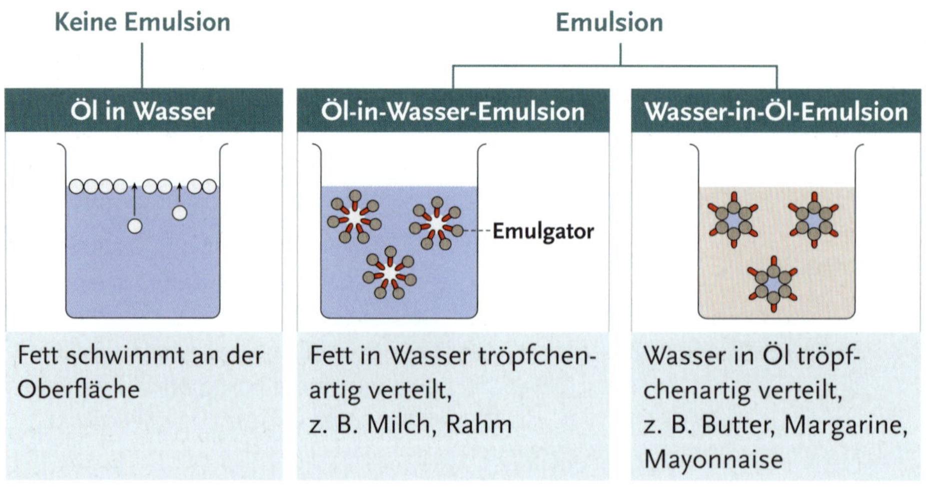

Achtung – so können Sie die Grafik lesen

= **Emulgator**
= wasserfreundlicher Teil
= fettfreundlicher Teil

Fette und Hitze

Fette spielen eine zentrale Rolle bei der Zubereitung von warmen Speisen. Damit die Gerichte gut gelingen und nichts misslingt, müssen wir die Eigenschaften von heissen Fetten genauer kennen.

Siedepunkt

Wenn Fett erhitzt wird, beginnt es in der Pfanne kleine Wellen zu bilden. Daran lässt sich erkennen, dass das Fett «siedet» und die optimale Temperatur zum Sautieren von Fleisch, Fisch und anderen Gargütern hat.

Der Siedepunkt von Fett liegt **zwischen 120 und 180 °C,** je nach Art des Fettes und den darin enthaltenen Fettsäuren.

Aufgrund der hohen Temperatur von siedendem Fett bilden sich an der Oberfläche des sautierten Lebensmittels Röstprodukte und Aromastoffe. Dieser Vorgang wird als **«Maillard-Reaktion»** bezeichnet.

Rauchpunkt und Zersetzungspunkt

Bei weiterem Erhitzen beginnt das Fett zu bräunen, bald danach zu rauchen und schwarze Punkte («Acroleine») zu bilden. Diese sind hoch krebserregend.

⚠ Zu hoch erhitztes Fett ist gesundheitsschädlich und darf nicht mehr verwendet werden. Achten Sie bei der Zubereitung vor dem Gast, z. B. beim Flambieren, darauf.

Je nach Fettart gibt es unterschiedliche **Rauch-** und **Zersetzungspunkte:**

- Butter 150 °C
- Raffinierte Pflanzenöle 190 °C
- Frittierfett 210 °C

Zum Braten, Sautieren und Frittieren bei hohen Temperaturen sind daher raffinierte Pflanzenöle, Bratbutter und Frittierfett gut geeignet.

Raffiniert = gereinigt.

Frittierfett = gehärtetes Fett.

Fette mit einem hohen Anteil an ungesättigten Fettsäuren, wasserhaltige Fette (z. B. Butter, Margarine) sowie kalt gepresste Öle sollten Sie dagegen nicht hoch erhitzen.

Brennpunkt

Wird das Fett noch weiter erhitzt, beginnt es zu brennen. Es entzündet sich von selbst – ohne Feuerzeug oder Zündhölzer.

Ein Fettbrand muss «erstickt» werden.
Am besten verwenden Sie dazu den Deckel einer Pfanne, eine grössere Pfanne, eine Löschdecke oder im Extremfall mehrere Servicetücher.

Löschen Sie brennendes Fett niemals mit Wasser! Wissen Sie noch was passiert, wenn Sie Fett und Wasser mischen?

Gesundheitsschädliche Fette

Fette können durch unsachgemässen Umgang ungeniessbar (ranzig) werden und gesundheitsschädliche Inhaltsstoffe bilden.

Ranzigkeit

Fette mit einem hohen Anteil an ungesättigten Fettsäuren haben Sie als gesunde Fette kennengelernt. Diese reagieren sehr empfindlich auf **Sauerstoff, Licht, Wärme, Mikroorganismen und Metalle,** können **oxidieren** und dabei ranzig werden.

Achten Sie auf die richtige Lagerung von Fetten!
Fette lagert man:
- vor Licht geschützt
- in geeigneten Behältnissen
- vor Wärme geschützt

Transfettsäuren

Fetthärtung = die Umwandlung von ungesättigten flüssigen Fettsäuren in gesättigte feste Fettsäuren durch einen chemischen Prozess.

Transfettsäuren sind gesundheitsschädliche Fettsäuren. Sie entstehen:
- Durch langes und starkes Erhitzen von Fetten (über 130 °C).
- Als unerwünschtes Nebenprodukt durch Härtung von Pflanzenölen.

Diese Fette sind besser erhitzbar und werden zum Frittieren, Sautieren und Braten sowie in der Lebensmittelindustrie verwendet. Transfettsäuren kommen daher in stark bearbeiteten fettreichen Lebensmitteln wie Knabbergebäck, fetthaltigen Fertigprodukten und frittierten Speisen vor.

Transfettsäuren sind ungesund
Transfettsäuren wirken sich negativ auf unsere Gesundheit aus, insbesondere auf Blutfette, Zellwände, Gewebe etc. Eine gesetzliche Verordnung schreibt daher vor, dass Lebensmittel maximal 2 % Transfettsäuren enthalten dürfen.

2.3 Aufgaben im Körper

Fette, die mit der Nahrung aufgenommen werden, verweilen länger im Magen als alle anderen Nährstoffe. Aus diesem Grund machen fettreiche Lebensmittel **länger satt.**

Fett als Energielieferant

Fett hat den höchsten **Energiegehalt** aller Nährstoffe: etwa **37 kJ pro Gramm.** Das ist mehr als das Doppelte des Energiegehaltes von Kohlenhydraten oder Proteinen.

Fett als Baustoff

Nahrungsfett wird in der Leber vollständig in Körperfett umgewandelt. Wir brauchen es:
- Zum Aufbau von Hormonen und als Regulatoren des Immunsystems.
- Zum Aufbau unserer Körperzellen, vor allem der Nervenzellen, des Gehirns und aller Zellwände. Wichtig dafür sind die ungesättigten Fettsäuren, ganz besonders die essenziellen Fettsäuren.

Fett als Langzeit-Energiespeicher

Wenn wir an manchen Tagen mehr essen als der Körper benötigt, wird die überschüssige Energie in Fett umgewandelt – wie bei den Kohlenhydraten. Dieses Fett nennt man **Depotfett,** oder auch «unliebsame Fettpölsterchen».

An anderen Tagen essen wir nicht genug, weil wir z. B. keine Zeit haben oder krank sind. Dann kann unser Körper von diesen Fettpölsterchen zehren. Dieser Mechanismus war überlebenswichtig für die Steinzeitmenschen, die nicht jeden Tag genug Nahrung hatten.

Wussten Sie, dass ...
Frauen mehr Körperfett als Männer haben? Das ist aber kein Übergewicht. Normalgewichtige Frauen haben einen Körperfettanteil von ca. 25 %, Männer dagegen von nur ca. 15 %.

Fett als Schutzstoff

Unser Depotfett dient nicht nur als Reserve für Notzeiten. Es **schützt uns vor Druck, Stoss und Verletzungen** (z. B. am Gesäss, an den Füssen und inneren Organen), aber auch vor **Kälte.**

Fett als Lösungsmittel

Fett dient auch als **Lösungs- und Transportmittel** für die fettlöslichen Vitamine A, D, E und K während der Verdauung. Ohne Fett im Essen könnte der Körper diese Vitamine nicht aufnehmen.

Wie Fette sonst noch wirken

Ein hoher Anteil an ungesättigten Fettsäuren in der Nahrung vermag den Cholesterinspiegel im Blut zu senken, was sich positiv auf Herz und Arterien auswirkt. Omega-3-Fettsäuren können gar geringe Cholesterinablagerungen an den Arterienwänden entfernen. Gesättigte Fettsäuren und Transfettsäuren hingegen lassen den Blutcholesterinspiegel ansteigen.

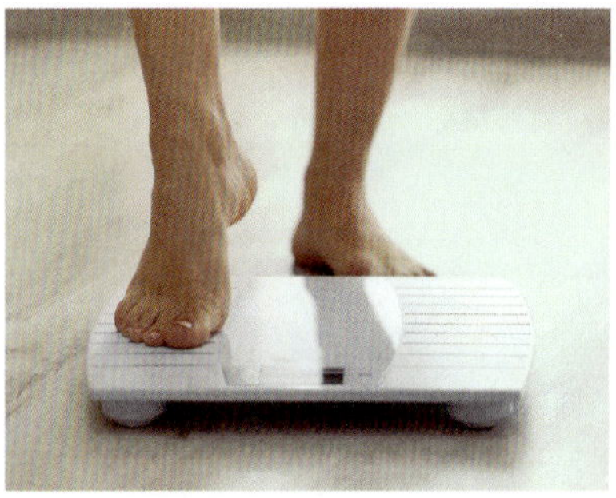

Eine fettreiche Ernährung ist immer auch reich an Kalorien (Energie). Das kann sich «dick» auf das Körpergewicht auswirken.

WissensPlus

Fett setzt eine Art körpereigene Droge frei: «Endocannobinoide». Sie regen den Appetit an und machen das Aufhören des Essens von fettreichen Speisen so schwer – ganz besonders bei Schokolade, Chips etc.

2.4 Empfehlungen zur Aufnahme – wie viel und welches Fett?

Wie viel Fett?

Maximal 30 % des täglichen Energiebedarfs sollten in Form von Fett aufgenommen werden! Wenn Sie sich viel bewegen, darf es auch etwas mehr sein, nämlich bis zu 35 % der Energiezufuhr.

Eine fettarme Ernährung hat viele Vorteile: ein geringeres Risiko für Übergewicht, weniger gesättigte Fettsäuren in der Nahrung und damit auch ein geringeres Risiko für Herz-Kreislauf-Erkrankungen und Diabetes. Sogar das Risiko für Tumorerkrankungen sinkt mit einer niedrigen Fettaufnahme.

Vorsicht vor **versteckten Fetten** in Saucen, frittierten und süssen Speisen sowie in Fertiggerichten. Fettarme Zubereitungsarten helfen, den Fettanteil in der Nahrung zu senken.

Eine Portion Dorsch, pochiert (150 g)
1,5 % Fett 585 kJ

Eine Portion Fischstäbchen, frittiert (150 g)
17,9 % Fett 1785 kJ

Andere Länder – gesündere Sitten?
Die mitteleuropäische Küche besteht hauptsächlich aus Wurst, Speck, Rahm, fettem Käse etc. und gilt als nicht sehr gesund. Die traditionellen Küchen der Mittelmeerländer hingegen (Italien, Griechenland, Spanien, Nordafrika) kochen sehr grosszügig mit Olivenöl und anderen pflanzlichen Fetten. Die traditionelle japanische Küche wiederum setzt auf extrem fettarme Zubereitungen. Trotzdem gelten beide Küchen als überaus gesund.

Ebenfalls wichtig ist eine ausreichende Nahrungsfaserzufuhr. Nahrungsfasern können nämlich einen Teil der Fettsäuren und des Cholesterins im Darm binden und verhindern, dass es ins Blut gelangt.

Was passiert, wenn wir mehr Fett als empfohlen essen?
Das kommt darauf an, wie wir sonst noch leben: Bewegung, Arbeit, Lebensmittelauswahl und weitere Faktoren beeinflussen die Folgen. Mehr Fett im Essen bedeutet nicht unbedingt mehr Kilos auf der Waage. Nur wenn wir gleichzeitig auch mehr Energie (kJ) aufnehmen als wir verbrauchen, zeigt sich das an zu engen Hosen oder wachsenden Fettpölsterchen.

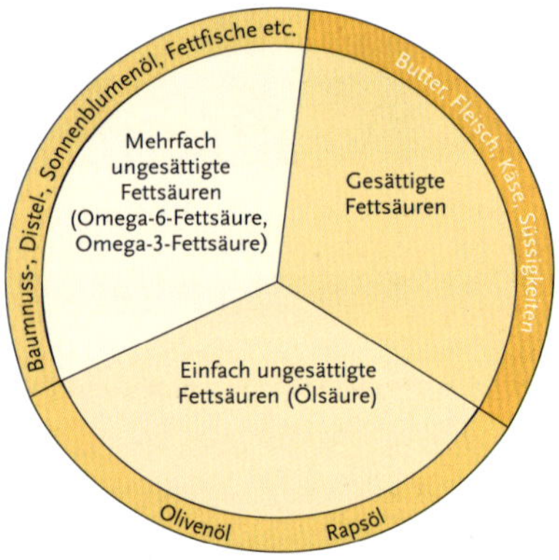

Sie wissen: Je flüssiger ein Fett bei Raumtemperatur, umso höher ist der Anteil an ungesättigten Fettsäuren.

Welche Fette?

Die Nahrungsfette sollten maximal ein Drittel gesättigte Fettsäuren und mindestens zwei Drittel ungesättigte Fettsäuren liefern. Deshalb sollte der Fettbedarf vorwiegend aus **pflanzlichen Ölen** gedeckt werden.

Zwei Fischmahlzeiten pro Woche reichen aus, um den Körper mit den essenziellen **Omega-3-Fettsäuren** zu versorgen.

2.5 Cholesterin und sein schlechter Ruf

Cholesterin ist ein fettähnlicher Stoff aus der Klasse der Sterine. Es erfüllt verschiedene Aufgaben im Körper, wie z. B. Transport von Fett im Blut, Bildung von Hormonen, Gallensäure, Nervengewebe und Zellwänden. Sogar Vitamin D wird aus Cholesterin aufgebaut, wenn Sonnenlicht auf die Haut scheint.

Der Körper produziert selbst Cholesterin
Bei gesunden Menschen sinkt die Eigenproduktion, wenn über die Nahrung mehr Cholesterin aufgenommen wird. Manche Menschen sind allerdings erblich vorbelastet. Ihre Eigenproduktion ist stark erhöht und passt sich der Nahrungszufuhr nicht an. Das heisst: Bei einer hohen Aufnahme an gesättigten Fettsäuren steigt die Cholesterin-Eigenproduktion zusätzlich an.

Nur **tierische Lebensmittel** enthalten Cholesterin, besonders die fettreichen, wie Wurst, Speck, fettes Fleisch, Geflügelhaut, Innereien, Schalentiere und Muscheln, Eidotter sowie fette Milchprodukte (Rahm, Käse). Das sind Lebensmittel, die auch viele gesättigte Fettsäuren enthalten.

Der schlechte Ruf des Cholesterins kommt vom «bösen» (V)LDL

Wenn es in hoher Konzentration durch unser Blut schwimmt, kann es – wie eine klebrige Substanz – an den Arterienwänden anhaften. Es entsteht die sogenannte **krankhafte Arteriosklerose,** die Schlaganfall und Herzinfarkt zur Folge haben können.

(V)LDL = (very) low density lipoprotein.

Menschen mit erhöhtem Blutfett- und Cholesterinspiegel sowie Diabetiker sollten besonders auf eine fett- und cholesterinarme Diät achten.

Pflanzliche Sterine sind eine Art Gegenspieler des tierischen Cholesterins und können den Blut-Cholesterinspiegel senken. Sie kommen reichlich in kalt gepressten Ölen vor.

Im Blut zirkuliert auch das «gute» Cholesterin HDL. Es transportiert schädliches Cholesterin aus den Zellen zur Leber, wo es über die Galle ausgeschieden wird.

HDL = high density lipoprotein.

Die **Empfehlungen** lauten daher:

- Täglich nicht mehr als 300 mg Cholesterin
- Weniger tierische Fette und fettreiche Nahrungsmittel
- Pflanzliche Fette bevorzugen

3 Proteine – Der Baustoff des Lebens

Sie wissen: Ein Steak wird kurz gebraten, sehniges Ragoutfleisch dagegen muss mehrere Stunden schmoren. Sie fragen sich, warum nicht jedes Stück Fleisch auf die gleiche Weise gegart wird? Sie ahnen schon – vielleicht hat es mit dem Protein zu tun.

Die chemische Zusammensetzung der Proteine:

- Kohlenstoff (C)
- Wasserstoff (H)
- Sauerstoff (O)
- Stickstoff (N)

Wegen ihres Anteils an Stickstoff können Proteine durch keine anderen Nährstoffe ersetzt werden.

3.1 Aufbau der Proteine

Proteine sind relativ grosse Nährstoffe, die aus vielen kleinen Bausteinen – den **Aminosäuren** – bestehen.

Es gibt zwanzig verschiedene Aminosäuren; neun davon sind essenziell, das heisst, der Körper benötigt sie dringend aus der Nahrung, weil er sie selbst nicht aufbauen kann.

Essenzielle Aminosäuren = Isoleucin, Leucin, Lysin, Methionin, Phenylalanin, Threonin, Tryptophan, Valin, Histidin.

Die Aminosäuren kommen in den verschiedenen Protein-Molekülen unterschiedlich häufig vor. Sie sind zu unterschiedlich langen und komplizierten Aminosäureketten verknüpft.

Symbol für Aminosäuren

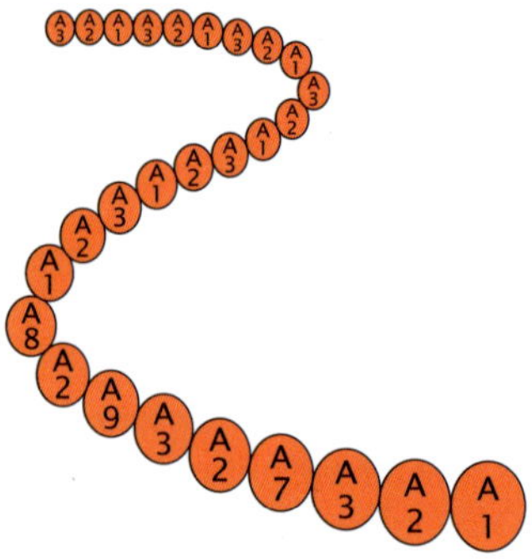

Aminosäurenkette

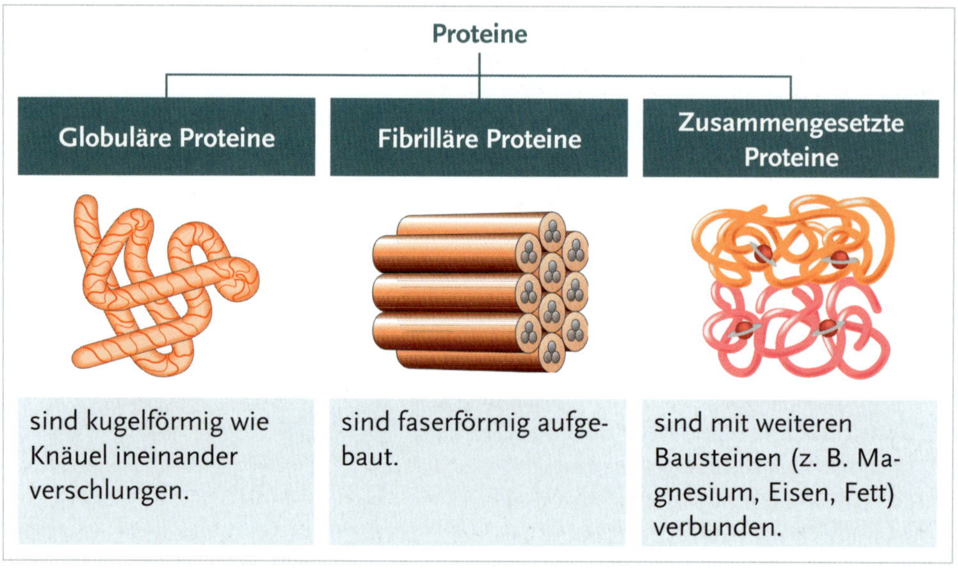

Kein Protein gleicht einem anderen und jeder Organismus hat sein eigenes Aminosäuremuster. Dieses Muster ist entscheidend für die Eigenschaften und die Protein-Qualität eines Lebensmittels.

Proteine wurden bisher nur auf der Erde nachgewiesen. Nirgendwo sonst im Weltall wurden Proteine gefunden.

3.2 Arten und Vorkommen der Proteine

Proteine befinden sich in:

- **Tierischen Lebensmitteln,** z. B. in Fleisch, Fisch, Milch(-produkten), Eiern
- **Pflanzlichen Lebensmitteln,** z. B. Hülsenfrüchten, Getreiden, Nüssen
- **Im menschlichen Körper,** z. B. Blut, Muskelfasern

3.3 Proteine in der Küche

Wie bereits erwähnt, beeinflusst die Anordnung der Aminosäuren die Eigenschaften der Proteine – nicht nur im Fleisch.

Faserförmige (fibrilläre) Proteine wie Kollagene, Keratine, Elastine und Myosin, sind in Wasser bzw. Salzwasser **nicht löslich** und schwer abbaubar. Erst nach langer Hitzeeinwirkung werden sie gallertig, weich bis flüssig.

Verschiedene Proteinarten/Vorkommen finden Sie in Ihrem digitalen Zusatzpaket.

Kugelförmige (globuläre) Proteine wie Albumine, Globuline, Kasein und Kleberprotein sind in Wasser bzw. Salzwasser eher **gut löslich.** Durch bestimmte Einflüsse können diese Proteine denaturieren – was heisst das?

Denaturierung – Protein-Gerinnung

Wenn die Anordnung eines Proteinmoleküls durcheinander gerät, verändern sich seine Eigenschaften. Das passiert durch **Hitze, Säure, Enzyme,** aber auch durch **Alkohol.** Die kugelförmigen (globulären) Proteine werden «entknäuelt» und dadurch **fest** und **wasserunlöslich.** Man spricht in diesem Fall auch von **gerinnen, stocken** oder **ausflocken** des Proteins. Eine Denaturierung kann nicht rückgängig gemacht werden.

Beispiel: Denaturierung
Wenn Sie (Klär-)Fleisch oder Kartoffelwürfel in Wasser kochen, bildet sich an der Oberfläche ein heller Schaum. Das ist Protein (Albumine und Globuline), welches vom Wasser herausgelöst wird und durch Hitze denaturiert (also gerinnt oder ausflockt). Auch wenn Sie z. B. ein zartes Steak zu lange braten, denaturieren die Proteine im Inneren des Fleisches und das Steak wird zäh und fest.

Denaturierung von Protein

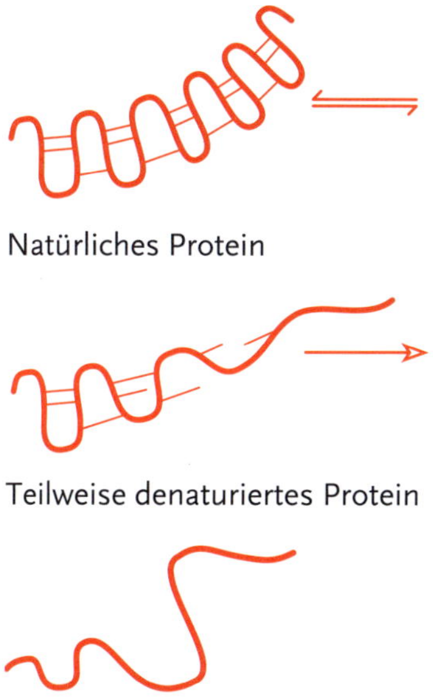

Bräunung durch Hitze

Wenn Lebensmittel, die gleichzeitig Proteine und Kohlenhydrate enthalten, über 110 °C erhitzt werden, entsteht eine braune Kruste und das typische Röstaroma. Dahinter steckt die **«Maillard-Reaktion».**

Siehe dazu auch «Maillard-Reaktion», S. 33.

Schaumschlägerei durch Proteine

Für die luftig-leichte Konsistenz von Eischnee oder Milchschaum sind Albumine und Globuline des Eiklars bzw. der Milch verantwortlich. Beim Aufschlagen vernetzen sich diese Proteine miteinander und die eingeschlagene Luft wird dazwischen festgehalten. Das Proteingerüst ist leider nicht stabil und fällt nach einer Weile wieder zusammen.

Im Eiklar sind Albumine und Globuline enthalten.

Proteine sind leicht verderblich!

Protein kann von Mikroorganismen wie Bakterien, Hefen und Schimmelpilzen, aber auch von Enzymen sehr gut zerlegt und verwertet werden. Wenn gleichzeitig Wasser vorhanden ist, verläuft dieser Vorgang besonders schnell. **Fleisch, Fisch, Eier und Milch** enthalten Proteine und Wasser und sind daher leicht verderblich.

3.4 Aufgaben im Körper

Petras Freund geht regelmässig ins Fitnessstudio. Immer wieder kommt er mit einer Dose Proteinpulver nach Hause. Er erzählt Petra, dass seine täglichen Proteinshakes dafür sorgen, dass Fett ab- und Muskeln aufgebaut werden. Petra ist skeptisch und will genauer wissen, was das Protein aus der Dose bringt.

Was wissen Sie über Sinn oder Unsinn von proteinreichen Produkten, weche häufig in Fitnessstudios angeboten werden?

Die Aussage «Protein ist der Baustein des Lebens» ist nur bedingt richtig. Genau genommen sind es nicht die Proteine in der Nahrung, die wir für das Leben benötigen, sondern deren Bausteine, die Aminosäuren.

Damit unser Körper die wertvollen Aminosäuren erhält, muss das Protein im Essen zerkleinert werden. Das passiert im Zuge der Verdauung, speziell im **Magen und im Zwölffingerdarm.** Durch die Magensäure «gerinnt» das Nahrungsprotein. Nur geronnene Proteine können von den Verdauungsenzymen gut aufgespalten werden. Die freigesetzten Aminosäuren werden über das Blut zur Leber transportiert, wo sie ihren weiteren Aufgaben im Körper zugeteilt werden.

10-15 % des täglichen Energiebedarfs sollten durch **Proteine** gedeckt werden.

Aufbau von Körper-Protein

Jede Zelle unseres Körpers ist aus Proteinen aufgebaut und enthält wichtige proteinhaltige Stoffe, damit sie funktioniert.

- **Muskeln, Knorpel und Knochen:** sorgen für Beweglichkeit und Stabilität des Körpers
- **Haare und Nägel:** schützen die Haut und sorgen nebenbei für gutes Aussehen
- **Enzyme:** steuern und ermöglichen alle Abläufe in einer Körperzelle
- **Hormone:** regeln und verbreiten Informationen im Körper
- **Transportstoffe:** transportieren z. B. Sauerstoff und Nährstoffe im Blut
- **Gerinnungsstoffe:** sorgen dafür, dass man nicht verblutet, wenn man sich verletzt (z. B. bei einem Schnitt in den Finger)
- **Abwehrstoffe:** bekämpfen Krankheitserreger im Körper

Bei Kindern, Jugendlichen und Schwangeren müssen viele dieser Zellen erst neu gebaut werden. Bei Erwachsenen hingegen werden sie ständig repariert und erneuert – auch dafür sind Proteine nötig.

Decken Sie Ihren Protein-Bedarf vorrangig mit pflanzlichen Lebensmitteln.

Energiegewinnung

Protein liefert ca. 17 kJ pro Gramm. Das ist allerdings nicht die Hauptaufgabe, sondern eher ein Nebeneffekt der Proteinverwertung in der Leber und den Körperzellen. Wenn die Nahrung allerdings zu wenig Fett und Kohlenhydrate enthält, werden beträchtliche Mengen Protein zur Energiegewinnung abgebaut – auch Körper-Proteine.

3.5 Empfehlungen zur Aufnahme von Proteinen

Abgebaute Körperzellen und verbrauchte lebensnotwendige Proteinverbindungen müssen ständig repariert und ersetzt werden.

Dazu muss unser Körper regelmässig mit Proteinen versorgt werden.

- Jugendliche und Erwachsene sollten täglich **0,8 g Protein pro kg Körpergewicht** aufnehmen. Das sind etwa 10-15 % des täglichen Energiebedarfs.
- Kinder und Jugendliche im Wachstum, Sportler und ältere Menschen benötigen etwas mehr Proteine (ca. ein Gramm pro Kilogramm Körpergewicht).
- Obwohl **tierische Lebensmittel** (z. B. Eier, Fleisch, Fisch, Milch) biologisch hochwertige Proteine (siehe S. 41) enthalten, sollten sie nicht mehr als **ein Drittel** des täglichen Proteinbedarfs decken. Diese Lebensmittel enthalten meist auch Fett, Cholesterin und Purine.
- Rund **zwei Drittel** des Proteinbedarfs, sollten durch **pflanzliche Proteinlieferanten,** wie Soja(-produkte), Bohnen, Erbsen, Linsen, Nüsse, Samen, Keimlinge, Kartoffeln, Getreide und Getreideprodukte (Vollkorn) gedeckt werden.

Purine = werden im Körper zu Harnsäure abgebaut. Manche Menschen haben aber ein Problem mit dem Abbau der Harnsäure – sie leiden häufig unter Gicht (siehe S. 115).

Umwandlung zu Fett
Wenn die Nahrung einen hohen Anteil an Proteinen und gleichzeitig mehr Energie (kJ) enthält, als der Körper benötigt, wird sie in Körperfett umgewandelt – vor allem bei zu wenig Bewegung.

3.6 Biologische Wertigkeit - Ergänzungswert

Für die Proteinversorgung des Körpers ist nicht nur die Menge an aufgenommenen Proteinen, sondern auch deren **Qualität** entscheidend.

Die Qualität eines Nahrungsproteins wird über die **biologische Wertigkeit** bestimmt: Sie gibt an, wie viel **Gramm (g) Körper-Protein aus 100 g Nahrungsprotein** gebildet werden kann. Entscheidend für die biologische Wertigkeit eines Lebensmittels ist der Gehalt an essenziellen Aminosäuren.

Das Lebensmittel mit der höchsten biologischen Wertigkeit – nämlich 100 – ist das Vollei. Das bedeutet, dass die Proteine eines Hühnereies zu 100 % in Körperprotein umgewandelt werden können.

Biologische Wertigkeit	
Hühnerei	100
Kartoffeln	95
Fisch	94
Milch	86
Soja	84
Reis	83
Fleisch	80–87
Bohnen, Mais	74
Weizen	59

Ergänzungswert

Auch Lebensmittel mit einer niedrigen biologischen Wertigkeit können stark aufgewertet werden, wenn sie mit bestimmten anderen Lebensmitteln zusammen gegessen werden. Die essenziellen Aminosäuren von Lebensmitteln ergänzen sich gegenseitig, daher spricht man vom **Ergänzungswert.**

Mit einer gemischten Kost kann ein hoher Ergänzungswert erreicht und das Nahrungsprotein vom Körper besser verwertet werden. Das ist wichtig für Menschen mit einem erhöhten Proteinbedarf, bei Krankheiten und für Personen, die wenig oder keine tierischen Lebensmittel essen.

4 Vitamine – kleine Menge, grosse Wirkung

«Vitamine braucht man viel und muss deshalb jeden Tag solche zu sich nehmen». In Medien und Apotheken wird speziell im Herbst für die Einnahme von Vitamintabletten zur Vorbeugung gegen Grippe und Erkältung geworben. Wie stehen Sie zu dieser Werbung? Nehmen Sie selbst Vitaminpräparate oder beurteilen Sie diese eher als problematisch?

Grippe und Erkältung – eine Vitaminmangelerscheinung?

Es gibt 13 verschiedene Vitamine. Jedes einzelne erfüllt im Körper spezifische Aufgaben und kann durch kein anderes ersetzt werden. Allen gemeinsam ist, dass sie

- keine Energie (kJ) liefern,
- essenziell sind,
- nur in geringer Menge (mg bis µg) vom Körper benötigt werden.

Mg = Milligramm (1/1000 g).
µg = Mikrogramm (1/1 000 000 g).

Der persönliche Bedarf kann zeitweise erhöht sein. Faktoren für einen höheren Vitaminbedarf sind z. B. das Alter, Geschlecht, der Gesundheitszustand, die Einnahme von Medikamenten (z. B. Antibiotika, Antibabypille), Rauchen, Alkoholkonsum oder besondere Lebensumstände (z. B. Schwangerschaft, Stress).

4.1 Einteilung und Besonderheiten

Wissen Sie noch, was essenzielle Aminosäuren sind?

Die Vitamine werden nach ihrer Löslichkeit eingeteilt in **wasserlösliche** und **fettlösliche** Vitamine. Damit hängen auch viele Eigenschaften und Besonderheiten, Vorkommen in Lebensmitteln und Wirkungen im Körper zusammen.

«Vita» ist lateinisch und bedeutet Leben. «Amin» ist die Stickstoffgruppe, die manche dieser Nährstoffe enthalten.

Vitamine

Fettlöslich

- **A = Retinol**
- **Provitamin A = Carotinoide**
- **D = Calciferol**
- **E = Tocopherol**
- **K = Phyllochinon**

Wasserlöslich

- **B_1 = Thiamin**
- **B_2 = Riboflavin**
- **B_6 = Pyridoxin**
- **B_{12} = Cobalamin**
- **Niacin**
- **Folsäure**
- **Pantothensäure**
- **C = Ascorbinsäure**
- **H = Biotin**

Provitamin = eine Vitamin-Vorstufe. Der Körper kann diesen Stoff in das Vitamin umwandeln.

Wasserlösliche Vitamine

Besonders die **wasserlöslichen Vitamine** sollten täglich in ausreichender Menge aufgenommen werden, denn sie können im Körper kaum gespeichert werden (Ausnahme: Vitamin B_{12}). Bei ungenügender Aufnahme mancher wasserlöslicher Vitamine macht sich sehr schnell ein leichter **Vitaminmangel** (Hypovitaminose) bemerkbar (z. B. höhere Krankheitsanfälligkeit oder Zahnfleischbluten).

Aus früheren Studien ist bekannt, dass die männlichen Jugendlichen in der Schweiz besonders schlecht mit Vitaminen (vor allem Vitamin D, E, B_2, C und Folsäure) versorgt sind.

Ein starker Mangel an Vitaminen (Avitaminose) kommt in den westlichen Industrieländern selten und nur bei sehr einseitiger Ernährung, unsachgemässer Zubereitung von Lebensmitteln, starkem Alkoholkonsum oder langen Hungerdiäten vor.

Isst man einmal zu viel von den wasserlöslichen Vitaminen, so führt das kaum zu körperlichen Beschwerden. Sie werden einfach in Wasser gelöst und über die Niere ausgeschieden.

Fettlösliche Vitamine

Bei den **fettlöslichen Vitaminen** sieht das anders aus. Sie haben einige Besonderheiten:

- Fettlösliche Vitamine werden vom Körper besser aufgenommen, wenn gleichzeitig etwas Fett in der Nahrung enthalten ist (z. B. Karotten mit wenig hochwertigem Öl gedünstet).
- Sie können in der Leber gespeichert werden, daher tritt ein Mangel erst nach langer Unterversorgung auf.
- Eine zu **hohe Aufnahme** (Hypervitaminose) der Vitamine **A** und **D** über längere Zeit kann **schädlich** für den Körper sein. Das ist in der Regel nur durch eine leichtsinnige Einnahme von Vitaminpräparaten möglich. Überschüssige fettlösliche Vitamine können nämlich nicht ausgeschieden werden.

Vitamintabletten sind kein Ersatz für eine ausgewogene Ernährung.

Vitamine ACE – Schutz vor Krebs?
Die Vitamine A, C und E schützen unsere Zellen vor sogenannten freien Radikalen. Das sind hoch aggressive Stoffe, die in den Körperzellen selbst entstehen (z. B. bei Entzündungen oder beim Sport), aber auch von aussen in den Körper gelangen (etwa über Zigarettenrauch, Umweltgifte, Medikamente). Sie schädigen Körperzellen und Nährstoffe. Das wiederum verursacht oder beschleunigt Krankheiten wie Krebs und Arterienverkalkung.

Aus Studien ist bekannt, dass die Vitamine C, E und Carotinoide – wenn alle drei gleichzeitig mit der Nahrung aufgenommen werden – das Tumorwachstum in Magen, Darm und Lunge verlangsamen können.

«Iss 5 am Tag»
Obst und Gemüse versorgt uns optimal mit Provitamin A und den Vitaminen C und E.

4.2 Vitamine – Steckbriefe

Eigentlich würde die Vitaminzufuhr über die Nahrung – zumindest bei einer ausgewogenen Ernährung – ausreichen, um den persönlichen Bedarf zu decken. Dennoch kommt es auch in Ländern wie der Schweiz zur Unterversorgung mit manchen Vitaminen – trotz eines riesigen Nahrungsangebotes.

Vitamin A (Retinol) und Provitamin A (Carotinoide)

Vitamin A ist nur in tierischen Lebensmitteln enthalten, besonders in Leber und Eigelb. Carotinoide (z. B. Betacarotin) kommen in allen bunten, aber vor allem gelb-orange-roten Obst- und Gemüsesorten (z. B. Karotten, Tomaten, Aprikosen), und in grünem Blatt- und Kohlgemüse vor.

Vitamin A wird für die Augen, die Entwicklung von neuen Körperzellen, das Wachstum und das Immunsystem benötigt. Carotinoide sind gute Radikalfänger im Körper und können im Darm in Vitamin A umgewandelt werden (daher Provitamin A).

Bei zu niedriger Vitamin-A-Zufuhr kommt es zu Sehproblemen, Hautproblemen, Wachstumshemmungen und erhöhter Krankheitsanfälligkeit. Vitamin A in überhöhter Dosis (z. B. durch Nahrungsergänzungsmittel) führt zu Kopfschmerzen, Übelkeit, Hautveränderungen und Leberschädigungen.

Gute Vitamin-A-Lieferanten

Wussten Sie, dass …
- Die Vitamin-A-Mangelkrankheit «Nachtblindheit» schon 2500 v. Chr. mit Leber behandelt wurde?
- Die Leber von Polarbären so viel Vitamin A enthält, dass der Verzehr einer Portion bereits zu einer Vergiftung führen würde?

Vitamin D (Calciferol) – das Knochenvitamin

Vitamin D kommt in fetten Fischen (z. B. Lachs, Hering, Makrelen), Leber und Eigelb, Milch und fetten Milchprodukten vor.

Es spielt eine grosse Rolle für die Knochen, das Immunsystem und die Muskelfunktion. Ein Mangel an Vitamin D führt zu schweren Knochenproblemen (Rachitis bei Kindern und Jugendlichen, Osteomalazie bei Erwachsenen) bis zum Knochenabbau (Osteoporose).

Bei ausreichendem Sonnenlicht auf der Haut kann Vitamin D im Körper gebildet werden. Zu einer mangelhaften Bildung kann es in den Wintermonaten kommen, dann ist eine ausreichende Versorgung über die Nahrung wichtig.

Gute Vitamin-D-Lieferanten

Rachitis = Im Kindesalter die häufigste Form der Osteomalazie.

Osteomalazie = Knochenerweichung.

In höheren Mengen aufgenommen (z. B. durch Präparate) kann Vitamin D für den Körper gefährlich und sogar tödlich sein.

Gute Vitamin-E-Lieferanten

Vitamin E – das Zellschutzvitamin

Vitamin E kommt immer in Verbindung mit pflanzlichem Fett vor, z. B. in Getreidekeimlingen und daraus hergestellten Ölen sowie in Samen und Nüssen und daraus gewonnenen Ölen.

Vitamin E schützt die Körperzellen vor dem Angriff durch freie Radikale.

Ein Mangel an Vitamin E ist schwer nachzuweisen, erhöht aber das Risiko für Zellschädigungen und damit für Tumorerkrankungen.

Vitamin K – das Blutvitamin

Vitamin K ist vor allem in grünem Gemüse enthalten (z. B. Spinat, Kohlgemüse), aber auch in allen tierischen Lebensmitteln. Der Körper benötigt Vitamin K für die Blutgerinnung und den Knochenstoffwechsel. Ein Mangel kann zu Blutungen führen, ist bei Erwachsenen aber sehr selten.

Gute Vitamin-C-Lieferanten

Vitamin C (Ascorbinsäure) – stärkt das Immunsystem

Es ist vor allem in frischem Obst, Gemüse und daraus hergestellten Säften enthalten. Besonders Vitamin-C-haltig sind Peperoni, Brokkoli, Beerenobst (Johannisbeeren), Zitrusfrüchte und Kiwi. Aber auch Kartoffeln, Spinat, Tomaten und Kohlgemüse tragen deutlich zur Versorgung bei.

Vitamin C wird von der Lebensmittelindustrie als Konservierungsmittel verwendet, muss aber als «Ascorbinsäure» (E 300) gekennzeichnet werden.

Vitamin C erfüllt verschiedene Aufgaben im Körper:
- Schutz der Zellen vor aggressiven Radikalen
- Bildung von Bindegewebe und Förderung der Wundheilung
- Unterstützung der Abwehr von Krankheitserregern
- Verstärkung der Eisenaufnahme aus dem Darm

Ein Vitamin-C-Mangel macht sich bemerkbar durch Blutungen, z. B. am Zahnfleisch, schlechte Wundheilung, erhöhte Infektionsanfälligkeit (Erkältungen, Grippe) und verminderte Eisenaufnahme (z. B. Müdigkeit, Blässe durch Eisenmangel).

Die meisten Schweizer sind sehr gut mit Vitamin C versorgt. Manche Personen haben aber einen erhöhten Bedarf, wie z. B. Raucher (benötigen 50 % mehr Vitamin C), Schwerstarbeiter und Menschen mit Stress.

Schon 1496 notierte der Seefahrer Vasco da Gama, dass viele seiner Matrosen unter geschwollenem Zahnfleisch litten und nicht mehr essen konnten. Viele starben daran.

1747 behandelte James Lind erkrankte Soldaten mit Orangen und Zitronen, ohne Vitamin C zu kennen. Schon nach einer Woche waren die Erkrankten so gut wie geheilt.

Vitamin B_1 (Thiamin) – für die Nerven

Vitamin B_1 kommt in magerem Fleisch (Schweinefleisch), Leber, Vollkornprodukten (in den Randschichten von Getreide), Hülsenfrüchten und Kartoffeln vor.

Es wird im Körper für den Kohlenhydratabbau benötigt und spielt eine wichtige Rolle für die Funktion von Gehirn und Nerven.

Typische Mangelerscheinungen sind Müdigkeit und Konzentrationsstörungen. Vitamin B_1 wird täglich benötigt! Der normale Tagesbedarf ist deutlich erhöht bei hohem Zucker- und Alkoholkonsum und bei erhöhtem Energiebedarf (z. B. bei Leistungssport).

Vitamin-B_1-reiche Lebensmittel

Vitamin B_2 (Riboflavin) – für gesunde Haut

Vitamin B_2 ist in Milch und Milchprodukten, aber auch Fleisch, Fisch, Eiern und Vollkornprodukten enthalten.

Der Körper benötigt es für die Energiegewinnung und die Reparatur von Hautschäden.

Ein Mangel an Vitamin B_2 kann immer wieder kurzfristig auftreten und ist an eingerissenen Mundwinkeln und Entzündungen an Haut und Schleimhäuten erkennbar.

Gute Vitamin-B_2-Lieferanten

Vitamin B_{12} (Cobalamin) – für die Blutbildung

Die wichtigsten Vitamin-B_{12}-Lieferanten sind Fleisch, Fisch, Leber, Milch und Milchprodukte. Mit Ausnahme von Sauerkraut ist dieses Vitamin kaum in pflanzlichen Lebensmitteln enthalten.

Vitamin B_{12} erfüllt verschiedene Aufgaben im Stoffwechsel, ist aber vor allem an der Bildung der roten Blutkörperchen beteiligt.

Da Vitamin B_{12} in der Leber gut gespeichert werden kann, wird eine Unterversorgung oft erst nach Jahren sichtbar. Ein Mangel tritt vor allem bei streng veganer Ernährung oder bei Magenproblemen auf und führt zu Anämie (Mangel an roten Blutkörperchen), Müdigkeit und Leistungsabfall.

Gute Vitamin-B_{12}-Lieferanten

Folsäure – bei Kinderwunsch

Folsäure ist reichlich in grünem Blattgemüse (z. B. Spinat), Kohlgemüse, Tomaten und Vollkornprodukten enthalten. Es spielt eine entscheidende Rolle bei der Bildung von neuen Zellen.

Ein Folsäuremangel ist besonders kritisch während der Schwangerschaft und kann zu Missbildungen beim Ungeborenen führen (z. B. offener Rücken).

Gute Folsäurelieferanten

Weitere B-Vitamine

Die B-Vitamine haben viele Gemeinsamkeiten. Vitamin B_6, Niacin und Pantothensäure kommen vorwiegend in Fleisch, Fisch, Kohlgemüse, Hülsenfrüchten und Vollkornprodukten vor, Biotin ist in Hülsenfrüchten, Haferflocken und Nüssen enthalten. Sie sind Bestandteile von Enzymen und für den Ab-, Um- und Aufbau von Nährstoffen zuständig.

4.3 Tipps für die Küche

Die **fettlöslichen Vitamine** A, D und E reagieren sehr empfindlich auf Licht und Sauerstoff. Die **wasserlöslichen Vitamine** dagegen können durch Wasser ausgelaugt werden. Manche wasserlösliche Vitamine sind zusätzlich noch sehr empfindlich auf Hitze. Das beeinflusst den Umgang mit vitaminreichen Lebensmitteln – beginnend bei Einkauf und Lagerung bis hin zur Zubereitung in der Küche.

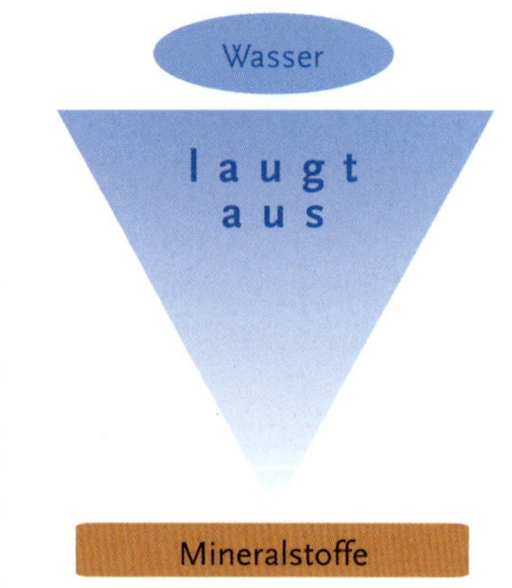

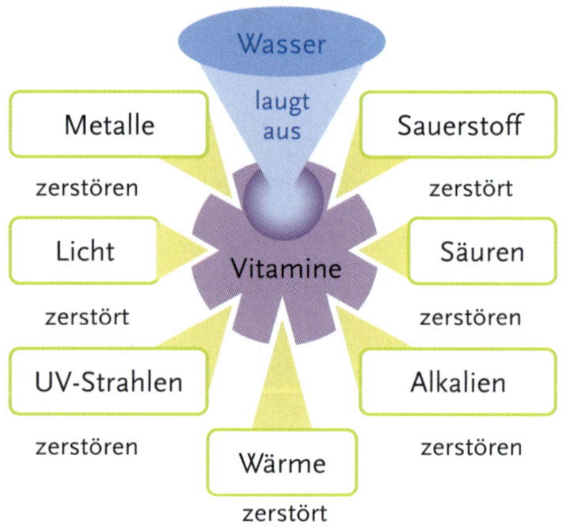

Bevorzugen Sie regionale Produkte.

Einkauf und Lagerung

Vitamin C wird während der Lagerung abgebaut – nicht jedoch durch Tiefkühlung. Kaufen Sie deshalb **vor allem regionale** und **saisonale Lebensmittel.** Das verkürzt Transportwege und Lagerzeiten. Bevorzugen Sie während der Wintermonate tiefgekühltes Obst und Gemüse.

Lagern Sie Lebensmittel (Obst, Gemüse, Öle, Nüsse) **dunkel, verschlossen** und **kühl** zum Schutz vor Licht, Sauerstoff und Wärme.

Vorbereitung

- **Waschen** Sie alle Lebensmittel – besonders Obst und Gemüse – **nur kurz** unter fliessendem Wasser, damit die wasserlöslichen Vitamine nicht ausgelaugt werden.
- Der Grossteil der Vitamine befindet sich direkt unter der Schale von Obst, Gemüse, Kartoffeln und Getreide. **Vermeiden Sie daher das Schälen** von Obst und Gemüse. Schälen Sie die Kartoffeln erst nach der Zubereitung und bevorzugen Sie Vollkorngetreide(-produkte).
- **Schneiden** Sie Obst, Gemüse und andere Lebensmittel erst möglichst **kurz vor der Zubereitung.** Durch grosse Schnittflächen gelangt mehr Sauerstoff an die Lebensmittel und das kann Vitamine zerstören.

Zubereitung

- Bevorzugen Sie vitaminschonende Gartechniken: **Dämpfen statt Kochen.** Durch kürzere Hitzeeinwirkung und weniger Wasser bleiben die wasserlöslichen Vitamine besser erhalten.
- **Verwenden Sie das Kochwasser** von Gemüse, Obst, geschälten Kartoffeln etc. weiter. Es enthält wasserlösliche Vitamine.
- **Vermeiden** Sie langes **Warmhalten.** Je länger die Hitze auf Vitamine einwirkt, umso stärker werden sie zerstört.

Durchschnittliche Vitaminverluste beim Garen von Gemüse

	Vit. C	Vit. B_1	Vit. B_2
Dünsten	16 %	15 %	9 %
Dämpfen	15 %	13 %	1 %
Kochen	23 %	14 %	12 %

- Bereiten Sie **gelb-orange-rotes Gemüse mit wenig Fett** zu: Carotinoide werden so besser vom Körper aufgenommen.
- Garnieren und runden Sie den Geschmack Ihrer Speisen mit **frischen Kräutern** ab. Sie enthalten besonders viele Vitamine und andere positive Inhaltsstoffe für Ihren Körper.
- Ergänzen Sie Salate, kalte und warme Speisen mit **Nüssen** und **Sprossen** – damit bereichern Sie die Gerichte mit weiteren Vitaminen.

5 Mineralstoffe – die kleinsten Nährstoffe

Heisst Mineralwasser so, weil es Mineralstoffe enthält? Kommen Mineralstoffe aus dem Gestein? Sind Mineralstofftabletten gut für meine Gesundheit? Am Ende dieses Kapitels können Sie diese Fragen bestimmt beantworten.

Mineralstoffe werden auch als Mineralien bezeichnet. Diesen Begriff sollten wir in Bezug auf die Ernährung vermeiden, damit es keine Missverständnisse gibt.

Mineralstoffe sind winzig klein und doch enorm wichtig für unseren Körper. Sie kommen im Boden und in Gesteinen vor, werden in Wasser gelöst und gelangen über dieses sowie über Pflanzen auch in tierische Lebensmittel.

5.1 Einteilung und Besonderheiten

Je nach Menge ihres Vorkommens im Körper und täglichen Bedarfs werden die Mineralstoffe in zwei Gruppen eingeteilt:

Einteilung

Mengenelemente werden in grösserer Menge benötigt (g bis mg)	**Spurenelemente** werden in sehr kleiner Menge benötigt (wenige mg bis µg)
Natrium, Kalium, Magnesium, Calcium, Chlor, Phosphor, Schwefel	Eisen, Zink, Jod, Fluor, Selen, Chrom, Silizium, Kobalt, Kupfer, Mangan, Molybdän, Nickel, Arsen, Vanadium, Zinn

Wir benötigen mindestens 22 verschiedene Mineralstoffe, die einige Gemeinsamkeiten haben:

- Mineralstoffe enthalten **keine Energie** (kJ).
- Sie kommen in den **verschiedensten Lebensmitteln** vor.
- Bei zu geringer Aufnahme über die Nahrung kommt es zu **Mangelerscheinungen** mit typischen körperlichen Beschwerden.
- Kein Mineralstoff kann durch einen anderen ersetzt werden.
- Mineralstoffe werden nur in **sehr kleiner Menge benötigt.**
- Der Bedarf an Mineralstoffen kann je nach Alter und Lebenssituation erhöht sein (Sportler, Kinder und Jugendliche, Schwangere).

⚠ Auch bei den Mineralstoffen ist ein **Zuviel möglich.** Am ehesten geschieht dies über **Mineralstoffpräparate** und das kann dem Körper schaden.

Aufgaben der Mineralstoffe im Körper:

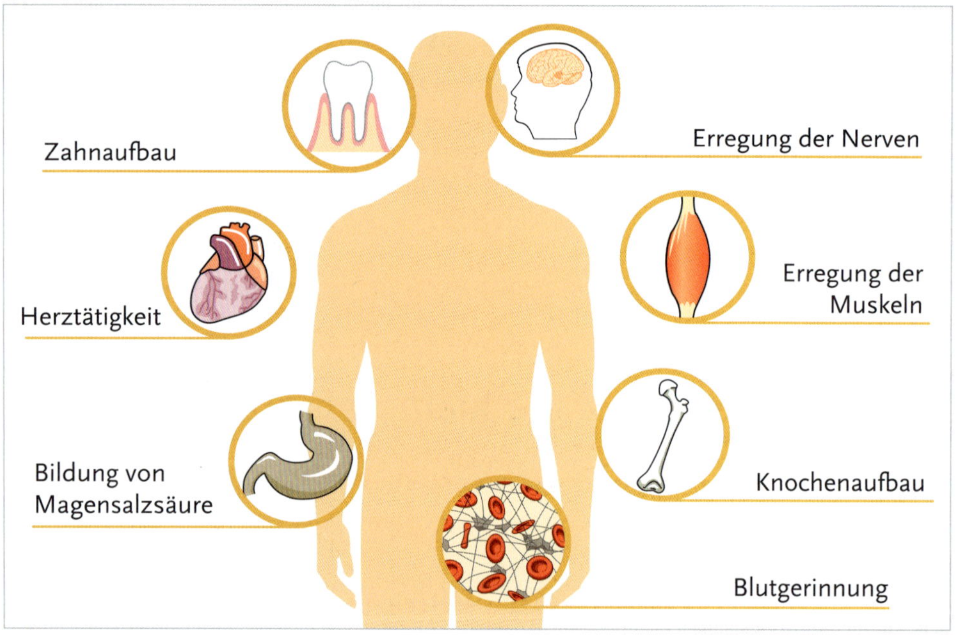

5.2 Mineralstoffversorgung der Schweizer

Eine ausgewogene Ernährung nach der Ernährungspyramide der SGE sieht eine optimale Versorgung mit Mineralstoffen vor. Die Realität sieht jedoch anders aus.

Die Mengenelemente Natrium und Chlorid, vor allem in Form von Kochsalz, sowie Phosphor und das Spurenelement Zink sind in der Ernährung von Schweizern überdosiert. Zu den unterdosierten Mineralstoffen zählen in erster Linie Kalium, Calcium, Eisen und Jod.

5.3 Mineralstoffe – Steckbriefe

Anna betreibt in ihrer Freizeit regelmässig Sport. Sie hat gelesen, dass man durch das Schwitzen viele Mineralstoffe verliert und daher isotonische Getränke trinken sollte. Kennen Sie diese Getränke? Lesen Sie doch einmal das Etikett genauer, und überlegen Sie sich welche Mineralstoffe in diesen Getränken enthalten sind und was Sie schon darüber wissen.

Die wichtigsten Mineralstoffe sind nachfolgend zusammengefasst.

Natrium – Bestandteil von Salz

Natrium ist – zusammen mit Chlor – Bestandteil von Kochsalz (Natriumchlorid NaCl) und in allen stark gesalzenen Lebensmitteln enthalten (z. B. in Knabbereien, Wurst, Käse, Gebäck, Fertigprodukten).

Die Mineralstoffe im Überblick

Natrium regelt den Wasserhaushalt im Körper und hat eine wichtige Funktion bei der Weiterleitung von Nervensignalen. **Natriummangel führt zu Schwindel, Schwächegefühl, Blutdruckabfall und Muskelkrämpfen.** Das kommt aber sehr selten vor. Viel häufiger leiden die Schweizer an einer Überversorgung mit Natrium. Das kann das Risiko für Bluthochdruck erhöhen, zu Wasseransammlungen (Ödemen) im Körper, Unruhe und Schwindel führen.

Kalium – Gegenspieler des Natriums

Kalium ist vor allem in Obst und Gemüse, Kartoffeln sowie frischen Kräutern enthalten. Es ist wie Natrium an der Regelung des Wasserhaushaltes und an der Weiterleitung von Nervensignalen beteiligt. Im Gegensatz zu Natrium wirkt es blutdrucksenkend. Ein zu niedriger Kaliumspiegel im Körper kann zu Muskelschwäche und Herzproblemen führen, was aber eher selten vorkommt. Dennoch sollten wir auf eine ausreichende Kaliumzufuhr achten, damit das Verhältnis Natrium zu Kalium im Körper im Gleichgewicht bleibt.

Calcium – für starke Knochen

Calcium ist in Milch und Milchprodukten, calciumreichem Mineralwasser (mind. 150 mg Calcium pro Liter), aber auch in Brokkoli und Lauch enthalten.

Unser Körper benötigt Calcium für den Aufbau von Knochen und Zähnen – ganz besonders während des Wachstums! Auch an der Blutgerinnung und an Muskelbewegungen ist Calcium beteiligt.

Ein Calciummangel im Wachstum hat besonders schwere Folgen für den Körper. Ein Mangel bei Erwachsenen führt zu Osteomalazie, Osteoporose (Knochenabbau) und Muskelkrämpfen.

Phosphor – Partner von Calcium

Phosphor ist in allen proteinhaltigen Lebensmitteln reichlich enthalten, besonders in Fleisch, Wurst, Milchprodukten und Eiern.

Phosphor sorgt – zusammen mit Calcium – für die Festigkeit von Knochen und Zähnen. Er reguliert den Säure-Basen-Haushalt und ist wichtig bei der Energieübertragung im Körper. Mit unserer üblichen Ernährung nehmen wir mehr Phosphor auf, als der Körper benötigt. Ein Mangel ist daher nicht bekannt. Ein sehr hoher Phosphorgehalt in der Nahrung kann die Aufnahme von Calcium in den Körper hemmen.

Magnesium – für die Muskeln

Magnesiumreiche Lebensmittel sind Vollkornprodukte, grünes Gemüse, Hülsenfrüchte, Kartoffeln, Bananen, Beerenobst, Milch(-Produkte) und magnesiumreiches Mineralwasser (mind. 100 mg Magnesium pro Liter). Magnesium benötigen wir für die Muskelarbeit, es fördert die Knochenhärtung und beruhigt die Nerven.

Ein Magnesiummangel macht sich durch Muskelkrämpfe (z. B. Waden, Zehen) bemerkbar.

Die tägliche Kochsalzaufnahme sollte maximal 6 g betragen. Tatsächlich essen die Schweizer durchschnittlich etwa 9 g, manche sogar bis zu 12 g – das ist das Doppelte der Empfehlung.

Natrium bindet und hält Wasser im Körper zurück, Kalium dagegen fördert die Wasserausscheidung.

Kaliumreiche Lebensmittel

Hervorragende Calciumspender

Phosphorlieferanten

Eisenlieferanten

Eisen – rote Farbe von Blut und Fleisch

Besonders gute Eisenlieferanten sind dunkles Fleisch, Leber, aber auch Spinat, Schwarzwurzel und Hülsenfrüchte. Eine gleichzeitige Vitamin-C-Zufuhr, z. B. über ein Glas Orangensaft, fördert die Eisenaufnahme aus der Nahrung. Menschen, die sich vegan oder vegetarisch ernähren, sollten dies berücksichtigen.

Eisen ist Bestandteil von Hämoglobin (roter Blutfarbstoff) und Myoglobin (roter Muskelfarbstoff). Es hat die Aufgabe, den Sauerstoff im Körper zu transportieren – zum Beispiel von den Lungen zu Muskeln und Gehirn.

Eisenmangel spüren wir sehr schnell: Müdigkeit, Kopfschmerzen, ein blasses Gesicht, Kältegefühl, verstärkter Haarausfall. Frauen sind häufiger davon betroffen, denn Eisen geht hauptsächlich über das Blut verloren.

Auch eine sogenannte «Eisenüberladung» im Körper ist möglich – bei starkem Alkoholkonsum oder einer erblich bedingten Eisenspeicher-Krankheit. Die Folgen sind Schäden an Leber, Bauchspeicheldrüse, Herz.

Wussten Sie, dass ...
Eisen aus Fleisch und Leber besser in den Körper aufgenommen wird als Eisen aus pflanzlichen Lebensmitteln?

Schwarztee und calciumreiche Lebensmittel senken die Eisenaufnahme und sollten daher getrennt von eisenreichen Mahlzeiten konsumiert werden.

Eine Fischmahlzeit deckt den Jodbedarf für mehr als einen Tag.

Jod – für die Schilddrüse

Jod kommt reichlich in Meeresfisch, Meeresfrüchten, essbaren Meeresalgen sowie in jodiertem Speisesalz und daraus hergestellten Speisen vor.

Jod ist Bestandteil der Schilddrüsenhormone – sie steuern das Wachstum, die Energiegewinnung aus den Nährstoffen und die Körpertemperatur.

Ein Jodmangel führt zum Absinken der Schilddrüsenhormone, zu einer vergrösserten Schilddrüse (Kropf) und zur Bildung von Knoten an der Schilddrüse. Bei Babys und Kindern kann ein Jodmangel «Kretinismus» (Zwergwuchs) verursachen. Eine Überversorgung mit Jod kommt – auch bei Verwendung von Jodsalz – nicht vor.

Insulin = Hormon, das in der Bauchspeicheldrüse gebildet wird und den Blutzuckerspiegel regelt.

Zink – stärkt die Abwehr

Zink ist Bestandteil vieler Enzyme und regelt somit Ab-, Um- und Aufbauvorgänge der Nährstoffe. Es zählt zu den Antioxidantien, aktiviert das Immunsystem und spielt eine grosse Rolle für die Wirksamkeit von Insulin.

Ein Zinkmangel erhöht die Infektionsanfälligkeit, verschlechtert die Wundheilung und führt zu vermindertem Geschmacksempfinden.

Zinkhaltige Lebensmittel sind Fleisch, Vollkornprodukte (Haferflocken), Käse, Milch und Eier.

Zinklieferanten

Fluor – schützt vor Karies

Fluor wird vor allem über fluoridreiches Trinkwasser aufgenommen. Etwas Fluor befindet sich in manchen Meeresfischen (Sardinen) und in Schwarztee. Auch Zahnpasten und Mundspülungen wird Fluor zugesetzt.

Fluor festigt die Knochen, härtet den Zahnschmelz und macht die Zähne widerstandsfähig gegen Karies. Ein Fluormangel führt zu höherer Kariesanfälligkeit der Zähne. Eine Fluor-Überdosierung führt zu braunen Flecken auf den Zähnen (Fluorose) bis hin zu grauen Zähnen.

Fluor – für gesunde Zähne

Selen – schützt die Zellen

Der Selengehalt der Lebensmittel ist abhängig vom Selengehalt des Bodens. Die besten Selenlieferanten sind Fleisch, Fisch, Eier, Linsen und Spargel.

Selen schützt vor freien Radikalen und stärkt die Immunabwehr. Ein Selenmangel führt zu Muskel- und Herzproblemen, kommt aber selten vor. Selen wird nur in sehr geringer Menge benötigt, daher ist das Risiko für eine Selenvergiftung sehr hoch – aber nur bei Einnahme von Selenpräparaten.

Selenreiche Lebensmittel

Isotonische Getränke – der Mineralstoffkick für Sportler?
Bei intensiver sportlicher Aktivität verliert der Körper über den Schweiss Natrium und Chlor. Der Schweiss schmeckt daher salzig und es können sogar feine Salzkrusten an der Haut kleben. Auch kleinere Mengen Kalium, Calcium und Magnesium sind im Schweiss enthalten.

Isotonische Getränke enthalten jene Mineralstoffe, die durch das Schwitzen verloren gehen, sowie Kohlenhydrate als schnelle Energielieferanten und Vitamine.

Betreiben auch Sie intensiv Sport und kommen dabei manchmal ins Schwitzen? Dann bereiten Sie sich Ihr isotonisches Getränk selbst zu:
0,4 l Apfelsaft (oder ein anderer Fruchtsaft), verdünnt mit 0,6 l Wasser. Dazu eine gute Prise Salz, mischen und fertig ist Ihr Iso-Drink!

6 Wasser – Grundlage des Lebens

Meist gedankenlos drehen wir den Wasserhahn auf und verwenden das Wasser aus der Wasserleitung zum Trinken, Kochen, Waschen etc. Aber es ist nicht selbstverständlich, dass Hahnenwasser jederzeit verfügbar ist und durch seine gute Qualität sogar bedenkenlos getrunken werden kann. Erst wenn wir einmal ohne sauberes Trinkwasser auskommen müssen, erkennen wir dessen Wert: Ohne Wasser kein Leben!

Stellen Sie sich einen Tag ohne Wasser vor! Welche Arbeiten könnten Sie nicht mehr ausführen? Wie können Sie Ihre Gäste dennoch mit Speisen und Getränken versorgen? Überlegen Sie sich einen Plan B.

6.1 Wassergehalt von Lebensmitteln und Getränken

Wasser befindet sich naturgemäss in allen Getränken und flüssigen Lebensmitteln, z. B. Suppen und Saucen. Aber auch die festen Lebensmittel enthalten beträchtliche Mengen an Wasser.

Der Wassergehalt von Lebensmitteln und Getränken ist entscheidend für die Deckung des persönlichen Wasserbedarfs, beeinflusst aber auch viele Zubereitungs- und Bearbeitungsprozesse von Lebensmitteln in der Küche.

Lebensmittel	Wassergehalt	
Gurke		97 %
Weintraube		90 %
Milch		88 %
Fisch		80 %
Ei		78 %
Kartoffel		75 %
Fleisch		69 %
Käse		45 %
Vollkornbrot		40 %
Reis		12 %

6.2 Wasser im Lebensmittelbetrieb

Tipp zum Energiesparen: Sobald das Wasser siedet, kann die Wärmezufuhr reduziert werden – das Wasser wird nicht mehr heisser.

Wasser ist für die Arbeit in der Küche unentbehrlich – und es hat auch einige interessante Eigenschaften.

Wasser und Hitze

Dass Wasser bei 100 °C siedet und bei 0 °C gefriert, wissen Sie bereits aus Ihrer Schulzeit. Aber warum sind die Spaghetti in Italien so wunderbar al dente gekocht und bei uns bei gleicher Kochdauer steinhart?

Reines Wasser **siedet normalerweise bei 100 °C.** Das gilt nicht überall, sondern hängt vom (Luft-)Druck ab:

- Je **höher der Druck,** umso **höher ist die (Siede-)Temperatur** von Wasser, z. B. im Dampfkochtopf. Das Wasser bzw. der Wasserdampf erreicht darin weit über 100 °C. Das hat einige Vorteile: Die Garzeit von Lebensmitteln verkürzt sich wesentlich, dadurch werden Vitaminverluste und der Energieverbrauch reduziert.
- Je **niedriger der Druck,** umso **niedriger ist die (Siede-)Temperatur** von Wasser. Dabei spielt die Meereshöhe eine Rolle: Je höher oben (Höhe über dem Meeresspiegel) Sie Wasser zum Sieden bringen, umso niedriger ist die Siedetemperatur, weil der Luftdruck sinkt. Das hat zur Folge, dass Lebensmittel länger gekocht werden müssen.

Wasser und Kälte

Beim **Gefriertrocknen** wird der Druck bis zum Vakuum abgesenkt. Die Siedetemperatur sinkt so stark ab, dass Wasser ohne Hitze siedet und verdunstet. Lebensmittel werden auf diese Art schonend getrocknet.

Reines Wasser gefriert bei 0 °C:

- Es wird fest (Eis),
- kühlt nicht unter 0 °C ab,
- dehnt sich aus und braucht mehr Platz.

Das ist der Grund, warum Gefässe nie vollständig mit Wasser gefüllt werden dürfen, wenn sie in den Tiefkühler gestellt werden. Sie würden platzen – vielleicht ist Ihnen das sogar schon einmal passiert?

Im Winter werden die Strassen gesalzen, um der Eisbildung vorzubeugen.

Durch Zugabe von **Salz, Zucker oder Alkohol** sinkt der Gefrierpunkt von Wasser. Es wird erst bei einer viel tieferen Temperatur fest. Daher gefrieren Getränke mit einem höheren Alkoholgehalt (z. B. Spirituosen) im Tiefkühler nicht.

Wasser als Lösungs- und Quellmittel

Manche Inhaltsstoffe können erst wirksam werden, wenn sie in Wasser gelöst oder gequollen sind:

- **Stärke** und **Proteine** (Kleberprotein) quellen bei der Teigbereitung in Wasser.
- Viele **Farb-, Geruchs- und Geschmacksstoffe** (z. B. Salz, Zucker) können nur in Wasser gelöst geschmacklich wahrgenommen werden.
- **Mineralstoffe und wasserlösliche Vitamine** werden nur in Wasser gelöst vom Körper aufgenommen.

Gibt man Salz auf eine Eis-Wasser-Mischung, so sinkt die Temperatur sehr rasch ab. Das gesalzene Eiswasser ist wesentlich kälter als reines Eis. Diesen Effekt nutzt man in der Gastronomie, um Getränke, Saucen oder andere warme Lebensmittel sehr schnell zu kühlen.
Das Fachwort dafür lautet **«frappieren».**

Wasserhärte

Für das Arbeiten mit Wasser in der Küche sind die gelösten Mineralstoffe (Calcium- und Magnesium-Verbindungen) im Trinkwasser von Interesse. Sie bestimmen die sogenannte **Wasserhärte** und werden in französischen Härtegraden (fH) oder in deutschen Härtegraden (dH) gemessen. Sowohl hartes als auch weiches Wasser haben Vor- und Nachteile:

Hartes oder weiches Wasser

Weiches Wasser (0-8 dH/0-15 fH) ist besser für Kaffee, Tee und Bierherstellung. Es schmeckt jedoch fad und hat einen geringeren Mineralstoffgehalt.
Hartes Wasser (über 13 dH/über 21 fH) schmeckt frischer und trägt zur Mineralstoffversorgung bei. Jedoch kann es zu Verkalkungen von Geräten (z. B. der Kaffeemaschine) führen.

Wasserqualität

Das Wasser aus der Wasserleitung muss aufgrund gesetzlicher Vorschriften Trinkwasserqualität haben, damit Sie es bei der Arbeit mit Lebensmitteln verwenden dürfen.

§ Wasser ist das best-kontrollierte Lebensmittel der Schweiz.

Wasser hat **Trinkwasserqualität,** wenn es
- einwandfrei schmeckt, riecht und aussieht (klar, farblos),
- keine krankheitserregenden Mikroorganismen enthält und
- Grenzwerte von Bakterien, Nitrat und Nitrit, Pestiziden, Schwermetallen und anderen gesundheitsschädlichen Stoffen nicht überschreitet.

Das Trinkwasser wird üblicherweise von einer **regionalen Wasserversorgung** bezogen, z. B. von der Gemeinde. Diese ist dafür verantwortlich, dass das Wasser als Trinkwasser geeignet ist und regelmässig kontrolliert wird.

Ab dem Anschluss der jeweiligen Verbrauchsstelle, z. B. Ihres Ausbildungsbetriebes, muss der **Wasserabnehmer** selbst dafür sorgen, dass die Trinkwasserqualität bis zum Verbrauch gesichert ist: z. B. durch Kontrolle und Wartung der eigenen Wasserleitungen und das regelmässige Reinigen der Siebträger an den Wasserhähnen.

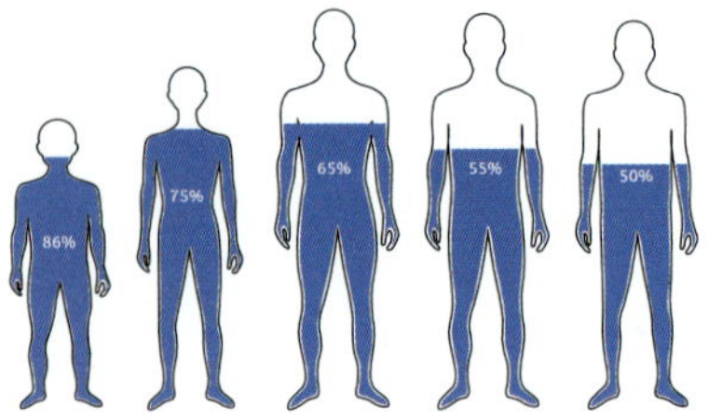

Der Körperwasseranteil sinkt mit dem Alter

6.3 Aufgaben von Wasser im Körper

Wie lange wir ohne Wasser überleben können, hängt von verschiedenen Faktoren ab. Wegen der lebenswichtigen Aufgaben von Wasser im Körper sind es aber nur wenige Tage.

Wasser als Baustoff

Wasser ist der Hauptbestandteil unseres Körpers. Im Laufe des Lebens nimmt der Wasseranteil jedoch ab: Neugeborene und Kleinkinder haben einen Körperwasseranteil von ca. 70 %, **Jugendliche und Erwachsene** von **55-60** % und Senioren von 50 % und weniger.

Je höher der Fettanteil im Körper, umso niedriger ist der Wassergehalt. Je mehr Protein im Körper (Muskeln), umso höher ist der Wassergehalt im Körper.

Wasser als Lösungs- und Transportmittel

Das Wasser im Körper ist ständig in Bewegung: z. B. im Blutkreislauf, in den Lymphbahnen, im Verdauungstrakt, zwischen den Zellen, in den Nieren und Harnwegen.

Wasser löst und transportiert fast alle Nährstoffe und Zwischenprodukte im Körper. Abbauprodukte und viele Giftstoffe werden in gelöster Form aus dem Körper ausgeschieden. Da Wasser diese Stoffe nicht verändert, ist es das ideale Lösungs- und Transportmittel.

Wussten Sie, dass ...
- die Temperaturregulation hauptsächlich über die Atmung erfolgt?
- die Verdunstung von 1 Liter Schweiss ca. 2 440 kJ verbraucht?

Wasser regelt die Körpertemperatur

Wasser wirkt im Körper wie eine Klima- oder Heizungsanlage – je nach Bedarf.

Bei Kälte funktioniert das Wasser als Wärmeleiter, indem es als warmes Blut im Körper zirkuliert und alle Körperteile erwärmt.

Bei Hitze schützt Wasser vor Überhitzung, indem es «Verdunstungskälte» erzeugt. Wie das funktioniert? Der Körper gibt Wasser in Form von Schweiss an die Haut ab, dort verdunstet es und verbraucht Körperwärme – die Haut kühlt ab.

6.4 Empfehlungen für die Flüssigkeitszufuhr

Kennen Sie die folgenden Behauptungen? Nehmen Sie Stellung dazu.
- *Kaffee ist ein Flüssigkeitsräuber.*
- *Zu viel Wasser verursacht eine Wasservergiftung.*
- *Light-Getränke sind gar nicht «light».*

Trinken nicht vergessen, täglich ca. 1,5 l Flüssigkeit sind wichtig.

Die Empfehlungen für die Flüssigkeitszufuhr haben Sie bereits bei der Ernährungspyramide und den Empfehlungen der SGE kennen gelernt (siehe S. 15).

1. **Trinken Sie, bevor der Durst kommt!** Der Gesamtflüssigkeitsbedarf beträgt zwar ca. 2,5 Liter. Aber etwa 1 l nehmen wir über Lebensmittel (Obst, Gemüse, Suppen, Milchprodukte, Fleisch etc.) auf.

2. Bevorzugen Sie **Hahnen- und Mineralwasser,** ungesüssten Tee und stark verdünnte Säfte. Säfte, Süssgetränke oder Energydrinks sind keine idealen Durstlöscher. Sie enthalten sehr viel Zucker und damit eine Extraportion Energie (kJ). Auch Milch ist aufgrund des hohen Nährstoffgehaltes kein ideales Getränk.

3. Trinken Sie **regelmässig über den Tag** verteilt. Sorgen Sie dafür, dass Getränke immer verfügbar und gut sichtbar sind. So können Sie das Trinken nicht vergessen.

4. Bei starkem Schwitzen durch aussergewöhnliche Hitze und körperliche Bewegung benötigen Sie wesentlich mehr Wasser und Mineralstoffe. Mixen Sie sich selbst Ihr isotonisches Getränk aus stark verdünntem Fruchtsaft mit einer Prise Salz (siehe S. 51).

Kaffee, Tee und Alkohol regen die Wasserausscheidung über den Harn an. Die aufgenommene Wassermenge über diese Getränke zählt trotzdem als Flüssigkeitszufuhr, jedoch nur zu 90 %.

⚠ Das Trinken von 0,5 l Meerwasser verursacht einen Wasserverlust von 0,3 l: Für die Ausscheidung des Salzes im Meerwasser werden nämlich etwa 0,8 l Wasser benötigt.

Vollkost, Vollwerternährung, Vegetarismus

Gründe für eine alternative Ernährungsform
- Gesundheit
- Umwelt
- Religion
- Ethik
- Weltanschauung
- Körperbewusstsein

Die Wurzeln der vegetarischen Ernährungsweise reichen weit in die Vergangenheit zurück. Als Begründer des eigentlichen Vegetarismus gilt der Philosoph Pythagoras, der von einer «lebendigen Kost» sprach und Lebensmittel von getöteten Tieren strikt ablehnte.

«Veggie» zu sein ist heute keine Seltenheit mehr. Immer mehr Menschen verzichten auf Fleisch in der Ernährung. Gründe dafür gibt es viele. Mache lehnen die Art der Tierhaltung und Schlachtung ab, andere verzichten aus religiösen Gründen auf Fleisch und wieder andere bekommen einfach ohne Grund wenig Fleisch auf den Teller und haben auch selten das Verlangen danach.

Meine Ziele

Nach Bearbeitung dieses Kapitels kann ich
- unterschiedliche Kostformen nennen und erklären;
- vegetarische Kost erklären und in ihrer Wirkung auf Gesundheit und Umwelt bewerten;
- Speisenempfehlungen für verschiedene Kost- und Diätformen geben.

1 Zöliakie

Stellen Sie sich vor, ein Gast muss aus gesundheitlichen Gründen auf Mehl, Brot, Gebäck und Nudeln in gewohnter Form verzichten. Überlegen Sie, welche Speisenempfehlungen Sie diesem Gast geben könnten.

Dieses Zeichen kennzeichnet glutenfreie Produkte.

Gäste mit Zöliakie müssen glutenhaltige Lebensmittel strikt meiden. Alle Getreideprodukte und Speisen aus Weizen, Dinkel, Grünkern, Roggen, Gerste und Hafer sind zu meiden. Auch Suppen, Saucen, Wurstwaren und Würzmittel können Mehl und damit Gluten enthalten.

Im Handel gibt es glutenfreies Mehl, Brot, Backwaren und Teigwaren.

Stärke enthält kein Gluten. Weizenmehl kann daher durch Stärke, Maismehl, Reismehl, Hirsemehl etc. ersetzt werden.

Gluten enthalten?

Ja

- Weizen, Roggen, Hafer, Gerste, Dinkel, Grünkern, Kamut, Emmer, Einkorn, Triticale und daraus hergestellte Erzeugnisse
- Bulgur, Couscous, Hartweizen, Ur-Dinkel, Seitan
- Brot, Gebäck, Backwaren, Nudeln, Müsli, Gnocchi
- Panierte, in Teig frittierte Lebensmittel
- Bier, Malzbier, Malzkaffee und andere malzhaltige Getränke
- Knabbergebäck (wie z. B. Salzstangen)

Nein (falls unverarbeitet)

- Reis, Mais, Hirse, Buchweizen, Amaranth, Quinoa, Quorn
- Agar-Agar (Bindemittel aus Algen); Carrageen (Bindemittel aus Rotalgen); Guarkernmehl, Stärke, Xanthan, Johannisbrotkernmehl
- Dextrose, Glukosesirup, Glutamate,
- Obst und Gemüsesorten
- Kartoffeln, Kichererbsen, Hülsenfrüchte
- Nüsse
- Milch, Naturjoghurt, Butter
- Fleisch
- Fisch und Meeresfrüchte
- Reine Fruchtsäfte, nicht aromatisierter Tee, Kaffee
- Wein, Whiskey, Vodka

Vielleicht

- Gebundene Saucen, Saucenbinder
- Suppen
- Pommes frites und Kroketten
- Fertiggerichte
- Fettreduzierte Produkte
- Wurstwaren
- Speiseeis, Cremes, Pudding
- Schokolade, Schoggiriegel
- Ketchup
- Gewürzmischungen
- Fischkonserven

Quelle: IG Zöliakie der Deutschen Schweiz 2019 & Deutsche Zöliakie Gesellschaft e.V. 2015

Häufig wird die Zöliakie mit Weizenallergie und Glutensensitivität verwechselt, das ist aber nicht dasselbe.

- Menschen mit Weizenallergie reagieren meistens allergisch auf Gliadine im Weizen. Roggen, Gerste, Hafer und Dinkel werden aber oft gut vertragen.
- Bei der Glutensensitivität haben betroffene Personen nach der Aufnahme von Gluten Probleme im Magen-Darmtrakt, obwohl weder eine Zöliakie noch eine Weizenallergie vorliegen.

Keine eigenständigen Experimente

Niemals die Ernährung auf eigene Faust ohne ärztliche Diagnose auf glutenfreie Kost umstellen! Denn dann ist keine sichere Diagnose der Zöliakie mehr möglich.

2 Allergene und Lebensmittelunverträglichkeiten

Kennen Sie Personen, die davon überzeugt sind, bestimmte Lebensmittel oder Getränke nicht zu vertragen und sogar allergisch darauf reagieren? Aber nicht immer steckt hinter diesen Unverträglichkeiten eine Allergie.

Die Zahl der Menschen, die von Lebensmittelunverträglichkeiten betroffen sind, steigt ständig.

Man unterscheidet zwischen Allergien, die eine immunologische Reaktion zur Folge haben, und Allergien, bei denen keine gegeben ist.

Immunologische Reaktion = das Immunsystem ist beteiligt. Es werden Antikörper im Blut nachgewiesen.

Pseudoallergie = nicht-allergische Reaktionen, die zu unerwünschten Symptomen nach dem Verzehr bestimmter Lebensmittel führen.

Einteilung

mit immunologischer Reaktion	ohne immunologische Reaktion
Allergie	Intoleranz, Pseudoallergie

2.1 Definition von Lebensmittelallergie, Lebensmittelintoleranz und Pseudoallergie

	Beschreibung	Häufigkeit	Beispiele
Lebensmittelallergie	■ Das Immunsystem ist beteiligt. ■ Antikörper werden im Blut gebildet. ■ Auslöser sind meistens tierische oder pflanzliche Proteine.	■ 5-10 % der Kinder sind betroffen. ■ 2-4 % der Erwachsenen sind betroffen.	■ Kuhmilchallergie ■ Nussallergie ■ Sojaallergie ■ Fischallergie
Lebensmittelintoleranz	■ Das Immunsystem ist nicht beteiligt, im Blut gibt es keine Antikörper. ■ Unverträglichkeiten gegenüber bestimmten Stoffen, weil ein Enzym fehlt oder der Transport im Körper unvollständig ist. ■ In der Folge werden die Stoffe im Dünndarm nicht bzw. zu wenig abgebaut und gelangen in den Dickdarm, wo diese Stoffe von Bakterien abgebaut werden.	■ Je nach Art sehr unterschiedlich	■ Laktoseintolleranz ■ Fruktoseintolleranz
Pseudoallergien	■ Das Immunsystem ist nicht beteiligt, im Blut gibt es keine Antikörper. ■ Auslöser sind z. B. Aroma- oder Zusatzstoffe.	■ Je nach Art sehr unterschiedlich	■ Pseudoallergie, ausgelöst durch bestimmte Farbstoffe.

Allergie

Menschen reagieren allergisch auf Lebensmittel, darin enthaltene Zusatzstoffe oder Rückstände.

So entsteht eine Allergie
Voraussetzung für eine allergische Reaktion bei Kontakt mit einem Lebensmittel ist eine unbemerkt erfolgte Sensibilisierung. Dabei wehrt sich der menschliche Körper beim ersten Kontakt gegen bestimmte Substanzen (Allergene) im Lebensmittel. Er bildet spezifische Antikörper. Diese bleiben im Körper. Wird das Lebensmittel nach der Sensibilisierung wieder verzehrt, kommt es zu einer neuerlichen Immunreaktion: Das im Lebensmittel enthaltene Allergen verbindet sich mit den vorhandenen Antikörpern, Botenstoffe wie z. B. Histamin werden ausgeschüttet und alle Abwehrkräfte mobilisiert. Dafür reichen bereits sehr geringe Mengen des Allergens.

Beispiele sind Kuhmilchallergie, Nussallergie, Sojaallergie, Fischallergie. Allergische Reaktionen zeigen sich im Bereich der **Haut, Atemwege** oder des **Magen-Darm-Trakts.** In der Regel treten sie rasch nach dem Essen oder Trinken auf. Der anaphylaktische Schock ist die heftigste Reaktion auf ein Allergen.

Lebensmittelintoleranzen

Beispiele sind Laktoseintoleranz, Fruktoseintoleranz. Die Ursachen von Lebensmittelintoleranzen sind sehr unterschiedlich, das Immunsystem ist nicht beteiligt, im Blut gibt es keine Antikörper. Symptome zeigen sich **häufig in Abhängigkeit** von der **aufgenommenen Menge.** Geringe Mengen des auslösenden Stoffes werden häufig gut vertragen, bei grösseren Mengen treten Symptome auf, die meist den Magen-Darm-Trakt betreffen.

Pseudoallergien

Bei einer Pseudoallergie treten häufig dieselben Reaktionen wie bei Nahrungsmittelallergien auf. Der Körper bildet jedoch keine Antikörper. Zusatzstoffe, wie Farb- und Konservierungsstoffe, oder Obst, Säfte, alkoholische Getränke sind häufige Auslöser von Pseudoallergien.

Nicht nur die 14 kennzeichnungspflichtigen Allergene lösen Allergien aus. Grundsätzlich können alle tierischen und pflanzlichen Proteine bei einzelnen Menschen Allergien auslösen.

Allergen = eine natürlich im Lebensmittel vorkommende Proteinkomponente.

Anaphylaktischer Schock = eine akute Überreaktion des Immunsystems.

Nach Diagnose einer **Lebensmittelallergie** durch den Arzt muss die Ernährung längerfristig oder sogar lebenslang umgestellt werden.

Tipps für die Lebensmittelauswahl

Laktoseintoleranz (Milchzuckerunverträglichkeit)	Fruktoseintoleranz	Histaminintoleranz	Pseudoallergien
▪ Laktosefreie Lebensmittel konsumieren (enthalten < 0,1 g Laktose pro 100 g Lebensmittel) ▪ Der Verzehr von Sauermilchprodukten, vor allem Hart- und Halbhartkäse, ist für viele Betroffene möglich ▪ Auch in vielen verarbeiteten Produkten kann Laktose enthalten sein.	▪ Auf Fruktose muss verzichtet werden. ▪ Meiden von Obst und Gemüse sowie daraus hergestellten Produkten, Honig, Invertzucker, Back- und Süsswaren, Glace, Müslimischungen mit getrockneten Früchten, Müsliriegel, Fruchtjoghurts etc.	▪ Aufpassen bei fermentierten Lebensmitteln und gereiften Produkten, wie z. B. Käse ▪ Vorsicht bei Wein und Fisch ▪ Pflanzliche Lebensmittel enthalten wenig Histamin (Ausnahme: Tomate)	▪ Häufige Auslöser sind z. B. Zusatzstoffe, Aromastoffe (etwa Glutamat), Benzoesäure, Salicylate aus Beerenfrüchten, Gurken, Aprikosen.

Damit die Nahrungsmittelauswahl nicht unnötig eingeschränkt wird, sollte eine eventuell vorhandene individuelle Verträglichkeitsgrenze beim Erstellen des Speisenplans berücksichtigt werden.

Kreuzallergien

Eine Kreuzallergie tritt immer in Folge einer bereits bestehenden Allergie auf. Das Immunsystem reagiert nicht nur auf das bereits bekannte Allergen, sondern auch auf andere Allergene, weil deren Proteinstruktur sich ähnlich ist. Dadurch ist es den Antikörpern möglich sich an beide Allergene zu binden und die Ausschüttung von Botenstoffen auszulösen.

Allergen	Nahrungsmittel
Birken, Erlen, Haselpollen	Haselpollen, Kern und Steinobst (Äpfel, Birnen, Pflaumen, Aprikosen, Kirschen etc.), Haselnüsse, Baumnüsse, Mandeln, Tomaten, Karotten, Sellerie, Mango, Avocado, Fenchel, Kiwi, Litschi
Beifusspollen (Artemisia)	Sellerie, Karotten, Fenchel, Artischocken, Kamille, Pfeffer, Senf, Dill, Petersilie, Koriander, Kümmel, Anis, Sonnenblumenkerne
Hausstaubmilben	Crevetten, Hummer, Langusten, Krebse, Schnecken
Latex	Avocado, Banane, Edelkastanie (Maroni, Vermicelles), Kiwi, Papaya, Feige, Paprika

Ernährungstherapie bei Unverträglichkeiten

Nur durch konsequentes Meiden der Nahrungsmittel bzw. der Stoffe, die eine allergische Reaktion im Körper bewirken, kann eine erfolgreiche Behandlung erreicht werden. Besteht eine Allergie gegen ein Grundnahrungsmittel, ist das Erstellen eines Speisenplanes für eine vollwertige Ernährung oft schwierig.

2.2 Vorkommen – Allergene oder unverträglichkeitsauslösende Stoffe

Glutenhaltige Getreide A	Weizen (alle Arten und Abkömmlinge wie Dinkel, Khorasan-Weizen [®Kamut], Emmer, Einkorn, Grünkern, Triticale), Roggen, Gerste, Hafer und deren Hybridstämme sowie daraus gewonnene Erzeugnisse **Ausnahmen** ■ Glukosesirupe auf Weizenbasis einschliesslich Dextrose ■ Maltodextrine auf Weizenbasis ■ Glukosesirupe auf Gerstenbasis ■ Getreide zur Herstellung von Destillaten oder Ethylalkohol landwirtschaftlichen Ursprungs für Spirituosen und andere alkoholische Getränke
Krebstiere B	und daraus gewonnene Erzeugnisse (z. B. Krebse, Crevetten, Hummer)
Ei C	und daraus gewonnene Erzeugnisse (inklusive Lysozym aus Eiklar = E 1105)
Fisch D	und daraus gewonnene Erzeugnisse **Ausnahmen** ■ Fischgelatine, die als Träger für Vitamin- oder Carotinoidzubereitungen verwendet wird ■ Fischgelatine oder Hausenblase, die als Klärhilfsmittel in Bier und Wein verwendet wird

Margarine kann gehärtete Fischöle enthalten und deshalb bei Menschen mit Allergie gegen Fisch zu Problemen führen.

Erdnuss E	und daraus gewonnene Erzeugnisse
Soja F	und daraus gewonnene Erzeugnisse (inklusive Lecithin aus Soja = E 322 als Emulgator) **Ausnahmen** ■ Vollständig raffiniertes Sojabohnenöl und -fett ■ Natürliche gemischte Tocopherole (E 306), natürliches D-alpha-Tocopherol, natürliches D-alpha-Tocopherolazetat, natürliches D-alpha-Tocopherolsukzinat aus Sojabohnenquellen ■ Aus Ölen der Sojabohne gewonnene Phytosterine und Phytosterinester ■ Aus Pflanzenölsterinen gewonnene Phytostanolester aus Sojabohnenquellen
Milch oder Laktose G	(sämtlicher Tierarten) und daraus gewonnene Erzeugnisse (einschliesslich Laktose) **Ausnahmen** ■ Molke zur Herstellung von Destillaten oder Ethylalkohol landwirtschaftlichen Ursprungs für Spirituosen und andere alkoholische Getränke ■ Lactit (= E 966)
Schalenfrüchte H	■ Mandeln (Amygdalus communis L.) ■ Haselnüsse (Corylus avellana) ■ Walnüsse (Juglans regia) ■ Cashewnüsse (Anacardium occidentale) ■ Pecannüsse (Carya illinoiesis) ■ Paranüsse (Bertholletia excelsa) ■ Pistazien (Pistacia vera) ■ Macadamianüsse oder Queenslandnüsse (Macadamia ternifolia) **Ausnahmen** Schalenfrüchte für die Herstellung von Destillaten oder Ethylalkohol landwirtschaftlichen Ursprungs für Spirituosen und andere alkoholische Getränke
Sellerie L	und daraus gewonnene Erzeugnisse
Senf M	und daraus gewonnene Erzeugnisse
Sesam N	und daraus gewonnene Erzeugnisse
Sulfite O	in Konzentrationen von mehr als 10 mg/kg oder 10 mg/l, ausgedrückt als SO2
Lupinen P	und daraus gewonnene Erzeugnisse
Weichtiere R	(z. B. Schnecken, Austern, Muscheln etc.) und daraus gewonnene Erzeugnisse

Bei manchen Personen kann es schon beim Öffnen einer Packung Erdnussflips durch Einatmen des erdnusshaltigen Staubes zu allergischen Beschwerden kommen.

Auch in panierten Speisen kann Milch bzw. Laktose enthalten sein.

Das Etikett auf Müslipackungen liefert wichtige Informationen für Allergiker.

Wird ein Gast falsch informiert, kann es zu Haftungen und Schadenersatzansprüchen kommen.

Beispiel für einen Hinweis in der Speisekarte

2.3 Deklarationspflicht in der Gastronomie

Betriebe aller Art, die Lebensmittel unverpackt verabreichen, sind seit 2004 verpflichtet, ihre Kunden und Gäste über jene allergenen Stoffe zu informieren, die ihren Produkten und Speisen bewusst zugesetzt werden. Seit 1. Mai 2017 ist die Form der Auskunftspflicht genauer beschrieben.

Laut Verordnung dürfen zwei Wege der Deklarationspflicht gegangen werden:

Mündliche Form

Zweifelsohne bietet die mündliche Form der Kennzeichnung eine höhere Flexibilität in der Angebotsgestaltung: Man kann unmittelbar auf Änderungen reagieren. Allerdings birgt sie auch Gefahren, wenn die Mitarbeitenden schlecht geschult sind oder die Person nicht anwesend ist, welche das Gericht zubereitet hat (Vorproduktion).

Verfügt ein Betrieb über gut informierte und geschulte Mitarbeitende, kann mit perfekter Beratung ein Wettbewerbsvorteil entstehen. Aus diesem Grund ist es besonders wichtig, auf eine nachhaltige Sensibilisierung der Mitarbeitenden zu achten, um das Bewusstsein zu schärfen und auf diese Weise Fehler zu vermeiden. Auf eine mündliche Form der Information muss in der Karte hingewiesen werden.

Schriftliche Form

Die schriftliche Form der Informationsweitergabe ist relativ statisch und lässt kurzfristige Änderungen nur dann zu, wenn die Kennzeichnung nicht direkt auf Speisenkarte oder Menüplan vermerkt ist, diese nur selten geändert werden und sich jeder Koch an die Rezeptur respektive an die zu verwendenden Zutaten hält.

Die Entscheidung, welche Form der Kennzeichnung in einem Betrieb erfolgt, hat direkte Auswirkungen auf die Organisation des Allergenmanagements. In manchen Fällen kann es durchaus sinnvoll sein, beide Formen der Kennzeichnung zu wählen.

Kennzeichnung mithilfe von Buchstabencode und Fussnoten

MENÜ

Rehragout mit Spätzli
Rotkraut und Preiselbeeren
A, C, G, L, O

Crêpe mit pochierter
Zwetschge und Zimtglacé
A, C, G, O

Allergeninformation gemäss Codex-Empfehlungen:

A) Glutenhaltiges Getreide
B) Krebstiere
C) Ei
D) Fisch
E) Erdnuss
F) Soja
G) Milch und Laktose
H) Schalenfrüchte
L) Sellerie
M) Senf
N) Sesam
O) Sulfite
P) Lupinen
R) Weichtiere

Kennzeichnung mithilfe der Kurzbezeichnung dirket beim Gericht.

MENÜ

Rindskraftbrühe mit
Griessklösschen
glutenhaltiges Getreide, Ei, Milch und Laktose, Sellerie

2.1 Labels

Unter Labels werden Kennzeichnungen verstanden, welche entweder von Produktionsfirmen, von Vereinigungen oder unabhängigen Institutionen vergeben werden. Hauptsächlich dienen diese als Einstufung der entsprechenden Richtlinien. Die Inhalte der Labels werden von den Label-Erstellern selbst definiert und können stark von anderen Labels abweichen.

Auch die Zulassung, die Überwachung und die Sanktionen bei Verstössen sind sehr unterschiedlich. Folgende Arten von Labels werden unterschieden:

Umweltlabels

Umweltlabels zeichnen Produkte aus, die eine geringere Umweltbelastung verursachen als vergleichbare Produkte. Als Synonym wird auch der Begriff «Ökolabel» verwendet. Je nach Label werden unterschiedliche Massnahmen zm Schutz der Umwelt gefordert.

Soziallabels

«Fair Trade» steht für Gerechtigkeit im internationalen Handel. Es ist eine Strategie zur Armutsbekämpfung. Bauern in Ländern des Südens erhalten Marktzugang zum Norden und können mit Hilfe von festgelegten Mindestpreisen oder Fair-Trade-Prämien ihre Lebens- und Arbeitsbedingungen verbessern. Ziel ist es, langfristige und möglichst direkte Handelsbeziehungen zu schaffen und die sozialen Rechte der Produzenten und Arbeiter zu sichern.

Qualitätslabels

Mit Qualitätslabels können sich Betriebe auszeichnen lassen, die bestimmte Standards für Produkte oder Dienstleistungen nachweisen können. Diese Labels werden oft zeitlich begrenzt vergeben und hinsichtlich des Standards auch kontrolliert.

Regional- oder Herkunftslabels

Diese Labels befassen sich mit Herkunftsbezeichnungen und Massnahmen zur Förderung der lokalen oder regionalen Wirtschaft. Gefördert werden z. B.:

- Herstellung und/oder Verarbeitung in einem bestimmten Land oder einer klar definierten Region,
- lokale und regionale Strukturen durch Mittel aus dem Verkauf,
- kurze Transportwege.

Kennzeichnung von Biolebensmitteln

Ein Hinweis auf «Bio» ist ausreichend. (z. B. «Bio-Dinkel»). Die biologischen Zutaten in der Zutatenliste müssen jedoch einzeln als solche gekennzeichnet werden. Die gesetzlichen Richtlinien für Bio-Landwirtschaft werden in der Schweiz durch die «Bio-Verordnung» des Bundes geregelt. Dazu kommen aber noch privatrechtliche Standards und Verbandszeichen, wie z. B. «Bio Suisse», oder «Demeter» und Handelsmarken, wie z. B. «Migros Bio», «Coop Naturaplan» etc. Zusätzlich zu diesen Mengen an Labels und Kennzeichen müssen Bioprodukte eine BIO-Kontrollnummer einer zugelassenen Prüfstelle tragen.

3 Produktion von Lebensmitteln

«Die Milch kommt aus der Milchpackung.» Warum wissen so viele Menschen heutzutage nicht mehr, wie unsere Lebensmittel produziert werden?

Bauern sichern unsere Versorgung mit Nahrungsmitteln.

Konventionelle Landwirtschaft

Nach den Notzeiten des Zweiten Weltkriegs in Europa war das oberste Ziel der Landwirtschaft, die **Bevölkerung mit Lebensmitteln zu versorgen.** Dies wurde durch den verstärkten Einsatz von Maschinen, durch hochwertiges Saatgut, Mineraldünger und Pflanzenschutzmittel erreicht. Durch Spezialisierung auf **Monokulturen** und **Massentierhaltung** kam es in der Folge zur Überproduktion. Gleichzeitig kann es in Zukunft zu Engpässen kommen, da viele Bäuerinnen und Bauern statt Nahrungsmitteln **nachwachsende Energieträger** anbauen. Durch intensive landwirtschaftliche Nutzung steigt die **Belastung der Umwelt.**

Biologische Landwirtschaft

Der Leitgedanke des ökologischen Landbaus ist das **Wirtschaften im Einklang mit der Natur.** Dabei werden nicht nur die ernährungsphysiologischen Eigenschaften der Lebensmittel bewertet, sondern auch die Auswirkungen auf Mensch und Umwelt.

Richtlinien des biologischen Landbaus

- Genereller Verzicht auf Gentechnik
- Verbot von Kunstdünger und chemischen Spritzmitteln
- Artgerechte Tierhaltung
- Geringe Schwermetallbelastung des Bodens

Integrierte Landwirtschaft

Die integrierte Produktion ist ein Kompromiss aus biologischer und konventioneller Landwirtschaft. Der Einsatz von Mineraldünger und Spritzmitteln wird so weit wie möglich reduziert. Auf die Artenvielfalt wird geachtet. Die Vorgaben der Fruchtwechselwirtschaft werden eingehalten – dadurch wird der Ackerboden geschont.

Fruchtwechselwirtschaft = in regelmässigen zeitlichen Abständen werden verschiedene Pflanzen auf einem Acker angebaut.

Nachhaltige Landwirtschaft

Nachhaltige Landwirtschaft bedeutet, den Produktionsfaktor Boden und die natürlichen Rohstoffe auch für zukünftige Generationen zu erhalten. Dies setzt einen verantwortungsvollen Umgang mit der Natur voraus. Der Schwerpunkt zur Verwirklichung einer nachhaltigen Landwirtschaft liegt in erster Linie auf der Verbesserung der Umweltverträglichkeit des konventionellen Landbaus und auf dem Ausbau der biologischen Landwirtschaft.

Nachhaltigkeit = Ressourcen auch für zukünftige Generationen erhalten.

Gentechnik

Die Gentechnik wird in der Lebensmittelproduktion eingesetzt, um die Herstellungskosten zur verringern, die Anfälligkeiten für Krankheiten und negative, natürliche Einflüsse zu minimieren (z. B. bessere Resistenz gegen Trockenheit, Nässe, Kälte und Hitze), höhere, qualitativ bessere Erträge zu erwirtschaften, die Haltbarkeit zu verbessern und neue Produkte zu schaffen.

4 Lebensmittelverderb

Es gibt viele Faktoren, die auf den Lebensmittelverderb Einfluss nehmen, z. B.:

- **Wasserverlust** bewirkt das Austrocknen, Welkwerden von Gemüse und Obst und Hartwerden von Brot und Käse.
- **Zu hohe Luftfeuchtigkeit** lässt z. B. Salz verklumpen und führt zu Schimmelbefall,
- **Luftsauerstoff** zerstört Vitamine und Fette und ist verantwortlich für Farbveränderungen.
- **Licht** verändert den Geschmack, z. B. bei Milch.
- **Wärme** beschleunigt das Verderben.
- **Hefen** bewirken das Gären von Fruchtsaft, Kompott oder Konfitüren.
- **Bakterien** verursachen das Faulen von Obst, Gemüse, Kartoffeln, Wurst, Fleisch, Fisch, Eiern und das Sauerwerden der Milch.
- **Schimmelpilze** bewirken das Schimmeln von Brot, Konfitüren, Nüssen, Gemüse und Obst. Schuld sind Mikroorganismen.

⚠ Lebensmittelvergiftungen, wie z. B. Salmonellosen, Campylobacteriosen, die durch Bakterien und Viren hervorgerufen werden, müssen der zuständigen kantonalen Vollzugsbehörde gemeldet werden.

Sie öffnen ein Konfitüre-Glas und entdecken, dass sich Schimmel gebildet hat. Was machen Sie?

Mikroorganismen, die Lebensmittel vergiften können

Hygienefehler beim Umgang mit Lebensmitteln führen immer wieder zu schwerwiegenden Erkrankungen (Lebensmittelvergiftungen). Diese Erkrankungen können besonders bei Kleinkindern und älteren Menschen lebensbedrohlich sein.

Lebensmittelvergifter	Infektionsquelle	Krankheitsbild
Salmonellen	Geflügel, Schweine, Rinder, Ungeziefer, infizierte Lebensmittel, wie Wasser, Fleisch, Fisch, Eiprodukte, Geflügel.	Salmonellen sind Bakterien, die Brechdurchfall, Fieber, Kopfschmerzen und Muskelschmerzen verursachen. Besonders gefährlich für Kleinkinder und ältere Menschen, da die Krankheit tödlich enden kann.
Schimmelpilze	Nüsse, Getreide, Futtermittel, Milch, Obst, Obstsäfte. Verschimmelte Lebensmittel immer wegwerfen!	Schimmelpilze erzeugen ein Zellgift, das Krebs erregt (z. B. Leberkrebs).
Staphylokokken (Eitererreger)	Menschen mit eitrigen Wunden, Schnupfen, Husten. Haustiere, Vögel etc.	Die Symptome sind Brechdurchfall, Bauchschmerzen und Kreislaufschwäche.
Clostridium botulinum	Eingekochte Lebensmittel, Konserven: Dosen mit Bombage und aufgegangene Einmachgläser können infiziert sein.	Dieses Bakterium verursacht Schluckbeschwerden, Atem- und Sprechbeschwerden. Die Lähmung des Nervensystems führt zum Tod.
Listerien	Rohmilch, rohes Fleisch, Salate, Weichkäse.	Grippeähnliche Beschwerden und hohes Fieber treten auf; besonders gefährdet sind Schwangere, da die Bakterien den Embryo schädigen können.
Kolibakterien	In unsauberen Lebensmitteln und verseuchtem Trinkwasser	Sie verursachen leichten Brechdurchfall.

Bombage = Auswölbung von Boden und Deckel von Konservendosen, z. B. durch bakterielle Gasentwicklung bei der Zersetzung des Inhalts.

5 Hygiene im Umgang mit Lebensmitteln

Aufgepasst: Im Gastgewerbe spielt die Hygiene eine entscheidende Rolle, da die Gesundheit der Gäste sowohl von einwandfreien Lebensmitteln, als auch von der Sauberkeit im Betrieb abhängt.

Lebensmittelbetriebe sind zu Hygienemassnahmen laut Lebensmittelhygieneverordnung verpflichtet, d. h. zur Lebensmittelüberwachung und Dokumentation der Massnahmen sowie Schulung der Mitarbeiter. Der Einsatz eines **HACCP-Systems** oder eines ähnlichen Systems ist vorgeschrieben.

In der Küche gelten strenge Hygienevorschriften.

5.1 HACCP-System in mehreren Stufen

Risikoanalyse

Das Lebensmittel wird in den einzelnen Prozessschritten, von Einkauf über Lagerung, Vor- und Zubereitung, Heisshalten, Abkühlen, Abgeben der Speisen, Transport und Catering, nach folgenden Risiken bewertet:

- **Biogenes Risiko:** Bakterien, Pilze, Viren, Salmonellen etc.
- **Chemisches Risiko:** Schadstoffe im Lebensmittel, z. B. Umweltgifte
- **Physikalisches Risiko:** Fremdstoffe im Lebensmittel (Haare, Fäulnis etc.), Veränderungen durch Luft, Licht und Wärme

Feststellen kritischer Kontrollpunkte und Normfestlegungen

- Für Bereiche der persönlichen Hygiene, Lebensmittelhygiene und Hygiene der Betriebsausstattung werden die Normen aus der Hygieneverordnung verwendet.
- Prüfmittel sind die Sinnesprobe (Fühlen, Sehen, Riechen, Kosten), Thermometer, Indikatorstreifen (pH-Messung), Fetttestgeräte etc.

Überprüfung und Dokumentation

- Kontrollchecklisten dokumentieren die Arbeitsabläufe. Die kritischen Kontrollpunkte (CCPs) sind die einzelnen Überprüfungspunkte.
- Die Grenzwertbeschreibungen geben Auskunft über den Inhalt der Überprüfung. Das Prüfmittel gibt Sicherheit in der Anwendung.

Verifikation und Schulung

Das Vergleichen der Checklisten ermöglicht es einen hohen Hygienestandard zu erreichen. Hygieneschulungen sind ein Mittel zur Qualitätsverbesserung und vom Gesetzgeber vorgeschrieben.

Die Überwachung der kritischen Kontrollpunkte (CCPs) erfolgt am besten mit EDV-Checklisten, die eine regelmässige Überprüfung auch dokumentieren.

Lenkung
Wird ein Mangel erkannt, kann im Qualitätshandbuch nachgeschlagen werden wie der Mangel verbessert oder behoben wird.

Beispiel für eine Checkliste nach HACCP

Warenkontrolle – Einkauf: Firma Fehrer GmbH	Uhrzeit: 10:25 Datum 3. 4. 20..	U: ....
Zu überprüfen	**Mangelbeschreibung**	**Lenkung**
Persönliche Hygiene Lieferant und Übernehmer	B Lebensmittelreste an der Kleidung, verschmutzte Kleidung. C Offene Wunde.	C Wunde versorgt.
Hygienezustand Anlieferauto, Anlieferschleuse, Kontrollraum	B Innenverschmutzung des Laderaums. C Blutverschmierte Wände.	B, C vor Warenübernahme gereinigt.
Kontrolle des Schriftverkehrs Art der Ware, Qualitätsklasse, Marge, Gewicht, Gegenüberstellung von Bestellschein und Lieferschein	B Gewichtsdifferenz von 200 g bei Spargel. Lieferscheinvermerk. C Tomaten nicht bestellt.	C retour.
Temperatur bei der Anlieferung –18 °C/+2 – TK 0 °C/+2 – Fische 4 °C/+2 gekühlt (Fleisch, Milchprodukte) 9 °C/+2 kühl (Gemüse, Obst) 18 °C/+2 Trockenprodukte	B TK Temperatur –16 °C. C Fleischlieferung +12 °C – Kerntemperatur gemessen, um 17.15 Uhr bei der Schweinsschulter.	C retour.

Hygienezustand der Ware Verdorben, schimmelig, faulig	B Offene Spaghetti-Verpackung. C Schimmelige Äpfel, 3 St.	C retour.
Qualitätskontrolle Farbe, Frische, Reife, Geruch, Geschmack	B Bananen sind unreif. C Kalbfleisch hat verdorbenen Geruch.	C retour.
MHD bzw. Verbrauchsdaten Überprüfung des Mindesthaltbarkeitsdatums	B MHD von Reis wird in 10 Tagen erreicht. C MHD von Rahm ist überschritten.	C retour.
Hygienezustand Verpackung Holz Beschädigte Verpackung	B Fleisch wurde nicht in betriebseigenem Plastikbehälter geliefert. C 2 Konservendosen sind grob angeschlagen.	C retour.
Anlieferzeit laut Bewertung	B 30 Minuten zu spät. C einen Tag zu spät.	C nicht mehr angenommen.

A: Kein Mangel feststellbar. Dies ist in dieser Checkliste nicht der Fall.
B: Mangel ist ein tolerierbarer Mangel. Waren werden angenommen aber reklamiert.
C: Mangelhaft. Waren werden als Retourwaren vermerkt und zurückgeschickt.

6 Schadstoffe

Die Schadstoffmenge in den Lebensmitteln wird ständig in den Lebensmittellaboren überprüft, bestimmte Höchstmengen dürfen nicht überschritten werden.

⚠ Waschen Sie Ihre Hände nach jedem Toilettengang und dem Kontakt mit Tieren.

Regeln, um die Schadstoffzufuhr durch Lebensmittel gering zu halten

- Essen Sie abwechslungsreich.
- Kaufen Sie saisongerecht ein.
- Waschen und putzen Sie Obst und Gemüse vor dem Essen gründlich.
- Wählen Sie schonende Gartechniken.
- Lagern und verarbeiten Sie rohe Lebensmittel getrennt.
- Kühlen Sie Lebensmittel richtig und garen Sie sie durch.
- Werfen Sie angeschimmelte Lebensmittel weg.
- Achten Sie auf Sauberkeit in der Küche.
- Vergessen Sie nie die wichtigste Hygieneregel: Hände waschen!

6.1 Natürlich vorkommende Schadstoffe

Manche Lebensmittel enthalten Stoffe, die sich schädigend auf den menschlichen Körper und die Gesundheit auswirken.

- **Blausäurehaltige Glykoside** kommen in bitteren Mandeln, in Kernen von Kirschen, Pfirsichen, Aprikosen und Zwetschgen, in Holunderbeeren, in manchen Bohnensorten und in Leinsamen vor.

- **Oxalsäure** kommt in grösseren Mengen in Spinat, Mangold, Rhabarber und Kakao vor. Sie beeinträchtigt die Calciumaufnahme.
- **Pilzgifte** sind in einigen Wildpilzen (Knollenblätterpilzen, Fliegenpilzen) enthalten. Sie bewirken Übelkeit, Erbrechen, Krämpfe, Durchfall und können bis zum Tod führen (z. B. grüner Knollenblätterpilz).
- **Solanin** kommt in der Kartoffel in den grünen Schalenteilen, in den Augen und in den ausgewachsenen Trieben, in grünen Tomaten und in Tomatenstrünken vor.

Besonders solaninhaltig: Kartoffeln mit ausgewachsenen Trieben.

6.2 Schadstoffe aus der Umwelt und der Produktion von Lebensmitteln

Schwermetalle, Pflanzenschutzmittel und Düngemittel belasten die Umwelt. Über Luft, Wasser und Boden gelangen diese unerwünschten Stoffe in die Lebensmittel, z. B. Blei, Nitrat, radioaktive Stoffe, Tierarzneimittel.

6.3 Schadstoffe bei der Zubereitung von Lebensmitteln

- **Acrylamid** entsteht vor allem in Getreide und Kartoffeln beim Backen, Rösten und Frittieren. Es kann Krebs auslösen und das Erbgut schädigen.
- **Benzo[a]pyren** schädigt das Erbgut und ist krebserregend. Es entsteht in grösseren Mengen beim Grillen über offenem, rauchendem Feuer und über Holzkohle, wenn Fett in die Glut tropft.

Das Öl beim Frittieren nicht über 175 °C erhitzen.

7 Zusatzstoffe

E 407 im Schokoladenpudding, E 330 in der Wurst, E 210 in Fischkonserven, das sind nur einige Beispiele für den vielfältigen Einsatz von Zusatzstoffen in der Lebensmittelproduktion. Wie stehen Sie eigentlich dazu? Glauben Sie, dass Zusatzstoffe wirklich notwendig sind? Sehen Sie eine gesundheitliche Gefahr?

Was nicht ausdrücklich erlaubt ist, ist verboten!

Zusatzstoffe werden verwendet, um **Haltbarkeit, Nährwert, Farbe** und **Geschmack** sowie **Aussehen** und **Konsistenz** von Speisen zu optimieren.

Nur rechtmässig zugelassene Zusatzstoffe dürfen in Lebensmitteln eingesetzt werden. Die Zulassung erfolgt durch das Bundesamt für Lebensmittelsicherheit und Veternärwesen (BLV). Die **täglich tolerierbare Tagesdosis** (ADI-Wert) ist die Menge, die bei lebenslanger Aufnahme ohne gesundheitliche Beeinträchtigungen möglich ist.

ADI = Acceptable Daily Intake gibt die höchste duldbare Tagesdosis in Milligramm pro Kilogramm Körpergewicht pro Tag an.

Zusatzstoffe werden europaweit mit E-Nummern bezeichnet. Dadurch sind sie leicht zuzuordnen. **Funktionsklassen:** Farbstoffe, Konservierungsstoffe, Säuerungsmittel und Säureregulatoren, Antioxidationsmittel, Süssungsmittel, Schmelzsalze, Emulgatoren, Stabilisatoren, Verdickungsmittel und Geliermittel, Geschmacksverstärker, Trennmittel, Backtriebmittel, Treibgase, Schaumverhüter, Füllstoffe etc.

E-Nummern = E steht für Europa.

Bestimmte Zusatzstoffe sind aber umstritten, da vereinzelt Unverträglichkeiten festzustellen sind oder weil sie in anderen Ländern als gesundheitlich bedenklich eingestuft werden.

Generell gilt:
Je weniger verarbeitet ein Lebensmittel ist, desto weniger Zusatzstoffe sind enthalten.

Biolebensmittel enthalten deutlich weniger Zusatzstoffe. Künstliche Farbstoffe, Süssstoffe, Stabilisatoren und Geschmacksverstärker sind vollständig verboten.

Neuer Trend – «Clean Eating»?
Die Verbraucher legen Wert auf naturbelassene Nahrung, die frei von Zusatzstoffen ist. Bevorzugt werden Obst, Gemüse, Salat, Vollkornprodukte, Fisch und Fleisch. Gemieden werden Weissmehl, Zucker und Fast Food.

8 Aromen

Natürliche Himbeeraromen aus Holz? Wie soll das gehen und warum landen solche Aromen in meinem Joghurt?

Im Vergleich zu allen anderen Sinneseindrücken wirken Geruch und Geschmack am stärksten auf uns ein. Sie beeinflussen Stimmungen und können sogar Erinnerungen in uns wach rufen. Welche Erfahrungen haben Sie damit?

8.1 Grundlagen

Rechtsgrundlage für die Zulassung und Verwendung von Aromen ist die Aromenverordnung des EDI. Grundsätzlich dürfen nur solche Aromastoffe verwendet werden, die als sicher und unbedenklich bewertet, zugelassen wurden. Aromastoffe gewährleisten eine gleichbleibende Qualität bei Lebensmitteln, gleichen Aromaverluste bei der Produktion aus und verbessern Geschmack und Geruch (z. B. bei Lightprodukten).

Billig produzierte Lebensmittel benötigen häufig deutlich mehr Aromen.

8.2 Arten der Aromastoffe

Aromastoffe bzw. deren Gemische werden je nach Vorkommen, Ausgangsmaterialien und Herstellungsverfahren in Kategorien eingestuft.

- **Natürliche Aromen** müssen von einem natürlichen Rohstoff (z. B. Holzschnitzeln, Schimmelpilzen), aber nicht zwangsläufig aus einem Lebensmittel stammen, z. B. Vanillin aus Vanilleschoten, L-Menthol aus Pfefferminzpflanzen.
- **Naturidentische Aromastoffe** werden synthetisch hergestellt, sie sind aber mit dem natürlichen Aromastoff chemisch gleich, z. B. Vanillin, L-Menthol.
- **Künstliche Aromastoffe** werden durch chemische Synthese gewonnen und kommen in Lebensmitteln nicht natürlich vor, z. B. Ethylvanillin. Weiters gibt es Aromaextrakte, Reaktionsaromen, Raucharomen und Aromavorstufen.

Wussten Sie, dass ...
Getränke den grössten Anteil bei aromatisierten Lebensmitteln ausmachen?

Synthetisch = künstlich.

In Biolebensmitteln dürfen nur natürliche Aromen bzw. Aromaextrakte verwendet werden. Gesundheitsschädliche Auswirkungen durch den Verzehr von aromatisierten Lebensmitteln sind nicht bekannt.

Getreide und Getreideprodukte

Weitere Informationen zu den gesetzlichen Grundlagen finden Sie in Ihrem digitalen Zusatzpaket.

Für einen Grossteil der Menschen bilden Getreide und die daraus gewonnenen Produkte seit Jahrtausenden die wichtigste Nahrungsgrundlage. Noch heute zählt Getreide zu den preiswertesten und selbst in Mangelzeiten gut verfügbaren Lebensmitteln.

Meine Ziele

Nach Bearbeitung dieses Kapitels kann ich

- die wichtigsten Getreidearten und -produkte nennen;
- die Bedeutung von Getreide in der Ernährung erklären;
- Tipps für die Lagerung geben;
- einen Überblick über die im Handel angebotenen Mehlarten und ihre Verwendung geben;
- in groben Schritten die Verarbeitung von Getreide beschreiben.

1 Bedeutung für die Ernährung

Welche Nahrungsmittel aus Getreide kennen Sie? Welche essen Sie täglich? Und welche Produkte können Sie Menschen mit einer Unverträglichkeit als Alternative empfehlen?

Aufbau des Getreidekorns (vereinfacht)

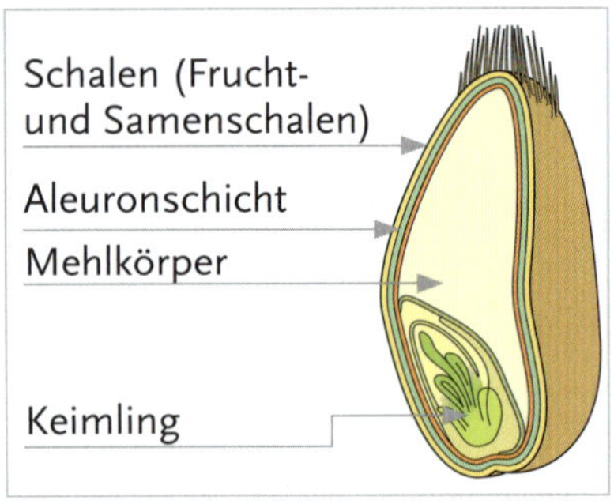

Was steckt drin in Getreide und Getreideprodukten?

Hauptnährstoffe

Getreide und Getreideprodukte sind unsere wichtigsten **Kohlenhydratlieferanten.** Die Kohlenhydrate sind im Mehlkörper in Form von Stärke, in den Randschichten als Zellulose enthalten.

Proteine kommen im Mehlkörper als Kleberprotein (Gluten), in der Aleuronschicht und im Keim vor. Einige essenzielle (lebensnotwendige) Aminosäuren sind in allen Getreidearten in geringen Mengen enthalten. Eine hohe biologische Wertigkeit ergibt die Proteinkombination mit Fleisch und Milch (siehe biologische Wertigkeit, S. 40). Reis, Mais, Hirse und Pseudogetreide sind glutenfrei (siehe Zöliakie, S. 63).

Pseudogetreide = Buchweizen, Amarant, Quinoa.

Zöliakie = Eine Dünndarmerkrankung, bei der das Kleberprotein nicht vertragen wird.

Fette sind im Keimling und in der Aleuronschicht enthalten. Hafer hat den höchsten Fett- und Linolsäuregehalt.

Vitamine und Mineralstoffe

Ungeschälte Getreidearten sind Spitzenlieferanten der **B-Vitamine** und **bioaktiver Stoffe.** Die wesentlichsten enthaltenen Mineralstoffe sind **Calcium, Magnesium, Phosphor** und **Eisen.**

Noch gespeichert oder brauchen Sie eine kleine «Datenauffrischung»? Auf S. 29 finden Sie alles zum Nachlesen.

Verdaulichkeit und Sättigung

Vollkorngetreide regt durch den höheren Nahrungsfasergehalt die Darmperistaltik an. Es führt aber gleichzeitig zu einer geringeren Ausnutzung der Nährstoffe, denn sie sind von Zellulose umschlossen und können im Darm nur schwer herausgelöst werden.

2 Tipps für die Lagerung

Getreide und Getreideprodukte müssen trocken, kühl und luftig gelagert werden. Sie ziehen Feuchtigkeit an. Wärme fördert die Bildung von Schimmelpilzen und die Entwicklung tierischer Schädlinge. Unter Luftabschluss in Dosen und Gläsern werden sie muffig.

- **Weisses Mehl** ist bis zu einem Jahr lagerfähig, **Vollkornmehle** werden wegen ihres Fettgehaltes nach wenigen Wochen ranzig.
- **Brot** verliert beim Aufbewahren Wasser. Es wird altbacken. Am schnellsten geschieht dies bei 0 °C, deshalb sollte Brot nicht im Kühlschrank aufbewahrt werden. Tiefkühlen verhindert das Altbackenwerden. Durch Erhitzen wird Brot wieder knusprig.

Weissbrot verliert seine Rösche bereits nach wenigen Stunden. **Roggenschrotbrot** kann etwa zehn Tage frisch schmecken.

- **Unverpacktes Brot** hält sich in Brotkästen am besten, **verpacktes Brot** soll in der Originalverpackung aufbewahrt werden. Nie in Plastiksäcken aufbewahren!
- **Teigwaren** trocken, verschlossen und staubfrei lagern, um sie vor Schädlingen, wie z. B. Motten und Würmern, zu schützen.

⚠ Teigwaren nicht mit stark riechenden Waren aufbewahren.

3 Getreide

Weizen
ist das wichtigste Brotgetreide. Wenn Mehl nicht anders bezeichnet ist, handelt es sich immer um Weizenmehl.

Dinkel
hat ein feines nussartiges Aroma. Dinkelmehl wird wie Weizenmehl verwendet.

Gerste
wird vor der Verwendung von den Spelzen befreit. Wird z. B. als Rohstoff zum Bierbrauen und zur Erzeugung von Malzkaffee und Whisky verwendet. Rollgerste dient als Suppeneinlage.

Hafer
hat von allen Getreidearten den höchsten Protein- und Fettgehalt und wird deshalb schnell ranzig. Er ist reich an löslichen Nahrungsfasern, die beim Kochen einen Schleim bilden.

Hirse
schmeckt fein würzig. Sie enthält reichlich Eisen, Magnesium und Kieselsäure und **eignet sich auch für Allergiker.** Durch längere Lagerung werden die Körner bitter.
Verwendung: Wie Weizenmehl

Mais
ist fettreich, aber arm an den essenziellen Aminosäuren Lysin und Tryptophan. Von allen Getreidearten wird Mais weltweit am meisten geerntet.

Roggen
ist nach dem Weizen das wichtigste Brotgetreide. Roggen schmeckt würziger als Weizen und bindet auch mehr Wasser. Roggenbrote bleiben daher länger frisch als Weizenbrote.

Reis (Lang-, Mittel-, Rundkorn)
Weltweit gibt es über 10 000 Arten.
Langkornreis (Basmati, Jasmin) ist gegart trocken und körnig; für Beilagen, z. B. Champignonreis, Curryreis etc.
Mittelkornreis ist gegart eher klebrig; z. B. für Risotto und Sushi.
Rundkornreis ist gegart klebrig; z. B. für Süssspeisen, Risotto, Aufläufe, Milchreis.

Wildreis
schmeckt leicht nussig. Er wird als Beilage, gemischt mit weissem Reis serviert. Wildreis hat eine lange Kochzeit.

Botanisch gesehen ist Wildreis kein Getreide, sondern ein Gras.

Pseudogetreidearten sind glutenfrei und daher bei Zöliakie und für Allergiker zu empfehlen.

Buchweizen
ist leicht verdaulich und reich an Mineralstoffen, Vitaminen und Protein.

Amarant
ist reich an ungesättigten Fettsäuren, Calcium, Eisen und hochwertigem Protein.

Quinoa
enthält hochwertiges Protein.

4 Getreideprodukte

Vollkorn (ganzes Getreidekorn)
Das Getreide wird entspelzt, d. h. von der Getreidekornhülse befreit, und die äussersten Schalen werden teilweise entfernt.

Zartweizen, Edelweizenprodukte (Ebly, Weizli, Ricy)
Weizenkörner werden gekocht, getrocknet und geschält. Die Nährstoffe bleiben grossteils erhalten.

Kleie
sind nach dem Absieben des Mehls verbliebene Randschichten und Keimlinge; hoher Vitamin-, Protein- und Nahrungsfasern-Anteil.

Rollgerste (Graupen)
Frucht-, Samenschale und Keimling werden entfernt. Das Getreide wird länglich oder rund geschliffen.

Grütze
Zerkleinerte Getreidekörner (Hafer, Gerste, Buchweizen); ihre Grösse liegt zwischen der von Graupen und Griess.

Schrot
Das geschälte Getreidekorn wird grob bis fein zerkleinert (Backschrot). Ungeschälte Körner werden zu Vollkornschrot zerkleinert.

Flocken
Das Getreide (Hafer, Dinkel, Weizen) wird ganz oder zerschnitten gedämpft, gewalzt oder gequetscht und getrocknet. Meist wird das Getreide vorher geschält.

Griess
sind kleine, deutlich sichtbare Kornteilchen. Meist aus Weizen, manchmal auch aus Mais (Polenta).

Dunst
ist der fein vermahlene Mehlkörper mit leichter Körnung. Je nach Korngrösse wird er als **griffiges** oder **doppelgriffiges Weizenmehl** bezeichnet.

Mehl
ist fein vermahlen. Es ist das wichtigste Getreideprodukt.

Stärke
ist ein Vielfachzucker, der vor allem im Getreide, in Kartoffeln, in Knollen, Wurzeln und in Hülsenfrüchten enthalten ist. Stärke wird durch Auswaschen aus den zerkleinerten Pflanzen gewonnen und anschliessend getrocknet.

4.1 Mehl

Das Ziel der Müllerei besteht darin, die drei wichtigsten Kornbestandteile **Schale, Keimling** und **Mehlkörper** voneinander zu trennen.

Vom Getreide zum Mehl

1. Das Getreide wird in der Mühle **gereinigt, geschält** und **vermahlen.** Der Vermahlungsvorgang besteht aus 10 bis 20 Zerkleinerungsstufen. Dabei entstehen der Grösse nach: gebrochenes Korn, Schrot, Griess, Dunst und Mehl. Weitere Produkte aus dem Korn sind Flocken, «Nüssli», gepuffter Weizen, Grütze, Graupen, Flakes, Cous-Cous, Ebly. Bulgur, oder aus den Randschichten die Kleie.
2. Die Mehle werden je nach Helligkeit und Mehlaschegehalt zu den gesetzlich festgelegten Mehltypen vermischt.

Mehltypen

Die Mehltype auf der Verpackung gibt an, wie viel Milligramm Asche beim Verbrennen von 100 g Mehl zurückbleiben. Da nur die organischen Mehlbestandteile (Fette, Kohlenhydrate, Proteine, Vitamine) verbrennen, nicht aber die Mineralstoffe, ist die **Typenzahl** das Mass für den Mineralstoffgehalt.

Je höher die Typenzahl ist, desto höher ist der Mineralstoffanteil und umso höher ist auch der Ausmahlungsgrad.

Beispiel
Verbrennt man 100 g Weizenmehl mit der Typenzahl W 480, erhält man 0,480 g Asche.

Typ 400	Mehle für feine Backwaren, Biskuits, Gutzli, etc.
Typ 550	Mehle für Brot
Typ 1900	Vollkornmehl

Ausmahlungsgrad

- **Niedriger Ausmahlungsgrad:** Das Mehl besteht hauptsächlich aus dem Inneren des Getreidekorns, dem Mehlkörper – es ist hell (Auszugsmehl).
- **Hoher Ausmahlungsgrad:** Ausser dem Mehlkörper wird ein hoher Anteil der Schalen mitvermahlen; das Mehl ist dunkler.
- Beim **Vollkornmehl** wird das gesamte Getreidekorn vermahlen.

Feinheitsgrad

- **Glattes Mehl:** aus dem Mehlkörper, fein und weich.
- **Griffiges Mehl:** durch Dunstanteile leicht körnig.

Grahammehl ist das meist verwendete Vollkornmehl in der Schweiz.

Kleber = Protein (Gluten), das die Backfähigkeit des Mehls beeinflusst.

Backfähigkeit

Die Backfähigkeit hängt vor allem vom Klebergehalt des Mehls ab. Nur aus Mehl mit Gluten kann man Brot in Form eines Laibs (im Unterschied zu Fladenbrot) backen. Weizenmehl hat eine bessere Backfähigkeit als Roggenmehl.

5 Backwaren

5.1 Brot

Vom Mehl zum Brot

1. Mehl, Wasser, Salz und Triebmittel (Hefe, Sauerteig) werden gemischt und geknetet.
2. Der Teig muss gären und wird geformt.
3. Das Triebmittel hebt und lockert den Teig. Beim Backen gerinnen die Proteinstoffe im Teig, die Stärke verkleistert. Es entstehen Poren in der Krume und aussen bildet sich die Kruste.

Brotsorten

Brot ist nicht nur ein Nahrungsmittel, sondern auch Teil unserer Geschichte und prägt Bräuche und Traditionen. In jeder Region der Schweiz wird diese Geschichte mit vielfältigen Brotkreationen gelebt.

Brot (Normalbrot)
wird aus Weizenmehl hergestellt. Je nach Mehlart wird unterschieden in: Weiss-, Halbweiss-, Ruch- und Schwarzbrot. Als Teiglockerungshilfe wird Hefe oder Sauerteig verwendet.

Roggenbrot
wird aus Roggenmehl und bis zu 10 % Weizenmehl hergestellt. Als Teiglockerungsmittel wird Sauerteig verwendet.

Graham/Vollkornbrot
Grahambrot ist ein Spezialbrot aus verschiedenen Vollkornmehlen. Meist handelt es sich um Weizenmehl mit 5–10 % Roggenmehl.

Toastbrot
Spezialbrot meist aus Weiss- oder Halbweissmehl mit Zugabe von Milch. Wird in Kastenformen gebacken, ist sehr luftig und mit wenig Kruste.

Parisette
Das Original aus Frankreich ist ein Spezialbrot aus hellem Mehl und wird als Stange mit knuspriger Kruste gebacken. Heute werden Parisette aus verschiedenen Mehlen angeboten.

Zopf
Spezialbrot aus Weissmehl mit Butter. Es können aber auch aus anderen Mehlarten Zöpfe gebacken werden.

Kantonsbrote

Zürcher Brot
ist das am meisten verbreitete Normalbrot in der Schweiz. Es wird mit drei bis fünf Einschnitten gebacken und in den Grössen 250 g, 500 g, 1 kg und 2 kg verkauft.

Basler Brot
ist ein Normalbrot mit mehliger, nicht eingeschnittener Kruste. Gebacken wird es als Doppelbrot.

Tessiner Brot
wird mit hellen Mehlen und Fettzusatz gebacken, jeweils sechs Stücke aneinander.

Bündner Brot
Roggenbrot, das im Ring gebacken wird. Lange haltbar.

Walliser Brot
Vollkornbrot aus Roggenmehl. Wird vor dem Backen in Roggenmehl gewendet und flach gedrückt.

St. Galler Brot
Normalbrot aus Ruch- oder Halbweissmehl, mit kräftiger Kruste. Durch das seitliche Aufreissen entsteht die charakteristische «Nase».

Berner Brot
Normalbrot aus Ruch- oder Halbweissmehl, mit glänzender Kruste und tiefem Einschnitt. Wird allgemein als Rundbrot bezeichnet.

Genfer Brot
hat die Form typischer Bauernbrote. Aus mittelfestem Halbweiss-Brotteig.

Jura Brot
wurde eigens zur Gründung des Kantons Jura kreiert und deshalb mit seinem Wappen versehen.
Brot aus Halbweiss- oder Ruchmehl.

Kleinbrote

Das Wort «Kleinbrote» ist nicht speziell gesetzlich geregelt. Es handelt sich um eine praxisorientierte Einteilung. Als Kleinbrote zählen Backwaren unter 250 g Gewicht, wie z. B. Semmel, Bürli, Brötli, Laugenbrezel (wird vor dem Backen mit einer wässrigen Natronlauge behandelt), Rugeli, Mohnbrötli, Rosinenbrötli, Weggli, Gipfel etc.

«Kleinbrote» ist ein Sammelbegriff für verschiedenste Backwaren.

5.2 Fein- und Dauerbackwaren

Typische **Feinbackwaren** sind aus Hefeteig, Blätterteig, Strudelteig, Biskuit- oder Sandmasse. Meistens verfeinert mit Milch(-produkten), Kakao, Schokolade, Couverture, Glasurmassen, Honig, Gewürzen, Nüssen und Fruchtzubereitungen. **Dauerbackwaren** haben eine längere Haltbarkeit, wie z. B. Cracker, Knabbergebäck, Waffeln oder Zwieback.

Weitere Informationen finden Sie in Ihrem digitalen Zusatzpaket.

6 Teigwaren

In der Schweiz sind Teigwaren sehr beliebt. Sie werden als Suppeneinlagen (Suppennudeln, Buchstabennudeln etc.), als Hauptgerichte (Hörnli, Spiralen, Bandnudeln, Müscheli etc.) und als Beilagen gekocht. Auch Teigwaren aus anderen Mehlen, z. B. Reisnudeln oder Sojanudeln, werden immer beliebter.

Die wichtigsten Teigwarenarten

Industrieteigwaren	Frischteigwaren	Eierteigwaren	Typ Napoli	Farbige Teigwaren
werden meist getrocknet und in den verschiedensten Formen angeboten. Bei der Herstellung unterscheiden sich «Walz»- (ausgewallte) und «Press»- (durch eine Schablone gepresste) Teigwaren.	werden ohne zu Trocknen gegart. Dazu gehören die typischen «Hausmacher-Nudeln», die dünn ausgewallt und in Streifen geschnitten werden.	sind mit einem Anteil von 150 g Vollei (= 3 Stück Normaleier) pro Kilogramm Mehl gehaltvoller und nehmen Saucen besser auf.	Teigwaren ohne Ei. Sie sind aromatischer, bissfester und besonders für eine längere Lagerung geeignet.	Zum Färben des Teiges können verschiedene Zutaten verwendet werden. **Die bekanntesten sind:** ■ grüne Spinatteigwaren, ■ rote Tomatenteigwaren, ■ schwarze, mit Tinte gefärbte, Teigwaren, ■ gelbe Teigwaren mit Kurkuma-Zusatz.

Nudelspezialitäten aus Italien und auch aus Asien, z. B. Reisnudeln (siehe Foto) oder Sojanudeln, werden immer beliebter.

Industrieteigwaren werden in der Regel aus Hartweizengriess hergestellt. Frische Teigwaren aus Weichweizendunst. Daneben gibt es aber noch verschiedene andere Getreide, wie z. B. Vollkornmehl, Reismehl, Maismehl etc., aus denen Teigwaren hergestellt werden. Heute sind auch Teigwaren ohne Gluten für Zöliakie-Kranke keine Ausnahme mehr.

Bekannte Gerichte mit Teigwaren

Es wird grundsätzlich unterschieden zwischen gefüllten und ungefüllten Teigwaren-Gerichten.

Ungefüllte Teigwaren

Pasta wird immer al dente (bissfest) gekocht und mit Pesto, Olivenöl, Saucen, Rohschinken, Parmesan etc. gereicht.

z. B. Spaghetti, Tagliatelle, Penne, Fusilli, Rigatoni etc.

Gefüllte Teigwaren

Mit Gemüse, Käse, Ricotta, Pilzen, Spinat, Fleisch, Fisch, Meeresfrüchten etc. gefüllt. Oft auch mit Sauce gratiniert.

z. B. Canneloni, Ravioli, Halbmonde, Maultaschen, Tortellini etc.

gratiniert = überbacken.

Zucker, Süssstoffe, Honig

Das Wort Zucker stammt vom arabischen Wort «sukkar», das süss bedeutet. Mit den Kreuzzügen gelangt Zucker aus Zuckerrohr nach Europa. Der Preis war allerdings so hoch, dass Zucker als «weisses Gold» bezeichnet und nur in der Medizin eingesetzt wurde.

Heute ist Zucker in der Ernährung allgegenwärtig. Süssigkeiten, Kuchen, Müsliriegel, Softdrinks – wir nehmen viel zu viel Zucker zu uns. Die Lösung ist jedoch nicht, Zucker durch andere Süssungsmittel zu ersetzen. Vielmehr geht es um eine Umgewöhnung. So können Sie z. B. Limonaden durch verdünnte Säfte oder Wasser ersetzen. Allein diese Massnahme reduziert den Appetit auf Süsses immens.

Allerdings braucht es etwas Zeit, bis sich der Körper an die natürliche Süsse von Lebensmitteln gewöhnt. Nach der Umstellung werden Sie aber merken, dass Ihnen viele gezuckerte Produkte zu süss erscheinen.

Meine Ziele

Nach Bearbeitung dieses Kapitels kann ich

- die wichtigsten Stoffe mit Süssgeschmack nennen und ihre Verwendung erklären;
- den gesundheitlichen Wert von Zucker, Honig und Süssungsmitteln beurteilen;
- Tipps für die Lagerung geben;
- die Zuckerherstellung in einfachen Worten erklären.

Weitere Informationen zu den gesetzlichen Grundlagen finden Sie in Ihrem digitalen Zusatzpaket.

Was ist Zucker?
Im allgemeinen Sprachgebrauch verstehen wir unter Zucker den Haushaltszucker, z. B. Kristallzucker und Staubzucker. Chemisch gesehen sind alle Kohlenhydrate Zucker.

1 Bedeutung für die Ernährung

Welche Nahrungsmittel mit Zucker essen Sie besonders gerne? Wiederholen Sie auch kurz die Empfehlung der Ernährungspyramide.

Mit einer Tafel Milchschokolade decken Sie nahezu ein Viertel Ihres täglichen Energiebedarfs.

Wir essen generell zu viel Zucker (gemeint sind Einfach- und Zweifachzucker) und das ist nicht gesund. Überhöhter Zucker- und Honigkonsum fördert Karies und kann zu Übergewicht führen.

Zucker ist ein **Grundnahrungsmittel.** Weil er aber aus gesundheitlichen Gründen selten konsumiert werden soll, gilt er zugleich als Genussmittel.

Was steckt drin in Stoffen mit Süssgeschmack?

Alle Zuckerarten und **Honig** haben einen hohen Kohlenhydrat- und Energiegehalt. Zucker enthält keine Vitamine und Mineralstoffe. Honig enthält geringe Mengen an organischen Säuren, Enzymen, Mineralstoffen und Vitaminen.

Zucker und Honig sind rasch verdaulich, sie gehen schnell ins Blut über. Der Blutzuckerspiegel steigt rasch an, sinkt jedoch nach kurzer Zeit wieder ab.

Süssstoffe sind nicht in allen Ländern erlaubt. Werden Süssstoffe massvoll eingesetzt, sind sie nach derzeitigem Wissensstand unbedenklich. Diabetiker können mit Süssstoffen den Speiseplan vielseitiger gestalten. Für Gesunde sind sie unnötig.

2 Tipps für die Lagerung

Wussten Sie, dass ... Zuckerreste an den Zähnen ein Paradies für Bakterien sind? Schon nach 15-20 Minuten werden Sie in der Mundhöhle in zahnschädigende Säuren umgewandelt.

Zucker trocken und nicht neben riechenden Waren aufbewahren. Bei richtiger Lagerung ist Zucker unbegrenzt haltbar, bei feuchter Lagerung klumpt er zusammen.

Honig dunkel, mässig kühl und in geschlossenen Gefässen lagern. Nach etwa zwei Jahren nehmen die Inhaltsstoffe und das Aroma ab.

Schon wieder ist es passiert – Honig kristallisiert im Glas

In einem lauwarmen Wasserbad kann Honig wieder verflüssigt werden. Erhitzt man ihn über 45 °C, gehen allerdings viele Inhaltsstoffe verloren.

Ausländischer Honig wird häufig bereits während der Produktion höher erhitzt und kristallisiert dann nicht mehr.

3 Zucker

Zucker ist in nahezu allen Pflanzen enthalten. In der Schweiz werden 80–100 % des Eigenbedarfs an Zucker aus der Zuckerrübe gewonnen. Weltweit werden zwei Drittel des Zuckers aus dem Zuckerrohr hergestellt.

In der Schweiz wird ein Teil des Zuckers aus der Zuckerrübe gewonnen. Der importierte Zucker (hauptsächlich aus Brasilien) ist Zucker aus Zuckerrohr.

Von der Zuckerrübe zum Haushaltszucker

1. Die Zuckerrüben werden **gewaschen,** zu Schnitzeln **zerkleinert** und mit Wasser **ausgelaugt.**
2. Der zuckerhaltige Rohsaft wird **gereinigt** und **eingedampft,** bis er kristallisiert.
3. Durch Zentrifugieren und Dampfbehandlung **(= Raffinieren)** erhält man Weisszucker. Zucker gelangt in verschiedenen Formen in den Handel.

Zuckerarten

Kristallzucker
wird in verschiedenen Korngrössen, von fein bis grob, angeboten. Feinkristallzucker löst sich schneller auf.

Verwendung: zum Süssen von Getränken.

Staubzucker
Kristallzucker wird fein gemahlen.

Würfelzucker
Angefeuchteter, feiner Kristallzucker wird zu Würfeln gepresst und anschliessend wieder getrocknet.

Verwendung: zum Süssen von Heissgetränken.

Hagelzucker
Zuckerkörner mit der Grösse von Hagelkörnern.

Verwendung: zum Bestreuen von Kuchen, Torten und Gebäck.

Kandiszucker
Zuckerkristalle von unterschiedlicher Grösse und Farbe (braun oder weiss); Braunfärbung durch Karamellisieren der Zuckerlösung.

Verwendung: zum Süssen von Tee, Glühwein, Kräutertee etc.

Rohrzucker
wird aus dem schilfartigen Zuckerrohr gewonnen; das Mark enthält bis zu 20 % Zucker; ähnliche Verarbeitung wie bei der Zuckerrübe; wichtige Exportländer sind Mittelamerika und Brasilien.

Verwendung: zum Süssen von Heissgetränken.

Vollrohrzucker
Aus dem Saft des Zuckerrohrs durch Kristallisation gewonnener Zucker, dem zum Teil karamellisierter weisser Zucker zugesetzt wird.

Verwendung: zum Süssen von Heissgetränken.

Brauner Zucker / Rohzucker
Sammelbezeichnung für alle Zuckersorten mit brauner Farbe. Meistens wird Zuckerrohrsirup zugesetzt.

Verwendung: zum Süssen von Tee.

Vollzucker
wird aus schonend getrockneten Zuckerrübensaft mit Inhaltsstoffen der Zuckerrübe gewonnen; leicht karamellartiges Aroma.

Verwendung: zum Süssen von Heissgetränken.

Die Schweiz muss Zucker importieren – wie kann das sein?
Der Bedarf an Zucker ist in der Schweiz höher als die Eigenproduktion. Das liegt aber nicht an den Essgewohnheiten der Schweizer, für den Inlandkonsum wird genügend erzeugt, sondern an der grossen Zahl an Süssigkeiten, wie z. B. Schokolade, die die Schweiz exportiert.

Darum kauft die Schweiz auf dem Weltmarkt beinahe noch einmal so viel Zucker ein, als sie selbst produziert.

Zuckerarten und Süssmittel

Vanillezucker
Feiner, weisser Zucker mit echtem Vanillemark gemischt.

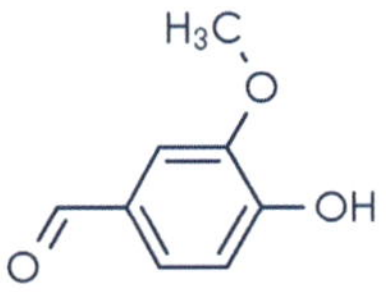

Vanillinzucker
Statt echter Vanille wird Vanillin-Aroma mit feinem, weissem Zucker vermischt.

Gelierzucker
enthält neben Zucker als Gelierhilfe noch Apfelpektin und Zitronensäure.

Ahornsirup
Der Saft des nordamerikanischen Zuckerahornbaums wird eingedickt.

Birnel
Konzentrierter Birnensaft, auch Birnendicksaft genannt. Heute werden auch Dicksäfte von anderen Früchten als Süssmittel angeboten, z. B. Äpfel, Trauben, etc.

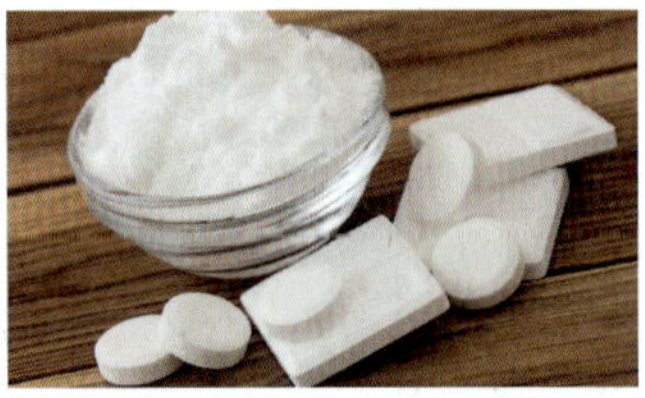

Traubenzucker (Glukose)
Der grösste Teil der Traubenzucker wird durch enzymatische Spaltung der Stärke aus Mais gewonnen. In der Natur kommt er aber auch in vielen Pflanzen vor.

Milchzucker (Laktose)
Natürlicherweise in der Milch vorkommender Zucker; löst eine der häufigsten Intoleranzen in der Schweiz aus. In der Industrie als Verdickungsmittel eingesetzt.

Birkenzucker (Xylit)
sieht aus wie gewöhnlicher Haushaltszucker, hat aber weniger Kalorien und soll vor Karies schützen.
Ist auch für Diabetiker geeignet.

4 Honig

Honig wird von Bienen erzeugt, indem sie Blütennektar und Honigtau sammeln, umformen, mit körpereigenen Substanzen anreichern, in Waben speichern und dort reifen lassen.

Nach der Herkunft unterscheidet man:
- **Blütenhonig,** z. B. Akazienhonig, Lavendelhonig, Rapshonig etc.
- **Honig aus Honigtau,** z. B. Waldhonig, Tannenhonig

Nach der Gewinnung unterscheidet man:
- **Honig mit Wabenanteil:** mit einem oder mehreren Stücken Anteil der Wabe.
- **Tropfhonig:** Der Honig wird aus der Wabe abgetropft.
- **Schleuderhonig:** Der Honig wird mit einer Zentrifuge aus der Wabe geschleudert.
- **Presshonig:** Die Waben werden ausgepresst.

Ohne Bienen kein Obst
Viele Menschen sehen die Hauptaufgabe der Bienen in der Honigproduktion. Die Bienen haben aber eine viel wichtigere Funktion, nämlich die Bestäubung der Pflanzen. Ohne Bienen gäbe es kein Obst und die Artenvielfalt der Bäume und Blumen würde radikal zurückgehen.

Nektar = pflanzliches Drüsensekret, das als Lockmittel für Tiere dient; hoher Zuckergehalt.

Honigtau = von Insekten auf Pflanzen gebildete süsse Sekrete.

Wabenhonig

Süssungsmittel

Zuckeraustauschstoffe (Zuckeralkohole) schmecken süss und haben einen ähnlichen Energiegehalt wie Zucker. Sie sind für Diabetiker als Zuckerersatz geeignet, können aber bei übermässigem Verzehr abführend wirken. Eingesetzt werden sie in der Industrie z. B. bei light-Produkten

Beispiele: Sorbit (E 420), Mannit (E 421), Isomalt (E 953), Maltit (E 965), Maltitol-Sirup (E 965), Lactit (E 966), Xylit (E 967), Erythrit (E 968)

Süssstoffe sind meist energiefreie Süssungsmittel, aber um ein Vielfaches süsser als Zucker. Sie werden deshalb nur in kleinsten Mengen benötigt. In der Schweiz sind die Süssstoffe Saccharin, Cyclamat, Aspartam, Acesulfam-K, Thaumatin und Neohesperidin zugelassen.

Verwendung: Süssstoffe dürfen für aromatisierte Getränke, für Süsswaren und Dessertspeisen, für Lebensmittel für Diabetiker und Übergewichtige sowie für Kaugummi und Essig verwendet werden.

Für Süssungsmittel gilt die Süssungsmittelverordnung. Alle Süssungsmittel tragen E-Nummern (siehe Zusatzstoffe, S. 83).

Stevia ist eine südamerikanische Pflanze, die 50- bis 200-mal süsser ist als Zucker. Der süsse Geschmack wird von bitteren und lakritzeartigen Nebennoten begleitet.

Süsswaren

Süsswaren sind Lebensmittel, bei denen Zucker bzw. Süssungsmittel den Geschmack wesentlich bestimmen und in vielen Fällen auch für den Herstellungsprozess unerlässlich sind.

Speiseöle und Speisefette

Weitere Informationen zu den gesetzlichen Grundlagen finden Sie in Ihrem digitalen Zusatzpaket.

Noch gespeichert oder brauchen Sie eine kleine «Datenauffrischung»? Auf S. 31 finden Sie alles zum Nachlesen.

Fett ist lebensnotwendig, das wissen wir bereits. Allerdings wäre es für unsere Gesundheit wichtig, eine grössere Menge an pflanzlichen Speiseölen (z. B. Olivenöl) aufzunehmen und weniger tierische Fette zu essen. Hier ein kurzer Überblick.

Arten

Tierisch	Pflanzlich
Beispiele für Speiseöle Fischöl	**Beispiele für Speiseöle** Sonnenblumenöl, Maiskeimöl, Olivenöl, Kürbiskernöl, Distelöl, Rapsöl, Walnussöl, Weizenkeimöl, Sojaöl
Beispiele für Speisefette Butter, Schmalz	**Beispiele für Speisefette** Kokosfett

Meine Ziele

Nach Bearbeitung dieses Kapitels kann ich
- die wichtigsten Speiseöle und Speisefette nennen;
- die Herstellung von Speiseöl, Margarine und Butter kurz erklären;
- die unterschiedlichen Qualitäten von Speiseölen und -fetten beurteilen;
- die Bedeutung von Speiseölen und -fetten für die Ernährung erklären;
- Tipps für Einkauf und Lagerung geben.

1 Bedeutung für die Ernährung

Welche fettreichen Nahrungsmittel kennen Sie? Welche essen Sie täglich? Wiederholen Sie auch kurz die Empfehlung der Ernährungspyramide.

Rund 30 % des Energiebedarfs sollten durch Fette gedeckt werden. Die Devise dabei lautet: «Mehr pflanzliche Speiseöle und weniger tierische Fette.»

Was steckt drin in Speiseölen und Speisefetten?

Speiseöle und -fette sind die konzentriertesten Energielieferanten, sie bestehen fast zu 100 % aus Fett. Fette sind wichtig als Träger der fettlöslichen Vitamine. Pflanzliche Öle enthalten essenzielle Fettsäuren. Kalt gepresste Öle sind besonders reich an Vitaminen und sekundären Pflanzenstoffen.

Kalt gepresste und biologische Speiseöle sind besonders wertvoll, da ungesättigte Fettsäuren, Vitamine und Mineralstoffe fast vollständig erhalten bleiben.

Verdaulichkeit

Butter ist leicht verdaulich und hat je nach Futter der Tiere unterschiedlich viele Vitamine. **Margarine** höherer Qualität und Diätmargarine sind reich an essenziellen Fettsäuren und enthalten die zugesetzten Vitamine E, A, D und Karotin, sowie Cholesterin in Spuren. Fischöle haben einen hohen Anteil an ungesättigten Fettsäuren, besonders an Omega-3-Fettsäuren.

Unterschied Speiseöle und Speisefette
Speiseöle sind bei Temperaturen über 15 °C flüssig.
Speisefette sind bei einer Temperatur von 15 °C streichfähig oder fest.

2 Einkauf und Lagerung

Kalt gepresste Öle eignen sich besonders gut als **Salatöle.**
Brat-, Back- und Frittieröle bzw. -fette sind für Gartechniken geeignet, bei denen hohe Erhitzbarkeit und Hitzebeständigkeit gefragt sind.

Fette und Öle lagert man **kühl, dunkel, geruchs- und luftgeschützt** in der Originalverpackung, kalt gepresste Öle am besten in dunklen Flaschen. Butter ist bis fünf Wochen, Margarine zwölf Wochen und Bratbutter bis zu zwei Jahre gekühlt haltbar.

3 Speiseöle

Fast alle Pflanzen enthalten Fett, die meisten in ihren Samen. Für die menschliche Ernährung geeignet sind Öle von ca. 40 Pflanzenarten. Die wichtigsten sind Ölpalme, Sojabohne, Raps, Sonnenblumen, Nüsse, Oliven, Sesam und Kürbiskerne.

1. Die gereinigten und zerkleinerten Ölfrüchte und -saaten können **kalt gepresst** werden. Dabei werden sie in Schneckenpressen durch Druck ausgepresst.
2. Beim Warmpressen werden die Fette mit höherem Schmelzpunkt durch Druck und Wärme ausgepresst.
3. Aus dem Rückstand beim Pressen wird das verbliebene Öl durch Lösungsmittel herausgelöst **(= Extrahieren).** Das gewonnene Rohöl wird gereinigt **(= Raffinieren).**

Angebrochene Ölflaschen sollten rasch verbraucht werden (hängt von der Ölart ab).

Wie heisst die Pflanze, aus der in der Schweiz am häufigsten Speiseöl erzeugt wird?

Ölsorten

Trägt das Öl im Handel einen bestimmten Pflanzennamen (z. B. Maiskeimöl), handelt es sich um das reine Öl dieser Pflanze. Steht auf dem Etikett «Speiseöl», «Tafelöl» oder «Pflanzenöl», geht es immer um eine Mischung verschiedener Pflanzenöle. Sie werden häufig auch **kalt gepresst** angeboten.

Kaltgepresste Öle werden bei Temperaturen unter 50 °C schonend gepresst und meist ohne zusätzliche Behandlungen als Speiseöle verwendet. Sie werden angeboten als: «nativ», «nativ extra», «vergine», «extra vergine», «unraffiniert» oder «naturbelassen».

Pflanzliche Öle werden gewonnen aus Samen, Keimen oder Fruchtkörper.
Tierische Fette werden durch das Ausschmelzen von Körperfetten gewonnen. Nur Butter wird aus Milch gewonnen.

4 Speisefette und Speisefettmischungen

Speisefette können rein tierisch, rein pflanzlich oder ein Gemisch sein. Sie werden vor allem als Streichfette, aber auch zum Backen, zum Braten und Verfeinern von Speisen verwendet. Zum Sautieren und Frittieren gibt es hitzebeständige Fette, Bratbutter, Bratcremen oder Fritierfette.

Einsatzgebiete von Butter
Butter wird generell zum Verfeinern von Speisen eingesetzt.
- Als Grundbasis der kalten Küche, für Aufstriche und Füllungen, wie z. B. Buttercreme.
- Gemüse und Kartoffeln in Butter schwenken.
- Fleisch und Fisch in Butter sautieren.
- Buttermischungen zu Fleisch und Fisch.
- Zum Verfeinern von Saucen und Suppen.

4.1 Butter

Milch ist das Ausgangsprodukt für die Buttererzeugung.

❶ Aus der gereinigten Rohmilch wird durch Zentrifugieren Rahm gewonnen.
❷ Der Rahm wird pasteurisiert und rasch abgekühlt.
❸ Der pasteurisierte Rahm wird im Butterfertiger zu Butter geschlagen. Für Sauerrahm wird der Rahm mit Milchsäurebakterien gesäuert.
❹ Die Butter wird gewaschen, geknetet, geformt und verpackt.

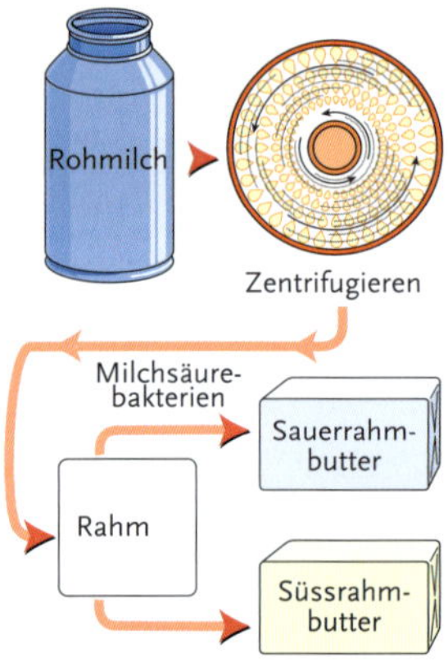

Butter ob aus Sauerrahm oder aus Süssrahm hat immer einen **Mindestfettanteil von 82 %**. Daneben kennen wir Dreiviertelfett Butter (62 % Fettanteil), Halbfettbutter (39–41% Fettanteil) gesalzene Butter (max. 2 % Salz), Bratbutter und entwässerte Butter (eingesottene, geklärte Butter), die fast vollständig aus Milchfett besteht. Buttermischungen, wie z. B. Kräuterbutter, müssen 62 % Milchfett enthalten.

4.2 Margarine

Von Ölen und Fetten zur Margarine

❶ Verschiedene Fette und Öle, fettlösliche Vitamine, Wasser und Lecithin als Emulgator werden gemischt.
❷ Im Schnellkühler wird unter Luftabschluss aus den Fettbestandteilen und den wässrigen Anteilen Margarine hergestellt. Dabei wird ein Teil der ungesättigten Fettsäuren gesättigt **(= Fetthärtung).**

Eier

Viele von uns essen Eier gerne gekocht als Frühstücksei, in der Pfanne machen wir daraus Rührei oder Spiegelei. Allerdings essen wir auch oft Eier, ohne dass es uns bewusst ist: Speziell bei industriell verarbeiteten Produkten werden Eigelb und Eiklar für vielerlei Lebensmittel verarbeitet.

Meine Ziele

Nach Bearbeitung dieses Kapitels kann ich
- den Aufbau des Hühnereies erklären;
- die Bedeutung von Eiern in der Ernährung erklären;
- aufgrund der Kennzeichnung beim Einkauf qualitativ hochwertige Eier auswählen.

Weitere Informationen zu den gesetzlichen Grundlagen finden Sie in Ihrem digitalen Zusatzpaket.

Was sind Eier?
Als Eier gelten laut Lebensmittel-Gesetz ausschliesslich Hühnereier.
Eier von Gänsen, Truten, Enten, Wachteln etc. müssen als solche gekennzeichnet sein.

Mehr zum Thema «biologische Wertigkeit» finden Sie auf S. 40.

Aufbau des Hühnereies

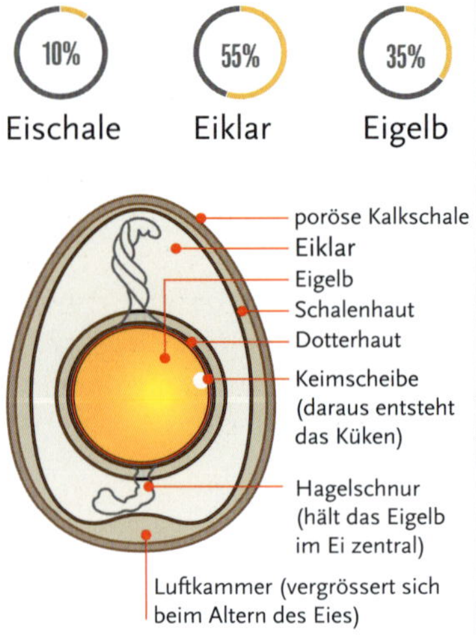

1 Bedeutung für die Ernährung

Wusstet Ihr, dass man, durch den auf den Eiern aufgedruckten Code auf die Herkunft und die Erzeugung von Eiern schliessen kann?

Was steckt drin in Hühnereiern?

Hauptnährstoffe

Die **Proteine** des Hühnereies sind biologisch hochwertig. Kein anderes Nahrungsmittel hat diese hohe biologische Wertigkeit. Das Eigelb enthält reichlich **Fett,** Vitamine der B-Gruppe, fettlösliche **Vitamine,** Eisen, Calcium, Phosphor, Selen und Jod. **Kohlenhydrate** sind im Ei in geringen Mengen vorhanden.

Verdaulichkeit

Die **Verdaulichkeit** hängt von der Zubereitung ab. Ein **weich gekochtes Ei** ist **leicht verdaulich. Hart gekochte** Eier sind **schwerer verdaulich,** weil durch Wasserabgabe die Struktur der Proteinstoffe fester wird.

2 Einkauf und Lagerung

Eier sollten möglichst frisch verwendet werden. Durch Intensivtierhaltung und Futtermittel können in den Eiern Salmonellen (siehe S. 80) enthalten sein. Durch kühle Lagerung wird die Vermehrung eingeschränkt.

Salmonellen = Bakterien, die u. a. durch den Hühnerkot über die Schale ins Ei gelangen.

Die ersten 20 Tage nach dem Legedatum können Eier ungekühlt gelagert und unbedenklich roh genossen werden.

Güteklassen

Eier gibt es in der EU in den **Güteklassen A und B.** Im Lebensmittelhandel sind lediglich Eier der Güteklasse A erhältlich. Die Eier der Klasse B werden in der Lebensmittelindustrie verarbeitet.

Frische von Eiern

Eier mit der zusätzlichen Deklaration «Extra» sind die frischesten. Sie müssen rascher verpackt werden und dürfen nur bis zum neunten Tag nach dem Legen so angeboten werden. Danach muss die Aufschrift «Extra» entfernt werden.

Wenn Sie beim Schütteln des Eis Geräusche hören, ist das Ei schon älter. Die Festigkeit der Hagelschnur hat nachgelassen, die Luftkammer ist grösser.

Frischekennzeichen

Frisches Ei	Älteres Ei

Zweigestuftes Eiklar, hoch gewölbtes Eigelb	Eiklar und Eigelb flach

Gewichtsklassen

Eier werden nach dem Gewicht sortiert. Es gibt die Grössen S, M, L und XL.

Aufbewahrung

Eier sollen zwischen 5 °C und 8 °C mit der Luftkammer (stumpfen Seite) nach oben aufbewahrt werden, so halten sie länger. Sie sollen nicht neben stark riechenden Nahrungsmitteln gelagert werden. Tiefgekühlt bleiben Eier etwa vier Monate frisch. Sie werden ohne Schale – im Ganzen oder Eiklar und Eigelb getrennt – eingefroren. Eischnee ist zum Einfrieren ungeeignet.

Haltungsformen für Legehennen

Legehennen werden in Boden- und Freilandhaltung gehalten.

Bio-Eier

Bio-Eier stammen immer von Hühnern aus Freilandhaltung. Zudem muss das Futter aus biologischem Anbau sein. Sie sind aufgrund der Mehrarbeit, die sich für die Bauern ergibt, meist etwas teurer.

Haltungsformen

Bodenhaltung

- Sieben Hühner pro Quadratmeter Stallbodenfläche
- Drei Bereiche im Stall: Scharrraum, Kotkasten, Legenester
- Kein Auslauf ins Freie

Freilandhaltung

- 10 m^2 pro Huhn, zum grössten Teil bewachsene Auslauffläche
- Tagsüber uneingeschränkter Auslauf ins Freie
- In der Nacht gelten die Bedingungen der Bodenhaltung.

Kennzeichnungen von Eiern und Eierpackungen

Neben den für alle Lebensmittel gültigen Kennzeichnungsvorschriften findet man auf Eierschachteln zusätzlich Informationen über

- die Stückzahl,
- die Gewichtsklasse,
- den letzten Verkaufstag: «Verkauf bis ...»,
- die Aufbewahrung: «Bei Kühlschranktemperatur aufbewahren. Nach Ablauf des Mindesthaltbarkeitsdatums durcherhitzen»,
- die Art der Legehennenhaltung.

Die Eier selbst sind mit einem Stempel versehen, der einen Code für das Haltungssystem und den Erzeugerstaat sowie die Betriebs- und Stallnummer enthält.

Gewichtsklassen

Klasse	Grösse	Gewicht
XL	sehr gross	73 g und darüber
L	gross	63–72 g
M	mittel	53–62 g
S	klein	unter 53 g

Warum sind manche Eigelb am Rand blau?

Wird ein Ei zu lange gekocht, wird durch die Hitze aus dem Eigelb Eisen freigesetzt. Im Eiklar bildet sich Schwefelwasserstoff. Diese beiden Stoffe verschmelzen am Eigelbrand zu Eisensulfid – der Rand färbt sich blau.

Wussten Sie, dass ...

die Farbe der Eierschalen (weiss oder braun) von der Hühnerrasse abhängt?

§ **EU-Rechtsprechung zu Käfighaltung**
Käfighaltung ist seit 2012 EU-weit verboten. Die Kleintiergruppenhaltung in grossen, ausgestatteten Drahtgitterkäfigen, mit bis zu 60 Hennen je Abteil, ist aber noch erlaubt.

«0» steht für beste Qualität, artgerechte Haltung und garantiert, dass keine gentechnisch veränderten Futtermittel verabreicht wurden.

Was steht auf dem Ei?

Code des Haltungssystems	Kennnummer des Erzeugerbetriebs
0 = Ökologische Erzeugung (BIO) 1 = Freilandhaltung 2 = Bodenhaltung 3 = Käfighaltung = in der Schweiz verboten, wird auch als Kleintiergruppenhaltung bezeichnet.	■ Code des Herkunftslandes, z. B. CH = Schweiz AT = Österreich DE = Deutschland ■ Landwirtschaftliche Betriebsnummer

Haltungssystem
2 = Bodenhaltung

Herkunftsland
CH = Schweiz

Landwirtschaftliche Betriebsnummer

Mindesthaltbarkeitsdatum (optionale Angabe)

Eierpackung

Grösse bzw. Gewicht der Eier

28. Tag ab Legedatum, bis zu diesem Tag sollten die Eier verbraucht werden

Qualität der Eier

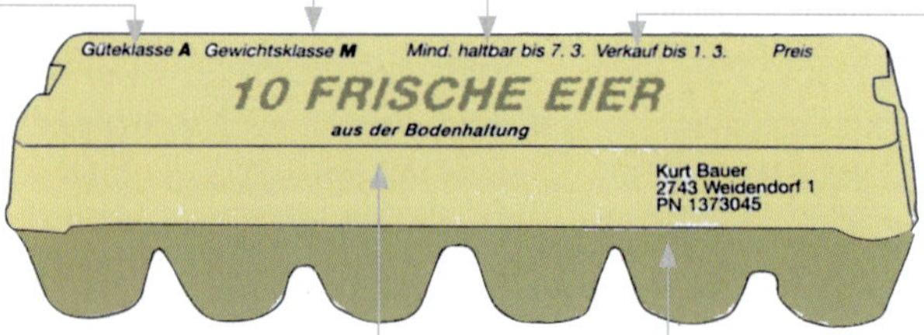

21. Tag ab Legedatum, bis zu diesem Tag dürfen die Eier verkauft werden

Art der Legehennenhaltung

Herkunft: Name und Anschrift des Eierlieferanten; PN ist die behördlich registrierte Packstellennummer

Eierprodukte

Flüssigeier	Meist pasteurisiert als: ■ Vollei = 1 Liter entspricht 24 Stk. Normaleiern ■ Eiweiss = 1 Liter entspricht 34 Stk. Normaleiern ■ Eigelb = 1 Liter entspricht 44 Stk. Normaleiern
Eipulver	Getrocknetes Vollei, Eiweiss oder Eigelb
Quik-Eier	Sogenannte Stangeneier sind gegart und werden am Stück oder geschnitten angeboten.
Traiteur-Eier	Gekochte, geschälte oder ungeschälte Eier. Gefärbt und ungefärbt, z. B. Ostereier, Picknickeier etc.

Konservierungsarten für Eier

- **Pasteurisierte Flüssigeier:** Können wie Normaleier eingesetzt werden.
- **Trockenei:** Eipulver, das mit ca. der dreifachen Menge an Wasser angerührt werden muss. 100 g Voll-Eipulver entsprechen etwa acht frischen Eiern.
- **Gefrierei:** Hat nach dem Auftauen nicht mehr die gleichen Backeigenschaften wie frische Eier; in der Regel aufgeschlagen.
- **Eingelegte Eier:** in Salzlake («Soleei») oder mit Essig («pickled egg»)

Fleisch

Weitere Informationen zu den gesetzlichen Grundlagen finden Sie in Ihrem digitalen Zusatzpaket.

Fleisch ist nicht gleich Fleisch. Es kommt nicht so sehr auf die Menge an sondern vor allem auf echte Qualität. Damit Sie diese auf hohem Niveau anbieten können, müssen Sie auch über Herkunft und Haltung der Tiere Bescheid wissen.

Meine Ziele

Nach Bearbeitung dieses Kapitels kann ich

- erklären, welche Inhaltsstoffe Fleisch und Geflügel so wertvoll für unsere Ernährung machen;
- die in der Lebensmittelverarbeitung gängigen Tierarten auflisten;
- die Qualitätsmerkmale von Fleisch beschreiben;
- spezielle Fleischteile der unterschiedlichen Schlachttiere nennen;
- meinen Gästen bekannte schweizerische und internationale Fleisch- und Geflügelgerichte erklären.

1 Bedeutung für die Ernährung

Wie schaut es bei Ihnen aus?
- ☐ *Ich esse dreimal die Woche Fleisch.*
- ☐ *Ich esse jeden Tag Fleisch.*
- ☐ *Ich bin Vegetarier.*
- ☐ *Ich versuche, Fleisch und pflanzliche Lebensmittel gleichermassen zu essen.*

Fleisch ist ein wichtiger Proteinträger und liefert Vitamine und Mineralstoffe. Zwei bis drei Fleischmahlzeiten in der Woche (je 150 g mageres Fleisch = 450 g) sind ideal. Tatsache ist aber, dass die meisten viel mehr Fleisch essen. Cholesterin und gesättigte Fettsäuren werden in zu grossen Mengen aufgenommen, ebenso Purine, die den Harnsäurespiegel erhöhen und Gicht auslösen können.

Vor einigen Jahrzehnten war fettes Fleisch noch sehr beliebt. Heute ist das anders: Die Verbraucher bevorzugen eindeutig mageres Fleisch. Dabei ist Fett der eigentliche Geschmacksträger!

1.1 Was steckt drin im Fleisch?

Hauptnährstoffe und Energie

Neben **Wasser** (70–75 % bei Magerfleisch) ist **Protein** mit ca. 23 % Hauptbestandteil. Das Fleischprotein ist biologisch hochwertig.
Der **Fettgehalt** von Fleisch liegt zwischen 2 % und 46 %. Grössere Fettmengen sind im Bindegewebe, im Bauch und im Rücken eingelagert. Wurstwaren, Speck und verschiedene Fleischerzeugnisse sind die hauptsächlichen Fettlieferanten. Das Fleischfett enthält vorwiegend gesättigte und einfach ungesättigte Fettsäuren.

Vitamine und Mineralstoffe

Fleisch ist **reich an** den Mineralstoffen **Kalium** und **Phosphor.** Auch für die Versorgung mit **Eisen, Zink** und **Selen** sowie mit **Vitamin A** und mit den **Vitaminen der B-Gruppe** ist Fleisch eine wichtige Quelle. Schweinefleisch ist neben Vollkornprodukten der wichtigste Vitamin-B_1-Lieferant. Beim Garen und Pökeln wird Vitamin B_1 allerdings in erheblichem Umfang zerstört.

Die Zahl der Gicht-Erkrankungen ist in den letzten Jahren parallel zum Fleischkonsum gestiegen.

Cholesterin und Purine

Innereien enthalten viel hochwertiges Protein, viele Mineralstoffe und Spurenelemente, aber auch eine grosse Menge an Cholesterin und Purinen. Ein Zuviel an Purinen kann bei entsprechender Veranlagung zu Gicht führen.

Purine = Bestandteile der Zellen.

Schadstoffe

- **Schwermetalle:** In den Nieren und der Leber von Schlachttieren und Wild werden manchmal erhöhte Schwermetallwerte festgestellt. Je älter das Tier ist, desto mehr Schadstoffe sind gespeichert.
- **Präparate mit Hormonwirkung:** sind in der Schweiz und in der EU verboten.
- **Nitrosamine:** Manche Fleischwaren werden mit Nitritpökelsalz gepökelt. Dadurch wird die Haltbarkeit erhöht. Nitrit wirkt in höheren Konzentrationen giftig. Beim Erhitzen von Pökelwaren über 150 °C entstehen in Spuren krebserregende Nitrosamine. Intensiv sautierte oder grillierte Pökelwaren sollten daher nicht oder nur selten gegessen werden.

Besonders die Innereien von Wildtieren sollten nur in einem Abstand von zwei bis drei Wochen gegessen werden.

2 Vom Schlachttier zum Fleischstück

2.1 Fleischunterteilung

Unter Fleisch versteht man alle verwertbaren Teile geschlachteter oder erlegter warmblütiger Tiere, die sich für den menschlichen Verzehr eignen.

Innereien, Würste, Pökelwaren und Fleischkonserven zählen ebenfalls zur Lebensmittelgruppe Fleisch.

Fleischarten

Schlachttiere

- Rind
- Kalb
- Schwein
- Schaf/Lamm
- Ziege
- Hauskaninchen
- Pferd

Mastgeflügel

- Huhn
- Ente
- Gans
- Pute (Truthahn)
- Perlhuhn
- Wachtel (aus Zuchtbetrieben)
- Taube
- Strauss

Fleisch erlegter Tiere

Wildfleisch
Reh, Hirsch, Hase, Wildkaninchen, Gämse, Wildschwein, Damwild (Zucht)

Wildgeflügel
Fasan, Rebhuhn, Schnepfe, Wachtel, Wildente, Wildgans, Wildtaube

Hell oder Dunkel?

Hell	Dunkel
Ferkel	Rind
Schwein	Kuh
Gitzi	Stier/Ochse
Kaninchen	Pferd/Fohlen
Milchlamm	Lamm
Kalb	Schaf/Hammel

2.2 Fleischqualität

Die Qualität hängt von Alter, Fütterung, Tierhaltung und Geschlecht ab. Fleisch von jungen Tieren ist leichter verdaulich und schneller gar als Fleisch von alten Tieren.

Fleisch von weniger belasteten Körperteilen (gelb) sind grundsätzlich Edelstücke und eignen sich hervorragend für eine kurze Zubereitung wie Sautieren, Grillieren etc. Sie sind zart und saftig, dementsprechend auch teuer, weil die Fleischteile einen kleinen Prozentsatz des gesamten Fleischgewinnes vom Tier ausmachen.

Fleisch von belasteten Körperteilen (grau) sind grundsätzlich Fleischstücke, die eher zäh und mit Bindegewebe durchzogen sind. Diese benötigen die richtige Zubereitungsart (Schmoren, Dünsten etc.), sowie die richtige Garzeit, um kaufähig zu werden.

2.3 Fleischkontrolle

In der Schweiz geschlachtetes Fleisch muss kontrolliert werden. Diese Kontrolle wird im Schlachthaus durch Tierärzte vorgenommen, die die begutachteten Stücke mit einem entsprechenden Stempel versehen. Die Kontrollorgane bezeichnen die kontrollierten Schlachttiere als **«geniessbar»,** wenn sie **ohne Einschränkung zur Verwendung als Lebensmittel** geeignet sind. Im Gastgewerbe darf nur genusstaugliches Fleisch gehalten bzw. zubereitet werden. **«Bedingt genusstaugliches»** Fleisch (von kranken Tieren) ist **strengstens verboten.**

2.4 Fleischverarbeitung

Vom Schlachttier zum küchenmässig vorbereiteten Fleischstück

1. **Schlachttieruntersuchung:** Das noch lebende Tier wird untersucht. Anschliessend wird die Schlachterlaubnis erteilt.
2. **Betäuben, Schlachten, Entbluten**
3. **Enthäuten bzw. Brühen und Entborsten:** Die Tiere werden abgehäutet. Nur die Haut der Schweine wird gebrüht und entborstet.
4. **Ausnehmen, Spalten in Längsrichtung**
5. **Fleischuntersuchung:** Das Fleisch wird besichtigt, betastet und angeschnitten. Anschliessend erhält es einen Stempelaufdruck. Ein runder oder ovaler Stempel bedeutet, dass das Fleisch einwandfrei, also **genusstauglich** ist.

6. **Kühlen, Abhängen:** Das schlachtwarme Fleisch wird gekühlt. Man lässt es abhängen, damit es mürber wird. Dieser Vorgang heisst **Fleischreifung**. Gut abgehangenes, durchgereiftes Fleisch ist besonders zart und hat kürzere Garzeiten.
7. **Zuschneiden:** Das Fleisch kommt in Hälften oder grossen Teilstücken in den Handel. Hier wird das Fleisch küchengemäss zugeschnitten. Es wird frisch, verpackt oder tiefgefroren angeboten.

2.5 Lagerung von Fleisch

Fleisch enthält viel Wasser und Protein und ist deshalb besonders leicht verderblich. Es muss also unbedingt gekühlt werden (zwischen 2 und 4 °C). **Frischwurst** ist gekühlt zwei bis fünf Tage haltbar, **Rohwurst** (z. B. Salami) einige Tage bis Wochen.

Wichtig ist, die Kühlkette immer lückenlos einzuhalten. Heute wird Fleisch auch sehr oft vakuumiert. Dadurch erübrigt sich zwar das Beachten der Luftfeuchtigkeit bei der Lagerung, die Säcke müssen aber auf Beschädigung kontrolliert werden.

Fleisch von guter Qualität weist helles Fett auf.

Stempel drauf!
Die gesetzlich vorgeschriebene Schlachttier- und Fleischuntersuchung wird von amtlichen Tierärztinnen und Tierärzten vorgenommen. Mit dem Genusstauglichkeitszeichen geben sie das Fleisch für den Verzehr frei.

Noch gespeichert oder brauchen Sie eine kleine «Datenauffrischung»? Auf S. 39 finden Sie alles zum Nachlesen.

3 Rindfleisch

Richtig oder falsch – was glauben Sie?	*Richtig*	*Falsch*
Das Fleisch von alten Kühen ist zäh wie Leder.		
Das beste Rindfleisch stammt von jungen Rindern.		
Durch das Abhängen wird Rindfleisch zart und aromatisch.		
Drückt man den Finger in gereiftes Rindfleisch und bleibt dabei eine sichtbare Mulde, ist das Fleisch nicht mehr zu verwenden.		

Fleckvieh wird auch als «Simmentaler Rind» bezeichnet.

3.1 Rinderrassen

In der Schweiz stammt Rindfleisch meist aus bäuerlichen Betrieben. Es werden vorwiegend Rinder mit kombinierter Nutzung – also Milch und Fleisch – gehalten. Die Rinderrasse mit dem grössten Zuchtanteil ist das **Fleckvieh.** Zu den typisch heimischen Rinderrassen zählen unter u. a. auch das Braunvieh und das Holsteiner Rind.

Einige Rinderrassen, welche aufgrund ihrer hohen Fleischqualität und Eigenart besonders gefragt sind

Das Fleisch des Kobe Rind ist das teuerste der Wagyu-Rinder. Es kann, je nach Fleischteil, mehrere hundert Franken pro Kilogramm kosten.

Wagyu – das teuerste Rindfleisch der Welt

Wagyu bedeutet übersetzt «japanisches Rind». Das Fleisch dieser Rasse wird als Delikatesse gehandelt. Die Tiere benötigen bis zur Schlachtreife mehr als doppelt so viel Zeit wie ein herkömmliches Rind.

Wagyu-Fleisch ist das am stärksten marmorierte Fleisch aller Rinderrassen. Das Fett ist nicht punktuell verteilt, sondern zieht sich in Form von Fettäderchen durch das Muskelfleisch. Die Fleischkonsistenz wird als «zartbuttrig» beschrieben.

Das japanische Wagyu-Rind ist auch als **Kobe-Rind** bekannt. Als Kobe-Rind dürfen jedoch nur jene Wagyu-Rinder bezeichnet werden, die in der japanischen Region Kobe geboren, aufgezogen, gemästet und vor Ort geschlachtet wurden.

3.2 Klassifizierung von Rindern

Kategorien	
Rind	Männliche und weibliche Tiere im Alter von ein bis zwei Jahren. Weibliches Rind hat noch nicht gekalbt, männliches Rind steht noch vor der Zuchtreife.
Jungrind	Weibliche Tiere bis zum Alter von 15 Monaten.
Färse/Gusti	Unter 18 Monaten, bis kurz vor dem Besamungsalter.
Fresser	Vier bis zwölf Monate. Erhält keine Muttermilch mehr.
Stier, Muni & Ochse	Männliche Tiere im geschlechtsreifen Alter; oft auch als «Bullen» bezeichnet. Im heutigen Sprachgebrauch wird ein junger Stier als «Muni» bezeichnet. Der kastrierte Stier häufig wird als «Ochse» bezeichnet.
Kuh	Weibliches Rind, das bereits gekalbt hat. Heute wird unterschieden zwischen **Milch-** (das Kalb wird ihnen genommen, die Milch gemolken und für die Milchproduktion verwendet), **Mutter-** (die Milch wird rein für das Kalb produziert) und **Ammenkuh** (die Kuh produziert Milch für fremde Kälber).

Zur Gattung Rind zählen auch Yak, Bison, Zebu und Wasserbüffel.

Fleisch von alten Kühen – eine neue Delikatesse?

Lange Zeit galt das Fleisch alter Milchkühe als ungeniessbar – zu zäh, zu fett, zu eigenwillig. Erst als Spitzenköche vom ausgeprägten Geschmack schwärmten, stieg die Nachfrage – und damit auch der Preis. Aber nicht jede alte Kuh schmeckt automatisch auch gut. Aus einer Hochleistungsmilchkuh, die am Ende komplett ausgelaugt ist, kann man ausser Wurst nichts mehr machen. Ideal sind Muttertiere, die viel auf der Weide gestanden haben (z. B. Alphhaltung) und ordentlich fett sind. Übrigens: In Frankreich und Spanien weiss man schon lange, dass das Fleisch von älteren Tieren sehr gut schmeckt.

3.3 Qualitätsmerkmale von Rindfleisch

Die Qualität ist abhängig von Rasse, Geschlecht, Alter, Mast, Haltung und Reifung. Hochwertiges Rindfleisch erkennt man an Farbe, Fleischstruktur und Marmorierung.

Marmorierung = die Verteilung des Fettgewebes im Fleisch.

Reifung und Lagerung von Rindfleisch

Rindfleisch ist ein bisschen wie Wein – erst die Reifung unter kontrollierten Bedingungen schafft optimalen Genuss. Die Reifedauer von Rindfleisch liegt zwischen 9 und 28 Tagen. Schlachtfrisches Rindfleisch ist sehr schwer zu kauen und somit kaum geniessbar. Durch das **Abhängen** von ganzen Teilen, die fachgerechte Lagerung und die Reifung wird das Fleisch zart, aromatisch und bekömmlich.

Gereiftes Fleisch enthält keine Kohlenhydrate mehr.

Die Dauer der Reifung hängt von verschiedenen Faktoren ab wie z. B. Grösse und Alter des Tieres.

Woran erkennt man gut gereiftes Rindfleisch?

- Das Fleisch ist rotbraun (das Fleisch junger Tiere ist leuchtend rot).
- Ein kurzer Fingerdruck hinterlässt in gereiftem Fleisch eine sichtbare Mulde, die nur langsam wieder verschwindet.

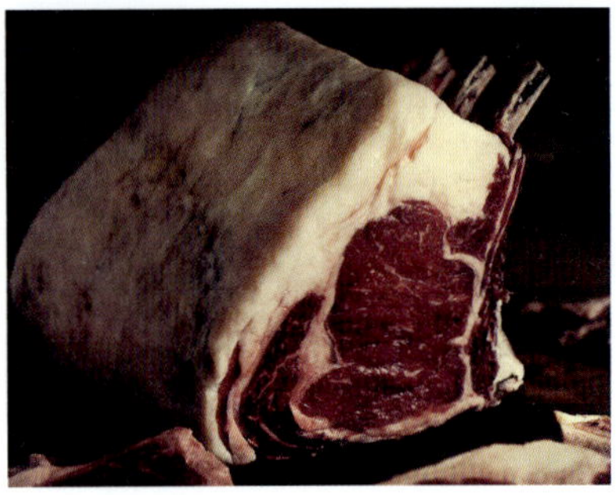

Die Konsistenz von Dry-Aged-Fleisch ist nicht mit der von herkömmlich gereiftem Fleisch vergleichbar.

Weiterführende Informationen: links.renovium.ch/luma

Verschiedene Reifungsverfahren

Vakuumreifung – Wet Aged

Die Fleischteile werden (teils in speziellen Kunststoff-Reifebeuteln) vakuumiert und bei einer Temperatur von 1–2 °C kühl gelagert. Durch biochemische Vorgänge (unter Mithilfe von Enzymen) verändern sich Geschmack und Konsistenz.

Trockenreifung – Dry Aged

Ganze Fleischstücke am Knochen hängen bei kontrollierter Temperatur, Luftfeuchtigkeit und Luftqualität drei bis vier Wochen ab. Das Fleisch verliert dabei stark an Flüssigkeit und Gewicht – es kommt zu einer Geschmackskonzentrierung.

Schimmelreifung

Eine besondere Art der Reifung ist die Schimmelreifung, bei der vor allem Rindfleisch mithilfe von Edelpilzkulturen (z. B. «Luma-Beef») zu einer neuen Qualität heranreift.

3.4 Aufteilung und Verwendung von Rindfleisch

Nach der Schlachtung wird das Rind halbiert und geviertelt.

Stücke vom Vorderviertel

Als stark beanspruchte Körperteile enthalten sie viel Bindegewebe.

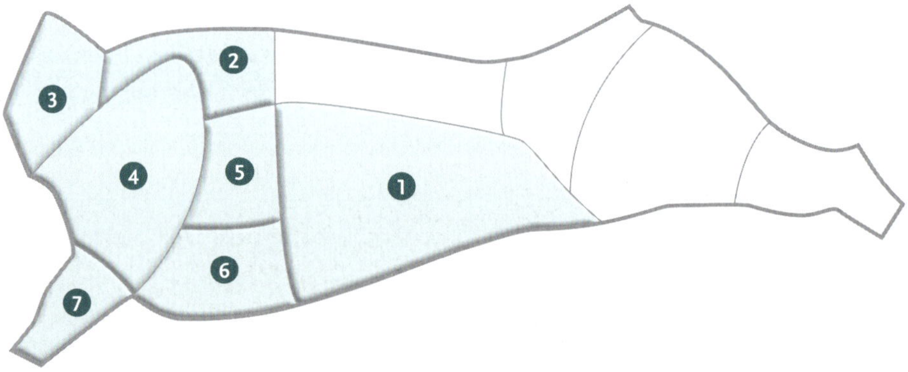

Fleischstück	Gericht	weitere Verwendung
❶ Lempen	Siedfleisch	Rindereintopf
❷ Rücken (Hohrücken)	Rib-Eye-Steaks	Braten, Gulasch, Tatar
❸ Hals	Rindsgulasch	
❺ Schulter	Rindsgeschnetzeltes	Gulasch, Rollbraten, Eintopf und Saucengerichte
❺ Federstück	Rindsschmorbraten	Siedfleisch
❻ Brust	Siedfleisch	
❼ Schenkel	Markknochen	zum Auskochen
Kopf	Rindszunge	Ochsenmaulsalat

Stücke vom Hinterviertel

Sie gelten als Edelstücke. Weil diese Muskelpartien vom Tier wenig beansprucht wurden, enthalten diese Fleischstücke wenig Bindegewebe. Als Kurzbratstücke zubereitet, steht die Geschmacksbildung und der Erhalt des Fleischsaftes im Vordergrund.

Fleischstück	Gericht	weitere Verwendung
❶ Schenkel	Haxentranchen	Klärfleisch
❷ Stotzen	Schmorplätzli	Braten, Plätzli, Steaks, Geschnetzeltes
❸ Huft	Rumpsteak	Fleisch für Fondue, Paillarde
❹ Nierstück	Entrecôte	Roastbeef, Rindskotelette, Porterhouse- und T Bone-Steaks, Filet, Chateaubriand, Tournedos, Filet Mignon, Filetgulasch, Geschnetzeltes, Club Steaks, Filetbraten
Schwanz	Ochsenschwanzsuppe	

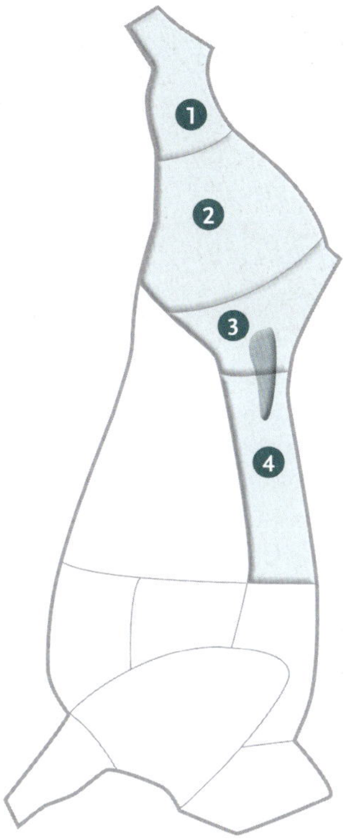

Klassische Schnittarten des Nierstücks

Die Teilstücke vom Nierstück sind **Edelstücke erster Qualität.** Dazu zählen **Filet, Huft und Roastbeef (Entrecôte).**

Wegen ihrer feinen Faserung bzw. auch Fetteinlagerung eignen sie sich bevorzugt zum Kurzbraten, wie z. B. für Roastbeef, Rumpsteak oder Filetsteak.

Aus dem ganzen Nierstück werden in der internationalen Küche begehrte Stücke geschnitten:

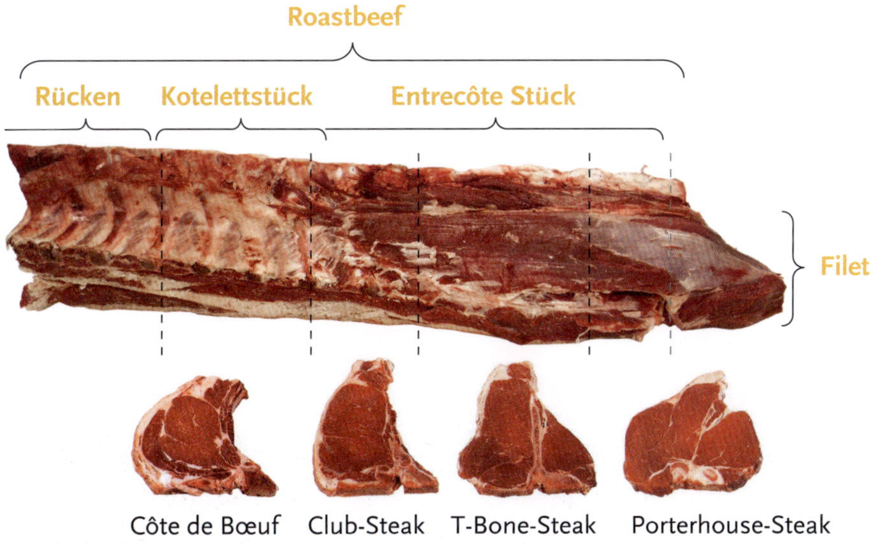

Côte de Boeuf (Rindskotelett)	Club-Steak	T-Bone-Steak	Porterhouse-Steak
Aus dem Kotelettestück mit Rippe	Aus dem Entrecôtestück mit Knochen	Filet und Entrecôtestück, mit typischem T-Knochen	Filet (grösserer Anteil) und Entrecôtestück
Für 2 Personen (ca. 600 g)	Für 2-4 Personen (ca. 1000g)	Für 2-4 Personen (ca. 300 g/Portion)	Für 2-4 Personen (ca.700–1000 g)

Das Roastbeef besteht aus Kotelett- und Entrecôte-Stück. Aus dem Hohrücken werden die klassischen Rib-Eye-Steaks geschnitten.

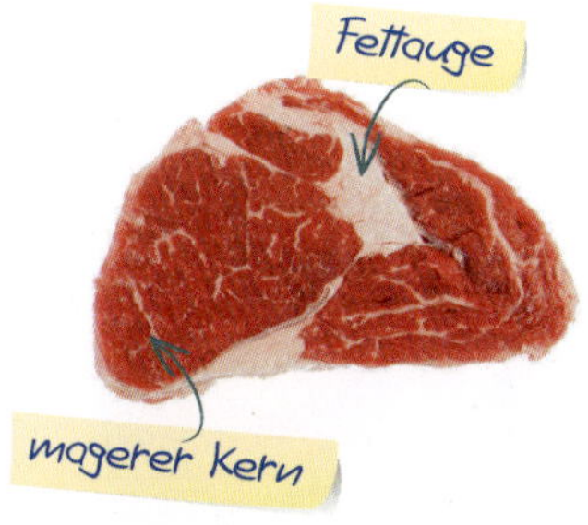

Charakteristisch für das Rib-Eye-Steak ist das Fettauge.

Ein doppeltes Entrecôte ist zweimal so schwer (360–400 g) wie ein Entrecôte und ist für zwei Personen gedacht.

Filetspitzen
Fingerdicke Streifen; für Filetgulasch, «Boeuf Stroganoff»; in Würfel geschnitten für Fondue; gehackt für «Beef Tatar» (roh).

Filet Mignons
Portionsgrösse: 3x60 g

Tournedos
Portionsgrösse: 2x90 g

Filetsteak (Beefsteak):
Aus dem Filetmittelstück oder Filetkopf.
Portionsgrösse: 180–200 g

Chateaubriand (doppeltes Filetsteak)
Aus dem Filetmittelstück oder Filetkopf.
Portionsgrösse: 360–400 g

Roastbeef

Das Roastbeef wird im Ganzen – mit oder ohne Rippe - gebraten.

Aus dem Roastbeef geschnitten werden **Entrecôte** (ohne Knochen), doppeltes Entrecôte («Sirloinsteak») und **Rindskoteletten** (mit Knochen).

Filet

Das Filet ist der zarteste und edelste Teil des Rindes, weil die Fleischfasern arm an Bindegewebe sind. Es wird im Ganzen gebraten.

Das Filet wird zu **Filetsteak, Chateaubriand, Tournedos, Filet Mignon** und **Filetspitzen** portioniert.

Es wird roh auch für «Carpaccio» und «Beef Tatar» (gehackt) verwendet.

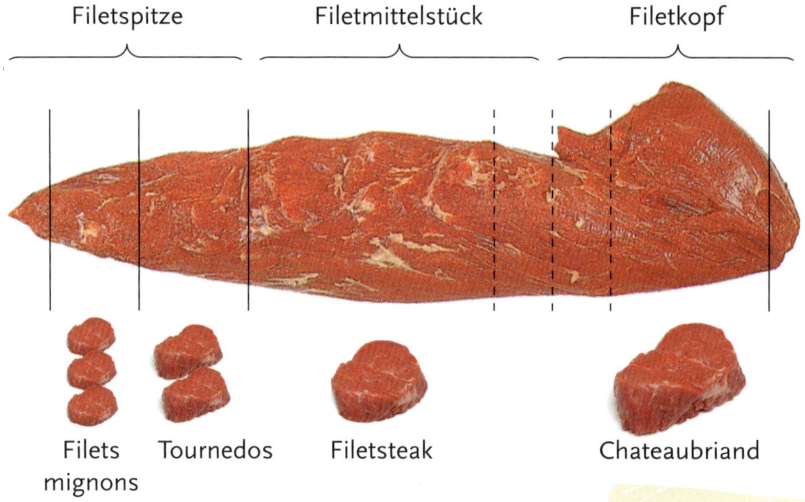

Am Anfang und am Ende des Filets werden die Filetspitzen geschnitten.

Bekannte Gerichte aus dem Filet

Tournedos Rossini
Filetstücke werden sautiert und auf Weissbrotsockel, mit sautierter Gänseleber obenauf, angerichtet. Vollendet wird mit Trüffel und Madeirasauce. Eine kleine Gemüsebeigabe und eine beliebige Kartoffel-zubereitung runden das Gericht ab.

Boeuf Stroganoff
Die in breite Streifen geschnittenen Filetspitzen werden mit Cognac flambiert, in einer Sauce Demi-Glace (verfeinert mit Sauerrahm) sowie mit Pilzen und Essiggurkenstreifen angerichtet. Als Beilage können Kroketten, Nudeln, Reis u. Ä. gereicht werden.

Pfeffersteak
Filetsteak (180–200 g), flambiert, mit grünem Pfeffer, in Cognacrahmsauce

«Boeuf Stroganoff» kann auch direkt am Tisch des Gastes flambiert werden.

Filet Wellington
Das ganze Filet wird angebraten, mit einer Pilz-Kräuter-Mischung (Duxelles) in Blätterteig eingepackt und im Ofen gebacken. Dazu reicht man beispielsweise eine gehaltvolle Sauce béarnaise sowie eine Gemüsebeilage. Der Teig ersetzt die Sättigungsbeilage.

Chateaubriand
Das doppelte Filetsteak (ca. 360–400 g für zwei Personen) wird mit verschiedenen kleinen Beilagen (Gemüse/Kartoffeln) gemeinsam auf einer Platte angerichtet und vom Service direkt vor den Gästen tranchiert. Als Beigabe wird eine Sauce béarnaise gereicht.

Fondue Chinoise
Dünn geschnittene Rindsfiletscheiben (und ev. verschiedene andere Fleischsorten) werden mit Fonduegabeln vom Gast selber in kochende Bouillon getunkt. Dazu werden verschiedene Saucen und kleine Beigaben gereicht.

Beliebt ist auch das «Fondue Bourguignonne». Dabei werden Würfel vom Rinderfilet vom Gast direkt am Tisch in einem Fonduetopf mit heissem Öl gegart.

Die Huft

Die Huft unterteilt sich in Huftdeckel, breite und schmale Huft und den Huftzapfen. Ohne Huftdeckel wird die Huft auch im Ganzen gebraten und wie **Roastbeef** serviert oder geschnitten in **Steak, Schnitzel und Paillarde.**

Der Deckel ist das typische Stück für den berühmten österreichischen Tafelspitz, der dort als Nationalgericht gilt.

3.5 Garstufen von sautiertem Rindfleisch

Ob blutrünstig oder staubtrocken – über Geschmack lässt sich bekanntlich streiten. Fragen Sie immer bei der Bestellung von sautiertem oder gegrilltem Rindfleisch, welche Garstufe der Gast wünscht.

CH: stark blutig
F: bleu
GB: rare

CH: blutig
F: saignant
GB: medium rare

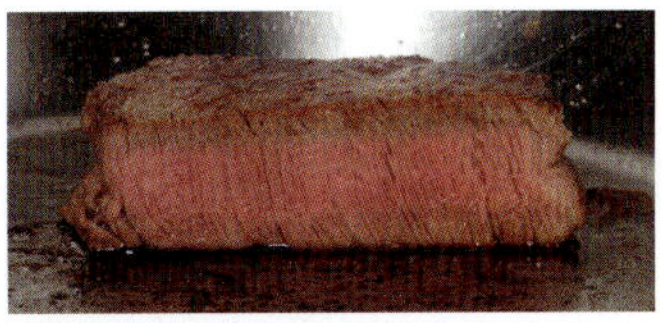

CH: halb durch
F: à point
GB: medium

CH: durchgebraten
F: bien cuit
GB: well done

4 Kalbfleisch

Kalbfleisch ist feinfaserig, zart und mager. Es hat wenig Bindegewebe. Die Muskeln sind noch nicht voll ausgebildet. Daher ist das Fleisch leicht verdaulich und wird auch in der Schonkost sowie für spezielle Diätformen eingesetzt. Kalbfleisch hat – abhängig von Fleischteil und Zubereitung – eine kürzere Garzeit als andere Fleischarten.

Das Essverhalten der Konsumenten, gerade jenes der jüngeren Generation, hat sich verändert. So essen viele lieber Hühnerfleisch als Kalbfleisch.

Qualitativ hochwertiges Kalbfleisch hat seinen Preis
Vor allem Teilstücke wie das ausgelöste Kalbsrückenfilet oder das Nierstück sind hochbegehrt. Eine artgerechte Haltung beeinflusst die Qualität immens.

4.1 Klassifizierung von Kälbern

Eine reine Milchmast ist in der Schweiz nicht mehr erlaubt. Bei der Aufzucht ist ab dem ersten Tag auch Wasser und ab der dritten Lebenswoche zusätzlich Raufutter vorgeschrieben. Die Aufzuchtarten sind in der Schweiz vielfältig:

- konventionelle **Kälbermast mit Stallhaltung** (zum Teil mit Auslauf).
- **Muttertierhaltung:** Die Kälber wachsen mit ihren Müttern auf und werden von ihnen gesäugt.
- **Ammentierhaltung:** Die Kälber werden von einer fremden Kuh gesäugt.

Unabhängig davon, wie die Kälber aufgezogen werden, bleiben sie immer in Gruppen.

4.2 Qualitätsmerkmale von Kalbfleisch

Je nach Alter und Fütterung kann Kalbfleisch in Farbe und Konsistenz variieren. Farbschattierungen von weiss über hellrosa bis leicht rötlich sind möglich. Je mehr Raufutter ein Kalb bekommt, desto rötlicher ist sein Fleisch.

Woran erkennt man gutes Kalbfleisch?

- Das Fleisch fühlt sich kompakt an und hängt nicht schlapp herunter.
- Es hat wenig, dafür jedoch sehr feines Fett.
- Es hat einen angenehmen Geruch.
- Die Oberfläche wirkt leicht mattfeucht.

Reifung

Kalbfleisch benötigt eine kürzere Reifezeit von ca. drei bis fünf Tagen.

4.3 Aufteilung und Verwendung von Kalbfleisch

Die Teilstücke des Kalbes ähneln jenen des ausgewachsenen Rindes. Dennoch ergeben sich aus der unterschiedlichen Grösse und der zarteren Struktur des Fleisches andere Zuschnitte und Verwendungsmöglichkeiten.

Je jünger die Kälber sind, desto kleiner sind die Teilstücke und umso zarter die Fleischfasern.

Das Kalbfleisch stammt von weiblichen oder männlichen Tieren, die im Alter von vier Monaten geschlachtet werden. Das Fleisch von Mastkälbern ist qualitativ hochwertig. Es ist fest, rosa bis hellrot mit kernigem, weissem Fettrand.

Im Gegensatz zu Rind und Pferd wird Kalb zur Einteilung, wie auch alle anderen Tiere, nicht geviertelt, sondern nur halbiert.

Zur besseren Übersicht wird das Tier hier, ebenso wie das Rind, geviertelt. Im Hinterviertel befinden sich die Edelstücke, die Beine und das vordere Viertel werden mehr für Langzeit-Gartechniken eingesetzt.

Fleischteile vom vorderen Viertel

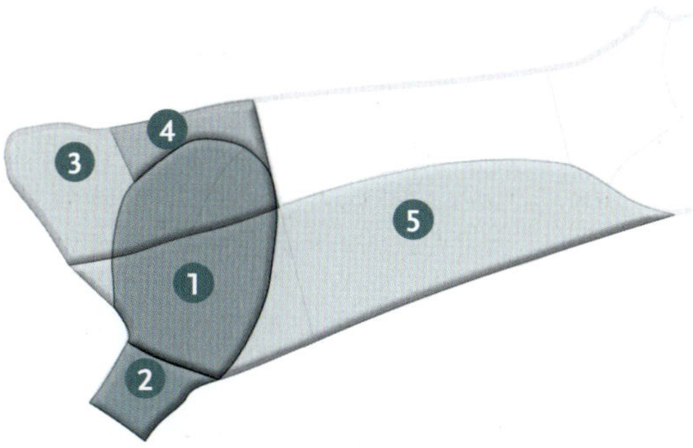

Für Kalbsreisfleisch wird kleinwürfelig geschnittenes Kalbfleisch in Paprikasauce gegart und mit Reis serviert.

❶ Schulter

Wird glasiert, wenn es als ganzes Stück zubereitet wird.

Wegen seiner Zartheit wird das Fleisch der ausgelösten Schulter bevorzugt für Ragouts (z. B. Kalbsfricassee, Voressen, Blankett, Kalbsgulasch) verwendet.

❷ Haxe

Sie kann im Ganzen glasiert, als Kalbshaxentranche oder ausgelöst zu Hackfleisch verarbeitet werden.

❸ Hals

Ausgelöst als Bratenstück, zum Glasieren, für Ragouts und Gehacktes. Beliebt sind auch Kalbshalssteaks, welche grilliert oder sautiert zubereitet werden.

❹ Hochrücken

Am Stück zum Braten und Glasieren, oder als Hochrückensteak zum Sautieren, Grillieren.

❺ Brust

Ganz, am Stück, oder für gefüllte Kalbsbrust glasiert, in Tranchen geschnitten für glasierte Kalbsbrustschnitten («Tendrons») oder in Würfel geschnitten für Ragouts.

Kalbsbacken

Weitere Teile vom vorderen Viertel

- **Kalbskopf:** wird ausgelöst, geschmort oder gekocht, wie z. B. gebackener Kalbskopf.
- **Kalbsbacken (Wangen):** teils gallertartige, saftige Fleischstruktur. Sie werden meistens glasiert.

Fleischteile vom hinteren Viertel

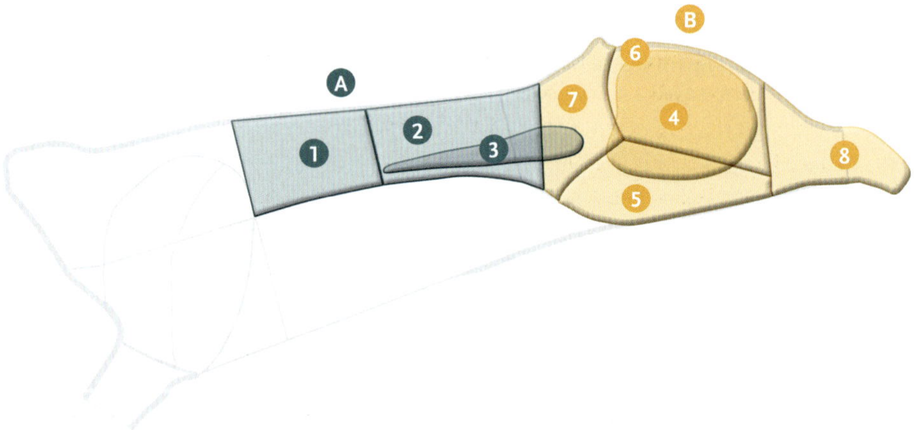

A Karree

Wie bei jeder Tierart zählen auch beim Kalb die Rückenteile – gerade wegen ihrer zarten Fleischfasern – zu den bevorzugten Teilen.

Teilstück	Schnittarten	Zubereitungsarten
1 2 **Karree**	Am Stück (mit oder ohne Knochen)	Im Ofen gebraten, glasiert
1 **Kotelettstück**	Am Stück	Am Stück gebraten; Glasiert, als Kronenbraten
	Koteletten	Sautiert, grilliert
2 **Nierstück**	Am Stück	Gebraten
	Steak	Sautiert, grilliert
3 **Filet**	Am Stück	Gebraten
	Medaillons, Mignons, Piccata, Geschnetzeltes	Sautiert, grilliert

B Stotzen

Teilstück	Schnittarten	Á-la-minute-Gerichte
4 **Eckstück**	Schnitzel, Geschnetzeltes	Á-la-minute-Gerichte, gebraten, glasiert
5 **Unterspälte**	Braten, Schnitzel	Gebraten, glasiert
6 **Nuss**	Schnitzel, Geschnetzeltes	Á-la-minute-Gerichte, gebraten, glasiert
7 **Huft**	Schnitzel, Geschnetzeltes	Á-la-minute-Gerichte, gebraten, glasiert
8 **Haxe**	Am Stück oder in Tranchen	Glasiert

Typische Gerichte vom Kalb

Wiener Schnitzel
Im Schmetterlingsschnitt aufgefaltete, etwa vier Millimeter dünne, geklopfte Kalbsschnitzel werden mit frischen Semmelbröseln paniert. Beim Panieren die Brösel nicht andrücken! Danach in viel Fett (am besten Bratbutter), bei 170 °C sautieren.

Kalbskotelett Pojarski
Fein gehacktes Kalbfleisch mit Rahm und Ei, gewürzt zu Koteletten geformt, in Paniermehl gewendet und sautiert.

Gefüllte Kalbsbrust
Meist mit Kalbsbrät gefüllt und glasiert.

Kalbsnierenbraten
Nierstück mit der Niere eingerollt und glasiert.

Glasierte Kalbshaxe
Am Stück gegart, danach vor dem Gast tranchiert.

Glasierter Kalbshals
Am Stück glasiert und mit gebundenem Schmorfond serviert.

Kalbshaxen vom Stotzen werden der Schulter vorgezogen.

Die Panade beim Wiener Schnitzel sollte soufflieren (aufgehen), knusprig und gleichmässig braun werden.

4.4 Innereien vom Kalb

Innereien	Verwendung
Hirn	Wird wegen der Gefahr von BSE in der Schweiz immer verbrannt.
Zunge	Gepökelt, geräuchert; pochiert mit Madeirasauce
Milken	Sautiert in Limettensauce, gebackene Kalbsmilkenröschen, Pastetli-Füllung
Nieren	Flambierte Kalbsniere, Niere in Tranchen geschnitten oder geschnetzelt und in Butter sautiert
Leber	Als Tranche grilliert oder geschnetzelt in Butter sautiert
Herz, Lunge, Milz	Werden bei uns nur noch sehr selten angeboten, meistens werden sie als Tierfutter verwendet.

Die feinsten Innereien sind vom Kalb.

Kutteln – von den einen geliebt, von den anderen verabscheut
Kutteln sind in schmale Streifen geschnittene Teile des Magens von Wiederkäuern. Kälberkutteln werden z. B. zu Kuttelsuppe verarbeitet. Bei uns werden Kutteln nur noch von wenigen Feinschmeckern geschätzt. In Spanien, Italien und Frankreich sind sie hingegen heiss begehrt. Sie werden zu Ragouts, Eintöpfen und Suppen verarbeitet oder sautiert als Hauptgericht gegessen.

Kutteln

5 Schweinefleisch

Schweinefleisch steht in der Schweiz immer noch unangefochten an erster Stelle. Vor allem Hausmannskost, aber auch viele regionale Spezialitäten, werden aus Schweinefleisch zubereitet. Es eignet sich bestens zum Pökeln und Räuchern, zudem werden daraus die feinsten Schinkenarten hergestellt. Auch für die Wursterzeugung liefert Schweinefleisch wertvolle Zutaten.

War früher vor allem Schweinfleisch mit hohem Fettanteil gefragt, so wurden in den letzten Jahrzehnten, bedingt durch veränderte Ernährungsgewohnheiten, Schweine mit mehr Muskelfleischanteil und weniger Fett gezüchtet.

Weniger Fett bedeutet auch weniger Geschmack.

Pietrain-Schwein

5.1 Schweinerassen

Als schweizerisches Mastschwein gelten Züchtungen wie «Edelschwein», «Landrasse» und «Pietrain», sowie Kreuzungen daraus. Alle zeichnen sich durch einen entsprechenden Muskelfleischanteil aus. Die Schlachtreife erlangen Mastschweine bereits nach fünf bis sechs Monaten mit einem Lebendgewicht von 110 bis 120 kg.

Besondere Schweinerassen

Im Vergleich zu Mastschweinen haben diese Schweinerassen einen **überdurchschnittlich hohen Fettanteil.** Für Zartheit und Geschmack sorgt das im Fleisch enthaltene intramuskuläre Fett.

Schweinerassen

Mangalitza- oder Wollschwein

Die aus Ungarn stammende Rasse hat eine dichte, wollartige Behaarung. Das von Feinschmeckern hochgeschätzte Fleisch hat eine dunkle Farbe und ist leicht marmoriert.

Etwa 16 Monate braucht ein Mangalitzaschwein, bis es ca. 140 kg wiegt.

Duroc-Schwein

Einfärbig dunkel- bis hellrot. Durch die feine Marmorierung ist das Fleisch besonders aromatisch und saftig. Das Schlachtalter wird nach 10–14 Monaten erreicht.

Ibérico-Schwein

Diese halbwilde Schweinerasse ist in Spanien und Portugal beheimatet. Die Tiere ernähren sich vorwiegend von Eicheln, wodurch das Fleisch einen nussigen Geschmack erhält.

Aus dem Fleisch wird der bekannte «Pata negra», eine Schinkenspezialität, hergestellt.

Eine Delikatesse ist **«Lardo»**, der Rückenspeck, z. B. vom Mangalitzaschwein.

6.2 Klassifizierung von Lamm und Schaf

Kategorien	
Milchlamm	■ Mit Milch aufgezogenes Jungtier. ■ Bei der Schlachtung etwa vier Monate alt.
Lamm	■ Max. 12 Monate alt
Schaf	■ Älter als ein Jahr ■ Weibliches Tier
Hammel	■ Kastriertes, männliches Tier

Schafe mit einer Prise Salz

Salzwiesenlämmer von der Nordseeküste Deutschlands oder Pré-Salé-Lämmer aus Frankreich werden besonders vermarktet. Sie atmen die salzige Luft und weiden auf den salzigen Graswiesen – ihr Fleisch ist daher natürlich gewürzt.

6.3 Qualitätsmerkmale von Lamm- und Schaffleisch

Woran erkennt man gutes Lammfleisch?

- Junglammfleisch ist hellrosa und mit einer geringen weissen Fettschicht überzogen.
- Da die Geschlechtsreife erst mit rund sechs Monaten einsetzt, hat Junglammfleisch einen angenehmen, leicht nach Kräutern anmutenden Geschmack.

Reifung und Lagerung

Die Dauer der Fleischreifung hängt ab von verschiedenen Faktoren, wie Alter des Tieres, Teilstück und Temperatur. **Lammfleisch benötigt üblicherweise ca. fünf bis sieben Tage.** Ausgelöste Fleischteile können in Öl, mit Kräutern oder im Vakuum nachreifen.

Wird das Fleisch von älteren Tieren verarbeitet, muss das Gericht unbedingt heiss serviert werden. Schaffett hat einen niedrigen Schmelzpunkt und erstarrt sehr rasch. Man merkt das unmittelbar am pelzigen Gefühl auf der Zunge.

Milchlämmer haben ein hellrosafarbiges, sehr zartes Fleisch, weil sie noch kein Grünfutter bzw. wenig Rohfaser gefressen haben.

Wie ist das bei älteren Tieren?
Die Farbe älterer Tiere geht bis ins Dunkelrote, abhängig von Rasse, Haltung und Alter. Das Fleisch ist stark durchwachsen, grobfaserig, mit gelblicher Fettschicht und kräftigem Aroma.

6.4 Aufteilung und Verwendung von Lammfleisch

Lammkarree

Auf der Speisekarte sind Lamm-Crêpinettes angeführt. Finden Sie heraus, worum es sich handelt.

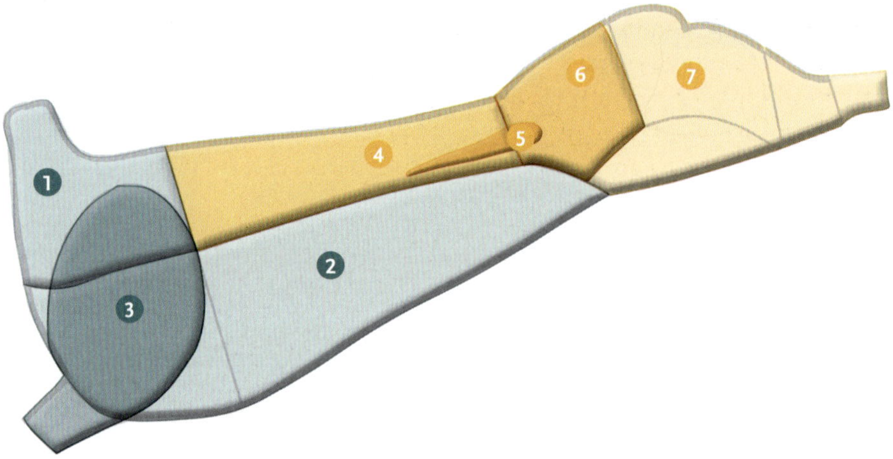

Der überwiegende Teil des Import-Lammfleisches besteht aus Edelstücken: Lammrücken, Lammkotelettstück oder Lammrückenfilet. Daneben werden Gigot am Stück oder Gigot-Steak angeboten.

Lammbaron

Der Lammbaron besteht aus dem Rücken und zwei Gigots am Stück. Er wird im Ofen gebraten.

Fleisch vom Voderviertel

1 Lammhals

Für Ragouts und Hackfleisch.

2 Brust

Wird teils gefüllt und gebraten, geschmort als Brustschnitten oder gesotten als Lammblankett («Emmentaler Schafsvoressen»).

Emmentaler Schafsvoressen = Mit Gemüsen gesottene Lammbrust- (oder Schulter-)Würfel, gewürzt mit Safran.

3 Lammschulter

Sie wird ausgelöst für Lammbraten, Ragouts, Curry, Eintöpfe («Irish Stew»), sowie für Hackfleisch verwendet.

Irish Stew = Irisches Nationalgericht; ist ein Lammeintopf mit Kohl, Karotten und Kartoffeln.

4 Lammrücken

Er hat sowohl flache Rippen (Nierstück) als auch einen Fleischteil mit langen Rippenknochen (Kotelettstück). Daraus werden Koteletten und Chops («Côte et chops») geschnitten oder am Stück zu einer Krone zusammengebunden im Ofen gebraten.

Lammkrone – für Gäste etwas ganz Besonderes
Für eine Lammkrone wird das lange Karree zu einem Ring zusammengebunden.

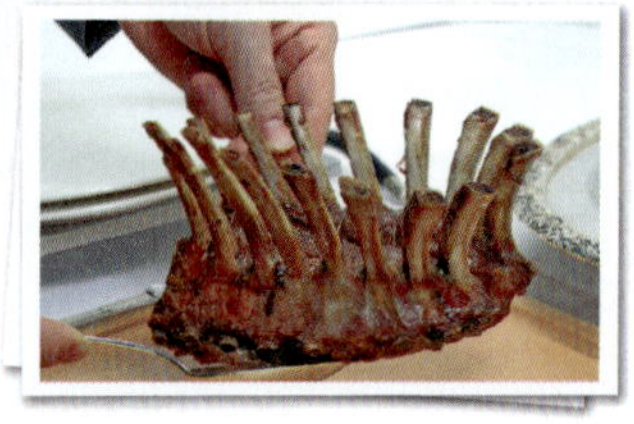

5 Filet

Ausgelöst wird das Rückenstück als «Lammrückenfilet» (Lammfilet) bezeichnet. Aus diesem werden Medaillons geschnitten. Das eigentliche Filet (Filet mignon) ist relativ klein und wird sautiert z. B. auf Salatbett serviert.

6 7 Gigot (Stotzen)/Huft

- Der Gigot wird im Ganzen (teils mit und ohne Knochen, hohl ausgelöst) gebraten.
- Gigot, quer in Scheiben geschnitten und mariniert, ergibt bestes Fleisch zum Grillen, z. B. Lammgigotsteak.
- Zerlegt in Kleinteile: Huft, Nuss, Eckstück und Unterspälte. Daraus bereitet man Medaillons, Schnitzel, Sautégerichte und Spiesse.
- Die hintere Haxe wird im Ganzen geschmort oder z. B. in Scheiben geschnitten, wie z. B. für Ossobuco.

In manchen Betrieben wird der Lammgigot im Ganzen vor dem Gast tranchiert.

7 Ziegen- und Gitzifleisch

In der Schweiz werden Ziegen vor allem zur Gewinnung von Ziegenmilch und den daraus hergestellten Produkten gehalten, die immer beliebter werden. Um Milch zu erhalten, braucht es gebärende Ziegen.

Ziegenfleisch wird im Detailhandel kaum angeboten, weil es in der Schweiz ein Randprodukt ist. Das Fleisch vom jungen Gitzi hingegen gilt unter Feinschmeckern als Delikatesse und wird vorwiegend zu Ostern konsumiert.

Eine Klassifizierung wie bei Lammfleisch gibt es bei der Ziege nicht. Gitzi ist die Bezeichnung für Jungtiere.

Verwendung von Ziegen- und Gitzifleisch
Als Frischfleisch werden hauptsächlich Gitzi von sechs bis acht Wochen angeboten. Jungziegen erreichen ein Alter von etwa drei Monaten. Das Fleisch ausgewachsener Tiere wird vor allem zu Wurst oder Trockenfleisch verarbeitet.

7.1 Qualitätsmerkmale von Gitzifleisch

Woran erkennt man gutes Gitzifleisch?

- Zartes Milchgitzifleisch ist feinfasrig, lachsrosa und nur mit wenig Fett durchzogen.
- Die Farbe des Fettes ist weiss.
- Ziegengitzifleisch ist rötlich-braun.

Reifung und Lagerung

Nach der Schlachtung und einer Abhängzeit von ca. 24 Stunden wird der Schlachtkörper zerlegt. Gitzifleisch reift im Vakuum ca. eine Woche nach. Dies garantiert, dass das Fleisch zart wird und vor allem auch saftig bleibt.

7.2 Aufteilung und Verwendung von Gitzifleisch

Recherchieren Sie, was «Gitzichüechli» sind und wie sie hergestellt werden.

Das Gitzi wird oft ganz gebraten, ansonsten in Rücken, Schlegel, Schultern, Hals und Brust (mit den Knochen) eingeteilt.

Von der jungen Ziege werden vor allem der Rücken und die Schlegel mit Knochen gebraten, ausgebeint sautiert oder in Stücke zerteilt, geschmort.

Aus der Brust werden die berühmten «Gitzichüechli» hergestellt.

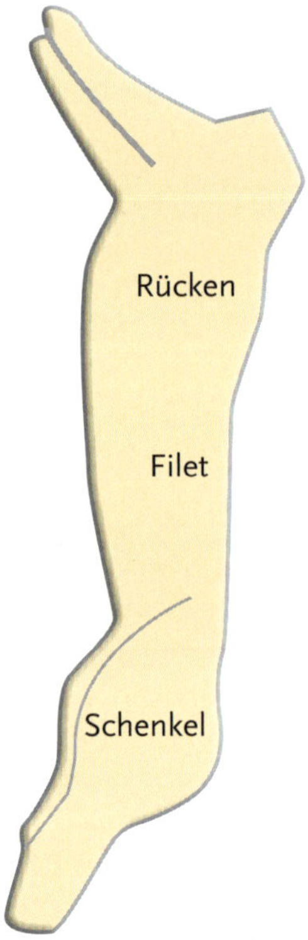

8 Kaninchen

Das Fleisch von Haus- und Stallkaninchen hat eine besonders feine Struktur und ist äusserst zart im Geschmack (ähnlich dem Hühnerfleisch). Es wird daher sehr gerne in der gehobenen Gastronomie verarbeitet.

8.1 Qualitätsmerkmale von Kaninchenfleisch

Das Schlachtgewicht liegt, je nach Rasse, bei ca 1,5–2,5 kg und ist nach 12–13 Wochen erreicht.

Woran erkennt man gutes Kaninchenfleisch?

- Das Fleisch ist zart, feinfasrig, hellrosa.
- Das Fleisch ist sehr fett- und cholesterinarm und leicht verdaulich.

8.2 Aufteilung und Verwendung von Kaninchenfleisch

Verwendet werden Rücken und Keulen im Ganzen sowie ausgelöste Teile. Oft werden Kaninchen mit Knochen grob zerteilt und als Eintopfgerichte geschmort.

Kaninchenfleisch ist gesund
Es enthält wenig Cholesterin und ist fettarm (3 %). Es eignet sich daher bestens für die Diätkost.

Fleischerzeugnisse

Zum Rohessen*

- Rohpökelwaren wie Coppa, Rohschinken, Bündnerfleisch, Pancetta, Mostbröckli, Bauern-Rohessspeck etc.
- Rohwurstwaren wie Salami, Landjäger, Bauernschüblig, Salsiz, Alpenklübler etc.
- Rohwurst mit abgebrochener Reifung wie Mettwurst, Teewurst etc.

Zum Gekochtessen*

- Kochpökelwaren im rohen Zustand wie Rollschinkli, Gnagi, Zunge, Schüfeli, Rippli, Beinschinken, Kochspeck etc.
- Rohwurst mit abgebrochener Reifung wie Saucisson, Luganighe, Longeole, Zampone, Saucisse d'Ajoie, Engadinger (geräuchert) etc.

Gekocht*

- Kochpökelwaren im gekochten Zustand wie Rollschinkli, Gnagi, Zunge, Schüfeli, Rippli, Beinschinken, Kochspeck, Hinter-Vorderschinken, Pizzaauflage etc.
- Brühwurstwaren wie Cervelat, Wienerli, Kalbsbratwurst, Frankfurterli, Schweinswurst, Aufschnitt, Mortadella, Schweinsbratwurst (erhitzt) etc.
- Fleischzubereitungen im gekochten, pochierten, frittierten, gebackenen, grillierten, gebratenen etc. Zustand (nicht mehr roh)

*Bei diesen zusätzlichen Bezeichnungen handelt es sich um freiwillige Angaben (nach der aktuellen Verordnung über Lebensmittel tierischer Herkunft (SR.817.022.108) genügt die Sachbezeichnung «Fleischzubereitung» oder «Fleischerzeugnis»).

11.1 Deklarationspflicht

Fleischerzeugnisse müssen mit der Tierart und der Bezeichnung Fleischerzeugnis oder der branchenüblichen Bezeichnung, gefolgt vom Begriff «-erzeugnis» bezeichnet werden.

WissensPlus

Anstelle einer Sachbezeichnung darf bei den folgenden Fleischerzeugnissen und Fleischzubereitungen die nachstehende Bezeichnung verwendet werden: (Rahm-) Blutwurst, Bündnerfleisch, Cervelat, (Bauern-, Deli)-Fleischkäse, Kalbsbratwurst, Landjäger, Leberwurst, Lyoner, Mortadella, Rohessspeck, Rohschinken, Salami (Milano, Nostrano, Varzi), (Bauern-, Hinter-, Koch-, Model-)Schinken, Schüblig, Schweinsbratwurst, Tessiner Trockenfleisch, Walliser Trockenfleisch, Wienerli.

San-Daniele-Schinken

11.2 Spezialitäten

Aus Fleisch werden viele regionale Spezialitäten hergestellt. Diese kleine Übersicht soll Ihnen einen Einblick in die Vielfalt der Fleischprodukte geben:

Name	Erzeugnis	Land	Anforderung
San Daniele	Rohschinken, Schwein	I	Mind. ein Jahr im Friaul getrocknet
Pata Negra («Jamón Ibérico»)	Rohschinken, Schwein	E	Stammt von schwarzen Ibérico-Schweinen.
Coppa	Rohschinken, Schwein	I	Aus dem Hals hergestellt
Bündnerfleisch	Trockenfleisch, Rind	CH	Darf nur in Graubünden getrocknet werden.
Mostbröckli	Trockenfleisch, Rind	CH	Appenzeller Spezialität
Schüfeli	Gepökelt, Schwein	CH	Ganze Schulter; wird wie Schinken verwendet.
Lachsschinken	Gepökelt, Schwein	CH	Nierstück, in dünne Tranchen Fett eingewickelt
Beinschinken	Gepökelt, Schwein	CH	Stotzen (Schinken) mit Knochen
Modelschinken	Gepökelt, Schwein	CH	Aus verschiedenen Teilen in Formen gepresst.
Wädli	Gepökelt, Schwein	CH	Haxen; in Deutschland «Eisbein»
Grüner Speck	Gepökelt, Schwein	CH	Ungeräucherte Brust

11.3 Würste

Zur Herstellung von Würsten wird Fleisch, meist zusammen mit Fett, zerkleinert, mannigfaltig gewürzt und ev. mit weiteren Zutaten vermischt. In natürliche oder künstliche Därme abgefüllt werden sie roh. Dann getrocknet, geräuchert, pochiert oder mehreren Verfahren unterzogen.

Deklarationspflicht
Die meisten Würste werden ganz oder teilweise mit Schweinefleisch zubereitet. Würste, die ausschliesslich mit Fleisch anderer Tiere hergestellt sind, werden dementsprechend benannt. Die genaue Zusammensetzung der Fleischprodukte ist deklarationspflichtig.

Name	Verarbeitung	Einteilung
Bauernschüblig, Salsiz, Salami, Rauchwürste, Trockenwürste, Landjäger	Werden nach dem Abfüllen zum Reifen aufgehängt (ev. geräuchert).	Rohwürste, Dauerwürste
Wadtländer Saucisson, Saucisson au chou, Lunghanige, Mettwurst, Schweinsbratwurst	Rohwürste mit abgebrochener Reifung, müssen vor dem Genuss noch gegart werden.	Rohwürste
Cervelat, Wienerli, Schweinswürstchen	Feine Brät, gebrüht und geräuchert	Brühwürste
Kalbsbratwurst, Fleischkäse, Aufschnittwürste, Siedwurst, Zungenwurst, Lyoner	Feine Brät mit oder ohne Einlagen, gebrüht aber nicht geräuchert	Brühwürste
Leberwurst, Blutwurst, Streichleberwurst	Aus vorgegarten Zutaten, ev. angereichert mit Rahm, Zwiebeln, Kräutern etc.	Kochwürste

Darüber hinaus gibt es Terrinen, Pasteten, Schwartenmagen etc., die aus dieser Einteilung herausfallen, da sie spezielle Herstellungsverfahren haben.

12 Geflügel

Geflügelfleisch zählt heute weltweit zu den meistbegehrten Lebensmitteln. Vor allem Hühner- und Trutenfleisch wird auf vielfältige Weise zubereitet. Je nach Geflügelart hat das Fleisch eine feine Faserstruktur mit geringem Bindegewebsanteil, sodass die Garzeiten relativ kurz sind.

Als Hausgeflügel werden alle Geflügelarten bezeichnet, die gezielt gezüchtet und gehalten werden.

Vom Mastbetrieb zum küchenfertigen Huhn

Hausgeflügel ist zu einer Massenware geworden. Die Aufzucht geschieht vorwiegend in grossen Mastbetrieben. Als Mastgeflügel werden heute fast ausschliesslich speziell für diesen Zweck gezüchtete Hybriden verwendet. Bereits die Küken erhalten ein spezielles Futter, das den Fleischansatz beschleunigt. Die Mastzeit wird dadurch verkürzt.

Hybriden = Tiere oder Pflanzen als Ergebnis einer Kreuzung; Hybridhühner setzen entweder sehr rasch viel Fleisch an oder legen besonders viele Eier.

Aufzucht von Geflügel

Ein wichtiger Bestandteil der Qualität von Geflügelfleisch ist die Aufzucht. Die schweizerischen Haltungsformen sind:

- **Bodenhaltung**
- **Besonders tierfreundliche Stallhaltung (BTS),** bei der zusätzlich ein Aussenbereich vorhanden sein muss.
- **Auslaufhaltung (RAUS)** mit zusätzlichem Auslauf auf einer Weide.
- **Biohaltung** mit kleineren Herdeneinheiten in mobilen Ställen. Verfüttert wird Biofutter.

Um Geflügel in Biohaltung zu produzieren, muss der gesamte Betrieb Bio zertifiziert sein.

Warum Biohühner teurer sind

Biohühner haben freien Auslauf, der Stall dient als Schutz- und Rückzugsgebiet. Sie werden mit Biofutter ernährt. Weil sie eine ungefähr doppelt so lange Wachstumszeit (rund elf Wochen) als konventionelles Mastgeflügel haben, kosten sie natürlich auch mehr. Das Fleisch ist dadurch aber auch saftiger und schmeckt einfach besser.

12.1 Helles Mastgeflügel

Ihr Fleisch ist hell und behält auch nach dem Garprozess die helle Farbe. Das Fleisch ist weniger aromatisch als jenes von dunklem Mastgeflügel. Beispiele für helles Mastgeflügel sind:

Kücken/Mistkratzerli	■ 4 Wochen alt ■ 350–700 g
Poulet	■ 5–7 Wochen ■ 750–1500 g
Poularde	■ 7 Wochen ■ 1500–2500 g

«Poulet de Bresse»
Diese Hühnerrasse stammt aus der Region Bresse nordöstlich von Lyon/Frankreich. Bemerkenswert sind ihre blauen Beine sowie die saftige und überaus feine Fleischqualität.

Masthahn/Kapaun	■ 12 Wochen ■ 2000–3000 g
Suppenhuhn	■ 12–15 Wochen ■ 1500–2500 g
Junger Truthahn	■ 8–12 Wochen ■ 3500–5000 g
Truthenne/Trute/Pute	■ 15–18 Wochen ■ 7000–10 000 g

Maispoularden werden mit Mais gefüttert. Die Haut wirkt gelblich, der Geschmack ist ausgeprägter.

12.2 Dunkles Mastgeflügel

Mastgeflügel mit dunklem Fleisch. Der Farbunterschied macht, in Bezug auf die Qualität des Geflügels, keinen Unterschied. Beispiele für dunkles Mastgeflügel sind:

Junges Perlhuhn	■ Ist dem Haushuhn sehr ähnlich.
Perlhuhn	■ 700-1000 g
Junge Ente	■ 1,3-1,7 kg
Ente	■ 1,8-2,6 kg
Junge Gans	■ 2-4 kg
Gans	■ 4-6 kg
Junge Taube	■ 250-350 g
Taube	■ 400-500 g

Die **Rouen-Ente** wird v. a. in Frankreich angeboten. Finden Sie heraus, warum diese Ente auch als Blut-Ente bezeichnet wird.

Die **Barbarie-Ente** ist eine Kreuzung aus Flug- und Hausente. Sie ist wegen ihrer dunklen, fleischigen Brust sehr beliebt. Ihr Fleisch ist im Vergleich zu anderen Entenarten eher fettarm.

12.3 Qualitätsmerkmale von Geflügel

Die Fleischfarbe ist abhängig von der Fütterung, dem Alter, der Gattung und dem Körperteil. Brustfleisch ist am hellsten, dunkles Fleisch sitzt an den Schenkeln, Keulen und an der Flugmuskulatur.

Woran erkennt man gutes Geflügel?

- Fleisch von Gans und Ente ist generell dunkler als jenes von Hähnchen und Truthahn.
- Frisches Geflügelfleisch riecht frisch und ohne intensives Aroma.
- Die Haut ist unverletzt, hellgelb und elastisch und hat keine roten bzw. braunen Flecken.
- Kiel und Federflaum sollten weitgehend entfernt sein.
- Biegsames Brustbein, das nicht verknöchert ist (bricht nicht bei sanftem Druck).
- Bei ganzen Tieren: spitzer Schnabel und spitze Sporen, einreissbarer Kamm und einreissbare Schwimmhäute.

Beim Tranchieren erhält man zwei Brustteile, zwei Keulen und zwei Flügel

12.4 Aufteilung und Verwendung von Geflügel

Huhn

Im Ganzen wird es vorwiegend als Brathuhn, teils gefüllt, serviert. So zubereitet kann es auch vor dem Gast tranchiert werden.

Hühnerbrust

- Als Einzelstück mit Kräutern, gefüllt oder mit einer Kruste gebraten.
- Mit Farce bzw. Duxelles in Teig oder in ein Schweinsnetz eingeschlagen und so gegart.
- Für Geschnetzeltes, Spiesse, Sauté- und Wokgerichte.
- Für spezielle Salate, Vorspeisen, Cocktails, Pasteten, Galantinen und Terrinen.
- Für panierte Teile am Stück oder als Chicken Nuggets frittiert.
- Für Frikassee, Blanquettes, Paprika- und Curryhuhn.

Frikassee = Hühnerteile, die hell gedünstet werden.

Blanquettes = das Fleisch wird gesiedet und mit einer hellen Geflügelsauce angerichtet.

Hühnerschenkel

- Sie werden gebacken, gekocht, gegrillt und gebraten.
- Für Eintöpfe, Ragouts, Risotto, Pot-au-feu und feine Farcen.
- Aus den Flügeln bereitet man Chicken Wings zu.

Coq au Vin
Dieses klassische Geflügelgericht aus Frankreich wird mit viel Wein zubereitet.

Truthahn (Pute)

- Kleine Exemplare können im Ganzen gebraten werden.
- Zerteilt in Brust und Schenkel werden diese gebraten – die Schenkel bevorzugt auch geschmort.
- Portioniert für Steaks, Schnitzel, Geschnetzeltes, Sauté-Gerichte, asiatische Gerichte etc.
- Besonders fein ist der unter der Brust liegende kleine Filetteil (ähnlich dem Huhn).

Gebratener Truthahn

Ente

- Wird im Ganzen, teils gefüllt sowie zu gebratener Ente mit Schmorapfel und Rotkraut verarbeitet.
- Von Barbarie-Enten wird die Brust rosa gegart.
- Die Schenkel werden gebraten, geschmort oder für spezielle Zubereitungen verwendet.
- Ausgelöstes Brust- und Schenkelfleisch für asiatische Gerichte.

Gans

- Wird je nach Grösse zu Gänsebraten verarbeitet.
- Die abgelöste Brust wie auch Schenkel werden gebraten bzw. geschmort.

- Für eine kalte Vorspeise wird die Gänsebrust geräuchert.
- Enten- und Gänseleber sind besonders begehrt. Es werden daraus feine Sauté-Gerichte wie auch spezielle Vorspeisen hergestellt.

Gänseleber – eine Zwangsernährung?
Beim Gänsestopfen wird der Gans mithilfe eines Rohres ein Futterbrei aus Mais und Fett in den Magen gepumpt. Durch die unnatürlich grosse Futterzufuhr vergrössert sich die Leber und verfettet. Meist wird sie zu Pastete weiterverarbeitet. In Frankreich ist Gänseleberpastete eine Delikatesse. Das Stopfen von Gänsen ist verboten.

Perlhuhn

- Die Brust wird eher für feine Gerichte verwendet.
- Die Schenkel werden gebraten, geschmort oder anderweitig verarbeitet.

Taube

Wird im Ganzen oder geteilt zubereitet.

Auch **Wildtauben** zählen zum Federwild. Vor allem junge Tiere sind zart und wohlschmeckend.

Strauss

Verwertet werden zumeist nur die Schenkel, Die Brust besteht fast nur aus Haut und Knochen. Je nach Qualität wird Filet-, Steak- und Bratenfleisch angeboten. Straussenfleisch lässt sich zu Steaks, Geschnetzeltem, Schmorbraten oder zu Ragout verarbeiten.

Das Fleisch von jagdbarem Wild nennt man **Wildbret.** Hauptschusszeit für Wild ist von September bis Dezember. Sie ist kantonal geregelt und kann bei Nichterreichen der Abschussquote verlängert werden. Wildschweine (ausser Muttertiere) werden das ganze Jahr bejagt.

13 Wild und Wildgeflügel

Als Wild gelten in freier Wildbahn lebende oder in Gehegen gehaltene Landsäugetiere und Vögel. Eine nachhaltige Jagd auf Wild in freier Wildbahn dient sowohl dem Natur- als auch dem Wildschutz und ist durch die Jagdgesetze geregelt. Das Erlegen von Wild darf nur zu gesetzlich festgelegten Schusszeiten und in den vorgegebenen Höchstanzahlen erfolgen.

Was ist Schalenwild?
Die Hufe von jagdbaren Paarhufern werden als «Schalen» bezeichnet, daher die Bezeichnung «Schalenwild». Als Schalenwild bezeichnet man wildlebende Huftiere, wie Reh, Rothirsch, Gams oder Wildschwein.

Damwild
Damwild wird meist in Gattern gehalten und ist deutlich kleiner als das heimische Rotwild. Es hat ein rotbraunes, wohlschmeckendes Fleisch, das am ehesten Rehfleisch ähnelt. Im Gegensatz zu Rothirsch muss der vollständige Name auf der Speisekarte angegeben werden.

Sevrugakaviar
Die Eier vom Sevrugastör sind sehr dünnschalig und kleinkörnig (1–2 mm). Sein Geschmack ist kräftig und würzig. Die Deckelfarbe der Dose, in der er verkauft wird, ist rot.

Ossietrakaviar (Osietra oder Ossetra)
Er stammt vom Ossietrastör (russischen Stör). Die Körner haben die Grösse von Sevruga, sind hartschalig und unempfindlich. Sein Geschmack ist nussartig. Die Deckelfarbe der Dose, in der er verkauft wird, ist gelb.

Belugakaviar
Er stammt vom Belugastör und ist der teuerste und feinste unter den Kaviarsorten. Er wird wegen seines grossen Korns (3,5 mm) geschätzt. Sein Geschmack ist mild und cremig. Die Deckelfarbe der Dose, in der er verkauft wird, ist blau.

Kaviar darf nicht mit Silberbesteck gegessen werden (Silber oxidiert bei Berührung mit Kaviar und gibt ihm einen unappetitlichen Geschmack).

Einkauf und Lagerung

Angeboten wird der frische Kaviar in Dosen – mit einem Gummiband luftdicht verschlossen oder pasteurisiert in verschieden grossen Gläsern. Die ideale Lagertemperatur für frische Ware liegt bei –2 °C bis +2 °C.

3.2 Salzwasserfische

Von den tausenden Fischarten im Meer sind nur wenige auf unseren Speisekarten zu finden. Dies und die Fangmethoden der Grossfischerei, führten in den letzten Jahren dazu, dass die Bestände in den Weltmeeren stark zurückgegangen sind. Daher findet man sogar bei Salzwasserfischen vermehrt Zuchtfische, welche in grossen Gehegen im Meer gezüchtet werden. Züchter arbeiten daran so viele Fischarten wie möglich zu züchten. Folgend sehen Sie eine Übersicht der wichtigsten Salzwasserfische im Gastgewerbe.

Die Fischauswahl ist gross
In den letzten Jahren wurden immer wieder neue Fischarten auf den Markt gebracht. Dies ist möglich, weil Transport- und Kühlmöglichkeiten auch Fische aus weit entfernten Regionen zulassen, z. B. Kahawai, Tarakiki, Papageienfisch oder Baramundi.

Seezunge
ist der bekannteste und wertvollste Fisch unter den Plattfischen. Sie hat weisses, feinfaseriges und äusserst wohlschmeckendes Fleisch.

Steinbutt
ist der begehrteste Fisch aus dem Atlantik. Sein Fleisch ist eher fetthaltig, was Feinschmecker besonders schätzen.

Wolfsbarsch
ist vor allem aus Wildfang sehr teuer. Sein mageres, festes weisses Fleisch hat einen ausgezeichneten kräftigen Geschmack.

Der Wolfsbarsch ist auch bekannt als «Sea Bass», «Branzino» oder «Loup de Mer».

Petersfisch/Heringskönig
Dieser vorwiegend im Atlantik vorkommende Edelfisch wird von Gourmets sehr geschätzt. Er ist selten und nur zu sehr hohen Preisen erhältlich. Sein Fleisch ist fast blütenweiss und wohlschmeckend.

Dorsch
Der junge Fisch wird als Dorsch bezeichnet, der geschlechtsreife als Kabeljau.
Seine grätenfreien, parierten Rückenfilets sind als «Dorschfilets Royale» bekannt.

Goldbrasse
erkennt man am golden gefärbten Ring um die Nase. Das Fleisch ist weiss, grätenarm und sehr schmackhaft. Es stammt grossteils aus Zuchtanlagen im Mittelmeer.

Der Petersfisch darf nicht mit dem neuseeländischen Petersfisch («black dory», «oreo dory») verwechselt werden. Dieser ist ihm zwar ähnlich, hat aber eine weniger gute Qualität.

Seeteufel
Besonders geschätzt wird er wegen seines grätenlosen, festen und schmackhaften Fleisches. Er kommt ohne Kopf in den Handel, da der Kopf bis zu 50 % des Körpers ausmacht.

Sardellen
werden oft auch als «Anchovis» bezeichnet und kommen meist in Öl eingelegt in den Handel.

Roter Schnapper
Rosafarbenes zartes Fleisch und ein rotes Schuppenkleid. Die Familie der Snapper umfasst eine grosse Anzahl verschiedener Arten.

«Die Hässliche Zwiebel des Meeres»
Seeteufel werden auch als «hässliche Zwiebel des Meeres» bezeichnet, da sie neben ihrem nicht gerade hübschen Gesicht, auch sieben Hautschichten haben, um sich vor Kälte zu schützen.

Thunfisch / Thon
Sein Fleisch ist grätenfrei. Roter Thun und Weisser Thun gelten als Delikatesse.

Sardine
Sardinen haben einen würzigen und kräftigen Geschmack, der sich besonders beim Sautieren oder Frittieren sehr gut entwickelt. Sie kommen häufig in Öl eingelegt in den Handel.

Rote Meerbarbe
Die Rotbarbe ist ein besonders edler Rundfisch, der in der französischen Küche (Barbe rouge) eine grosse Rolle spielt. Dieser edle Fisch hat einen wunderbaren, zarten Geschmack und ist – vor allem aus Wildfang – sehr teuer.

Das Fleisch der weissen Thunfische wird meistens als «Thon» in Konserven angeboten. Wobei sich das Wort «Thon» vom französischen «thon» für Thunfisch ableitet.

Sardinen und Sardellen werden oft als Geschmackselement in Würzsaucen und -pasteten verwendet, z. B. in «Worcestershire Sauce».

Nach der Körperform werden Fische unterschieden in

Rundfische	Plattfische
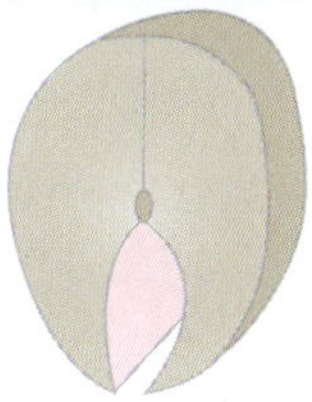	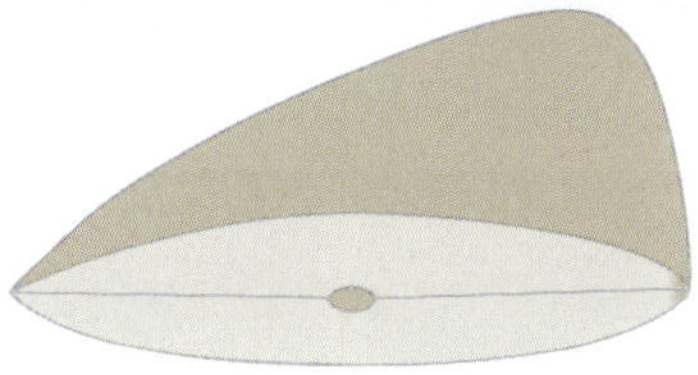
Ihre Körperform ist im Querschnitt rund oder keilförmig.	Als Rundfische geboren, drehen sich aber infolge der Anpassung an ihre Umgebung schon nach wenigen Wochen auf die Seite und werden zum Plattfisch.

Weitere Einteilungsmöglichkeiten für Fisch:

- **Fettgehalt**
  «Fettfische» (10–20 % Fett) wie Aale, Lachse etc.
  «Magerfische» (0,2–5 % Fett) wie Hecht, Barsch etc.
- **Knochenbau**
  «Knorpelfische» wie Hai und Rochen
  «Knochenfische» (die meisten Fischarten)
- **Familien**
  Barsche, Salmoniden, Störe, Karpfen, Meerbarsche, Heringe, Makrelen etc.
- **Nach Wert**
  Begehrte, teure Fischsorten werden «Edelfische» genannt. «Konsumfische» sind die weniger wertvollen, in grösseren Mengen vorhandenen und deshalb günstigen Arten.

4 Qualitätsmerkmale von Frischfisch

Wichtigster Qualitätsfaktor ist die Frische, weil Fischfleisch im Gegensatz zu Fleisch nicht reift und der Verderb sehr schnell fortschreitet. Die Hochseefischerei auf allen Weltmeeren setzt daher sogenannte Vollfrosterschiffe ein, d. h. die Fische werden auf dem Schiff bereits tiefgefroren, um den Verderb hinauszuzögern.

Tiefgefrorene, auf Fangschiffen verarbeitete Fische weisen den höchsten Vitamin-Gehalt auf, da diese nicht durch die Aufbewahrung zerstört werden.

Um Fehler zu vermeiden, sollte man bei der Annahme von Fisch einige Faktoren beachten, um die Frische zu kontrollieren. Die wichtigsten Frischemerkmale für ganze, frische Fische sind:

- Klare Augen (bei Lagerung auf Eis können die Augen leicht trüben)
- Festes Fleisch
- Rote Kiemen
- Festes Schuppenkleid
- Frischer Geruch

Bei Zuchtfischen kann (durch die Art der Tötung) eine Braunfärbung der Kiemen entstehen, dies ist kein Hinweis auf schlechte Qualität.

5 Konservierungsarten von Fisch

Das Konservieren von Fischen hat eine lange Tradition. Oft wurden konservierte Fische als Notvorrat, Sicherung des Einkommens, um schlechte Fangzeiten zu überbrücken, oder um den Geschmack zu verbessern, angewendet.

Die wichtigsten Konservierungsarten für Fisch sind:

Räuchern (Kalt- oder Warmräuchern)
z. B. Räucherlachs, Stör, Aal, Makrelen etc.

Trocknen
z. B. Stockfisch: getrocknet werden Kabeljau und Schellfisch.

Marinieren
z. B. marinierter Hering, Rollmops etc.

Sterilisieren
z. B. Thunfisch naturell, Sardinen in Öl, Hering in Sauce etc.

6 Krusten-, Schalen- und Weichtiere

Krustentiere

Krustentiere werden auch als Krebstiere bezeichnet. Sie sind unterschiedlich gefärbt und werden in gekochtem Zustand rosa oder leuchtend rot. Das Fleisch findet sich im Schwanzstück, in den Scheren und Gliedmassen und macht meist weniger als 35 % des Körpergewichts aus. Frische, lebendige Tiere werden zuerst betäubt (durch Elektroschock oder Kühlung) und danach durch Kochen getötet. Sie kommen mit dem Kopf voran in das kochende Wasser.

Garnelen (Crevetten, Shrimps, Prawns, Gambas)
Grosse Exemplare werden z. B. als Tiger, King oder Jumbo bezeichnet; Typisch: Die langen Fühler.

Hummer
wird als «König der Krebstiere» bezeichnet. Das Fleisch der Scheren und das Schwanzstück werden gegessen.

Languste
haben keine Scheren, daher wird nur das Schwanzstück gegessen.

Kaisergranate (Scampi, Langoustine)
haben einen lachsroten Körper und dünne Scheren. Das Fleisch ist leicht süsslich im Geschmack.

Krabbe
Die bekannteste Art ist die Königskrabbe (King Crab), von ihr werden nur die Beinscheren verwendet.

Taschenkrebs
Die Körperform ähnelt einer Tasche. Der Panzer wird nach dem Garen aufgebrochen und das wenige Fleisch ausgelöst.

Süsswasserkrebse, Flusskrebse
stammen aus Zuchtbetrieben. Schwanz und Scheren werden ausgelöst.

Wussten Sie, dass ...
Krustentiere, die keine Fühler- oder Schwanzbewegungen mehr aufweisen, in der Küche nicht mehr verwendet werden dürfen? Es bilden sich rasch Giftstoffe in toten Tieren.

Schalentiere (Muscheln)

Muscheln werden meist in Aquafarmen auf Bänken (z. B. Austern) oder Pfählen (z. B. Miesmuscheln) gezüchtet und sind in der Küche eine Spezialität.

Austern (Rund-, Felsenaustern)
Es werden nur jene Austern roh gegessen, die geschlossen sind.

Miesmuscheln (Pfahlmuscheln)
werden an den europäischen Küsten gezüchtet und sind das ganze Jahr über erhältlich.

Venusmuscheln (Herzmuscheln, Vongole, Clams)
Die Schale ist gerippt (Venusmuschel) oder glatt (Clam), die Form rund bis herzförmig.

Jakobsmuscheln
werden geschlossen im Ganzen oder bereits ausgelöst in der Schale geliefert und kommen auch tiefgekühlt und ohne Schale in den Handel.

Weichtiere

Kopffüssler (Tintenfische, Kraken) sind im Salzwasser beheimatet. Sie haben kein Skelett, daher ist der Fleischanteil ungewöhnlich hoch.

Tintenfisch (Kalmar, Sepia)
Sepia gibt bei Gefahr schwarze Tinte ab, die in der Küche zum Färben von Lebensmitteln verwendet wird, z. B. für Nudeln.

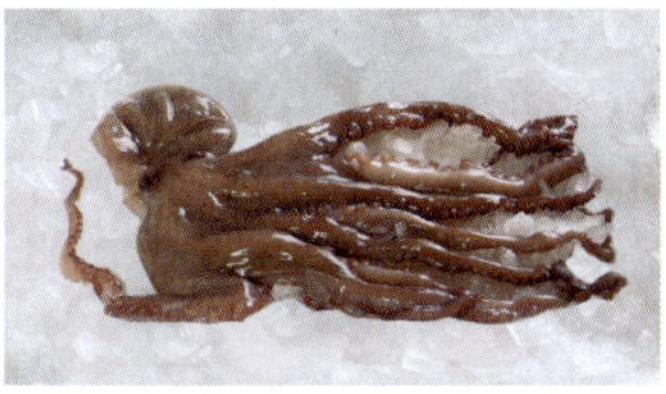

Krake (Oktopus)
Verwendet werden hauptsächlich die Arme (die Haut wird abgezogen).

Schnecken (Weinberg-, Meeresschnecken)
Weinbergschnecken kommen meist vorbereitet in den Handel.
Meeresschnecken kommen hauptsächlich in der asiatischen Küche vor.

Moderne Gerichte mit Krusten- und/oder Schalentieren

Marinierte Jakobsmuscheln in Zitronen-Ingwer-Marinade mit Koriander

Jakobsmuschel auf gegrilltem Filetsteak

Hummer auf Nudeln mit grünem Spargel

Gemüse, Obst und Pilze

Weitere Informationen zu den gesetzlichen Grundlagen finden Sie in Ihrem digitalen Zusatzpaket.

Obst und Gemüse liefern jede Menge Vitamine und Mineralstoffe. Ebenso enthalten sie Nahrungsfasern und manche Sorten sind auch gute Kohlenhydratquellen.

Pflanzliche Lebensmittel sind ausgesprochen gesund. Aber nur, wenn man sie richtig behandelt. Damit Obst, Gemüse und Pilze gut schmecken, müssen sie ordentlich gelagert und richtig zubereitet werden. Ein Cocktail, der mit frischem Fruchtmus hergestellt wird, schmeckt einfach um Welten besser!

Meine Ziele

Nach Bearbeitung dieses Kapitels kann ich

- erklären, welche Inhaltsstoffe Obst und Gemüse so wertvoll für unsere Ernährung machen;
- begründen, warum man regional und biologisch angebautes Gemüse und Obst vorziehen und saisonal einkaufen sollte;
- einzelne Obst und Gemüse gästeorientiert erklären und deren Verwendung und Zuordnung aufzeigen;
- zielgerichtet einkaufen, weil ich die Frischemerkmale von Obst- und Gemüsesorten kenne.

1 Bedeutung für die Ernährung

Heute schon Obst oder Gemüse gegessen? Nein? – Vorschlag: Bevor Sie hier weiterlesen, holen Sie sich einen Apfel oder eine Karotte – am besten gleich beides! Dann hätten Sie nämlich schon zwei der fünf empfohlenen Obst- und Gemüseportionen intus, die wir jeden Tag essen sollten. Und nebenbei hätten Sie auch etwas für Ihre schlanke Linie getan, denn pflanzliche Lebensmittel sind kalorienarm!

«Obst und Gemüse sind gesund» – diesen Satz haben wir sicher schon alle tausendmal gehört. Aber warum eigentlich?

Menschen, die viel Gemüse und Obst essen, sind besser vor Krebs, Herz-Kreislauf-Erkrankungen und Altersdiabetes geschützt.

Nun, Obst und Gemüse enthalten **zahlreiche Vitamine** und **Mineralstoffe** sowie **Nahrungsfasern und sekundäre Pflanzenstoffe.** All diese Stoffe tragen dazu bei, dass unser Körper einwandfrei funktioniert. Ausserdem unterstützen sie das Immunsystem und schützen uns vor Krankheiten.

Was steckt drin in Obst und Gemüse?

Vitamine und Mineralstoffe

Die Vitamine C, Betacarotin und Folat sowie die Mineralstoffe Kalium, Magnesium und Eisen sind in Obst, Gemüse und Pilzen reichlich enthalten.

Geniessen Sie knackig frisches Obst und Gemüse. Je mehr Sie davon essen, desto besser!

Nahrungsfasern

Mit Gemüse und Obst werden etwa 40 % des Nahrungsfaserbedarfs gedeckt. Gemüse und Obst enthalten vor allem Zellulose und Pektine (siehe S. 24). Beerenfrüchte sind besonders nahrungsfaserreich.

Sekundäre Pflanzenstoffe – gut für die Pflanze, genial für den Menschen

Einige geben den Pflanzen ihre Farbe oder ihr Aroma, andere schützen vor Schädlingen und Krankheiten oder regulieren das Wachstum.

Aber nicht nur Pflanzen profitieren von den «Superkräften» dieser Stoffe. Sie haben auch eine erstaunlich schützende und heilsame Wirkung auf unseren Körper. Sie vermindern das Krebsrisiko. Fruchtsäuren regen Appetit und Kreislauf an und töten nebenbei auch Bakterien. Duft- und Aromastoffe fördern die Ausschüttung der Verdauungssäfte.

Übrigens: Je bunter und geschmacksintensiver Obst- oder Gemüsesorten sind, umso mehr sekundäre Pflanzenstoffe enthalten sie.

Obst und Gemüse – 5-mal pro Tag

Die Faustregel besagt: fünfmal am Tag Obst und Gemüse. Am besten drei Portionen frisches oder leicht gegartes Gemüse und zwei Portionen Obst. Insgesamt sollten es um die 650 Gramm pro Tag sein.

Nicht alles, was schön ist, schmeckt auch gut

Bei der Einteilung in **Handels- bzw. Qualitätsklassen** wird Obst und Gemüse ausschliesslich über die Optik (Grösse, Form, Farbe, Beschaffenheit) bewertet. Handelsklassen bzw. Qualitätsklassen sagen aber nichts über Geschmack, Aroma und die enthaltenen Nähr- und Wirkstoffe aus.

Eine Tomate der niedrigsten Qualitätsklasse kann durchaus besser schmecken als eine der höchsten Klasse. Deshalb am besten vor dem Kauf degustieren.

Heimische Produkte vom saisonalen Markt sind die bessere Alternative.

«Bio» schmeckt besser

Bioprodukte schneiden bei Degustationen häufig deutlich besser ab. Die Gründe? Keine Überdüngung mit Mineraldüngern, keine Pflanzenschutzmittel und vor allem mehr Zeit zum Wachsen und Reifen.

Obst und Gemüse reisen nicht gerne

Bio-Erdbeeren aus Spanien, Bio-Avocados aus Brasilien – der Transport von Lebensmitteln um die halbe Welt ist sicher nicht nachhaltig, egal ob bio oder nicht.

Oft macht **«regional und saisonal»** mehr Sinn: Statt Bio-Nüsslisalat aus Italien kauft man besser saisonalen Nüsslisalat aus der Region. Auch wenn dieser vielleicht etwas teurer ist. Der ist frischer und «wohnt» näher. Lange Transportwege fallen weg. Nebenbei fördert man die Landwirtschaft in der Region.

2 Gemüse

Lange Zeit galt in unseren Breitengraden das Essen von Fleisch als Zeichen von Wohlstand. Da aber immer mehr Menschen klar wird, wie wichtig ihre Gesundheit ist, hat sich auch das Essverhalten gewandelt. Gemüse wird immer attraktiver – und das nicht nur für Vegetarier und Veganer!

2.1 Gemüsearten

Einteilung der Gemüse nach den genutzten Pflanzenteilen

Knollen- und Wurzelgemüse	Blütengemüse und Blütenstände	Salatartige Blattgemüse	Kohlgemüse	Blattstielgemüse
Karotten, Pastinaken, Petersilienwurzel, Radieschen, Randen/Rote Bete, Rettiche, Schwarzwurzeln, Sellerie, Stachys, Topinambur, Weissrüben	Artischocken, Blumenkohl, Brokkoli, Romanesco	Batavia, Brüsseler Endivie, Catalonia, Cicorino, Eichblattsalat, Eisberg, Endivie, Kopfsalat, Kresse, Lattich, Lollo, Löwenzahn, Nüsslisalat, Rucola, Zuckerhut	Chinakohl, Federkohl, Rosenkohl, Weisskohl, Rotkohl, Wirz/Wirsing	Fenchel, Kardy, Krautstiel, Rhabarber, Stangensellerie

Brombeeren

- **Einkauf:** Leider werden Brombeeren oft unreif gepflückt und sind deshalb geschmacklos oder sauer.
- **Sorten:** Es gibt verschiedene Züchtungen in runden bis ovalen Formen und von schwarzer, roter und sogar weisser Farbe.
- Durch Kreuzung mit Himbeeren entstanden Thybeeren, Loganbeeren etc.

Heidelbeeren (Blaubeeren)

- **Einkauf:** Der Boden der Verpackung muss trocken sein – sonst fangen die unteren Beeren sofort an zu faulen.
- **Sorten:** Wilde Heidelbeeren, auch Blaubeeren genannt, sind nicht zu verwechseln mit «Blueberry», der amerikanischen Kulturheidelbeere, welche nur entfernt mit der Heidelbeere verwandt ist. Im Handel werden diese fälschlicherweise, als Heidelbeere bezeichnet.
- **Moosbeeren,** rote, herb-säuerliche Beeren werden vor allem in den USA unter dem Namen «Cranberry» kultiviert und angeboten und sind eine Gattung der Heidelbeere.

Stachelbeeren

- **Einkauf:** mit Blütenansatz kaufen, damit kein Saft austritt.
- **Sorten:** Stachelbeeren haben eine leicht durchscheinende Haut, es gibt sie in den Farben weiss, grünlich, gelb bis rot oder hellbraun.
- Sie haben weiches, saftiges Fleisch mit vielen, essbaren, kleinen Kernen.

Johannisbeeren

- **Einkauf:** Die Beeren sollen noch an den Rispen hängen. So halten sie länger.
- **Sorten:** Die kleinen säuerlichen Beeren gibt es von weiss, rosa, rot bis schwarz.
  Weisse Johannisbeeren sind am süssesten, rote am säurereichsten, schwarze schmecken etwas herber.

Trauben

- **Weisse Trauben:** Wichtige Tafeltrauben sind z. B. Chasselas, Regina, Italia, Sultana, Palatina, Juliana etc.
- **Blaue Trauben:** z B. Muscat bleu, Ester, Nekar, Cardinal, Americana, Red Globe etc.

Kulturheidelbeeren sind im Gegensatz zu Waldheidelbeeren grösser, haben eine blauschwarze Schale und ein helles, kaum färbendes Fruchtfleisch.

Cranberry-Saft ist eine wichtige Zutat des Cosmopolitan-Cocktails.

Die etwas herber schmeckenden schwarzen Johannisbeeren («Cassis») sind reich an Gerbsäure und werden daher bevorzugt für Saft und Likör (z. B. Crème de Cassis) verwendet.

Vergleichen Sie die Hauptsorten der Tafeltrauben mit den Sorten, welche Sie als Weintrauben-Sorten (Rebsorten) kennen.

Der grösste Teil der in der Schweiz angebauten Trauben ist für die Weinproduktion bestimmt. Dabei macht die Sorte Chasselas einen Anteil von fast 2/3 aus.

Der Name Cranberry ist abgeleitet vom deutschen Namen «Kranichbeere», weil die Blüte einen kranichähnlichen Schnabel hat.

Preiselbeer- oder Moosbeeren-Kompott sind typische Beigaben zu Wild und in Österreich zum Wiener-Schnitzel.

Preiselbeeren

- **Sorten:** Cranberrys und Preiselbeere sind Verwandte, beide gehören zur Gattung der «Heidelbeere». Der Unterschied liegt in der Grösse und im Geschmack. Preiselbeeren sind erbsengross, Cranberrys (Moosbeeren) hingegen kirschgross. Preiselbeeren sind herber als Cranberrys.
- Preiselbeeren sind roh nicht sehr schmackhaft und werden deshalb meist zu Kompott verarbeitet.

Holunder

- **Sorten:** Unterschieden werden Holunder mit schwarzen und mit roten Beeren. Ebenso können Holunderblüten verwendet werden (eingelegt für Likör oder Sirup oder die ganze Dolde frittiert)
- Die Beeren werden als Aromageber für verschiedenste Produkte püriert, zu Gelees, Sirup oder Kompott verarbeitet.
- Holunderbeeren sollten immer gegart werden, da sie roh Bauchschmerzen verursachen können.

3.3 Südfrüchte

Verschiedene exotische Früchte haben proteinspaltende Enzyme und können deshalb nicht roh zusammen mit Gelatine verarbeitet werden, wie z. B. Ananas, Kiwi, Feigen, Mango, Papaya etc.

Ananas

- **Einkauf:** Reife Ananas duften am Stielansatz intensiv.
- **Sorten:** Unterschieden wird nach der Transportart: **Flugware** und **Schiffsware.** Die Ananas ist in verschiedenen Grössen und Aromen erhältlich. Speziell ist die Mini-Ananas oder Baby-Ananas mit weichem, essbarem Kern.
- **Verwendung:** für Obstdesserts, Fruchtsalate, Kuchen, Torten, Chutneys, als kandierte Früchte, als Trockenfrüchte, als Saft, für Mixgetränke und Bowlen

Avocados

- **Einkauf:** Reife Avocado geben bei sanftem Druck leicht nach. Ihr Fleisch ist butterweich und hellgrün. Durch die Lagerung kann der Reifegrad beeinflusst werden. Avocado haben bis 30 % wertvolles Fett.
- **Verwendung:** für Salate, Dip (Guacamole), kalte Vorspeisen; Das Fett wird auch für Kosmetika verwendet.

Ist die Ananas reif, kann man die Blätter am unteren Ansatz der Blattkrone leicht herauszupfen.

Bananen

- **Sorten:** Bananen gibt es in einer grossen Vielfalt und in Farben von gelb über rötlich bis rot. Unterschieden werden vor allem Dessertbananen und Gemüsebananen.
- **Verwendung der Dessertbanane**: für Fruchtsalate, püriert als Aromageber für Süssspeisen, Glace, Cremen etc., frittiert, flambiert, sautiert, oder gegrillt zu Fisch oder Geflügel
- **Verwendung der Gemüsebanane:** Gemüsebananen können nicht roh genossen werden. Meistens werden sie gekocht, frittiert, oder als Mehl zum Backen verwendet.

Feigen

- **Einkauf:** Reife Früchte sind weich und elastisch. Die Farben reichen von grün bis hellgelb oder rotbraun bis dunkelviolett.
- **Verwendung:** roh; lassen sich sehr gut trocknen und in Früchtebrot oder Gebäck verarbeiten. Frische Früchte für Süssspeisen, Konfitüren, Gelees, Feigensenf etc.

Die Banane ist botanisch gesehen eine Beere, eine der vielen Kuriositäten der Natur.

Fürs Flambieren müssen die Bananen einwandfrei und fleckenlos sein. Bananen reifen bei Zimmertemperatur nach.

Granatäpfel

- **Einkauf:** Reife Granatäpfel klingen leicht metallisch, wenn man darauf klopft.
- **Verwendung:** Granatapfelsaft für Cremes, Puddings, Sorbets, Fruchtsaucen, zu Saucen für dunkles Fleisch, als Grenadine-Sirup für verschiedene Cocktails.

Guaven

- **Einkauf:** Reife Guaven duften sehr stark und geben auf sanften Fingerdruck nach.
- **Verwendung:** für Sorbets, Konfitüren oder Gelees

Grenadine-Sirup ist wichtiger Bestandteil des Tequila Sunrise.

Kakis

- **Einkauf:** Schmecken nur gut, wenn sie richtig weich sind und die Schale glasig ist.
- **Verwendung:** zum Frischgenuss; für Sorbets, Fruchtsalate, Fruchtsaucen, Konfitüren, Gelees

Kapstachelbeeren (Physalis)

- **Einkauf:** Reife Früchte haben eine hellbeige Hülle, die keine grünen Stellen aufweist.
- **Verwendung:** als Dekoration für Süssspeisen, Fruchtsalate, Cocktails

Die **Sharonfrucht** ist eine neue Züchtung der Kaki. Die Schale ist weicher und essbar. Das Fruchtfleisch ist süss-saftig und kernlos.

Reife Karambolen schmecken leicht säuerlich, aber erfrischend. Leider wird sie viel zu oft unreif verarbeitet!

Karambolen sind beliebte Garnituren für Drinks.

Karambolen (Sternfrüchte)

- **Einkauf:** Die ideale Reife erkennt man an der gelblichen Schale und den leicht gebräunten Kanten.
- **Verwendung:** als Dekoration zu Speisen und Drinks; als Beigabe zu Salaten.

Kiwis und Goldkiwis

- **Einkauf:** Reife Kiwis geben bei leichtem Fingerdruck nach.
- **Verwendung:** zum Frischgenuss, für Fruchtsalate, Kuchen; zu Süssspeisen etc.

Die kleine Kiwi (Kiwibeere)
Angeboten als «Nergi», kann sie mit der Schale gegessen werden und wird wegen des hohen Anteils an Vitaminen und Nahrungsfasern auch als trendiges «Superfood» vermarktet.

Litschis

- **Einkauf:** Reifen nicht nach, daher nur reife Früchte kaufen (haben eine rosa Schale). «Longane» sind der Litschi ähnlich etwas kleiner und mit glatter Schale.
- **Verwendung:** zum Frischgenuss, Fruchtsalate, pikante Reis- oder Geflügelgerichte, Bowlen, Cocktails.

Maracujas (Passionsfrüchte)

- **Einkauf:** sind vollreif, wenn ihre Haut runzelig wird, sie aber noch kein Gewicht verloren haben.
- **Verwendung:** zum Frischgenuss, meist jedoch als Saft, verarbeitet in Säften, Gelees, Sirupe, Sorbets, Fruchtsaucen, Liköre.

Papaya kann auch sehr gut zum Zartmachen von Fleisch verwendet werden.

Papayas (Baummelonen)

- **Einkauf:** sind reif, wenn die Schale orange oder grüngelb ist und auf leichten Druck hin nachgibt.
- **Verwendung:** zum Frischgenuss; für Chutneys, Fruchtsalate, Fruchtmark, Fruchtsaucen, zu Salaten, zu warmen Gerichten wie Fisch oder Geflügel

Tamarillos (Baumtomaten)

- **Einkauf:** sind reif, wenn sie auf leichten Druck hin nachgeben.
- **Verwendung:** für Frischgenuss, Fruchtsalate, Gelees, Kompotte, Fruchtsaucen, Salate, gedämpft als Gemüse zu Fleischgerichten

Mangos

- **Sorten:** Mangos gibt es in den unterschiedlichsten Farben, Formen und Grössen.
- **Einkauf:** Reife Mangos geben auf sanften Druck leicht nach und verströmen einen zarten Duft.
- **Verwendung:** zum Frischgenuss, Sirup, Konfitüren, Chutneys, Fruchtmark, Speiseeis, Sorbets, Fruchtsalate, Fruchtsaucen, für Kuchen und Torten, zu geräuchertem/luftgetrocknetem Fleisch und Fisch, Terrinen, Pasteten, warmen Gerichten mit dunklem Fleisch, Fisch und Geflügel.

Melonen

- **Sorten: Honigmelonen,** länglich mit glatter Schale, sehr süss;
  Netzmelonen, netzähnlicher Überzug, ovales, gelb-rötliches Fruchtfleisch;
  Galia- und Ogen-Melonen, rund bis oval, gelbliche Schale und grüne Streifen;
  Charentaise- und Cantaloupe-Melonen, glatte, gelbliche Haut, grüne Längsstreifen, lachsfarbiges, süsses Fruchtfleisch;
  Wassermelonen, walzenförmig oder rund; Die bekanntesten Wassermelonen haben eine grüne Schale, helle Längsstreifen und rotes, saftiges Fruchtfleisch mit vielen Kernen.
- **Einkauf:** Reife Melonen geben nach, wenn man leicht auf den Blütenansatz drückt.
- **Verwendung:** roh, Zuckermelonen als Beigabe zu luftgetrocknetem/geräuchertem Fleisch; kalten Gerichten aus Meeresfrüchten, Fisch, Geflügel und Fleisch; für Desserts, Salate, Kaltschalen, Bowlen und Sorbets.

Melonen sind eigentlich ein Gemüse (Kürbisgemüse), der Einfachheit halber werden sie aber hier dem Obst zugeteilt da ihre Verwendung meist im süssen Bereich liegt.

Für Melonenbowle können die Melonenstücke mit einem Parisienne-Ausstecher kugelförmig ausgestochen werden.

Klopftest nicht vergessen!
Ein dumpfer, dunkler Ton ist bei Wassermelonen ein Zeichen für Vollreife.

3.4 Hartschalenobst (Nüsse und Kerne)

Baumnüsse (Walnüsse)

- **Sorten:** Am beliebtesten sind die grossen Sorten mit entsprechend grossen Kernen. Eine Spezialität sind «schwarze Baumnüsse», bei denen unreife Früchte in Wasser eingelegt und in Zuckersirup gekocht werden.
- **Verwendung:** zu Öl gepresst, als Bachzutat, als Garnitur verschiedener Gerichte

Haselnüsse

- **Sorten:** Die einheimischen, relativ kleinen Sorten haben wirtschaftlich keine Bedeutung. Der überwiegende Teil des Bedarfs wird aus der Türkei importiert.
- **Verwendung:** Für Teige, Massen, Nougat, Torten, Cremen, Glace, Haselnusspaste (Nutella) oder für Öl.

Baumnusskern-, Mandel-, Pistazien- und Haselnusskernöle sind reich an ungesättigten und mehrfach ungesättigten Fettsäuren. Deshalb sind sie leicht verderblich und nicht hoch erhitzbar.

Der Cashewapfel ist eine Scheinfrucht, die Vögel zum Verzehr verführt. Das Anhängsel mit dem Kern ist die eigentliche Frucht.

Cashewnüsse

- **Besonderes:** Der Cashew-Apfel ist eine Steinfrucht, die für Gelee oder Saft genutzt wird. Cashewnüsse sind deren Kerne und müssen erhitzt werden, um das darin enthaltene Gift abzubauen.
- **Verwendung:** für scharfe indische Currys, in Kombination mit knackig gegartem Gemüse, gesalzen als Aperitif-Beigabe

Mandeln

- **Sorten:** Grundsätzlich werden Süssmandeln, Krachmandeln und Bittermandeln unterschieden.
- Bittermandeln enthalten Blausäure und dürfen deshalb nur in kleinen Mengen unter die Süssmandeln gemischt werden. Das Gift verliert sich bei Hitze, der bittere Geschmack bleibt erhalten.
- **Verwendung:** in der Pâtisserie, als Mandelmasse in Gebäck, geröstet als Aperitif, Hauptbestandteil von Marzipan, als Öl, Likör

Macadamia – die teuerste Nusssorte der Welt
Sie stammt ursprünglich aus den Regenwäldern Australiens. Ihre Schale ist extrem hart, daher werden Macadamia-Nüsse im Handel zumeist geschält angeboten.

Macadamia-Nüsse

- **Besonderes:** Sie haben den höchsten Fettgehalt von allen Nüssen.
- **Verwendung:** für süsse Cremen, Glace, Füllungen, Desserts, geröstet zum Aperitif, als Öl, Brotaufstriche, als Beigabe zu Nudelgerichten, im Salat

Kastanien (Marroni)

- **Sorten:** Unterschieden werden die Rosskastanien, welche zu viel Gerbsäure enthalten, und die zum Verzehr geeigneten Edelkastanien.
- **Verwendung:** glaciert als Beilage zu Wildgerichten; püriert als Vermicelles, geröstet, als Mehl, in der Pâtisserie

Für **«Pesto alla genovese»** wird Basilikum mit gehackten Pinienkernen, Knoblauch, Olivenöl und Käse vermengt.

Pinienkerne

- **Besonderes:** Pinienzapfen (die Zapfen des Nadelbaumes) öffnen sich, wenn sie reif sind und geben die Kernen frei. Diese schmecken nussartig, sind cremig, aber nur kurz haltbar.
- **Verwendung:** für «Pesto alla genovese», zum Garnieren, in der Pâtisserie und kalten Küche

Pistazien

- **Verkauf:** Im Verkauf finden wir geröstete Pistazien in der Schale oder geschälte Kerne, welchen auch die braune Samenhaut entfernt wurden.
- **Verwendung**: zum Aperitif, zum Dekorieren, als Einlage für Würste, Pasteten, Terrinen oder Galantinen, für Glace oder als Öl

Aprikosen, Pfirsiche und Nektarinen

Aprikosen
Leicht ovale bis kugelige Früchte mit samtiger Haut

- **Einkauf:** Aprikosen sollten ausgereift geerntet werden, da sie sonst trocken und fade sind. Reife Früchte lösen sich leicht vom Stein.

Pfirsiche
Haben eine flaumig behaarte Schale.

- Wie gut der Stein sich löst ist bei Pfirsichen von der Sorte abhängig und sagt nichts über die Reife aus. Pfirsiche gibt es mit weissem, gelbem bis orange-rotem Fruchtfleisch.

Nektarinen
Haben im Unterschied zum Pfirsich eine glatte Schale. Nektarinen sind eine Mutation des Pfirsichs.

Wilde Pfirsiche
Auch wilde Pfirsiche stammen aus Kulturen.
Bekannte Sorten: Tellerpfirsiche, Platt-Pfirsiche.

Einkauf: Aprikosen, Pfirsiche und Nektarinen geben auf leichten Fingerdruck hin nach. Harte Exemplare reifen nicht gut nach.

Aprikosen- und Pfirsichkerne dienen übrigens als Mandelersatz (statt Marzipan wird daraus «Persipan» hergestellt) oder zur Herstellung von Likören (Amaretto).

Für den Bellini-Cocktail wird weisses Pfirsichmus mit Champagner aufgefüllt.

3.7 Zitrusfrüchte

Alle Zitrusfrüchte haben eines gemeinsam: einen hohen Vitamin-C-Gehalt und einen erfrischend-kühlen Geschmack, der sie in Küche und Bar unverzichtbar macht.

Zitronen

- **Lagerung:** Können bei Zimmertemperatur nur etwa eine Woche gelagert werden. Bei Kühltemperaturen verlieren sie an Aroma.
- **Verwendung:** zum Aromatisieren von Desserts, für Salatmarinaden, Saucen, Gemüse- und Fleischgerichten, Drinks; zum Garnieren.

Limetten

- **Einkauf:** Gute Limetten haben eine grüne, glänzende Schale und ergeben viel Saft.
- **Verwendung:** wie Zitrone.
- **Sorten: Kalimansis** sind entstanden durch eine Kreuzung von Sauermandarinen und Kumquats, werden aber wie Zitrone verwendet.
  Die **Kaffir-Limette** hat eine runzelige Schale.

Zitrone und Limette – wo ist da der Unterschied?
Die Limette schmeckt feiner und weniger säuerlich. Sie wird daher auch für Gerichte verwendet, bei denen die saure Zitrone einen zarten Geschmack überdecken würde und zu herb wäre, wie z. B. bei pochierter Seezunge.

Viele Cocktails sind ohne Limette undenkbar, z. B. Margarita, Mojito und Caipirinha.

Orangen

- **Sorten:** Orangen haben eine grosse Sortenvielfalt und können eingeteilt werden in:
- **Blond-Orangen:** die wichtigste Orangengruppe im weltweiten Handel
- **Navel-Orangen:** kernlos, goldgelbes und saftiges Fruchtfleisch, Sorten sind z. B.: Navelina, Valencia, Shamouti etc.,
- **Blutorangen:** mit rot-pigmentiertem Fruchtfleisch z. B. Moro, Tarocco, Sanguinelli, Maltaise etc.,
- **Bitterorangen:** eignen sich nicht für den Rohgenuss und werden zu Konfitüren, Likör oder Orangeade verarbeitet.
  Sorten: Pomeranze, Bergamotte
- **Verwendung:** Der grosse Teil der Orangenernte wird für die Produktion von Saft verwendet, für Frischverzehr, Desserts, Salate, verschiedene Fleischgerichte.

Mandarinen

- **Sorten:** Mandarinen sind eine grosse Gruppe von Zitrusfrüchten. Sie zeichnen sich durch ihre leicht abnehmbare Schale aus und sind süsser als Orangen.
- **Clementinen und Satsumas** sind fast kernlose Zitrusfrüchte, die als Hybriden zwischen Orange bzw. Pomeranze und Mandarinen entstanden sind.
- **Tangerine**
- **Minneola** ist eine Kreuzung aus Mandarine und Grapefruit.
- **Verwendung:** für Frischverzehr, Kuchen, Fruchtsalate, Saft

Grapefruits

Grapefruit ist eine Kreuzung aus der Orange und Pampelmuse.

- **Sorten:** Wir unterscheiden vor allem zwischen den gelbfleischigen und den etwas süsseren rotfleischigen Früchten. Es gibt zahlreiche Sorten von bitter bis süss, von weiss über rosa, violett und orange, von klein bis fast melonengross.
- **Verwendung:** frisch zum Frühstück, Marmelade, Chutney, Gelees, Saft, Obst- und Blattsalate, Salate mit Fisch, Meeresfrüchten und Geflügel.

Kumquats

- **Sorten:** Kumquats werden auch Zwergorangen oder Zwergpomeranzen genannt.
- **Limequats** sind eine Kreuzung von Limetten und Kumquat.
- **Verwendung:** können mit der Schale gegessen werden, für Marmelade, Chutneys, Gelees, kandierte Früchte und Kompotte, zum Garnieren und Aromatisieren von Süssspeisen, Fruchtsalaten und Cocktails.

Die Orange selbst ist aus einer Kreuzung aus Mandarine und Pampelmuse hervorgegangen.

Die dicke Schale der Zedrat-Zitrone und der Bitterorange Pomeranze werden kandiert z. B. für Cakes, Cassata siziliana etc.

Die Maltaiser Sauce ist eine holländische Sauce, abgeschmeckt mit dem Saft von Blutorangen.

Zitrusfrüchte (alle!) reifen nicht nach. Kaufen Sie daher nur wirklich ausgereifte Früchte. Wird die Schale verarbeitet (z. B. für Zesten in Cocktails), nur unbehandelte Früchte verwenden!

Das Wort Grapefruit stammt von den englischen Begriffen für Traube und Frucht und beschreibt damit das Wachstum dieser Frucht, welche botanisch gesehen eine Beere ist.

Die dattelgrossen Kumquats sind die kleinsten Vertreter aus der Familie der Zitrusfrüchte. Sie können mit der Schale gegessen werden.

Pomelos
- **Sorten:** Eine Kreuzung zwischen Pampelmuse und Grapefruit. Dabei werden zu den Pomelos die verschiedenen Züchtungen gezählt, deren Erbgutanteil von Pampelmuse höher ist als der von der Grapefruit. Wir unterscheiden gelbfleischige, rosafleischige, Honig-Pomelo etc.
- **Verzehr:** Die dickschalige Pomelo kann gut von Hand geschält und in Segmente unterteilt werden. Die Zwischenhäutchen sind bitter und zäh und werden weggeschält.
- **Verwendung:** zum Rohgenuss, Fruchtsaft, Chutneys oder Fruchtaufstriche. Die Schale kann kandiert werden.

Pampelmuse
- **Sorten:** Im deutschen Sprachgebrauch wird zwischen Grapefruit und Pampelmuse meist kein Unterschied gemacht. Die Pampelmuse ist jedoch eine Art «Urfrucht» vieler Zitrusfrüchte. Durch Kreuzung mit der Mandarine entstand die Orange, durch die Rückkreuzung von Orange und Pampelmuse wurde die Pomelo gezüchtet.
- **Verwendung:** wie Grapefruit

Der grösste Organismus der Welt
Forscher der Oregon State University haben einen 2400 Jahre alten Riesen-Honigpilz entdeckt. Auf einer Fläche von fast 900 Hektar, reicht er bis zu einem Meter tief in die Erde.

4 Pilze

Pilze sind weder der Gruppe der Pflanzen noch jener der Tiere zuzuordnen. Botanisch gesehen sind sie kein Gemüse, sondern bilden mit ihren verschiedenen Arten eine eigene Gruppe der «Fungi». Inzwischen sind mind. 100 000 Arten, von Einzellern bis zu Mehrzellern bekannt, die in folgende Gruppen eingeteilt werden:

Einteilung der Pilze

Wildpilze	Zuchtpilze	Essbare Pilze	Ungeniessbare Pilze	Giftige Pilze
Speisepilze die vor allem wild wachsen.	In verschiedenen Verfahren gezüchtete Speisepilze.	Ohne Bedenken zum Verzehr geeignete Pilze.	Pilze die z. B. sehr scharf, holzig oder fasrig sind und deshalb wenig geeignet für den Verzehr.	Pilze, die zu verschieden starken, negativen Reaktionen führen; im schlimmsten Fall tödlich.

4.1 Speisepilze

Die wichtigste Unterscheidung bei Pilzen ist die zwischen «wildwachsenden Pilzen» und «Zuchtpilzen».

Wildpilze

Wiesenchampignon

- Von Sommer bis Herbst in Gruppen auf gedüngten Böden aller Art
- **Verwendung:** am besten frisch

Echte Pfifferlinge, Eierschwamm

- Von Juni bis September in Laub- und Nadelwäldern
- Sehr schmackhaft, festes Fleisch
- **Verwendung:** frisch, eingelegt, tiefgekühlt

Steinpilz

- Von Juni bis November, in Wäldern und an Waldrändern
- Vorzügliches Aroma
- **Verwendung:** frisch, eingelegt, getrocknet, tiefgekühlt oder pulverisiert

Parasol

- Von Juni bis November in lichten Wäldern, auf Viehweiden, am Wegrand
- **Verwendung:** frisch, getrocknet oder pulverisiert; nur den Hut verarbeiten

Herbsttrompete

- Von September bis Oktober
- Sehr guter Speise- und Würzpilz aus der Familie der Pfifferlinge
- **Verwendung:** wird meist getrocknet gehandelt, in Saucen, Pilzgerichten, als «Trüffelersatz», als Einlage in Farcen

Périgord-Trüffel (Schwarze Trüffel)

Die Oberfläche der schwarzen Trüffel ist mit grossen Warzen überzogen. Das Fleisch ist von hellen, weisslichen Adern durchzogen.

- Sie wachsen von November bis Ende Februar in den Laubwäldern des namengebenden Périgord in Südfrankreich, aber auch in Spanien, in der Schweiz und in Oberitalien.
- **Verwendung:** frisch, eingelegt in Alkohol oder Öl, verarbeitet zu Paste oder Trüffelbutter. Schwarze Trüffel sollte im Gegensatz zur weissen Trüffel gegart werden, damit sie ihr volles Aroma entfalten kann.

Sommertrüffel

Die Oberfläche der Sommertrüffel ist braunschwarz mit grossen Warzen. Ihr Fleisch ist grauweiss, gelblich bis braun.

- Sie wachsen in grossen Mengen in Italien zwischen April bis August. Das Aroma ist viel weniger intensiv als das der Périgord-Trüffel.
- **Verwendung:** wie Schwarze Trüffeln.

Weisse Trüffel

Ihre Haut ist weich, die Farbe gelblich. Frische Exemplare duften ein wenig nach Knoblauch.

- **Verwendung:** Gekocht oder konserviert verliert sie ihren charakteristischen Duft, weshalb sie meistens roh oder zu Paste bzw. Trüffelbutter verarbeitet wird.

Morchel

Zählt neben der Trüffel zu den delikatesten und begehrtesten Pilzen.

- Von April bis Juni
- **Verwendung:** frisch oder getrocknet

Auf der Suche nach Trüffeln

Früher wurden Trüffeln mit Trüffelschweinen gesucht. Da Schweine beim Ausgraben grossen Schaden an den Wurzelspitzen anrichten, werden heute hauptsächlich speziell abgerichtete Trüffelhunde eingesetzt. Ihnen kann man die gefundenen Trüffel leicht abnehmen. Ein weiterer Vorteil, denn Schweine essen die Trüffel selbst sehr gerne und sind schwer zu zügeln.

Zuchtpilze

Austernpilz (Austernseitling)

- Die ersten Austernpilze kommen im November auf den Markt.
- Zartaromatisch; jüngere Exemplare sind am schmackhaftesten.
- Verwendung: frisch

Shiitake

- Wächst auf verschiedenen Laubbäumen, wird in China und Japan schon seit langem gezüchtet.
- Festes Fleisch, kräftiges Aroma
- **Verwendung:** frisch oder getrocknet

Zuchtchampignon

- Einer der vorzüglichsten Pilze mit mildem Eigengeschmack, der sich beim Rösten verstärkt
- Creme-Champignons (braune Champignons) sind etwas würziger.
- **Verwendung:** frisch, getrocknet oder tiefgekühlt

Kräuterseitling

- Festes weisses Fleisch mit gutem Aroma
- Wird meist in Scheiben geschnitten und kann wie Steinpilz zubereitet werden.
- **Verwendung:** frisch

Es gibt noch viele weitere Zuchtpilze, wie z. B. Buchenpilze, Enokipilze etc.

Einkauf

Gute Qualität von Pilzen zeichnet aus, dass die Pilze trocken, von fester Struktur (sie sollten beim Brechen knacken) und ohne Befall von Schimmel oder Schädlingen sind. Sie sollten keine Druckstellen oder sonstige Flecken aufweisen. Ihr Geruch muss frisch und sortentypisch sein.

Lagerung

Pilze nicht lagern, sondern gleich verarbeiten! Sie können innerhalb weniger Stunden unbrauchbar werden. Trocken aufbewahrt, trocknen Pilze rasch aus und werden strohig. Bei feuchter Lagerung werden sie rasch faulig oder schmierig. Pilze nie in Plastiksäcken oder geschlossenen Verpackungen aufbewahren.

Konservierung

Die bekanntesten Konservierungsarten für Pilze sind:

- **Trocknen/Dörren:** für die meisten Sorten gleichzeitig eine Geschmacksverstärkung. Beispiele: Steinpilze, Morcheln, Herbsttrompeten, Shiitake etc.
- **Tiefkühlen:** für die meisten Sorten geeignet, wobei ein Teil zuerst gedünstet oder blanchiert werden muss.
- **Einlegen:** kann man sehr viele Arten, entweder in Öl oder in Essig.
- **Pasteurisieren** und **Sterilisieren** oder die **Zubereitung mit Sous-Vide** macht die Pilze gleichzeitig genusstauglich. Am bekanntesten sind Champignons in Dosen.

Trüffeln sind Luxusware

1 kg weisser Trüffel kostet in der Regel 5000-6000 Franken. Etwas billiger sind die schwarzen Trüffeln mit ca. 600-1200 Franken.

Das häufigste Problem bei der Verwendung von Trüffeln ist die zu geringe Dosierung. Damit das Ganze wirklich schmeckt, rechnet man mit ca. 12 g Trüffeln pro Person.

In Öl eingelegte Pilze

Kartoffeln und Hülsenfrüchte

Weitere Informationen zu den gesetzlichen Grundlagen finden Sie in Ihrem digitalen Zusatzpaket.

Kartoffeln sind in unseren Breitengraden längst eines der wichtigsten Grundnahrungsmittel. Einst als «Arme-Leute-Essen» abgetan, feiern Linsen, Bohnen und Erbsen diese Tage ihr Comeback. Zu Recht! Kartoffeln und Hülsenfrüchte bieten «vitamin- und mineralstofftechnisch» so einiges. Hülsenfrüchte sind als pflanzliche Proteinquelle kaum zu schlagen. Für Vegetarier und Veganer ein wichtiger Umstand!

Gerüchte, wonach Kartoffeln und Hülsenfrüchte dick machen, sind schlichtweg falsch. Ihr Fettgehalt ist äusserst niedrig. Gute Gründe, um diese gesunden Kraftpakete öfters auf den Speisezettel zu setzen.

Meine Ziele

Nach Bearbeitung dieses Kapitels kann ich

- erklären, welche Inhaltsstoffe Kartoffeln so wertvoll für unsere Ernährung machen;
- die passenden Kartoffelsorten für die jeweiligen Gerichte wählen;
- Kartoffeln richtig lagern;
- die Arten der Hülsenfrüchte unterscheiden und Auskunft über Einkauf und Lagerung geben.

1 Bedeutung für die Ernährung

Richtig oder falsch – was glauben Sie?	*Richtig*	*Falsch*
Kartoffeln machen dick.		
Hülsenfrüchte, wie Bohnen, Erbsen und Linsen, ernähren weltweit Millionen von Menschen.		
Kartoffeln stecken randvoll mit Nährstoffen.		
Hülsenfrüchte enthalten eine Reihe giftiger Inhaltsstoffe, die erst beim Kochen zerstört werden.		
Hülsenfrüchte sind die proteinreichsten pflanzlichen Lebensmittel.		

Unser Körper kann rohe Kartoffelstärke nicht abbauen. Deshalb müssen Kartoffeln immer gegart werden.

Was steckt drin in Kartoffeln?

Kartoffeln sind kalorienarm, denn sie enthalten rund 80 % Wasser. Stärke ist der Energieträger der Kartoffel. Dieses Kohlenhydrat wird aber erst durch Garen verdaulich. Mit 2 % liefert die Kartoffel zwar recht wenig **Protein,** dafür ist dieses aber **besonders hochwertig.** Unser Körper kann das Kartoffel-Protein relativ leicht in körpereigenes Protein umwandeln (siehe biologische Wertigkeit, S. 40). Eine Top-Kombi sind Kartoffeln mit Ei oder Milch.

Kartoffelschalen sind in ungegartem Zustand giftig.

Sind Kartoffel Dickmacher?

Kartoffeln werden immer wieder als Dickmacher bezeichnet. Das ist aber ein Irrtum. Sie sind **energie- und fettarm.** 100 g gekochte Kartoffeln liefern nur 330 kJ. Ausserdem werden immer stärkeärmere Sorten gezüchtet.

Der Energiegehalt kann aber durch bestimmte Zubereitungsarten, wie Frittieren, stark erhöht werden und liegt dann etwa beim vierfachen Wert von frischen Kartoffeln.

Notieren Sie Gerichte aus Kartoffeln mit unterschiedlichen Fettgehalten.

Vitamine und Mineralstoffe

Die Kartoffel punktet mit einer beachtlichen Menge an **Vitamin B und C** – vorausgesetzt, dass sie richtig zubereitet (z. B. gedämpft) wird. Auch **Kalium, Magnesium** und **Phosphor** sind reichlich enthalten.

Kartoffeln wenn möglich immer in der Schale kochen! Der Vitamin- und Mineralstoffgehalt ist etwa viermal so hoch wie jener von Kartoffeln, die vor dem Garen geschält wurden.

Was steckt drin in Hülsenfrüchten?

Hülsenfrüchte, also Erbsen, Bohnen und Linsen, sind die proteinreichsten pflanzlichen Lebensmittel. Die biologische Wertigkeit des Hülsenfrüchte-Proteins ist aber eher niedrig. Kombinieren Sie Hülsenfrüchte daher immer mit Getreide, Ei oder Milchprodukten. So ergibt sich ein guter Ergänzungswert. Das Sojaprotein hingegen hat die höchste biologische Wertigkeit aller pflanzlichen Nahrungsmittel. Erb-

Alle Hülsenfrüchte müssen vor dem Genuss erhitzt werden, da sie in rohem Zustand giftig sind.

sen, Bohnen und Linsen sind **stärke- und nahrungsfaserreich, dafür fettarm.** Sojabohnen haben einen geringeren Kohlenhydratanteil, aber einen höheren Fettgehalt.

Vitamine und Mineralstoffe

Hülsenfrüchte enthalten sehr viele Vitamine, **vor allem B-Vitamine.** Auch die Mineralstoffe **Calcium, Kalium, Magnesium, Phosphor** und **Eisen** sind reichlich enthalten.

Verdaulichkeit und Sättigung

Hülsenfrüchte sind sehr ballaststoffreich – daher machen sie schnell satt, sind aber auch schwer verdaulich. Bei vielen Menschen wirken sie nebenbei blähend.

Getrocknete Hülsenfrüchte (Ausnahme: rote Linsen) müssen vor dem Garen – am besten über Nacht – in reichlich Wasser eingeweicht werden. Dadurch quillt die Zellulose. Wird nach dem Kochen Essig oder Zitronensaft zugesetzt, quillt das Protein und es wird leichter verdaulich. Auch Gewürze, wie Kümmel, Bohnenkraut, Majoran oder Anis, sorgen für eine bessere Bekömmlichkeit.

2 Kartoffeln

Seit die Kartoffel im 16. Jahrhundert quasi im Gepäck der spanischen Eroberer von Südamerika nach Europa gereist ist, hat sie sich nach Mais, Weizen und Reis zum wichtigsten Grundnahrungsmittel der Welt gemausert.

2.1 Einkauf von Kartoffeln

Kochtypen und Eigenschaften von Kartoffeln

Kartoffelarten	Beschreibung	Sorten	Verwendung
Frühkartoffeln	Kartoffeln der neuen Ernte, die vor dem 10. August verkauft werden. Die ersten einheimischen Frühkartoffeln kommen ab Ende Mai in den Handel.	Frühkartoffeln müssen nicht mit dem Sortennamen bezeichnet werden, da die sortentypischen Eigenschaften noch nicht entwickelt sind.	Werden meistens mit der Schale gebraten. Sind nicht ausgereift und eignen sich daher nicht für die Teigbereitung.
Spezialitäten	Kartoffeln, die wegen ihrer Farbe oder Form speziell sind	Blaue St.Galler, blauer Schwede, Ratte, Agatha etc.; **braune Verpackung**	Je nach Sorte verschiedene Verwendungen
Festkochend	Stärkearme und proteinreiche Sorten. Bleiben auch nach dem Garen fest.	Charlotte, Amadine, Gourmandine, Nicola etc. ; **grüne Verpackung**	Gschwellti, Kartoffelsalat, Salzkartoffeln etc.

Mehlig kochend	Spätreife Sorten mit hohem Stärkegehalt. Die Schale springt beim Kochen auf. Das Fleisch zerfällt leicht.	Laura, Désirée, Agria, Bintje etc.; **blaue Verpackung**	Kartoffelstock, Kartoffelgratin, Baked Potatoes und alle Massen wie Gnocchi, Kroketten etc.
Hochtemperaturlinie	Geeignet zum Frittieren oder Braten bei hohen Temperaturen.	Agria, Bintje, Jelly etc.; **rote Verpackung**	Pommes frites, Bratkartoffeln, Rösti etc.

2.2 Lagerung von Kartoffeln

Frühkartoffeln sollten innerhalb von 14 Tagen verarbeitet werden. Späte Sorten können über Monate gelagert werden. Obwohl sich das Einlagern wegen der optimalen Lagerbedingungen, die Anbieter haben, kaum lohnt, gibt es Regeln zu beachten:

- Nur **unbeschädigte, frische Ware** einlagern.
- **Dunkel und luftig lagern,** am besten auf Lattenrosten, um Staunässe zu vermeiden.
- **Ideale Lagertemperatur: 8–10 °C.** Bei höheren Temperaturen werden Kartoffeln runzelig und beginnen zu keimen. Bei Temperaturen unter 4 °C werden Kartoffeln süss – ein Teil der Stärke hat sich zu Zucker abgebaut.
- **Tiefgekühlte Produkte** können ohne Probleme länger gelagert werden. Die Industrie bietet hier eine grosse Palette von Halbefertig-Fabrikaten an: backfertigen Kartoffelgratin, vorpochierte Knödel, geschnittene, vorgebackene Produkte zum Frittieren, bereits sautiertes Rösti etc.

Drücken Sie bei Kartoffelaugen & Co. kein Auge zu!
Haben Kartoffeln Keime (Triebe), die mehr als 5 mm lang sind, ist der Solaningehalt bereits so hoch, dass empfindliche Menschen mit Durchfall und Erbrechen reagieren. Kartoffelkeime, Augen und grüne Schalenteile müssen daher sorgfältig entfernt werden.

Kartoffel-Produkte:
Kartoffeln werden in verschiedenen CF-Stufen angeboten.

- **Stufe 0** = direkt vom Feld
- **Stufe 1** = gewaschen
- **Stufe 3** = geschält und zum Teil schon geschnitten
- **Stufe 4** = vorbereitet; Gerichte wie Pommes frites, Kartoffelstock zum Anrühren, gefrorene Kroketten gekochte Kartoffelscheiben etc.
- **Stufe 5** = tischfertige Produkte wie Pommes, Chips, Flips etc.

2.3 Kartoffelverwandte Produkte

Kartoffelverwandte Produkte

Süsskartoffeln/Bataten

Verschiedene Arten werden auch bei uns angeboten. Vor allem die rotfleischige, walzenförmige Sorte wird für gleiche Zubereitungen wie die Kartoffel genutzt.

Maniokwurzel

Die Blätter können wie Spinat zubereitet werden. Roh ist die Maniokwurzel giftig. Sie kann frittiert oder gekocht werden. Oft wird auch Mehl hergestellt, welches glutenfrei ist.

Yamswurzeln

Es gibt etwa 800 Arten. Die unterirdische Knolle kann eine Länge bis 2 Meter erreichen. Genutzt werden sie als Püree, Stärkebeilage oder frittiert.

Kartoffeln werden im Volksmund gerne als Zitrone des Nordens bezeichnet. Was ist denn damit gemeint? Haben Sie eine Idee? Diskutieren Sie in der Gruppe.

3 Hülsenfrüchte

Hülsenfrüchte müssen vor dem Genuss erhitzt werden, da sie in rohem Zustand giftig sind.

Erbsen, Bohnen und Linsen sind gut sättigende und preisgünstige Lebensmittel. Deshalb kamen sie früher auch bei uns häufig auf den Tisch. Als sich die wirtschaftliche Lage in der Schweiz verbesserte, waren sie lange Zeit als schwerverdauliches «Arme-Leute-Essen» verschrien. Mit dem Trend zur vegetarischen und veganen Küche feiern die proteinreichen Hülsenfrüchte nun ihr Comeback.

Hülsenfrüchte und ihre Zugehörigkeit
Getrocknete Erbsen und Bohnen zählen zu den Hülsenfrüchten, frische Erbsen und Bohnen zum Gemüse. Erdnüsse wiederum werden beim Hartschalenobst eingeteilt.

Erbsen, Bohnen und Linsen

Es gibt sie in allen möglichen Formen und Farben (Weiss, Rot, Blau, Braun, Schwarz, einfarbig oder gefleckt). Sie werden für Suppen, Eintöpfe und Salate verwendet.

Erbsen

Gelberbsen, Grünerbsen, Kichererbsen etc.

Bohnen

Adzuki-, Borlotti-, Cannellini-, Flageolet-, Perl-, Rote Kidney-, Riesen-, Schwarze-, Soja-Bohnen etc.

Das Einweichwasser der Hülsenfrüchte enthält gelöste blähende Stoffe und wird deshalb nicht zum Kochen weiterverwendet.

Linsen

Braune-, Puy-, Rote-, Beluga-Linsen

Sojabohnen

Durch das Pressen der Sojabohne wird Sojaöl gewonnen. Der verbleibende Presskuchen wird zu Tofu, Miso (Würzpaste), Soja-Fleischersatz, Sojamilch etc. verarbeitet. Sojabohnen werden hauptsächlich in Nord- und Südamerika angebaut.

Rote Linsen müssen vor dem Garen nicht in kaltem Wasser eingeweicht werden.

3.1 Einkauf von Hülsenfrüchten

Hülsenfrüchte sollten glatt und glänzend sein. Ausserdem dürfen sie beim Auspacken nicht muffig riechen. Sie sind sowohl ungeschält als auch geschält erhältlich. Geschälte Hülsenfrüchte haben eine kürzere Garzeit als ungeschälte, sind aber weniger aromatisch, weil die meisten Geschmacksstoffe in der Schale sitzen.

3.2 Lagerung von Hülsenfrüchten

Hülsenfrüchte halten – kühl und trocken aufbewahrt – ungefähr ein Jahr. Überlagerte Früchte bleiben beim Kochen hart und schwimmen bereits beim Einweichen obenauf.

Würzmittel

Weitere Informationen zu den gesetzlichen Grundlagen finden Sie in Ihrem digitalen Zusatzpaket.

In einer abwechslungsreichen Küche sind Würzmittel unverzichtbar, denn ungewürzte Speisen schmecken meist fade und sind auch bei den Gästen nicht beliebt. Allerdings sollen Würzmittel nur sparsam verwendet werden, um den Eigengeschmack der Speisen nicht zu überdecken.

Gewürze nehmen nur rund 1 % des Warenwertes in der Küche ein, sind aber entscheidend mitverantwortlich dafür, ob das Essen schmeckt oder nicht.

Meine Ziele

Nach Bearbeitung dieses Kapitels kann ich

- die gängigen Gewürze benennen;
- die Bedeutung von Würzmittel für Gesundheit, Appetit und Verdauung erklären; und den Aspekt «Schärfe» dabei erläutern;
- erklären, worauf bei Einkauf und Lagerung von Gewürzen zu achten ist.

1 Bedeutung für die Ernährung

Haben Sie in Thai- oder Asia-Restaurants schon einmal eine oder mehrere aufgedruckte Chilischoten neben den Gerichten gesehen? Wissen Sie, was diese bedeuten?

Zum Würzen werden frische **Kräuter,** getrocknete **Gewürze** und **Gewürzmischungen, Salz, Essig, Senf,** bestimmte **Gemüse, Stoffe mit Süssgeschmack** und industriell hergestellte **Würzen** und **Würzsaucen** verwendet.

Gewürze, insbesondere frisch geerntete Küchenkräuter, haben einen hohen Anteil an Mineralstoffen, sekundären Pflanzenstoffen und Vitaminen. Sie können die Gesundheit fördern, Krankheiten heilen, aber in zu hoher Dosierung auch giftig sein, oder allergische Reaktionen auslösen. Gewürze können auch mit Schadstoffen, wie Schimmelpilzen, und Rückständen von Pflanzenschutzmitteln belastet sein.

Muskatnuss enthält Halluzinogene, Pfeffer einen nervenreizenden Inhaltsstoff.

Kochsalz ist ein lebensnotwendiger Stoff. Eine erhöhte Zufuhr, kann aber auch hier gefährlich sein (siehe Folgen salzreicher Ernährung, S. 195).

2 Einkauf und Lagerung

Die **heimischen Blattgewürze** kommen als **Küchenkräuter** teilweise **frisch** in den Handel, teilweise getrocknet.

- **Gewürze** verlieren sehr schnell ihr Aroma – deshalb macht es Sinn, nur kleine Mengen zu kaufen.
- **Kräuter** sind am besten, wenn sie frisch verwendet werden. Man bewahrt sie feucht und kühl auf, tiefgekühlt sind sie länger lagerbar.
- **Speisesalz** trocken und getrennt von stark riechenden Produkten lagern.

3 Gewürze

Gewürze sind frische oder getrocknete Pflanzenteile. Sie werden aus Blättern, Blüten, Früchten, Samen, Rinden und Wurzeln gewonnen.

Verwendete Pflanzenteile

Blätter	Früchte und Samen	Blüten und Blütenteile	Rinden	Wurzeln

Beispiele Basilikum, Dill, Liebstöckel, Lorbeerblatt, Majoran, Oregano, Petersilie, Rosmarin, Salbei, Schnittlauch, Thymian, Zitronenmelisse	**Beispiele** Peffer, Paprika, Kümmel, Muskatnuss, Piment, Koriander, Anis, Fenchel, Vanille, Senfsamen, Wacholderbeeren	**Beispiele** Safran, Kapern, Gewürznelken, verschiedene essbare Blüten, Veilchen, Lavendel, Ringelblume	**Beispiel** Zimt, Kassia-Rinde, Angostura-Rinde	**Beispiel** Ingwer, Meerrettich, Wasabi, Kurkuma

3.1 Blattgewürze, Küchenkräuter – Auswahl

Basilikum

Dill

Liebstöckel (Maggikraut)

Lorbeerblatt

Majoran

Oregano

Petersilie

Rosmarin

Salbei

Schnittlauch

Thymian

Zitronenmelisse

Estragon

Kerbel

Pfefferminz

Koreander

Bärlauch – der kleine, feine Unterschied!
Bärlauchblätter ähneln jenen des giftigen Maiglöckchens. Sie haben eine matte Unterseite und wachsen immer einzeln aus dem Boden. Beim Maiglöckchen wachsen immer zwei Blätter an einem Stängel. Die Blätter glänzen auf der der Unterseite.

3.2 Früchte und Samen – Auswahl

Geruch und Geschmack der Gewürze kommen von ätherischen Ölen und dem teilweise enthaltenen Zucker.

Sternanis

Fenchel

Koriander

Kümmel

Muskat

Paprika

Pfeffer

Piment (Neugewürz)

Senfkörner

Vanille

Wacholder

Chili

3.3 Blütengewürze – Auswahl

Kapern

Nelken

Safran

Lavendel

4 Salz

Was steckt drin im Salz?

Schweizer Kochsalz ist stark gereinigt und besteht zu 99.8 % aus Natriumchlorid (NaCl). Das Kochsalz in der grünen Verpackung ist mit Jod (20 mg/kg) und Fluor (250 mg/kg) angereichert. Schweizer Kochsalz enthält ausserdem Antiklumpmittel, damit das Salz rieselfähig bleibt. Reiskörner im Salzstreuer braucht es gegen das Verklumpen also schon lange nicht mehr!

Salzgewinnung

Gewonnen wird Salz aus dem Meer, aus Salinen oder aus dem Bergbau.

- **Siede/Sole-Salz:** Zur Gewinnung werden 150–300 Meter tiefe Bohrlöcher in die Erde getrieben. Mithilfe des Grundwassers werden die unterirdischen Salzfelsen aufgelöst, den Stollen heraufgepumpt, gereinigt und verdampft.
- **Meersalz** wird direkt aus dem Meer gewonnen. Das Meerwasser wird in Salzgärten geleitet, wo durch den Einfluss der Sonnenwärme das Wasser allmählich verdunstet. Gips und Ton werden ausgeschieden. Dadurch wird ziemlich reines Kochsalz auskristallisiert.
- **Berg/Steinsalz** wird bergmännisch gewonnen und ist der Verdunstungsrückstand früherer Meere. Teils muss es durch Auflösen in Wasser und Kristallisation oder auf trockenem Wege durch Umschmelzen gereinigt werden.

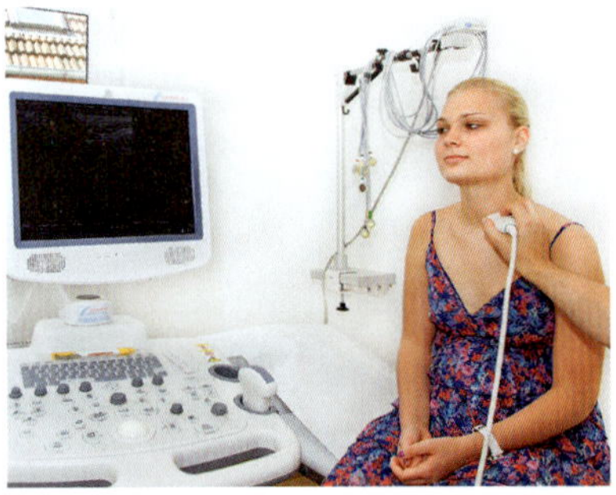

Warum wird Salz in der Schweiz jodiert?
Jodmangel führt zu einer Vergrösserung der Schilddrüse und in weiterer Folge zu Kropfbildung. Um dem entgegenzuwirken wird das Kochsalz jodiert.

Im Altertum bestand der Sold der römischen Legionäre zum Teil aus Salz. Aus dem Wort «Salarium» entstand das Salär.

Salz ist seit dem Altertum nicht wegzudenken
Schon die Sumerer (ca. 4000-3000 v. Chr.) und Babylonier (1850-1600 v. Chr.) nutzten Salz zur Konservierung von Lebensmitteln. Salz war schon zu dieser Zeit sehr begehrt, weshalb viele Städte zu reichen Metropolen wurden. Bis heute tragen Städte, die mit Salz in Verbindung stehen, «Salz» oder «Hall» (das keltische Wort für Salz) im Namen, wie z. B. Hallein, Hallstatt, Schwäbisch Hall, Salzburg, Salzgitter, oder Salzkotten.

Die Salinen von Aigues-Mortes in Südfrankreich werden auf einer Fläche von 200 km^2 schon seit Mitte des 19. Jahrhundert von der «Compagnie des Salins du Midi» bewirtschaftet.

4.1 Bedeutung für die Ernährung

Da in den Grundnahrungsmitteln relativ wenig Natrium und Chlorid enthalten ist, ist der Mensch auf die Zufuhr von Salz (ca. 4-6 g pro Tag) angewiesen. Um verschiedene Körperfunktionen aufrechtzuerhalten, ist Salz lebenswichtig. Genauso wichtig ist es aber auch, den Salz-Konsum nicht zu übertreiben. Stark erhöhter Konsum kann zu hohem Blutdruck führen. Zudem bindet Salz Wasser. Dies führt zu einem erhöhten Durstempfinden und kann auch eine Gewichtszunahme begünstigen.

Heute ist Salz in beinahe allen Lebensmitteln zu finden. Dadurch wird die benötigte Salzmenge pro Tag meist um ein Vielfaches überschritten. Hohe Gehalte an Natrium finden sich vor allem in zubereiteten Lebensmitteln, wie z. B. Fleisch- und Wurstwaren, Hartkäse, Dosengemüse, Suppen, Saucen und Fertiggerichten.

4.2 Lagerung von Salz

Da Salz Bakterien oder Tieren keine Lebensgrundlage bietet, kann Salz grundsätzlich unbeschränkt (normale Verbrauchszeit) aufbewahrt werden.

4.3 Die teuren und edlen Salze der Welt

«Fleur de Sel»

Das teuerste und edelste Meersalz, auch «Flor do Sal» («Die Blume des Salzes»), entsteht nur in den Nächten während heissen, trockenen Perioden, als hauchdünne Schicht an der Wasseroberfläche und wird in Handarbeit mit einer Holzschaufel abgeschöpft. Es wird an der Algarve, in der Bretagne (Fleur de Sel de Guérande) und in der Camargue sowie vereinzelt an anderen Orten des Mittelmeers gewonnen. Das Salz kommt immer unbehandelt in den Handel. Gourmets rühmen seinen energisch salzigen Geschmack, der durch Calcium- und Magnesium-Sulfat Anteile hervorgerufen wird, die im normalen Speisesalz nicht enthalten sind.

Fleur de Sel

Weitere exklusive Salze

Das sogenannte **«Alea Rouge»** wird auf der Insel Molokai der Inselgruppe Hawaii geerntet. Anteile vulkanischen Tons im Salz bewirken die einzigartige Terrakotta-Farbe. Geschmacklich ist es ein recht kräftiges Salz mit Noten von gerösteten Haselnüssen.

Alea Rouge

Schwarze Perle

Geräuchertes Meersalz

Ebenfalls von der Insel Molokai stammt die von den Hawaiianern so genannte **«Schwarze Perle».** Seine schwarze Farbe verdankt es der zugesetzten Kohle. Diese verleiht ihm ausser der charakteristischen Farbe auch einen angenehm mineralischen Geschmack. Ein Blickfang auf hellem Fleisch, Meeresfrüchten, Fisch und Salaten.

Aus der Neuen Welt stammt unser **geräuchertes Meersalz.** Dort wird es im Holzofen über Roterlenholz langsam geräuchert. Es besitzt ein intensives Raucharoma und eignet sich daher hervorragend zum Würzen von kräftigem Fleisch, Gemüse und Lachs. Fein dosiert bekommen viele Speisen dadurch eine wunderbare Tiefe, ohne plump oder zu rustikal zu wirken.

Salinas de Maras
In Peru befindet sich die höchstgelegene Salzfarm der Welt. Die Salzterrassen von Maras liegen in den Anden, ca. 3000 Meter über dem Meer und werden händisch von den peruanischen Salzbauern bewirtschaftet.

5 Gewürzsaucen

Viele Würzsaucen haben eine lange Tradition in verschiedenen Ländern dieser Erde. Etliche von Ihnen haben auch den Einzug in unsere einheimische Küche geschafft. Deshalb ist es unabdingbar, dass wir auf die wichtigsten Saucen kurz eingehen. Die Vielfalt der oft auch landestypischen Würzsaucen, bedingt, dass sie hier nur zum Teil aufgeführt werden können.

Unter Würzsaucen versteht man grundsätzlich fliessfähige oder pastenförmige Zubereitungen mit ausgeprägt würzendem Geschmack aus zerkleinerten und/oder flüssigen Zutaten. Sie werden dem Gast meist als Tischgewürze angeboten, um Gerichte nachwürzen oder ergänzen zu können.

Ajvar: Paprikamus; zu Grillgerichten und als Brotaufstrich.
Pesto: Paste aus Basilikum, Knoblauch, Olivenöl, Salz, Pinienkernen, Parmesan etc.; für Nudelgerichte
Tabasco: Chilisauce; für Grillgerichte – Achtung: sehr scharf!
Salsa: Mexikanische Würzsauce auf Chilibasis; für mexikanische Gerichte.
Tomatenketchup: für Fast Food, wie Hamburger, oder zu Pommes frites, für Grillgerichte und Teigwaren; Bestandteil von kalten Saucen
Sambal Oelek: Paste auf Chilibasis, Zutaten und Schärfe sind unterschiedlich; für die asiatische Küche.
Sojasauce: Basis sind Sojabohnen, beinhaltet meist Geschmacksverstärker; für die asiatische Küche.
Worcestershiresauce, Worcestersauce: englische Würzsauce zum Marinieren und Würzen von Steaks und Grillgerichten, Mayonnaisen sowie Cocktails
Teriyaki: vor allem in der japanischen Küche bekannt zum Marinieren
Harissa: scharfe Gewürzpaste aus Chilli, Gewürzen und Olivenöl

Grüner Tabasco ist etwas milder als der Rote.

Pistou: Paste aus Basilikum, Knoblauch, Mandeln, Olivenöl, Gruyère und oft Tomaten; ähnlich wie Pesto.
Tapenade: Paste aus schwarzen oder auch grünen Oliven, mit Sardellen und Kapern; für Nudeln, Pizzen etc.
Chili-Sauce: Die scharfe chinesische Chili-Sauce ist ähnlich wie Tabasco; zum Abschmecken von Gerichten.
Relish: aus dem Englischen («geniessen»). Wird meist mit Gemüsen hergestellt; muss nicht gekocht sein.

Fertigsaucen

- **Speisewürze:** z. B. Maggi zur Verstärkung des Geschmacks
- **Grillsaucen:** in vielen Geschmacksrichtungen, z. B. Knoblauch oder Curry; sind oft auch Senfmischungen.
- **Barbecuesaucen:** sind amerikanische Grillsaucen.
- **Mintjelly:** ist eine Minzsauce aus England; zu Fleischgerichten.
- **Chutneys:** süss-pikante, marmeladeähnliche Saucen mit Früchten, z. B. Mangochutney; zu indischen Gerichten.

Neben der Barbecue-Sauce (BBQ), welche meist einen rauchigen Geschmack aufweist, gibt es diverse Steak-Saucen zum Marinieren von Grillfleisch.

6 Gewürzmischungen

Fertige Gewürzmischungen vereinfachen vielerorts die Zubereitung verschiedenster Gerichte. Im Speziellen verlangen natürlich asiatische, arabische oder indische Gerichte oft eine Vielzahl von unterschiedlichen Gewürzen. Um diese nicht alle selber lagern und mischen zu müssen, sind fertige Mischungen eine ideale Ergänzung für jede Küche, wie z. B.:

Curry

Koriander, Curcuma, Chili, Salz, Pfeffer, Kümmel, Fenchel, Nelken, Anis, Zimt, Senf, Knoblauch, Ingwer, Paprika, Jeera, Rosmarin, Lorbeer, Kardamom, Gewürze

Glühweingewürz

Nelken, Kardamom, Zimt, Sternanis

Grill-Steakgewürz

Speisesalz, Geschmacksverstärker, Kartoffelstärke, Milchzucker, Maltodextrin, Zwiebeln, Pflanzenfette, Pflanzenöle, Paprika, Pfeffer und andere Gewürze

Aromat

Laktovegetabile (Streuwürze aus Kochsalz), Geschmacksverstärker (E 621), Milchzucker, Stärke, Hefeextrakt, pflanzliche Fette teilweise gehärtet, Zwiebeln, Antiklumpmittel (E 552), Gewürze.

Karibik-Gewürz

Koriander, Knoblauch, Oregano, Chili, Ingwer, Piment, Muskatnuss

Curry – Erfindung der Engländer
«Curry» ist ein Oberbegriff für diverse Eintopf-Gerichte. Im 18. Jh brachten Heimkehrer der Britischen Ostindienkompanie die indische Küche nach England. Beim Nachkochen wurden die benötigten Gewürze durch fertige Gewürzmischungen («Curry powder») ersetzt. So etablierte sich der Name «Curry» für die traditionellen Eintopf-Gerichte.

Das aus der indischen Küche stammende **«Garam-Masala»** enthält Gewürze, die laut ayurvedischer Heilkunde den Körper erhitzen, wie z. B. schwarzen Kardamom, Zimt, Gewürznelken, schwarzen Pfeffer, Kreuzkümmel etc. Jede Familie hat hier ihr eigenes, oft streng gehütetes Rezept.

Kräuter der Provence

Basilikum, Bohnenkraut, Oregano, Ysop, Lavendel, Thymian

Lebkuchengewürz

Kardamom, Anis, Sternanis, Zimt, Piment

Nasi-Goreng-Gewürz

Kurkuma, Cayennepfeffer, Muskatblüte, Ingwer, Piment, Koriander, Paprika

Pizza-Gewürz

Pasta-Gewürz

Paprika, Tomatenpulver, Basilikum, Oregano, Thymian, Pfeffer, Rosmarin, Lorbeer, Muskatnuss

Pizza-Gewürz

Oregano, Basilikum, Rosmarin, Thymian

Raclette-Fondue-Gewürz

Paprika, Muskat, Pfeffer schwarz, Knoblauch, Oregano, Kümmel, Koriander, Curry, Nelken, Geschmacksverstärker, Salz, Senf

Salatkräuter

Dill, Sellerieblätter, Lauch, Koriander, Basilikum, Oregano, Zwiebel, Kerbel, Knoblauchpulver, Pfeffer

7 Senf

Senf gibt auch Ölsaucen eine leichte Bindung, z. B. französischer Salatsauce.

Die britische Senftradition ist von der «Colman-Methode» geprägt, nach der seit ungefähr 200 Jahren der meiste englische Senf hergestellt wird.

Senf wird in den meisten Kulturländern angebaut, vor allem aber im Mittelmeerraum, in Vorderasien, Mittel- und Nordamerika. Seine Urheimat ist Asien. Es gibt den schwarzen Senf, der sich durch aussergewöhnliche Schärfe auszeichnet, und den weissen Senf, der etwas milder ist. Ganze Senfsamen eignen sich zum Würzen von Saucen, Beizen und für Marinaden.

Herstellung

Durch das Mischen des Senfpulvers mit **Essig, Wein** oder **Wasser** entsteht die Senfmasse, wie wir sie in Steinguttöpfen oder aus Tuben kennen. Die **verschiedenen Geschmacksrichtungen** entstehen durch die Zugabe von Zucker, Salz, Aromastoffen, Gemüse (Meerrettich) etc., die der Masse beigefügt werden.

Lagerung

Senf hält sich, ohne dass Geschmack und Schärfe leiden, mindestens zwei Monate im gut verschlossenen Glas oder in der Tube, am besten im Kühlschrank.

Bekannte Senf-Sorten sind

Dijon-Senf (Moutarde de Dijon)
wird aus den geschälten schwarzen Samen der Senfpflanze hergestellt. Im Unterschied zu anderen Senfarten wird er nicht mit Essig, sondern mit dem Saft unreifer Trauben (Verjus) hergestellt.

Moutarde de Meaux/Pommery-Senf/Grobkörniger Senf
wird aus geschroteten Senfsamen hergestellt und ist sehr aromatisch, fast süsslich. Im Handel ist dieser grobkörnige Senf in versiegelten Steinguttöpfen zu finden.

Deutscher Senf
ist recht mild. Er besteht aus einer grobgemahlenen Mischung gelber und brauner Senfkörner. Die Senfkörner werden vor dem Mahlen leicht geröstet. Gesüsst wird der Senf entweder mit Honig oder braunem Zucker.

Englischer Senf
wird hauptsächlich aus mit Kurkuma gefärbtem weissem Senfpulver gefertigt und muss vor Gebrauch mit Wasser, Wein oder Most angerührt werden.

8 Essig

Essig zählt zu den ältesten Kulturgütern der Menschheit. Bereits den alten Hochkulturen in China, Ägypten und Griechenland war er bekannt. Sein Wert und seine Funktion haben sich allerdings über die Jahrtausende häufig gewandelt. Bis sich seine Bestimmung schiesslich zu einer überwiegend kulinarischen entwickelte, war der Weg sehr lang.

Damit Essig überhaupt entstehen kann, braucht es immer zuerst Alkohol, der zu Essigsäure vergoren wird. Das heisst es wird ein Grundprodukt benötigt, dessen Maische zuerst zu Alkohol und diese anschliessend zu Essigsäure vergoren wird. Bei hochwertigem Essig wird darauf geachtet, dass die Maische sehr extraktreich und reich an Gerbstoffen ist.

Laut Lebensmittelgesetz (LMG) unterscheidet man zwischen zwei Essigkategorien: Gärungsessig und Essigsäure zu Speisezwecken.

Alkoholessig sowie Mischungen von Gärungsessigarten können auch als «Tafelessig» oder als «Speiseessig» bezeichnet werden (EDI-Verordnung über Gewürze).

Gärungsessig

Essig, der aus alkoholhaltigen Flüssigkeiten durch Essigsäuregärung hergestellt wird, wie z. B. Weinessig, Obstessig, Bieressig, Honigessig etc. Gärungsessig kann auch mit aromatisierenden Zutaten wie Gewürzen oder deren Extrakten versetzt sein, oder mit Frucht- bzw. Beerensäften.

Die Vielfalt der Essigsorten ergibt sich einerseits aus dem Grundprodukt (Trauben, Äpfel etc.), andererseits aber auch aus den vielen verschiedenen Aromatisierungskomponenten, die den Essig verändern, wie z. B. Himbeer, Estragon, Mango etc.

Essigsäure zu Speisezwecken

Essigsäure zu Speisezwecken ist Essigsäure, die auf chemischem Weg hergestellt und mit Trinkwasser verdünnt worden ist.

«Aceto Balsamico Tradizionale» – der König unter den Essigen

Der «Aceto Balsamico Tradizionale» (ABT) ist eine nach dem traditionellen Verfahren hergestellte Essigspezialität auf Basis von vergorenem Traubenmost. «ABT» ist ein DOP-geschützter Begriff und bezeichnet die Balsamico-Essige aus der Provinz Modena (ABTM) oder der Emilia (ABTRE). Nur diese Essige sind echt und nach den traditionellen Verfahren hergestellt. Die Qualität des echten ABT wird strengstens überwacht. Gewonnen wird er hauptsächlich aus Trebbiano oder Sauvignon-Trauben, in der Emilia teilweise auch aus Lambrusco-Trauben.

Den ABT gibt es in zwei Qualitäten: über 12 Jahre bzw. über 25 Jahre alt («extravecchio»). Essig aus der Emilia gibt es in drei Qualitäten: über 12, über 18 und über 25 Jahre alt.

Neben dem Aceto Balsamico werden heute auch andere Essige veredelt, z. B. durch Lagerung in Holzfässern oder besondere Reifeprozesse. Einige Manufakturen veredeln den Essig so weit, dass er sogar als Aperitif gereicht werden kann.

Verschiedene Fruchtessige

Empfehlung für die Essigauswahl in der Gastronomie

- Überhaupt **nicht verwenden:** Essigsäure und reinen Gärungsessig.
- **Zum Säuern und Marinieren:** Fruchtessig (Essig aus vergorenem Grunprodukt), am besten Apfelessig und Weinessig.
- **Zum Affinieren** (auch von Desserts): Ungewöhnliche Fruchtessigsorten, wie z. B. Himbeeressig oder Birnenessig.

III Käse

Die Geschichte von Käse

Wussten Sie, dass ...
weltweit rund 4000 Käsesorten produziert werden?

Käse ist eines der ältesten Lebensmittel. Kaum hat der Mensch vor Tausenden von Jahren erkannt, dass man Muttertiere melken kann, wurde der erste Käse aus geronnener Milch hergestellt. Er musste nur etwas gepresst werden und ein paar Tage ruhen. Bis heute haben sich diese Grundprinzipien der Käseherstellung trotz aller Entwicklungen nicht verändert.

Meine Ziele

Nach Bearbeitung dieses Kapitels kann ich

- erklären, wie der erste Käse möglicherweise entstanden ist;
- über die Geschichte des Käses berichten.

1 Ursprung von Käse

Die Herstellung von Käse hat eine unglaublich lange Tradition. In Polen fanden Archäologen bei Ausgrabungen über 7500 Jahre alte Werkzeuge zum Abschöpfen von Molke.

Käse ist im Grunde genommen nichts anderes als geronnene Milch, wobei die Herstellung von Käse auf einem einfachen Prinzip beruht. Man trennt das feste Kasein (Milchprotein) von den flüssigen Inhaltsstoffen (Molke). Damit das Kasein ausfällt, werden Milchsäurebakterien oder Labenzyme zugesetzt, die den Gerinnungsprozess in Gang bringen. So entsteht dickgelegte Milch.

1.1 Zufallsprodukt Käse

Über die Entstehungsgeschichte von Käse können nur Vermutungen angestellt werden. Die Herstellung von Käse wurde wahrscheinlich vor rund 12 000 Jahren per Zufall entdeckt, als Menschen auf die Idee kamen, Tiere zu domestizieren und deren Milch zu nutzen. Milch, die nicht dem sofortigen Verzehr diente, wurde in Tontöpfen gelagert. Sie wurde jedoch rasch sauer und dicklich, d. h. sie stockte, vor allem im Sommer und in der Nähe der Feuerstelle. Verantwortlich dafür waren Milchsäurebakterien. So entstand der erste Frischkäse, genauer gesagt ein aus Sauermilch gewonnener Quark.

Wie Labkäse entstanden sein könnte ...
Man vermutet, dass bereits steinzeitliche Jäger im Magen erbeuteter junger Wiederkäuer gelegentlich weisse, dickliche Klumpen entdeckten. Diese «Labkäse» entstanden, wenn die Jungtiere kurz vor ihrem Tod noch Muttermilch getrunken hatten, die durch das Labenzym im Magen geronnen war.

WissensPlus

Wird die Milch durch Milchsäurebakterien gesäuert und dickgelegt, entsteht aus der Milch Sauermilchkäse. Man spricht daher auch von **Säuregerinnung.**

Mit dem Labenzym (z. B. aus der Magenschleimhaut von Kälbern) wird die Milch dickgelegt, ohne dass sie sauer wird. Die meisten Hart- oder Halbhartkäse entstehen aufgrund dieser **Süssgerinnung.**

Übrigens: Milch gerinnt nicht nur mit Lab oder Milchsäurebakterien, sondern auch mithilfe von Pflanzenextrakten (z. B. aus der Artischocke, der Brennnessel oder dem Labkraut).

1.2 Auf den Spuren des Käses

5000 v. Chr.:

Käseherstellung in Mesopotamien (Gebiet zwischen den Flüssen Euphrat und Tigris im heutigen Irak), im Schwarzmeerraum, in Kleinasien (der heutigen Türkei), Ägypten und Nordafrika.

3000 v. Chr.:

Die älteste bildliche Darstellung der Verarbeitung von Kuhmilch stammt vom Fries des Tempels von El Obeid im heutigen Irak.

Bei den **Griechen** ist Käse ein alltägliches Nahrungsmittel. Durch griechische Sklaven verbreitet sich die Käsekunst schnell über alle Teile Europas.

Bei den **Römern** ist Käse fixer Bestandteil der täglichen Ernährung. Aufgrund der grossen Ausdehnung des römischen Reiches und der gut ausgebauten Handelsrouten wird vor allem lagerfähiger Hartkäse bis weit in den Norden transportiert.

Circa 400 v. Chr.

Die **Kelten** besiedeln die Alpenländer, führen die Viehwirtschaft ein und veredeln die Käsekunst in nördlicheren Breiten.

Ab dem 11. Jahrhundert

Die Klöster werden zu Zentren der Käseherstellung.

19. Jahrhundert.

Louis Pasteur und Justus von Liebig erforschen die Wirkung von Mikroorganismen. Mit im Labor hergestellten Starterkulturen und Lab wird die industrielle Käseherstellung möglich.

Verbesserte Transportmöglichkeiten (z. B. mit der Eisenbahn) machen auch das Befördern von empfindlichen Edelschimmel- und Weichkäsesorten über weite Strecken möglich.

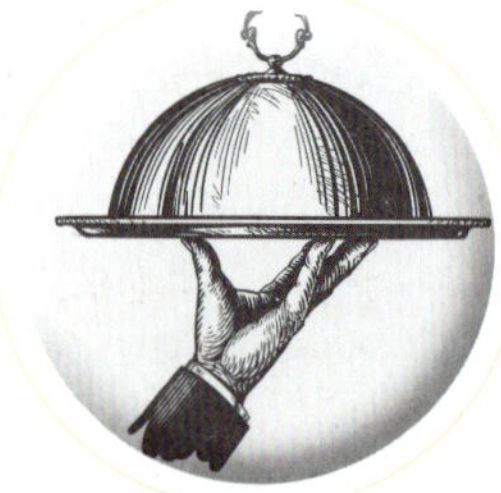

20. Jahrhundert

Käse wird von der Spitzengastronomie stark gefördert. Er wird zum krönenden Abschluss eines Menüs.

2018

Die Schweizer Bevölkerung konsumierte im Jahr 2018 mit 21,73 Kilogramm pro Kopf um 1,5 % mehr Käse als im Vorjahr. Vor allem Frisch- und Halbhartkäse trugen zum Wachstum bei.

1.3 Kohlenhydrate

Kohlenhydrate im Käse sind nur in Spuren vorhanden, weil der Milchzucker (Laktose) fast zur Gänze in Milchsäure umgewandelt wird. Je länger ein Käse gereift wird, desto weniger Kohlenhydrate sind vorhanden.

Kohlenhydrate
- sind Energielieferanten und
- Vorratsstoff in Leber und Muskeln.

WissensPlus

Laktoseintoleranz

Menschen mit Laktoseintoleranz können Milchzucker (Laktose) nicht oder nur unzureichend verdauen. Nehmen sie laktosehaltige Produkte zu sich, kann es zu Bauchschmerzen, Blähungen, Übelkeit oder Durchfall kommen. Ursache für die Milchzuckerunverträglichkeit ist ein Mangel oder Fehlen des Verdauungsenzyms Laktase im Dünndarm.

Im Handel wird immer häufiger «laktosefreier Käse» angeboten, obwohl gewisse Käsesorten aufgrund der Reifung gar keine Laktose mehr enthalten. Je länger der Käse reift, desto geringer ist der Gehalt an Laktose. Daher sind für Menschen mit Laktoseunverträglichkeit nur gut gereifte Hartkäse geeignet.

1.4 Vitamine

Vitamine sind für unseren Körper lebensnotwendig. Nur mit ihrer Hilfe funktioniert der Stoffwechsel, also die Umwandlung von Nährstoffen in Energie.

Die Vitamine liegen im Käse in verschiedenen Konzentrationen vor. Besonders hoch ist der Anteil von Vitamin A, Vitamin B_2 und Vitamin B_{12}. Weichkäse wie Brie, Camembert und Blauschimmelkäse enthalten grössere Mengen Folsäure.

Wie war das nochmal mit Vitaminen und Mineralstoffen?

Noch gespeichert oder brauchen Sie eine kleine «Datenauffrischung»? Ab S. 41 finden Sie alles zum Nachlesen.

1.5 Mineralstoffe

Als Bestandteile von Enzymen, Hormonen und Vitaminen sind Mineralstoffe für den Stoffwechsel wichtig.

Milch, Käse und Milchprodukte sind die wichtigsten Calciumlieferanten. Unser Körper sollte davon täglich ein Gramm zugeführt bekommen. Aber auch Phosphor, Kalium, Magnesium, Natrium und Zink sind reichlich enthalten, wobei Hart- und Halbhartkäse einen deutlich höheren Zinkgehalt als Frischkäse haben. Salz (Natriumchlorid) verstärkt den Käsegeschmack.

Mineralstoffe machen 4 % des Körpergewichtes aus.

1.6 Wasser

Durch den gesamten Produktionsprozess hinweg verliert der Käse Wasser. Zuerst mit der abgegebenen Molke. Dann wird der Käse mit der Käseharfe in kleine Stücke (Käsebruch) geschnitten. Dabei tritt erneut Wasser aus. Beim Brennen (siehe

Frischkäse besteht etwa zu 84 % aus Wasser, Extrahartkäse aus bis zu 50 %.

Brennen, S. 215) gilt: Je kleiner der Käsebruch und je länger der Käse gebrannt wird, desto mehr Wasser tritt aus. Auch beim Pressen verliert der Käse nochmals Wasser, sowie im anschliessenden Salzbad.

Die unterschiedlichen Von etwa 84 % Wassergehalt in Frischkäsen bis zu Extrahartkäsen, die bis zu 50 % enthalten.

Hauptnährstoffe im kurzen Überblick

- **Milchprotein** ist biologisch hochwertig. Den höchsten Proteingehalt haben fettarme Käsesorten wie Quark oder Sauermilchkäse.
- **Milchzucker** ist das einzige Kohlenhydrat der Milch. Seine Süsskraft ist gering. Deshalb schmeckt Milch nur leicht süsslich.
- **Milchfett** ist gut verdaulich. Der Fettanteil in Milch- und Käseerzeugnissen ist sehr unterschiedlich.
- **Wasser** ist in unterschiedlicher Menge enthalten. Je höher der Wasseranteil, desto weicher ist der Käse.

2 Risiken im Zusammenhang mit Käse

Achtung, Listerien! Käserei «Alles Käse» ruft Schnittkäse zurück

Die Käserei «Alles Käse» informiert über den Rückruf des Produktes «Halbhartkäse Natur», nachdem im Rahmen einer mikrobiologischen Eigenkontrolle Listerien im Produkt nachgewiesen wurden. Kunden, die eines oder mehrere dieser Produkte erworben haben, sollten unbedingt auf den Konsum verzichten. Der Einkaufspreis wird selbstverständlich auch ohne Vorlage des Kassenbons erstattet.

Gefahren bei Rohmilchkäse

Listerien

Listerien sind Bakterien, die beinahe überall vorkommen. Durch Hitze (z. B. Pasteurisieren) werden die Keime zuverlässig abgetötet. Nicht wärmebehandelte Rohmilch kann jedoch Listerien enthalten. Ein Listerienbefall der Rohmilch erfolgt meist durch Verschmutzung über das Futter oder Fäkalien. Es ist unmöglich, in einem Betrieb absolute Listerien-Freiheit zu garantieren. Deshalb ist ein strenges **HACCP-Konzept** (siehe S. 81), das regelmässige Check-ups durch den Betrieb selbst beinhaltet, ein wichtiger Kontrollfaktor jedes Betriebes. In der Schweiz wird in Milch verarbeitenden Betrieben seit 2005 überprüft, ob Listerien vorhanden sind.

Abwehrgeschwächte Menschen und Schwangere sollten auf den Verzehr von Rohmilchkäse verzichten und die Käserinde auch bei anderen Käsesorten grundsätzlich entfernen. Durch Pasteurisieren der Milch vor der Käseherstellung werden zwar mögliche Listerien abgetötet, sie können sich aber während der Käsereifung auf der Rinde neu ansiedeln.

Personen mit einem gesunden Immunsystem erkranken in der Regel nicht an **Listeriose.** Menschen mit einem schwachen Immunsystem, ältere Personen sowie Kinder sind dagegen stärker gefährdet. Bei ihnen äussert sich die Erkrankung häufig durch Fieber und Muskelschmerzen, in schweren Fällen kann es auch zu einer Blutvergiftung oder Hirnhautentzündung kommen. Infiziert sich eine schwangere Frau mit dem Erreger, erkrankt sie selbst in der Regel nur leicht. Wird auch das ungeborene Kind infiziert, kann es zu einer Früh- oder Totgeburt kommen.

Clostridien

Clostridien kommen wie Listerien im Boden, aber auch im See- und Flusswasser vor. Über verschmutztes Futter gelangen die Sporen in den Kot. Über Kotrückstände in der Einstreu, am Euter oder auf den Händen des Melkers kann die Milch dann verunreinigt werden.

Sind Sporen in der Milch, können sie die Hartkäseproduktion gefährden. Neben der Entwicklung eines Buttersäuregeschmacks (durch Buttersäuregärung = Fehlgärung) führen Clostridien zu einer starken Lochung im Käse, häufig auch verbunden mit Rissbildung im Teig.

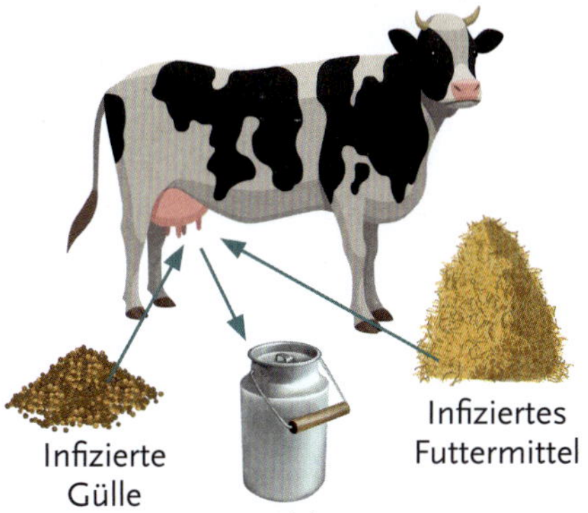

Clostridien sind ein Problem der allgemeinen Hygiene. Sie kommen durch die äussere Infektion des Euters in die Milch.

Warum Weide- und Heumilch nur wenig Clostridien enthalten

Weide- und Heumilch haben den geringsten Gehalt an Clostridien. Das Heu enthält zwar auch einige Sporen, diese keimen jedoch nicht im trockenen Heu, solange Sauerstoff zirkulieren kann. Vorsicht ist hingegen bei Silagen geboten. Diese enthalten aufgrund der luftdichten Abdeckung und Milchsäuregärung keinen Sauerstoff, wodurch sich Clostridien einfach vermehren.

Käsen – der Weg von der Milch zum Käse

In der Schweiz werden rund 450 verschiedene Käsesorten hergestellt. Aufgrund der folgenden Faktoren lassen sich aus dem Rohstoff Milch verschiedene Sorten produzieren:

1. **Tiergattung**
   Kuh, Ziege, Schaf, Büffel
2. **Futtergrundlagen**
   Gras, Heu, Klee (Flachland/Alp)
3. **Fettgehalt**
   Vollfettkäse 45 %, Doppelrahmkäse 65 %, Halbfettkäse 25 %
4. **Reifedauer**
   Die Reifung ist je nach Wassergehalt und Grösse der Laibe unterschiedlich:
   - Emmentaler ca. sechs Monate bis ein Jahr.
   - Sbrinz ca. ein bis zwei Jahre.
   - Camembert ca. drei Wochen.
5. **Wassergehalt**
   - **Niedrig** = lange Reifung = fester Käse = lange Haltbarkeit
   - **Hoch** = kurze Reifung = weicher Käse = kurze Haltbarkeit
6. **Pflege**
   - Die Qualität der Pflege
   - Die Art der Sulzen oder Pilzkulturen in der Umgebung
   - Die Art der Umgebung wie z. B. eine Höhle, ein Steinkeller etc.
   - Zusätze und/oder affinieren z. B. mit Kräutern, Kümmel, Pfeffer etc. versetzen; in Asche, Wein, Trester etc. veredeln.

Bereits bei der Milchgewinnung von Muttertieren gibt es unterschiedliche Methoden: die traditionelle Handmelkung (meist auf der Alp) und die rationellere technische Variante mit einer Melkmaschine.

Auch beim Käsen – der Herstellung von Käse – existiert Handwerk neben industrieller Fertigung. Unabhängig davon, auf welche Art gekäst wird, sind
- einwandfreie Milch als Grundprodukt,
- ein hohes Mass an Hygiene,
- chemisch-technisches Verständnis und
- ein gewisses Mass an Geduld,

als Grundvoraussetzung erforderlich, damit am Ende ein einwandfreies Verkaufsprodukt entsteht.

Meine Ziele

Nach Bearbeitung dieses Kapitels kann ich
- einzelne Arbeitsschritte beim Käsen nennen und erklären;
- begründen, warum so viele unterschiedliche Käsesorten gemacht werden können.

Aus Milch wird Käse

Käse ist die ideale Form der Haltbarmachung von Milch. So lässt sie sich veredeln und kann reifen.

Weltweit sind die Abläufe bei der Käseherstellung gleich. Nur in Nuancen unterscheiden sie sich – diese machen aber die Käsevielfalt aus.

Käsen bedeutet vor allem einen enormen Hygieneaufwand. Ständig müssen alle Werkzeuge, Leitungen, Kannen, Maschinen, Kessel usw. gründlich sauber gemacht werden.

Nur rund 9 % der gemolkenen Milch werden letztendlich zu Käse. Hauptsächlich Milchprotein und Fett werden in der Gallerte gebunden. Die höchste Ausbeute hat man bei Labkäsen.

1 Das Prinzip des Käsens

Der Werdegang von der Milch zum Käse wirkt auf manche Menschen wie ein Wunder – auf andere wieder wie ein technischer Vorgang. Die Wahrheit liegt wie immer in der Mitte.

Sogenannte Bergkäse werden nur in den Sommermonaten gekäst. Sie sind besonders reifefähig – schliesslich dienten sie einst in den Wintermonaten als Nahrung für die Bauernfamilien.

❶ Milchanlieferung

Die Milchbauern liefern zweimal am Tag Milch an. Diese wird anschliessend auf ihre Qualität kontrolliert. Grundsätzlich wird **Rohvollmilch** zur Käseherstellung verwendet. Diese kann von verschiedenen Kuhrassen (z .B. verschiedene Büffel oder Yak) stammen, aber auch von Schaf, Ziege, Esel, Kamel etc. – die weiblichen Tiere all dieser Arten liefern uns Milch für Käse.

Milch beeinflusst das Grundaroma jeden Käses – immerhin benötigt man pro Kilogramm Käse etwa 4–13 l Milch.

Viele zertifizierte Käse (z. B. AOP-Käse; vor allem Rohmilchkäse) müssen aus tagesfrischer Milch entstehen. Diese muss innerhalb vorgeschriebener Zeit (z. B. 18 oder 24 Stunden) in der Käserei ankommen.

Bei Rohmilch sind sämtliche naturgegebenen milcheigenen Enzyme und Bakterien (z. B. Milchsäurebakterien) noch aktiv und wirken bei der gesamten Käsereifung mit. Dadurch werden Aromen erzeugt, die Käsen aus pasteurisierter Milch verwehrt bleiben (dieser müssen später einzelne Bakterienkulturen extra wieder hinzugefügt werden) Das erklärt auch, warum Rohmilchkäse länger reifen können und intensiver und nuancenreicher schmecken als Käse aus pasteurisierter Milch.

AOP-Käsesorten haben nicht nur in Bezug auf die Zeit, sondern auch bezüglich der verwendeten Milch klar definierte Vorschriften.

Sind Käse aus Rohmilch gesundheitsgefährdend?

Nein. Obwohl das Thema immer wieder von den Medien aufgegriffen wird, können aus wissenschaftlicher Sicht Käse aus Rohmilch ohne Bedenken konsumiert werde.

Die geprüfte, besonders hohe Milchqualität, die kontrolliert schnelle Verarbeitung und die intensive Säuerung sowie die hohen Brenntemperaturen bei den Käsen, verhindern eine gefährliche Anreicherung der Käse mit Krankheitserregern. Bei Weichkäsen aus Rohmilch wird wegen der geringen Erwärmung der Milch und wegen des hohen Wassergehalts die Milchqualität (muss besonders keimarm sein) und die weitere lückenlose mikrobiologische Prüfung noch stärker kontrolliert um Sicherheit gewährleisten zu können.

§ Milchsäurebakterien lassen sogar Herkunftsnachweise zu. Echter Appenzeller (siehe S. 260) soll dadurch gegen Imitate geschützt werden. Je nach Kuhrasse, Region etc. lassen sich Milchsäurebakterien zur rückverfolgen bzw. zuordnen.

❷ Erwärmen und Einlaben

In grossen Käsekessi wird die Milch unter ständigem Rühren auf 32 °C erwärmt. Dann werden **Lab- und Milchsäurebakterien** beigegeben. Das Lab lässt die Milch gerinnen (Ausflocken des Milchproteins/Kasein) und innert 30 Minuten entsteht eine gallertartige Masse. Die Bakterienkulturen bewirken die Gärung und Reifung des Käses.

Je nach Käsetyp werden noch andere Käsereikulturen hinzugefügt. **Propionsäurebakterien** bewirken etwa bei Hartkäsen (z. B. Emmentaler), dass sich aus der entstandenen Milchsäure anschliessend sehr langsam Propionsäure bildet (also erst bei längerer Reifezeit!) Diese Säure erzeugt ein **besonderes Käsearoma.**

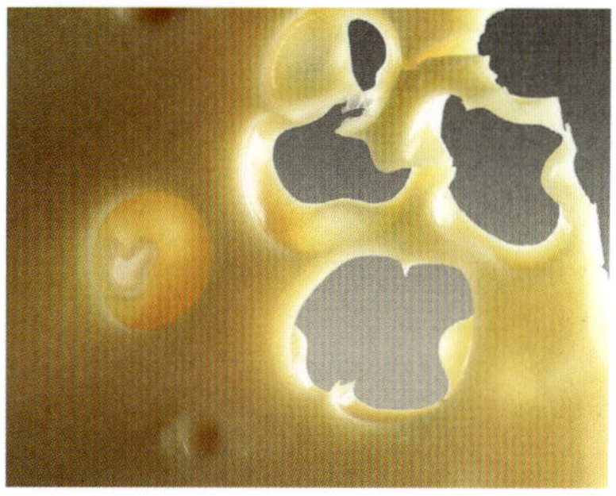

Das Werk von Propionsäurebakterien

Bei ihrer Entstehung bildet sich CO_2, das bei der **späteren Reifung** nach der natürlichen Rindenbildung im Teig eingeschlossen bleibt und so die **Löcher im Käse** erzeugt. Je mehr Propionsäure entsteht, umso mehr und grössere Löcher hat der Käse.

Es können in diesem Stadium auch **geniessbare Edelschimmelkulturen** beigemischt werden, wie z. B.:

- Penicillium roqueforti (grüner Schimmel),
- Penicillium camemberti (blauweisser Camembertschimmel), oder der verwandte
- Geotrichum bzw. Penicillium candidum (reinweisser Milchschimmel),

die sich dann in der Folge gleichmässig **im Inneren des Käses oder an dessen Oberfläche** ausbreiten.

Edelschimmel werden auch als Kulturschimmel bezeichnet und sind gesundheitlich völlig unbedenklich.

3 Die Milchgerinnung

Sobald die Masse die gewünschte Festigkeit erreicht hat, wird sie so lange mit der Käseharfe zerschnitten, bis weizenkorngrosse Partikel – Käsekörner – entstanden sind. Der wässrige Teil, die **Molke,** trennt sich nun von der **Käsemasse.**

Die Käseharfe kann traditionell von Hand durch die Gallerte-Molke-Mischung gezogen werden oder aber vollautomatisch mit rotierenden Schneideharfen. Händisch zeigt sich hier das Können des Käsers. Bei Fehlern verliert der Käse an Masse und/oder Qualität. In jedem Fall ist es eine **mechanische Trennung des Protein-Fett-Wasser-Gemischs** (des Käsebruchs) von der Molke (bestehend aus Wasser, Milchzucker und Molkeprotein).

Je grösser die Abstände zwischen den Drähten der Käseharfe sind, umso weicher und feuchter wird der Käse. Je länger und enger geschnitten wird, umso mehr Molke kann austreten und umso härter und trockener wird der Käse (höhere Trockenmasse im fertigen Käse).

Wird nach reiner Milchsäuregerinnung (oder mit ganz wenig Lab) der Käsebruch abgetrennt, erhält man erstmals **Frischkäse.** Dieser kann gesalzen bzw. gewürzt, mit Kräutern oder Kräutermischungen bzw. mit weiteren Zutaten (z. B. Rahm) versetzt oder auch noch geformt und eventuell sogar eingelegt werden (in Öl oder Salzlake).

4 Käsewärmen oder Brennen

Das Gemisch aus **Molke und Käsekörnern** wird nun bei laufendem Rührwerk auf ca. 50 °C erhitzt und so lange ausgerührt, bis die Käsekörner die gewünschte Festigkeit erreicht haben.

Je höher die Temperatur, umso mehr Wasser und Molke treten aus und umso härter wird der Käse.

Für Hüttenkäse wird unter Rühren ca. eine Stunde lang höher nachgewärmt (etwa 45–52 °C), damit mehr Molke austritt und sich grössere, rundere und festere Körner bilden.

Wann hat der Bruch die gewünschte Trockenheit?
In dieser Phase ist die Entscheidung des Käsers gefordert. Erfahrung und Fingerspitzengefühl verbessern hier in Kleinbetrieben enorm die Qualität des Endprodukts.

Der Bruch kann mit Käsetüchern (z. B. aus Leinen, Hanf) oder mit Sieben herausgeschöpft werden. Die Abfülltechnik beeinflusst die spätere Teigstruktur.

Nur ein regelmässiges Wenden nach dem Abfüllen garantiert ein gleichmässiges Abfliessen der Molke und damit ein gleichmässiges Endprodukt.

Auf dem Presstisch wird die Käsemasse in eine runde Form – das Järb – eingebettet und gepresst. Die Molke wird ausgeschieden und der Käse erhält seine runde Form. Über den Tag wird der Käse mehrmals gewendet, jedes Mal in frische Tücher eingepackt und wieder gepresst.

Die Käse müssen auch in der Form weiter warm gehalten werden, damit die Käsereikulturen ihre Arbeit fortsetzen können.

5 Ausziehen

Ungefähr zweieinhalb Stunden nach dem Einlaben kann die Käsemasse mit einem grob gewobenen **Hanftuch und einem Flaschenzug** aus dem Kessi gehoben werden. Dies passiert heute vollautomatisch durch Abpumpen und Einlaufen in die Pressformen.

Nun wird der Bruch gesalzen (z. B. Chesterkäse) oder der geformte Laib wird später mit Salz behandelt. Ohne Salz würde der Käse langweilig schmecken und leicht verderben. Jetzt kann der Bruch auch mit Gewürzen oder anderen Zutaten (z. B Kräutern, Pflanzenfarben, Trüffel) gemischt werden.

6 Formen und Pressen

Die Käsekörner können schliesslich in die jeweils sortentypischen Formen gefüllt oder gepumpt werden, wo
- die restliche Molke entweder noch weiter abfliessen kann oder
- im Käsebruch eingeschlossen bleibt.

Diese Entscheidung ist eine grundsätzliche und hat weitreichende Folgen für den fertigen Käseteig. Hier ist wiederum handwerkliches Know-How gefragt, da z. B. bei Käsen mit geschlossenem Teig bei zu geringem Molkeanteil bzw. zu hohen Temperaturen beim Nachwärmen Risse im Teig entstehen können.

Die Formen für den Käsebruch sind heute häufig aus
- Plastik (mit Löchern),
- Stahl (vor allem für industriell gefertigten Käse),
- Holz (z. B. Käsereifen) oder
- (hand-)geflochtenen Körben, die ihre Struktur an den Käse weitergeben.

Nach etwa 60 Minuten ist der Käse bereits so weit ausgebildet, dass Kennzeichnungen angebracht werden können.

7 Salzbad, Salzkeller

Der Käse kommt für einen Tag zum Auskühlen in den Salzkeller. Dort wird die Form entfernt und der Käse für ein bis zwei Tage in ein Salzbad gelegt. Dort verliert er Wasser, nimmt Salz auf und bildet langsam eine Rinde- Nachher werden die Laibe noch ca. zehn Tage im Salzkeller gelagert und zweimal pro Woche gewendet und gewaschen.

Salzbad

Jede Käsesorte braucht ihre individuelle Pflege und spezielle Reifebedingungen. Hier werden nur relativ allgemeingültige Vorgänge beschrieben. Den Käsemeistern stehen aber fast unbegrenzte Möglichkeiten offen, was die Vielfalt der Käse erklärt.

8 Salzen

Als erste Behandlung von geformtem, frischem Käse steht meist das Salzen an. Allein schon wegen der nötigen Konservierung ist dieser Schritt erforderlich. Ausserdem ist Salz ein natürlicher Geschmacksverstärker, der das Aromenpotenzial aus dem anfangs relativ neutral schmeckendem Frischkäse herausholt.

WissensPlus

Was versteht man unter Affinieren?

Affinieren bedeutet Pflegen und Veredeln bis zur idealen Genussreife. Bereits die Erstbehandlung von frisch geformtem Käse kann als Affinieren bezeichnet werden. Auch bereits gereifte Käse können noch weiter affiniert und damit individuell weiterentwickelt werden. Sogenannte «Affineure» bringen heute einzigartige Neukreationen für wahre Käsefans auf den Markt.

Die Oberflächenbehandlung mit Salz erfolgt in entsprechenden Reiferäumen entweder

- **trocken** (eher selten und eher bei Weichkäsen; Salz wird händisch aufgerieben oder der Käse wird damit bestreut) oder
- durch **Salzbäder und Salzwaschungen** (per Hand oder maschinell). Käse kann für mehrere Stunden oder sogar Tage in Salzwasserbäder eingelegt werden (Hartkäse wie Sbrinz auch gut zwei Wochen).

Das Salz entzieht dem Käse noch weiter Molke (die Trockenmasse erhöht sich, je länger er reift) und trägt zur **Naturrindenbildung** bei (Schutzmantel).

9 Weitere Oberflächenbehandlungen

Die Salzbehandlungen werden je nach Sorte mit Zusätzen gemischt: Weitere Oberflächenbehandlungen sollen ein **«wildes Verschimmeln»** verhindern und die Aromabildung gezielt lenken. Rotkulturen (auch Rotschmiere genannt, das Bacterium linens, sorgt für eine gelborange, würzige Rinde), weisser Edelschimmel, Kräuter, Gewürze, Wein, Trester(-brand), Annatto (E 160b) oder Pflanzenasche (E 153) werden durch **Bürsten, Waschen oder Aufsprühen** auf die Käselaibe aufgetragen. So können sie in den Käse eindringen und sorgen für eine spezielle Aromatik und die Rindenbildung. Die Käselaibe müssen regelmässig gewendet werden: anfangs häufiger, später immer seltener.

Der Edelschimmel Penicillium roqueforti kann dem frischen Käse auch erst zu diesem Zeitpunkt hinzugefügt werden: Die Laibe werden in diesem Fall mit einer groben Spritze «geimpft».

Mehr zum Thema «Annatto» lesen Sie auf S. 291.

Temperatur und Feuchtigkeit sind die wichtigsten Faktoren im Reifekeller. Je niedriger die Umgebungstemperatur, umso langsamer reift Käse (auch eventuelle Löcher werden kleiner).

⑩ Gärkeller

Die nächste Station ist die Lagerung der Käse im warmen Gärkeller. **20–23 °C und eine relative Luftfeuchtigkeit von 75–78 % während ca. 20 Wochen.** Durch die Gärung entwickelt sich Kohlensäuregas, das für die Löcher im Käse verantwortlich ist.

Bei der Reifung wirken unterschiedliche Mikroorganismen bzw. Enzyme (z. B. Bakterien, Hefen oder Schimmelkulturen) von innen und/oder aussen auf den Käse. Zudem werden über die Luft Schimmelsporen von älteren auf frischere Käse im gleichen Raum übertragen. Dadurch verändert sich jeder Käse und sortentypische Aromen können sich entfalten.

Der Reifungsverlauf ist je nach Käsefamilie unterschiedlich. Grundsätzlich gibt es zwei Arten, die aber auch gemischt vorkommen (z. B. bei Hartkäse mit Rotkultur).

Reifungsverlauf mit bzw. ohne Sauerstoff

Aerobe Reifung (mit Sauerstoff)

Weichkäse reifen von aussen nach innen.

Anaerobe Reifung (ohne Sauerstoff)

Hartkäse reifen gleichmässig innen.

Käse aus Rohmilch können länger gereift werden und entwickeln sich intensiver als Käse aus pasteurisierter Milch.

Etwa vier bis fünf Monate nach der Herstellung ist der Emmentaler konsumreif, ausgereift ist er mit ca. 12 Monaten.

⑪ Lagerkeller

Zuletzt gelangt der Käse zur Reifung in den Lagerkeller (14 °C, 75–78 % relative Luftfeuchtigkeit), wo er bis zum Verkauf an die Handelsfirma bleibt. Während dieser Zeit werden die Käse regelmässig gewaschen und gewendet.

Auch wenn in der Regel Käse mit höherem Wassergehalt rascher reifen als «trockenere» Käse, so gilt dennoch: **Je länger Käse reift, umso intensiver wird er** (z. B. Weichkäse wenige Wochen bis ein Monat, Halbhartkäse einige Wochen bis mehrere Monate, Hartkäse einige Monate bis mehrere Jahre). Während der Reifung wird auf alle Fälle innerhalb weniger Tage der restliche Milchzucker (Laktose) abgebaut, weshalb gereifte Käse bei Laktoseintoleranz kein Problem sind.

Der Käse wird gewendet, weil er sonst einfallen, in der Mitte eine Einbuchtung entstehen würde. Je weicher der Käse ist, desto öfter muss der Käse gewendet werden. Mit der Zeit wird der Laib fest und der Abstand des Wendens wird länger.

Auch die Konsistenz und die Oberfläche verändern sich zunehmend. Die Reifung ist bei einem «lebenden» Produkt wie Käse (besonders Rohmilchkäse) auch nach dem Verlassen des Reifekellers nicht abgeschlossen. Käse reift weiter, beim Händler und zu Hause im Kühlschrank.

Das regelmässige Wenden der Käselaibe kann heute auch maschinell durch Roboter erfolgen. Dies ist nicht nur eine enorme Kraftersparnis, sondern es wird auch der teure personelle Aufwand pro Käse minimiert.

⑫ Qualitätskontrolle

Laufende Kontrollen durch Mensch oder Technik bzw. Labor sollen Risiken minimieren und gleichbleibende Qualität garantieren. In Qualitätskontrollen werden **Aussehen, Teigbeschaffenheit, Lochung, Geruch** und **Geschmack** beurteilt.

Beispielsweise kann durch **Klopfen mit einem Gummihammer** festgestellt werden, ob schon genügend Löcher im Käse gebildet sind. Junger Emmentaler z. B. klingt anfangs dumpf, gereifter und löchriger Emmentaler eher hohl.

Bei den Kontrollen kommt auch der **Käsestecher oder Käsebohrer** zum Einsatz. Damit bohrt der Käser in den vermeintlich fertig gereiften Käse, dreht den Bohrer herum und zieht ihn vorsichtig mit dem ausgestochenen Käseteig heraus. So kann die Qualität verkostet werden, ohne den Käse anschneiden zu müssen. Dazu wird ein Stückchen Käse abgebrochen; mit dem Rest wird das Käseloch wieder verschlossen.

Zertifizierte Käse werden besonders streng kontrolliert und bewertet (wie etwa mit dem Zusatz AOP).

WissensPlus

Welche Käseoberfläche kann verzehrt werden?

Sämtliche natürlich gereifte Rinden sind prinzipiell essbar, es sei denn, sie sind zu hart. Edelschimmel- und Rotkulturrinden sollten als Hauptträger des Aromas unbedingt mitgegessen werden, ausser Gäste möchten ein weniger intensives Käseerlebnis, dann wird auch diese Rinde entfernt.

Bei abgepackten Käsesorten gibt es teilweise entsprechende Hinweise, wie z. B. «Rinde zum Verzehr geeignet». Künstliche Käserinden aus Paraffin oder Wachs sind ebenso wie kennzeichnungspflichtige Kunststoffüberzüge («Nicht zum Verzehr geeignet») abzuschneiden.

Ausserdem sollten geschwächte Personen oder Schwangere aufgrund möglicher krankheitserregender Keime (siehe Clostridien, S. 211) keine Rinde essen.

Rinde mit Pflanzenasche sieht oft abschreckend aus, kann jedoch ohne Bedenken verzehrt werden.

⚠ Käserinde von Käsen, die länger als sechs Monate gereift sind, sollte weggeschnitten werden, weil sie zu salzig, zu hart und unangenehm am Gaumen sind.

Qualität von Käse

Für Genussmenschen, ebenso wie Mitarbeiter in der Gastronomie und im Handel und auch für die Käseproduzenten selbst, ist es selbstverständlich, dass Käse nicht nur sensorisch ansprechend ist, sondern auch gesetzlichen Anforderungen im Hinblick auf Gesundheit und Hygiene entsprechen muss.

Die Grundlage dafür ist das Lebensmittelgesetz und deren Verordnungen. Darüber hinaus werden Traditionen und handwerkliches Können sowie die Bezeichnung ausgewählter Produkte durch Markenschutzrechte oder Ursprungsbezeichnungen geschützt.

Meine Ziele

Nach Bearbeitung dieses Kapitels kann ich

- erklären, was unter HACCP verstanden wird;
- unterschiedliche Qualitätskennzeichen für Lebensmittel nennen und erklären, worin sie sich unterscheiden;
- die drei EU-Gütezeichen beschreiben.

1 HACCP als Grundlage

Die Hygieneverordnung (**HyV**) basiert auf der Selbstkontrolle nach den Grundsätzen des HACCP-Hygiene-Konzepts (siehe S. 81). Die Überprüfung durch die Lebensmittelkontrolle soll die Einhaltung der betrieblichen Hygienekontrolle gewährleisten. Branchenbezogene Leitlinien für eine gute Hygienepraxis werden zusätzlich von den Branchenorganisationen erstellt.

HACCP = Hazard Analysis Critical Control Point:

- Gefahren analysieren,
- Kritische Punkte erkennen, prüfen, regeln und dokumentieren.

2 Qualitätszeichen

Labels gibt es viele – doch welche halten auch das, was sie versprechen? Welchen kann man vertrauen? Welche sind reine Marketingerfindungen, um auf der «grünen Welle» schwimmend den Gewinn zu erhöhen?

Trotz – oder gerade wegen – der unübersichtlichen Label-Vielfalt wünschen sich viele Konsumenten ein Label mit klarer Aussagekraft.

2.1 Qualitätszeichen AOP und IGP der Schweiz

Die offiziellen Qualitätszeichen AOP und IGP sind **traditionellen Erzeugnissen mit regionaler Verwurzelung** vorbehalten. Nach der Registrierung durch das Bundesamt für Landwirtschaft dürfen die geschützten Bezeichnungen ausschliesslich für Produkte verwendet werden, welche die Herkunfts-, Verfahrens- und Qualitätsbestimmungen des Pflichtenhefts erfüllen. **Unabhängige Zertifizierungsstellen** kontrollieren deren Einhaltung.

Appellation d'Origine Protégée

Indication Géographique Protégée

Die **geschützte Ursprungsbezeichnung AOP** bietet Gewähr, dass die Qualitätsprodukte im Ursprungsgebiet erzeugt, verarbeitet und veredelt worden sind.

Die **geschützte geografische Angabe IGP** dient ebenfalls zur Auszeichnung von traditionellen und typischen Spezialitäten einer klar definierten Region. Ein Produkt muss im Herkunftsgebiet entweder erzeugt, verarbeitet oder veredelt werden.

Informieren Sie sich über alle aktuellen AOP- und IGP-Produkte in der Schweiz: links.renovium.ch/aop

2.2 EU-Qualitätszeichen

Alle EU-Mitgliedsländer und ihre Regionen sind stolz auf regionale und traditionelle Spezialitäten. Zum Schutz vor Missbrauch und Nachahmung, zum Erhalt der unterschiedlichen landwirtschaftlichen Produktion und um die Gäste über besondere Merkmale der Erzeugnisse zu informieren, wurden folgende Produktkennzeichnungen geschaffen.

Furchen stellen einen gepflügten Acker dar, umgeben von zwölf Sternen.

Geschützte Ursprungsbezeichnung (g. U.)
Eine Käseart wird in einem bestimmten geografischen Gebiet nach einem anerkannten Verfahren hergestellt.

In der **DOOR-Datenbank** (**D**atabase **O**f **O**rigin & **R**egistration) können Sie herausfinden, für welche Produktbezeichnung ein Eintrag vorliegt:

Geschützte geografische Angabe (g. g. A.)
Es gibt eine enge Verbindung des Käses mit einem Herkunftsgebiet, da mindestens eine Produktionsstufe dort stattfindet (z. B. Milch, die in einem bestimmten Gebiet erzeugt bzw. verarbeitet wird, oder Käse, der dort hergestellt wird).

Garantiert traditionelle Spezialität (g. t. S.)
Es gibt keinen Zusammenhang mit einem geografischen Gebiet. Die Zusammensetzung des Käses oder das Herstellungsverfahren entsprechen einer besonderen Tradition.

Der schweizerischen Vereinigung der AOP und IGP wurde von der EU nicht gestattet, sich von diesen Logos leiten zu lassen und ein Schweizer Logo nach europäischem Vorbild zu entwickeln. Deshalb unterscheiden sich die Schweizer Logos deutlich von ihren europäischen Gegenstücken.

2.3 Bio

Die Kennzeichnungen von Lebensmitteln wie «100 % natürlich» oder «natürlich gut» sind im Gegensatz zu «Bio» nicht gesetzlich geschützt.

In der Schweiz dürfen Lebensmittel als «Bio» bezeichnet werden, wenn bestimmte Auflagen erfüllt sind, die durch die **Bio-Verordnung** definiert werden. Dies beinhaltet unter anderem, dass natürliche Kreisläufe und Prozesse berücksichtigt, der Einsatz chemisch-synthetischer Hilfsstoffe und Zutaten vermieden, gentechnisch veränderte Organismen nicht verwendet und die Erzeugnisse nicht mit ionisierenden Strahlen behandelt werden. Zum Wohl der Tiere müssen Landwirte deren Anzahl an die landwirtschaftliche Nutzfläche anpassen, die Tiere während der Lebensdauer in Bio-Betrieben halten und mit Bio-Futter füttern.

Es existiert eine Vielzahl von Markierungen und Labels mit unterschiedlichen Qualitätsstandards. Diese sind als Verein organisiert oder werden von Händlern als eigene Standards oder als Marketinginstrument eingesetzt.

BIOSUISSE

Das Bio Suisse-Label kennzeichnet Lebensmittel, die zu mindestens 90 % aus der Schweiz stammen und nach den Standards von Bio Suisse hergestellt werden. Zu diesen gehören u. a. eine möglichst grosse natürliche Vielfalt auf dem Hof, besonders artgerechte Tierhaltung und möglichst schonende Verarbeitung der Lebensmittel.

BIO

Das Bio-Knospe-Label kennzeichnet Lebensmittel aus biologischer Produktion, deren Inhaltsstoffe zu mehr als 10 % aus dem Ausland importiert werden. Zu den Vorgaben gehört neben Standards zu biologischem Landbau u. a. auch, dass die Produkte ausschliesslich über den See- oder Landweg transportiert werden dürfen.

demeter

Das Demeter-Label kennzeichnet Produkte aus biologisch-dynamischer Landwirtschaft. Diese geht über die Bio-Standards hinaus und hat zum Ziel, den landwirtschaftlichen Betrieb als geschlossenen Kreislauf zu verstehen: u. a. Herstellung von hofeigenem Saatgut, und von natürlichem Dünger, sowie wesensgemässe Tierhaltung und -fütterung.

2.4 Das EU-Bio-Logo

Das EU-Bio-Label ist das staatliche Gütesiegel der EU-Kommission für Lebensmittel aus biologischer Landwirtschaft. Ausgezeichnete Produkte werden nachhaltig hergestellt und nur natürliche Dünger dürfen verwendet werden. Die Nutztiere haben freien Auslauf und werden artgerecht gehalten und gefüttert.

Einmal pro Jahr werden bei jedem Hersteller die ökologische Produktion sowie die Einhaltung der Gesundheits- und Verbraucherschutzbestimmungen kontrolliert.

Das EU-Bio-Logo muss auf vorverpackten und verarbeiteten biologischen Lebensmitteln angebracht werden, aber nur wenn diese zu mindestens 95 % Zutaten landwirtschaftlichen Ursprungs enthalten.

2.5 Heumilch

In Europa liegt der Anteil an Heumilch bei nur 3 %, in der Schweiz hingegen, im Zusammenhang mit einem hohen Qualitätsbewusstsein, bei 31 %. Diesem Qualitätsbewusstsein möchte man in Zukunft noch mehr Gewicht geben, weshalb 2017 der Verein Heumilch gegründet wurde. Im Gründungsjahr waren rund 200 Bauern und über 20 Käsereien als Mitglied registriert, Tendenz stark steigend.

Wofür Heumilchproduzenten stehen

- Im Sommer sind die Kühe auf Weiden und Alpen. Die Kühe haben viel Auslauf (**RAUS-Pflicht**). Im Winter werden sie mit Heu versorgt. Als Ergänzung erhalten sie mineralstoffreichen Getreideschrot. Silage (vergorenes Gras bzw. vergorenes Heu) darf nicht verfüttert werden.
- Da auf Silage als Futtermittel verzichtet wird, kann der Käse ohne Zusatz von Konservierungsmitteln und ohne intensive mechanische Behandlung hergestellt werden.
- Aufgrund der hochwertigen Milch kann Käse mit einer langen Reifedauer gemacht werden.
- Heumilchbauern tragen entscheidend zum Schutz der Umwelt und zum Erhalt der Artenvielfalt bei, weil sie ihre Wiesen, Weiden und Alpen besonders schonend und traditionell bewirtschaften.
- Mit dem Erhalt des Pflanzenreichtums auf den Weiden ergibt sich ein besonders aromatischer Milchgeschmack.
- Durch die erhöhte Wertschöpfung für alle Partner werden Arbeitsplätze vor allem im ländlichen Raum gesichert.
- Das Endergebnis sind besonders hochwertige Produkte.

Heumilchbauern mähen erst, wenn eine Vielzahl der Gräser und Kräuter in voller Blüte stehen und die Artenvielfalt am grössten ist. Deshalb machen sie pro Saison ein bis zwei Schnitte weniger als konventionelle Bauern.

Informieren Sie sich über die weitreichenden Tätigkeiten der Switzerland Cheese Marketing: links.renovium.ch/schweizerkaese

3 Branchenkodex der Schweizer Käsehersteller

Der im November 2002 in Kraft getretene Branchenkodex der Schweizer Käsehersteller **verbietet den Einsatz künstlicher Zusatzstoffe.** Die Branche verzichtet freiwillig auf künstlich hergestellte Farbstoffe und auf verschiedene antibiotisch wirkende Konservierungsmittel, deren Einsatz, wie in der EU, auch in der Schweiz zulässig wäre.

Der Branchenkodex gilt nur für in der Schweiz hergestellten gereiften Käse (**Extrahart-, Hart-, Halbhart- und Weichkäse**), nicht aber für Frischkäse, saisonale Spezialitäten, Schmelzkäse sowie die Schmelzkäse-Zubereitung.

Der Branchenkodex erstreckt sich auf sämtliche Marktsegmente, wie z. B. Privathaushalte, Export, Grossverbraucher und Halbfabrikate für die Nahrungsmittelindustrie.

Der Branchenkodex wird alle drei Jahre neu unterzeichnet.

Sensorik

Schweizer Käser gehören an internationalen Wettbewerben und Degustationen regelmässig zu den besten weltweit.

Sehen, riechen, schmecken, tasten, hören – wir können unsere Nahrung mit allen Sinnen prüfen und bewerten.

Die Kategorisierung in «gut» oder «weniger gut» reicht zur sensorischen Bewertung von Käse nicht. Auch hat die fachkundige Degustation von Käse in den vergangenen Jahren an Bedeutung gewonnen. Fachleute und Geniesser wollen gleichermassen das Produkt mit allen Sinnen erkunden und die Besonderheiten jedes einzelnen Käses herausfinden.

Bei Wettbewerben werden Käse mithilfe eines Punktesystems bewertet. In der Gastronomie und im Handel wird Käse für die Speisekarte bzw. den Verkauf sensorisch beschrieben.

Meine Ziele

Nach Bearbeitung dieses Kapitels kann ich

- die Bedeutung der Sinne bei der Beurteilung von Käse erklären;
- die wichtigsten Eckpunkte der sensorischen Beurteilung von Käse beschreiben und anwenden;
- die Geschmackskomponenten von Getränken erklären;
- die Grundsätze der Kombination von Käse und Getränken anwenden;
- einen Überblick über die wichtigsten Brotsorten geben;
- erklären, was unter dem Ausdruck «Food-Pairing» verstanden wird;
- passende Brotsorten zur Käsedegustation wählen.

1 Lebensmittelsensorik

Ob den Gästen Ihre Käseauswahl schmeckt, ist eine subjektive Entscheidung. Trotzdem hat eine erfolgreiche Degustation nichts mit Glück zu tun. Die Lebensmittelsensorik bietet Ihnen objektive Kriterien, die Ihnen helfen Käse zu empfehlen, auch wenn Ihre Gäste nicht den gleichen Geschmack haben.

Eine Degustation ist subjektiv, eine sensorische Prüfung hingegen orientiert sich an objektiven Kriterien.

In Unternehmen wird die Lebensmittelsensorik bei der **Produktentwicklung,** der täglichen **Qualitätskontrolle,** bei **Qualitätsverbesserungen** sowie in der **Marktforschung** eingesetzt. In der Landwirtschaft kommen sensorische Untersuchungen beispielsweise bei Sortenvergleichen zum Zug. Die Sensorik ist aber auch ein wichtiges Thema für den Lebensmittelhandel und die Gastronomie.

Die Sensorik stützt sich beim Bewerten, Prüfen und Beschreiben von Nahrungsmitteln auf die menschlichen Sinne.

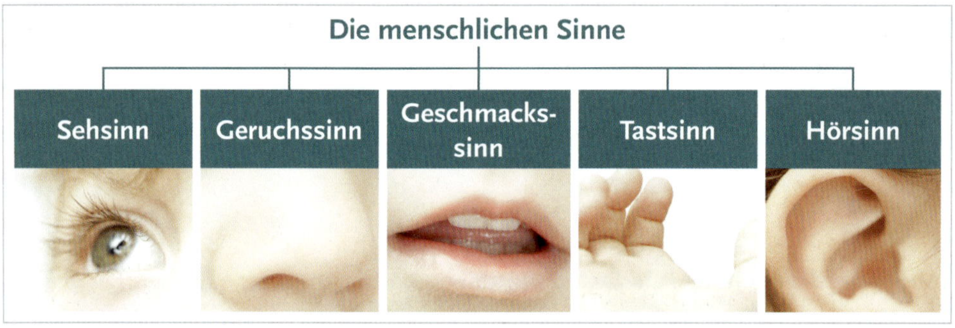

1.1 Die Sinne und ihre Aufgaben

Der Sehsinn – das Auge

Das wichtigste Sinnesorgan des Menschen sind die Augen, die für etwa 70 % unserer Wahrnehmungen verantwortlich sind. Wenn es darum geht, ein Lebensmittel zu bewerten und eine Erwartung an ein Produkt aufzubauen, steht der Sehsinn an erster Stelle, denn visuelle Sinneswahrnehmungen werden noch vor dem Geruch und dem Geschmack erfasst.

Noch bevor Sie den Käse riechen oder schmecken, können Sie wichtige Qualitätskriterien mit Ihren Augen wahrnehmen.

Der Sehsinn beim Käse

Die Augen nehmen Farbe (Farbton, Helligkeit, Farbsättigung, Intensität), Form, Grösse und Struktur von Käse wahr. Sie verschaffen sich den ersten, oft entscheidenden Eindruck von der Qualität und Genusstauglichkeit eines Käsestücks, meist noch bevor andere Sinne in Aktion treten.

1. Zuerst wird der **Grad der Feuchtigkeit** geprüft. Dieser variiert je nach Käsesorte und Reifeart. Es wird unterschieden zwischen *fest, trocken, nass, schmierig, sandig.*
   Im Zusammenhang mit der Pflege wird unterschieden zwischen *glatt, rissig, faltig, geschmeidig, samtig, schimmelig.*

2 Ausserdem wird die **Pflege der Oberfläche** betrachtet und eingestuft, ob es sich um eine *Oberflächenreifung*, eine *Folienreifung* oder eine *Rotkulturreifung handelt.*

3 Die **Reifestufe** wird mit den Worten *frisch, jung, mittel, gut ausgereift, affiné, überreif* oder *alt* beschrieben. Anschliessend wird der Teig des Käses beurteilt.

4 **Die Farbe** kann von Weiss über verschiedene Gelbtöne reichen und auch zweifärbig sein.

Weiss	**Weiss-gelblich**	**Matt-gelb**	**Hell-gelb**	**Gelb**	**Kräftiges Gelb**	**Gold-gelb**

5 In einem nächsten Schritt wird die **Lochung** des Käses näher betrachtet. Je nach Reifeart tritt eine *Bruch-, Schlitz-, Rund-, Erbsen-, Kirsch- oder Nusslochung* auf. Auch die Gleichmässigkeit gilt es zu beurteilen.

6 Zuletzt wird die **Elastizität** des Käses begutachtet: *kurz im Teig, cremig* (z. B. Cantadou), *weichschnittig* (z. B. junger Reblochon), *schnittfest* (z. B. Tilsiter), *elastisch* (z. B. Mozzarella) oder *krümelig* (z. B. gereifter Stilton). Ihre Elastizität unterscheidet auch Halbhart- von Extra- und Hartkäsen: Halbharte Käste lassen sich noch biegen, ohne dass sie dabei brechen.

Der Geruchssinn – die Nase

Geruchssinn und Geschmackssinn hängen eng zusammen. Allerdings sind die Geruchsrezeptoren viel sensibler als jene des Geschmacks. Die Riechsinneszellen befinden sich in der Riechschleimhaut. Diese nehmen die Aromastoffe eines Käses in Form von Gasen auf.

Geruchsrezeptoren = Sinneszellen der Riechschleimhaut in der Nase.

Drei Geruchsarten werden bei der Sensorik unterschieden:

- Das Riechen an einem Käsestück wird als **pronasal** und **orthonasal** bezeichnet (das Riechen beim Einatmen).
- Geruch wird sowohl über Rezeptoren der Nase als auch über die Mundhöhle aufgenommen, da beide miteinander verbunden sind. Wir riechen und schmecken also gleichzeitig. Das nennt man **retronasal.**
- Stark gereifte Käse werden von den freien Nervenenden des Trigeminus (eines Hirnnervs) im Gehirn wahrgenommen, diese Form des Riechens wird daher als trigeminales Riechen bezeichnet.

Je besser ein Käse temperiert ist, umso intensiver wird er in der Nase wahrgenommen.

Es wird heute angenommen, dass man über den «Nervus Trigeminus» hauptsächlich Eigenschaften wie brennend, scharf, adstringierend, prickelnd, beissend, brenzlig, stechend, kühlend (generell irritative Eigenschaften) wahrnimmt.

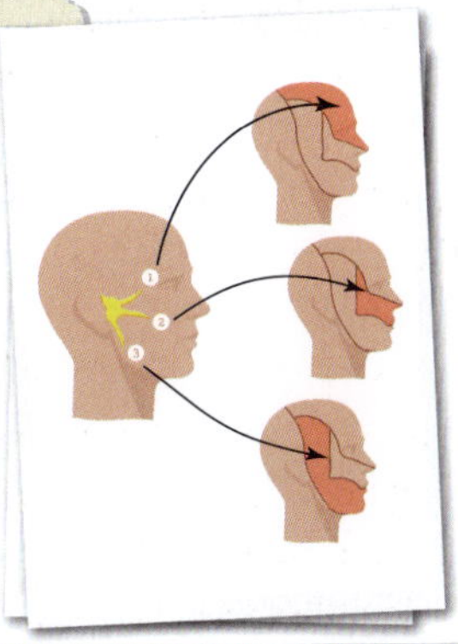

Der Mensch kann mindestens 10‘000 Duftstoffe wahrnehmen.

Wenn Käse nach Ammoniak riecht

Durch den Abbau von Proteinprodukten im Zuge der Reifung intensiviert sich der Geruch von Käse. Es kann vorkommen, dass Käse nach Ammoniak riecht. Ein intensiver Ammoniakgeruch ist ein Zeichen, dass der Käse womöglich zu lange gereift ist.

Der Geschmackssinn – die Zunge/der Mundraum

Das retronasale Riechen wird oft mit Schmecken verwechselt. Wenn sich ein Käse z .B. würzig oder streng am Gaumen zeigt, so hat das im Grunde genommen nichts mit dem Geschmack zu tun, denn mit dem eigentlichen Geschmack können wir nur die Grundgeschmacksarten **süss, sauer, salzig, bitter** und **umami** wahrnehmen.

Wie Fett den Geschmack von Käse beeinflusst

Je höher und reifer der Fettanteil, desto weniger werden Säure, Salze und Bitterstoffe wahrgenommen. Ausserdem «schmiert» das Fett auf der Zunge. Die Geschmacksknospen werden mit diesem Fettfilm verdeckt.

Weine, deren Säure hervorsticht bzw. deren Bitterstoffe sehr dominant sind, sind mit fettarmen Käsesorten nur schwer zu kombinieren.

Auch die Propionsäure, die z. B. beim Emmentaler eingesetzt wird, gehört zu den von uns wahrnehmbaren Säuren im Käse.

Säure

Wird beim Käse von Säure gesprochen, handelt es sich fast immer um die Milchsäure. Sie ist bei allen Sauermilchkäsen sowie bei Käse, der durch Milchsäurebakterien dickgelegt worden ist, deutlich zu spüren. Unsere Sensoren empfinden die Milchsäure vor allem bei jungen Weichkäsen oder Halbhartkäsen (z. B. Tilsiter). Mit zunehmender Reifung nimmt der saure Geschmack ab, da die Milchsäure durch den Proteinabbau neutralisiert wird.

Ein Blauschimmelkäse, der noch ungenügend reif ist, präsentiert sich ziemlich salzig. Probiert man den gleichen, jedoch gut gereiften Käsetyp, schmeckt dieser viel weniger salzig.

Salz

Grundsätzlich enthalten alle Käsesorten Salz, manche mehr (wie z. B. Hartkäse oder Blauschimmelkäse), manche weniger. Je höher der Fettanteil ist, umso weniger wird Salz wahrgenommen. Auch die Reife spielt eine entscheidende Rolle. Das Fett von gereiftem Käse bindet salzige Komponenten besser ein.

Süss

Frischkäse kann dank des Milchzuckers dezent süss schmecken. Die Süsse bleibt eher im Hintergrund, weil der Milchzucker von der Milchsäure überlagert wird.

Bitter

Bitterstoffe sind v. a. in der Gruppe der Edelschimmelkäse (Weissschimmel-, Doppelschimmel-, Blau- und Grünschimmelkäse) zu finden. Auch Räuchern macht Käse, besonders im Bereich der Rinde, bitter, ebenso wie getrocknete Kräuter und Gewürze.

Bittere Geschmacksnoten können auch im Zuge der Käsereifung entstehen. Sie können aber bei längerer Reifezeit wieder abgebaut werden.

Umami

Dieser Begriff beschreibt einen herzhaft-würzigen Geschmack, der bei proteinhaltiger Nahrung vorkommt und durch die Aminosäure Glutamat hervorgerufen wird. Er ist v. a. bei gereiften Käsen (z. B. Parmesan, Gruyère) vorzufinden.

Der Gehörsinn – das Ohr

Der Gehörsinn ist bei Käse weniger beteiligt als die anderen Sinne. Er gibt Hinweise bezüglich der Beschaffenheit von Käse. So ist vor allem bei ungereiftem Halbhartkäse, bei dem kein Proteinabbau stattfindet, oder bei Magerkäse ein Knirschen zu hören.

Ihre Gäste sollen von Ihnen etwas über den Käse hören – erzählen Sie von Ihrem Käsesortiment.

Der Tastsinn – die Haut

Die Haut und die Schleimhäute geben uns die Fähigkeit, Berührungen, Druck, Schmerz, Spannung und Temperaturunterschiede wahrzunehmen. Rezeptoren, sogenannte Tastkörperchen, sind in der Haut, in den Schleimhäuten und in der Mundhöhle verteilt. Der jeweilige Reiz wird von den Rezeptoren direkt zum Gehirn geleitet. An den Fingerspitzen, im Mund und auf der Zunge gibt es besonders viele dieser Rezeptoren, sodass man dadurch sehr gut fühlen kann.

Tastsinn	Temperatursinn
Wir ertasten mit der Hand und im Mund, ob ein Käsestück hart oder weich, glatt oder rau, nass oder trocken ist.	Aufgrund der Kälte- und Wärmerezeptoren der Haut spüren wir, ob ein Käsestück wohltemperiert ist. Die Intensität des Käseduftes bestätigt diese Wahrnehmung.

2 Käse und Getränke

Neben den Klassikern Wein und Bier werden derzeit vermehrt alkoholfreie Getränke (Wasser, Fruchtsäfte, Tee), aber auch Most und Spirituosen zu Käse getrunken. Dabei gilt: «Erlaubt ist, was dem Gast schmeckt». Es gibt jedoch einige Faustregeln, die beachtet werden sollten, um ein optimales Geschmackserlebnis zu erzielen.

Überlegen Sie sich schon im Vorfeld, welche Käse (in welchen Reifegraden) und welche Getränke Sie im Haus haben und wie Sie diese am besten kombinieren.

2.1 Grundregeln für harmonische Partnerschaften

Es gibt keine hundertprozentig gültigen Regeln zur Wechselbeziehung zwischen Getränken und Speisen, zu unterschiedlich sind die Gewohnheiten und Geschmäcker der Menschen, aber auch die Gerichte und Getränke.

Geschmackskomponenten von Getränken

Eine gute Getränkeempfehlung kann man nur geben, wenn man weiss, wie die einzelnen Komponenten von Käse und Getränk miteinander reagieren.

Das Spiel der Komponenten baut auf folgende Faktoren auf:

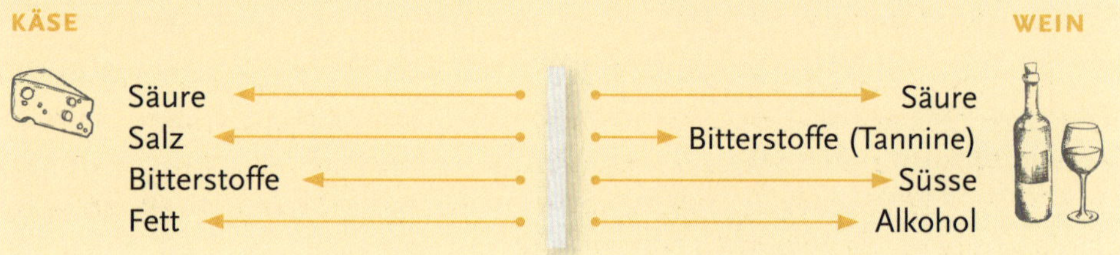

Ein und derselbe Käse kann in unterschiedlichen Reifegraden verschiedene Aromen zeigen, genauso wie Wein. Deshalb müssen Paarungen immer wieder neu aufeinander abgestimmt werden.

Grundsätze bei der Kombination von Käse und Getränken

- **Säure im Käse und Säure im Getränk:** Die beiden Säuren summieren sich auf metallisch-bittere Art.
- **Säure im Käse und Bitterstoffe im Getränk:** Die Säure im Käse lässt die Gerbstoffe noch bitterer erscheinen.
- **Säure im Käse und Süsse im Getränk:** Sie gleichen sich aus, wobei sehr oft ein Getränk mit geringer Süsse ausreicht, da Käse nicht sehr viel Säure enthält.
- **Salz im Käse und Säure im Getränk:** Salz und Säure addieren sich – der Geschmack wird unangenehm bitter.
- **Salz im Käse und Bitterstoffe im Getränk:** geschmackliche Disharmonie.
- **Salz im Käse und Süsse im Getränk:** gleichen sich nicht ganz aus, sie verleihen einander jedoch meist mehr Feinheit.
- **Fett im Käse und Säure im Getränk:** Das Fett im Käse neutralisiert die Säure des Getränks bzw. mildert sie ab.
- **Fett im Käse und Bitterstoffe im Getränk:** neutralisieren sich.
- **Bitterstoffe im Käse und Süsse im Getränk:** gleichen sich relativ gut aus.
- **Bitterstoffe im Käse und Bitterstoffe im Getränk:** Bitterstoffe im Käse werden durch unreife Tannine im Wein unangenehm verstärkt.
- **Bitterstoffe im Käse und Säure im Getränk:** Der Geschmack wird unangenehm bitter.
- **Süsse im Käse und Süsse im Getränk:** gehen eine harmonische Verbindung ein – die Süsse verringert sich.

2.2 Zusammenspiel der einzelnen Komponenten am Beispiel «Käse und Wein»

Säuren

Im Wein sind einige Säuren (Milchsäure, Zitronensäure, Essigsäure etc.) enthalten. Den grössten Anteil haben die **Weinsäure** und die **Apfelsäure.** Die Weinsäure ist geschmackvoller als die Apfelsäure, die sich eher herb-sauer zeigt. Die Apfelsäure steigt bei Weinen, die aus weniger guten Jahrgängen stammen (z. B. durch schlechte Witterung), oft stark an. Auch die Kohlensäure von prickelnden Weinen ist am Gaumen zu spüren. Alle anderen Säuren sind für den Geschmack nicht von Bedeutung.

Gerbstoffe (Tannine)

Gerade kraftvolle und schwere Weine sind in der Jugend sehr tanninreich. Sie mit Käse zu kombinieren, ist beinahe unmöglich. Treffen «unreife» Tannine auf Käseprotein (Kasein), kommt es zu einer Disharmonie. Manche Käse lassen sich idealerweise mit gehaltvollen, kräftigen Rotweinen kombinieren. In diesem Fall muss das Tannin reif und kaum mehr spürbar sein.

Süsse

Käse und Süsswein können kombiniert werden. Auch ein trockener Wein mit ein paar Restzuckergraden kann ein idealer Begleiter mancher Käse sein. Die Süsse kann Säure, Bitterstoffe und insbesondere Salze ausgleichen. Je mehr dieser Komponenten ein Käse in sich vereint und je intensiver diese sind, desto ausgeprägter muss der Restzuckergehalt des Weines sein.

Mit Kräutern affinierte Käsearten weisen teilweise Bitternoten auf. Dies sollte bei der Wahl des Weines beachtet werden.

Alkohol

Je höher der Alkoholgehalt, desto mehr Fülle zeigt sich am Gaumen. Likörweine, wie z. B. Oloroso-Sherry, Portwein oder Madeira, haben einen Alkoholgehalt um die 20 Vol.-%. Ein so hoher Alkoholgehalt löst rasch den Fettfilm eines Käses von der Zunge. Die Komponenten des Käses werden somit wieder dominanter. Handelt es sich um einen würzigen Käse, wie z. B. einen reifen Stilton, muss der begleitende, alkoholreiche Wein ausgeprägt fruchtig und aromatisch sein, um neben diesem Käse bestehen zu können, wie z. B. ein Portwein.

2.3 Käse und Bier

Bier hat eine Vielfalt von Aromen, die neben den fünf Geschmacksrichtungen (süss, sauer, bitter, salzig, umami) zum Gesamteindruck des Bieres beitragen. Fast alle Käse sind leicht salzig, das lässt Biere weniger süss, also trockener erscheinen. Käse und Bier sind beide mehr oder weniger säuerlich. Die Bitterkeit des Bieres verträgt sich gut mit den säuerlichen Komponenten des Käses, diese lassen die Bitterkeit elegant hervortreten. Würzige Käse verlangen eher nach hochprozentigeren, kräftigeren Bieren. Mildfeiner Käse harmoniert mit leichtem, mildem Bier.

⚠ Dieses Unterkapitel basiert auf dem von Käse- und Weinsommelier Johann Einzenberger erstellten Schema der Harmonielehre.

Wer ein bisschen experimentierfreudiger ist, wagt sich an die Kombination «Craft Beer und Käse». Die Geschmacksvielfalt der Craft-Beer-Sorten macht diese Biere zu interessanten Käsebegleitern.

Grundsätzlich gilt, dass Käsebegleiter nie den Geschmack des Käses überdecken sollen.

3 Käse und seine Begleiter

3.1 Früchte und Gemüse

Die Beilage oder Garnitur von Früchten und Gemüse zu Käse hat eine lange Tradition. Gemüse kann einem Buffet die nötigen Farbtupfer verleihen. Auf dem Käsewagen oder dem Käseteller soll es aber nur punktuell eingesetzt werden. Eingelegtes Gemüse ist als Garnitur nicht geeignet, da die Säure zu dominant ist.

Klassische Käsebegleiter und Garnituren sind Trauben, die zu beinahe jedem Käse passen. Auch Walnüsse oder Kürbiskerne sind beliebte Beilagen. Äpfel und Birnen reicht man gern zu Hartkäse, reife Aprikosen und Feigen zu Camembert.

Käse und Zitrusfrüchte sind keine Freunde

Zitrusfrüchte wie Zitronen oder Orangen sowie deren Säfte sind keine guten Gefährten. Die Säure der Zitrusfrüchte verträgt sich schlecht mit jener des Käses: nicht nur vom Geschmack her, die Säure bleicht auch den Käse aus.

3.2 Gelees, Honige, Marmeladen und Senfsaucen

Gewisse Gäste schätzen diese Beilagen, andere nicht. Grundsätzlich ist erlaubt, was gefällt. Honig, oft mit eingelegten Walnüssen, ist eine beliebte Garnitur zu vielen Käsen. Auch Chutneys und Konfitüren aus verschiedensten Früchten, wie z. B. Birnen, Feigen oder Quitten, bieten sich als Begleiter an. Gelees (z. B. Weingelee) passen ebenfalls gut zu Käse.

Auf puren Senf sollte verzichtet werden. Eine Feigensenfsauce, bei der das Feigenaroma überwiegt, bietet sich eher an. Ein No-Go zum Käse ist Ketchup. Ein mildes Tomatenchutney hingegen kann ein angenehmer Begleiter von Hartkäsen sein.

Was als harmonisch empfunden wird, lässt sich nicht verallgemeinern. Jede Person empfindet sensorisch anders, hat sich an bestimmte Kombinationen gewöhnt und mag sie vielleicht nur deshalb. Selbst wenn Zutaten als harmonisch gelten, müssen sie nicht automatisch jedem passen.

4 Käse und Brot

Käse wird meistens mit Brot gegessen. Dabei stellen sich einige grundlegende Fragen:

- Welche Rolle soll das Brot spielen? Soll der Käse vordergründig präsentiert und das Brot im Hintergrund behalten werden?
- Soll das Brot ebenso wie der Käse inszeniert werden?
- Wird Käse auf dem Brot oder dazu degustiert? Im ersteren Fall werden andere Anforderungen an das Brot gestellt, als wenn das Brot zum Käse gegessen wird.

Für Degustationen empfiehlt es sich, Käse und Brot separat aufzuschneiden, aber gemeinsam anzubieten. So können Brot und Käse sowohl einzeln als auch miteinander probiert werden und so lässt sich auch besser beurteilen, ob Käse und Brot miteinander harmonieren.

Käsefamilien

Wie in jeder grossen Familie gibt es auch beim Käse ganz unterschiedliche Typen. Jeder hat ein spezielles Äusseres und besondere innere Werte.

Und wie in allen grossen Familien gibt es beim Käse auch Elternpaare, sprich: Herstellungsverfahren. Wobei alle Käse dieselben Wurzeln haben: Beim Käse ist die Milch der Stammvater bzw. die Stammmutter.

Nachfolgend werden die einzelnen Stammbaumlinien aufgezeigt. Ausserdem werden ausgewählte Käse aus der Schweiz, aber auch aus anderen europäischen Ländern thematisiert.

Meine Ziele

Nach Bearbeitung dieses Kapitels kann ich

- typische Eigenarten der jeweiligen Käselinie bzw. Unterschiede zwischen Käsegruppen beschreiben;
- aus dem Sortiment Käsesorten für meinen Käsewagen auswählen;
- zu jeder Käselinie die passende Begleitung kombinieren;
- Gästen je nach Anlass und Wunsch verschiedene Käsesorten fachlich richtig präsentieren und servieren.

1 Käseunterteilung nach Wassergehalt und Herstellung

Käse wird immer aus Milch hergestellt. Unglaublich, wie viele unterschiedliche Erzeugnisse aus dem gleichen Rohstoff entstehen können!

Die Verordnung des EDI über Lebensmittel tierischer Herkunft (VLtH) unterscheidet zwischen:

- **ungereiftem oder Frischkäse,** der unmittelbar nach der Herstellung genussfertig ist.
- **gereiftem Käse,** der erst genussfertig ist, wenn er eine bestimmte Zeit lang unter entsprechenden Bedingungen gereift worden ist (z. B. Extrahart-, Hart-,Halbhart- und Weichkäse).

Auch Frischkäse oder Weichkäse können in einem Salzbad eingelegt werden, dies meistens aber nur sehr kurz. Sie werden öfters von Hand mit Salz bearbeitet.

Je nach Lager- oder Reifezeit verändert sich der Wassergehalt im Käse. Man spricht von Wassergehalt im fettfreien Käse (Wff). Dabei gilt golgender Grundsatz: **Je höher der Wassergehalt, desto weicher ist ein Käse und umso kürzer ist seine Haltbarkeit.**

In der folgenden Darstellung wird die Unterteilung nach Wassergehalt und Reifezeit aufgezeigt.

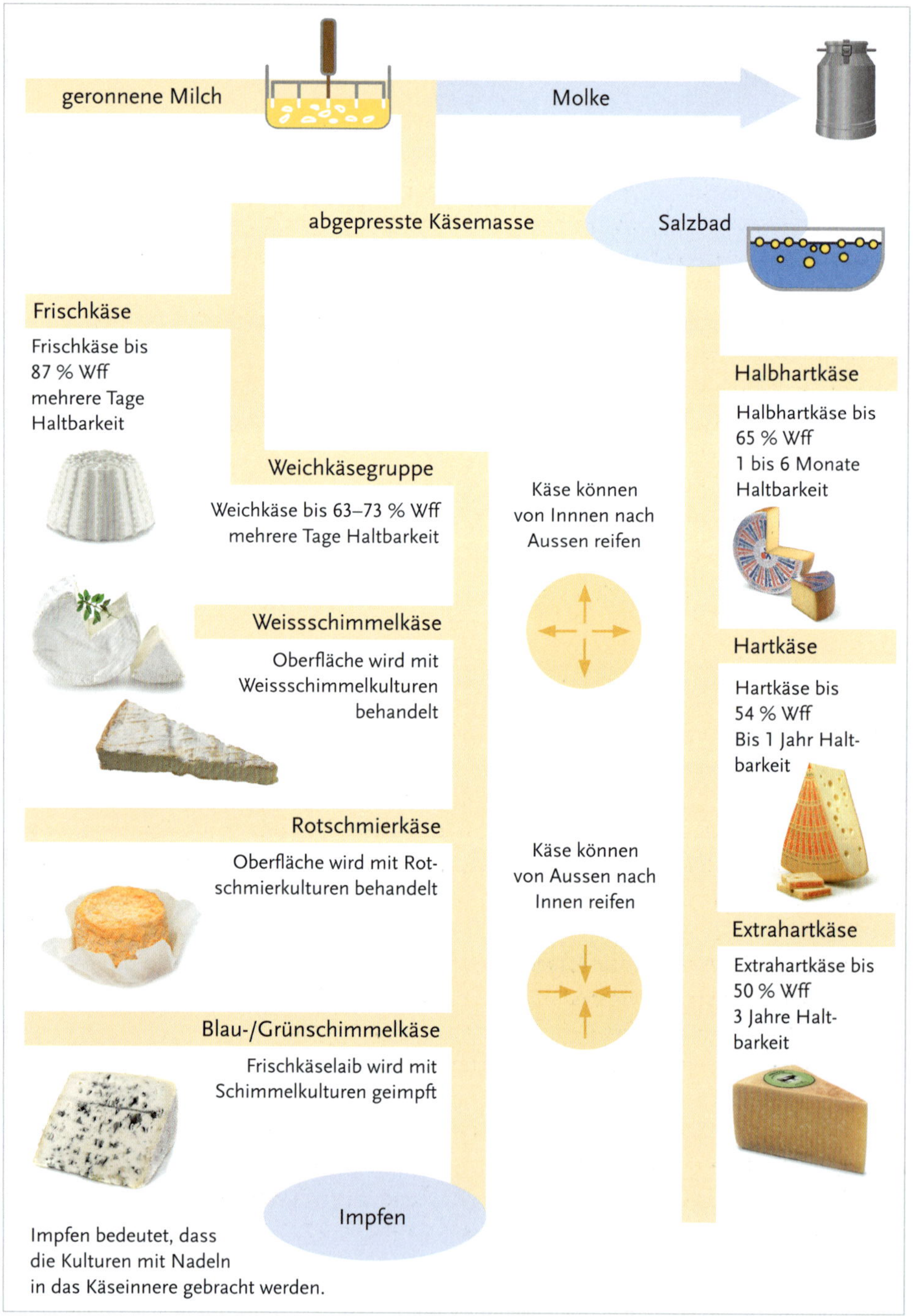

2 Frischkäse

Frischkäse ist der älteste Käsetyp der Welt. Er stellt im Käsestammbaum sozusagen die Urgrosseltern aller anderen Käse dar und entstand einst sicher zufällig: Milch war bei etwa 20 °Celsius geronnen - sie wurde «sauer», und die Menschen stellten fest, dass sie dadurch anders aussah und schmeckte, aber geniessbar war.

Frischkäse wird grundsätzlich aus pasteurisierter Milch hergestellt. Dabei wird die Milch auf 32 °C erwärmt und ständig gerührt. Das Beifügen von Lab und Milchsäurebakterien bewirkt, dass die Milch nun gerinnt. Hierbei trennen sich die proteinhaltigen Bestandteile von der flüssigen Molke. Der so entstandene Frischkäse kann in einem weiteren Schritt mit Rahm, Kräutern und Gewürzen verfeinert werden.

Variante «reifer Frischkäse»

Reifer Frischkäse kommt meist von Schaf- oder Ziegenmilch. Beide Milchsorten sind kennzeichnungspflichtig (ohne Hinweis immer aus Kuhmilch). Schaf- und Ziegenfrischkäse sind eigentlich Saisonprodukte. In den Wintermonaten geben die Muttertiere keine Milch, da sie mit den kommenden Jungtieren trächtig sind. Erst nachdem diese geboren sind, steht wieder Milch für Käse zur Verfügung.

Für gereiften Frischkäse lässt man verschieden geformte Stücke bis zu etwa einem Monat in Kellern reifen. Dabei siedeln sich Schimmel- und Hefepilze auf der Käsehülle an, die nach und nach bis ins Innere der Käsestücke wirken (**aerobe Reifung** von aussen nach innen).

Die Käse werden süsser, cremiger, nussiger oder schärfer (vor allem bei Ziegenmilch) – auf alle Fälle sensorisch intensiver. Die oft eigenartig rau geformte Rinde mit weissem, grauem oder blauem Oberflächenschimmel ist immer geniessbar. Der Kern der Käse bleibt meist quarkig, aber er wird zunehmend brüchiger.

2.1 Frischkäse lagern und affinieren

Grundsätzlich ist Frischkäse möglichst binnen einer Woche zu verbrauchen bzw. spätestens bis zum angegebenen Haltbarkeitsdatum. Je höher die Fettstufe, umso länger ist die Haltbarkeit. Bedenken Sie, dass Frischkäse grundsätzlich keine Reifung hat, er ist also eher am ersten Tag besser als am letzten.

Ideale Lagerbedingungen für Frischkäse:

- Gut verschlossen, am besten in der Originalverpackung.
- Durchgehend gekühlt bei 4–6 °C (darf auch kühl serviert werden).
- Frischkäse erfordert keine weitere Pflege.

Besonders angebrochene Frischkäse halten trotz durchgehender Kühlung nur wenige Tage. Auf ungereiftem Frischkäse dürfen keine Hefe- oder Schimmelpilze wachsen, der Käse wird sonst ungeniessbar. Da diese unerwünschten Pilze rasch bis ins Innere vordringen, sind befallene Produkte zu entsorgen.

Wie sein Name schon sagt, handelt es sich bei Frischkäse grundsätzlich um frischen, also ungereiften Käse. Vor allem im Ausland wird jedoch auch Frischkäse teilweise etwas gereift.

Frischkäse hat wegen seiner «Unreife» den höchsten Laktosegehalt aller Käse. Beachten Sie dies bei der Beratung Ihrer Gäste.

Aus dem französischen Loiretal kommen die bekanntesten gereiften Ziegenfrischkäse, die in Frankreich gerne so stark gereift werden, dass sie dort zu den Weichkäsen gerechnet werden (z. B. Crottin de Chavignol, Pouligny Saint-Pierre).

Frischkäse gibt es statt aus Milch auch aus Molke, z. B. Ricotta (aus Italien) oder Brocciu (aus Frankreich).

Weitere Frischkäseverwandte finden Sie auch bei den Brüh- und Knetkäsen auf S. 251.

Frischkäse mit kontrollierter Reifung werden von aussen her immer trockener.

Bei den sogenannten **gereiften Frischkäsen** gilt es, deren weitere, relativ kurze Reifung von aussen nach innen im Blick zu behalten (von gelblich-weiss bis zu bläulich-grau). Dabei ist zu beachten, dass durch die Reifung Wärme entsteht. Die Käse sollen also gut belüftet sein und nicht völlig abgeschlossen bzw. zu eng lagern (bei etwa 85 % Luftfeuchte und 6 °C). Der Kern dieser Spezialitäten sollte immer noch ungereift weiss und quarkig bleiben, wobei die Randzonen je nach Geschmack immer intensiver werden dürfen. Eine tägliche Reifekontrolle (maximal 8–10 Tage) ist nötig.

Frischkäse wird wegen seiner Milde von Käsekennern gerne mit «Geschmacksverstärkern» affiniert (z. B. gemischt, bestreut, gewälzt oder gerollt):

- mit Kräutern,
- mit Gewürzen (auch Pfefferschrot),
- mit Pflanzenasche,
- mit getrockneten, Früchten, Kernen oder Nüssen,
- in Blätter gewickelt (z. B. Wein- oder Kastanienblätter).

2.2 Werkzeug und Schneidearten für Frischkäse

Zum Schneiden von **schnittfähigem Frischkäse** (einschliesslich gereiften Frischkäses) eignet sich die Käselyra. Die glatte Oberfläche sowie die Form des Käses werden nicht in Mitleidenschaft gezogen. Mit einem Vorleger lässt sich das Portionsstück servieren.

Schneiden von Frischkäserollen

1 Mit der Käselyra eine Scheibe (ca. ½ cm breit) abschneiden ...

2 ...und mit einem Weichkäsemesser oder einer Gabel auffangen.

3 Die Käselyra ermöglicht eine glatte Schnittfläche.

2.3 Begleitung von Frischkäse

Getränkebegleitung

Da ungereifter Frischkäse meist sehr mild und eher cremig ist, sollte das Getränk nicht zu intensiv schmecken. Es darf aber etwas Kohlensäure enthalten.

Alkoholfreie Getränkebegleitung

Milder Apfel- und Birnensaft (auch gespritzt), Nektar (z. B. Aprikosen, Pfirsich, Erdbeere), Holunderblütensaft, Zitronenmelissensaft, Flavoured Waters, grüner Tee, Earl-Grey-Tee, möglichst geschmacksneutrales und nicht zu stark mineralisiertes Mineralwasser

Wein

Zu fettärmeren Frischkäsen (aus Kuhmilch): frische, fruchtig-leichte, spritzige Weiss- oder Roséweine (z. B. Riesling-Silvaner, Riesling Kabinett, Sauvignon blanc, Chasselas), aber auch spritzige, trockene Schaumweine

⚠ Alle Weine zu Frischkäse sollen ohne Restzucker sein.

Zu fettreicheren Käsen und gereiften Frischkäsen (besonders aus Schaf- oder Ziegenmilch): fruchtige Weiss- oder Roséweine mit etwas höherem Extrakt- und Alkoholgehalt (z. B. Chardonnay, Riesling, Weissburgunder, Chasslas Grand Cru, Sauvignon blanc), aber auch Schaumweine

Most

Milde, spritzige Mostsorten (auch Cidre) oder Obstschaumweine

Bier

Panaché, Lager- oder Weizenbier (Weissbier vor allem zu Kuhfrischkäse), mit würzigem Frischkäse auch malzaromatische, dunkle Biere

💡 Spirituosen bzw. Brände passen nicht gut zu Frischkäse.

Beilagen/Garnituren

Brot

Weissbrot (z. B. Baguette, Bagel, Toast, Fladenbrot) oder Dinkelbrot (ist süsslich und harmoniert daher besonders mit milchsäuerlichem Schaffrischkäse)

Zu würzigem Käse: Roggenbrot oder Sesamgebäck (z. B. Simit). Cremige Frischkäse schmecken besonders auf knusprigem Brot.

Achten Sie bei streichfähigen Frischkäsen darauf, dass die Brote gut bestreichbar sind. Das Brot soll eine feinporige Struktur haben (sonst verschwindet der Käse beispielsweise in den Brotlöchern eines rustikalen Ciabattas!).

Gelees u. Ä.

Tomatenchutneys, Trauben- oder Proseccogelee und Quittengelee

Sonstiges

Kürbiskerne, Pinienkerne, Weintrauben, Erdbeeren mit Pfeffer, Himbeeren, Heidelbeeren, Mango, Radieschen, Rucola, Stangensellerie, Tomaten, gegarte Kartoffeln.

2.4 Verkauf von Frischkäse

Da es Frischkäse in allen acht Fettstufen gibt, lässt er sich praktisch jedem Gast empfehlen. Gäste, die meinen, dass Frischkäse langweilig schmecke, können Sie gerade mit dieser Käseart überraschen: Zeigen Sie ihnen, wie unterschiedlich Frischkäse von süsser Almkuhmilch, von würzig-scharfer Ziegenmilch, von cremignussiger Schafmilch oder von aromatischer Büffelmilch schmeckt.

Frischkäse nehmen die Aromen, von denen sie umgeben sind, gut auf und verstärken sie. Ausserdem dienen sie häufig zur Verbesserung der Konsistenz eines Gerichts.

Der mengenmässig grösste Teil an Frischkäse (inklusive Quark) wird in der Küche verwendet.

Einsatzmöglichkeiten

- Am Frühstücksbuffet ein Muss
- Als Amuse-Bouche oder als kleine Vorspeise (als Antipasto, in Gemüse verpackt, z. B. in Minikürbissen, zwischen gebratenen, marinierten Zucchinischeiben, in feine Fleischwaren wie Roastbeefscheiben gerollt)
- Als Häppchen zwischendurch (z. B. als Dip zu Gemüsesticks)
- Als Aufstrich für Znünibrote
- Gereifte Schaf- oder Ziegenkäse für erlesene Käseteller oder spezielle Käsegerichte (auch als Hauptgang)
- In warmen Gerichten
- In Backwaren
- Für süsse Desserts

Je häufiger die Rotkulturbehandlung erfolgt und je länger der Käse mit der Rotschmiere reift, umso dunkler wird das Rotbraun seiner Oberfläche und umso intensiver ist das würzige Aroma.

3 Weichkäse

Testen Sie kurz Ihre Einschätzung von Weichkäse:

	Ja	Nein
Weichkäse sind immer weiss wie Camembert.		
Weichkäse sind für Kinder, Geschwächte und Schwangere gefährlich.		
Weichkäse aus Schafmilch ist laktosefrei.		
Weichkäse werden innen umso cremiger, je länger sie reifen.		

Der Camembert ist der wohl bekannteste Vertreter dieser Käsegruppe, doch die Palette an Weichkäsen ist enorm gross. Wie der Name schon sagt, handelt es sich um einen weichen Käse, dessen Konsistenz mit zunehmender Reife und bei Zimmertemperatur noch weicher wird. Das Aroma intensiviert sich mit dem Reifegrad, wobei Weichkäse in Varianten von mild-fein über aromatisch bis kräftig-würzig auftreten kann.

Wichtig zu wissen ist, dass hier auf alle Fälle eine Labzugabe nötig ist, bevor der Bruch in etwa wallnussgrosse Stücke geschnitten wird. Die geformten Laibe werden schliesslich in ein Salzbad gelegt.

Weichkäse reifen immer mit aerober Reifung von aussen nach innen (mit Sauerstoffeinwirkung) und werden in zwei Arten unterteilt.

Unterteilung

Weichkäse mit Weissschimmel	Weichkäse mit Rotkultur

Aussen weisser Schimmelrasen	Oberfläche orange-rötlich, evtl. schmierig

Zuerst ist der Käseteig quarkig. Er wird erst im Laufe der Reifung weich und geschmeidig (von aussen nach innen). Aus dem geschmacksneutralen Grünkäse entsteht der sortentypische aromatische, würzige Geschmack.

Das Besondere an Käsen mit Rotkultur (Rotschmiere) ist der typisch intensive Geruch. Es werden auch viele Halbhart- und Hartkäse mit Rotkultur gepflegt. Bei Weichkäsen fällt die Aromatik wesentlich intensiver aus, da der Rindenanteil im Verhältnis zum Käseteig bei diesen eher kleinen Käsen hoch ist.

⚠ Alle Weichkäse enthalten wegen ihrer kurzen Reifezeit meist noch Laktose. Beachten Sie dies bei der Beratung Ihrer Gäste.

3.1 Weichkäse lagern und affinieren

Speziell bei Weichkäse mit Weissschimmel reicht die Geschmacksvielfalt von sehr milden, wenig aromatischen Käsen mit festem Teig bis zu vielfältigsten, sensorisch herausfordernden Käsen. Abgesehen von den persönlichen Vorlieben ist es wichtig, diese Käse nie unreif zu servieren.

Ideale Lagerbedingungen für Weichkäse:

- Nicht luftdicht lagern, am besten in der Originalverpackung
- Käse darf nicht ersticken, aber auch nicht trocknen, da sonst die Rinde hart wird. Bei kaputter Originalverpackung eine luftdurchlässige Lebensmittelfolie oder Käsepapier verwenden.
- Alle zwei Tage wenden (damit der Käse die Form behält)
- Gekühlt bei 6–10 °C lagern
- Je wärmer der Käse gelagert wird, desto schneller reift er (er reift so oder so weiter). Wird Weichkäse zu kalt gelagert, stoppt die Reifung schlagartig und das Käsearoma wird nachhaltig geschädigt.
- Direktkontakt mit Feuchtigkeit vermeiden, sonst entstehen braune Flecken.
- Je nach Reife ein bis zwei Stunden vor dem Konsum aus dem Kühlschrank nehmen, damit sich die Aromen entfalten können. **Tipp:** Sehr reife Käse gekühlt vorschneiden und an den Schnittflächen mit Klarsichtfolie abgedeckt auf der Käseplatte temperieren lassen.

Reifer Weichkäse ist weich und cremig (nicht mehr quarkig). Die Konsistenz lässt sich mit etwas Übung durch Fingerdruck feststellen (die Käsemitte gibt nach, der Rand hält besser dagegen). Je kleiner die Laibe, umso rascher reifen sie.

Affinieren bedeutet **bei Weichkäsen** in erster Linie das Pflegen der Laibe bis zur perfekten Reife. Besonders Weichkäse aus Rohmilch bleiben nicht elastisch, sondern werden im Teig cremig-aromatisch oder auch flüssig. Die samtige Weissschimmelrinde wird dünner und trockener, verfärbt sich auch in Richtung Beige.

⚠ Um eine Übertragung der jeweiligen Pilz- bzw. Käsereikultur auf den nächsten Käse zu vermeiden, wird pro Untergruppe ein Messer gewählt, wie z. B. für
- Weissschimmelkäse,
- Rotkulturkäse,
- Weichkäse mit Blauschimmel.

3.2 Werkzeug und Schneidearten für Weichkäse

Schneiden von Weichkäse

1 Weichkäse werden mit dem Weichkäsemesser geschnitten. Der Wellenschliff sowie die grosse Lochung der Schnittfläche verhindern, dass beim Schneiden der Käseteig am Messer kleben bleibt bzw. stark ausfliesst.

2 Die Käselyra, die Sie bereits im Kapitel «Frischkäse» kennengelernt haben, lässt sich auch für eine glatte Schnittfläche bei Weichkäsen einsetzen (besonders bei Weichkäsen mit Blauschimmel).

3.3 Begleitung von Weichkäse

Getränkebegleitung

Die Getränkebegleitung bei Weissschimmelkäsen ist abhängig:
- von der verwendeten Milch (Ziegen- und Schafkäse sind aromatischer als Käse aus Kuhmilch und Käse aus pasteurisierter Milch sind milder als solche aus Rohmilch).
- vom Reifegrad des Käses und der Aromatik der Rinde.

Je kräftiger der Käse schmeckt, desto mehr Kraft und Fülle braucht das Getränk. Im Getränk sollten keine Bitterstoffe enthalten sein, da diese in Kombination mit der Rinde noch bitterer und sehr unangenehm werden (z. B. Tannine in Rotwein oder Kohlensäure im Mineralwasser).

Alkoholfreie Getränkebegleitung

Zu Weissschimmelkäsen: Fruchtsäfte (wie Kirsche, Birne, Erdbeere, weisser Traubensaft – mit stillem Wasser verdünnt), Holunderblütensaft, Mineralwasser, Molkedrinks, Darjeelingtee

Zu Rotkulturkäsen: weisser Traubensaft, süsse Fruchtsäfte (z. B. naturtrüber Birnen- und Apfelsaft, Aprikosen-, Erdbeer-, Himbeer-, Mangonektar), Frucht-Molkegetränke, Darjeelingtee, Rotbuschtee

Wein

Zu Weissschimmelkäsen: säurearme, fruchtbetonte, vollmundige Weissweine mittlerer Intensität (z. B. Weissburgunder, Chardonnay, Grüner Veltliner, Chasselas, Riesling), Rotweine mit milder Säure (z. B. Blauburgunder, Gamay). Für reifere, intensivere Käse darf kräftigerer Wein (wie eine Spätlese) serviert werden, aber auch trockener Jahrgangsschaumwein.

Zu Rotkulturkäsen: gehaltvolle, kräftige Weissweine, am besten mit Restsüsse (z. B. Spätlesen der Sorten Chardonnay, Weiss- und Grauburgunder, Gewürztraminer). Falls Rotwein gewünscht wird, sollte er unbedingt sehr mild sein und gut eingebundene Tannine enthalten (z. B. ein tanninarmer Blauburgunder oder Gamay).

Bevorzugt der Gast Rotwein zu seinem Rotkulturkäse, können Sie ihm vorschlagen, zwecks besserer Harmonie die Rinde des Käses zu entfernen.

Most

Zu Weissschimmelkäsen: milde bis halbmilde Moste, Cidre

Zu Rotkulturkäsen: fruchtiger Most mit Restzucker, Obstschaumwein

Bier

Zu Weissschimmelkäsen: Weizenbier und Zwicklbier

Zu Rotkulturkäsen: Zwicklbier, Lagerbier oder vollmundige, kräftige, wenig bittere Spezialbiere, am besten mit Karamell-Röstaromen (z. B. Schwarzbier)

Brände

Zu Rotschmierkäsen: fruchtige Sorten (z. B. Pfirsich, Quitte, Abricotine, Kirsch)

Beilagen/Garnituren

Brot

Zu Weissschimmelkäsen: Weissbrot (z. B. Baguette), Sonnenblumenkernbrot, Roggenmischbrot, Nussbrot

Zu Rotkulturkäsen: aromatisches wie Sonnenblumen- und Nussbrot, aber auch rustikales Weissbrot wie Wurzelbaguette, Graham- oder Dinkelbrot

Weichkäse harmonieren mit süssen Früchten und Nüssen.

Gelees u. Ä.

Zu Weissschimmelkäsen: Erdbeerchutney mit Pfeffer, Birnen-, Aprikosen- oder Mango-Senf, Zwetschgen-Mohn-Chutney, Brombeer-Thymian-Konfitüre, Kirschengelee, Honig

Zu Rotkulturkäsen: Quittengelee, Weingelee, Waldbeerkonfitüre

Sonstiges

Zu Weissschimmelkäsen: Feigen, Erdbeeren, Trauben, Baumnüsse, Pinienkerne, Haselnüsse (eventuell in Honig), reife Aprikosen, Walnuss- oder Traubenkernöl

Zu Rotkulturkäsen: reife Birnen, Trauben, Feigen, Rosinen, Nüsse

Weichkäse passt immer.

3.4 Verkauf von Weichkäse

Vielseitigkeit ist die Stärke der Weichkäsegruppe: von mild-feinen Camembert aus pasteurisierter Milch über würzige Bries aus Ziegenrohmilch bis zu Rotschmierkäse in jeder Intensität. Es erstaunt deshalb nicht, dass Weichkäse ein Publikumsliebling ist und immer gut ankommt.

Einsatzmöglichkeiten

- Am Frühstücksbuffet
- Als Amuse-Bouche oder als kleine Vorspeise (z. B. auf Salat)
- Als Häppchen zwischendurch (z. B. mit Brot und Obst)
- Für Käseteller oder spezielle Käsegerichte (auch als Hauptgang, z. B. gebacken oder überbacken)
- In warmen Gerichten (z. B. in Saucen, als Füllung)

4 Halbhart-, Hart- und Extrahartkäse

Diese Käseart kann mal mehr oder weniger hart sein und lässt sich manchmal kaum schneiden. Bei diesen Käsen handelt es sich um Labkäse, die mit Milchsäure angesäuert wurden und häufig direkt in den Bergen in traditionellen Sennereien gekäst werden.

Man unterscheidet drei Stufen bei den Hartkäsen, die sich nach dem Wassergehalt im fettfreien Käse (Wff) und der Reifezeit unterscheidet:

Definition	Wff	Reifezeit
Extra-hart	Bis 500 g/kg	Ab 12 Monaten
Hart	Mehr als 500 und bis 540 g/kg	6 bis 12 Monate
Halbhart	Mehr als 540 und bis 650 g/kg	3 bis 6 Monate

Gut zu wissen

- Je härter der Käse ist, umso mehr Milch benötigt man für die Käseherstellung.
- Für einen grossen Laib Emmentaler mit 80 kg braucht man ca. 1000 l Milch.
- Hartkäse sind die grössten Käse. Die Laibe haben etwa einen Durchmesser von 70–100 cm und wiegen 65–110 kg.
- Die harte, dichte Rinde sorgt seit jeher für hygienische Sicherheit und Haltbarkeit. So konnte Hartkäse schon früh den Transport in die Städte überstehen.

4.1 Halbhart-, Hart- und Extrahartkäse lagern und affinieren

Hartkäse kommt gut gereift in den Verkauf. Mit der richtigen Käselagerung sollen Qualität und sortentypische Aromen erhalten bzw. Geschmacksnuancen noch weiter entfaltet werden. Auch bei Hartkäse gilt: Je grösser das Käsestück, umso besser lässt es sich lagern.

Ideale Lagerbedingungen für Halbhart-, Hart- und Extrahartkäse

- Gleichbleibende Temperaturen zwischen 10 und 12 °C sind empfehlenswert. Zwischen 6 und 8 °C verzögert sich der Reifeprozess, was sich ungünstig auf die Aromenentwicklung auswirkt.
- Der Käse muss gut verpackt sein, damit er nicht austrocknet. Die Originalverpackung ist die beste Verpackung. Ist keine luftdurchlässige Klarsichtfolie vorhanden, eignet sich Wachspapier (Käsepapier).
- Grössere Stücke werden oft mithilfe einer sogenannten Schrumpffolie vakuumverpackt, die sich wie eine zweite Haut um die Käsestücke legen. Der Käse kann in dieser Form problemlos mehrere Wochen gelagert werden. Vakuumierte Käse sollen ca. zwei Std. vor dem Genuss ausgepackt werden.
- Eventuell auftretender Milchschimmel kann, falls dies gewünscht wird, mit einer Salzwasserlösung abgewischt werden. Ansonsten wird störender Oberflächenschimmel auf der Hartkäserinde grosszügig weggeschnitten. Ältere dicke Rinde muss ohnehin entfernt werden, weil sie nicht mehr geniessbar ist.

Aufgrund der langen Reifezeit sind Hartkäse trockener, intensiver, länger lagerfähig und sogar leichter verdaulich. Am härtesten und geschmackvollsten sind Hartkäse, die als Reib- bzw. Hobelkäse bezeichnet werden.

Das Alter von Hartkäse erkennt man an der Teigfarbe sowie an der Härte und Dicke der Rinde. Die Rinde wird immer dicker und dunkler.

Affinieren bei Halbhart-, Hart- und Extrahartkäsen

Affinieren ist bei Halbhart-, Hart- und Extrahartkäsen nicht erforderlich und wird in den Gastronomiebetrieben selten gemacht. Ganze Käse mit Naturrinde können professionell in einem Reifeschrank nachgereift werden. Dabei müssen sie regelmässig (ca. zweimal pro Woche) mit Salzwasser abgerieben und gewendet werden.

Hartkäse haben den höchsten Trockenmassegehalt und dadurch auch die höchsten Calciumwerte. Sie enthalten aber keine Laktose (also keinen Milchzucker) mehr, da die Milchsäurebakterien den gesamten Milchzucker in Milchsäure umgewandelt haben.

4.2 Werkzeug und Schneidearten für Halbhart-, Hart- und Extrahartkäse

Vorbereiten und Schneiden von Halbhart-, Hart- und Extrahartkäsen

1. Grosse Laibe werden mit dem Doppelgriffmesser vorgeschnitten. Beim Aufschneiden sind auch Käsespaten praktisch. Sie werden selten vor dem Gast eingesetzt.

2. Grosse Käselaibe können auch mit einem Käsedraht halbiert werden. Dafür wird der Käse seitlich, in der Mitte der Rindenhöhe, eingekerbt, der Draht wird angelegt und durch den Laib gezogen. In ähnlicher Weise lassen sich Käse vierteln.

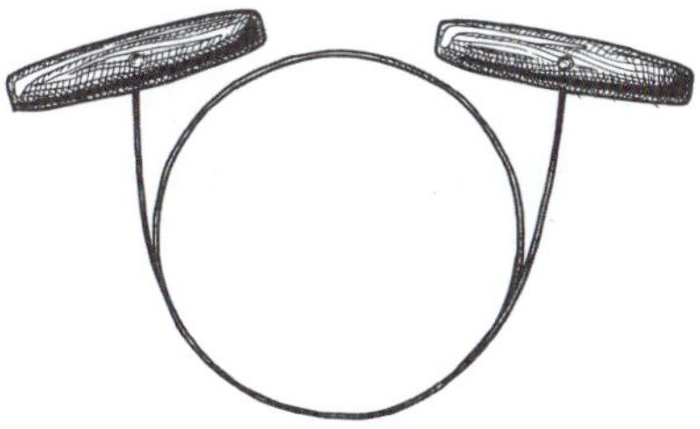

Weitere Schneidetechniken finden Sie in Ihrem Skills-Training-Book im Kapitel «Käse».

⚠ Hartkäse sind aufgrund der langen Reifezeit teurer. Auf sie muss bei der weiteren Lagerung besonders geachtet werden.

Schneidetechniken , welche vor dem Gast eingesetzt werden finden Sie in Ihrem Skills-Training-Book im Kapitel «Käse».

Zur Erinnerung: Lange gereifte Käse sind sehr histaminreich (siehe Histaminintoleranz S. 207). Werden Sie nun mit histaminreichem Rotwein kombiniert, kann das bei empfindlichen Personen zu massiven Beschwerden führen.

Hartkäse und Rotwein: ein harmonisches Paar.

3 Zum Entfernen der Rinde bei Hartkäse, aber auch für hauchdünne Käsestreifen bietet sich ein Käsehobel (Handhobel oder Hobelbrett) an.

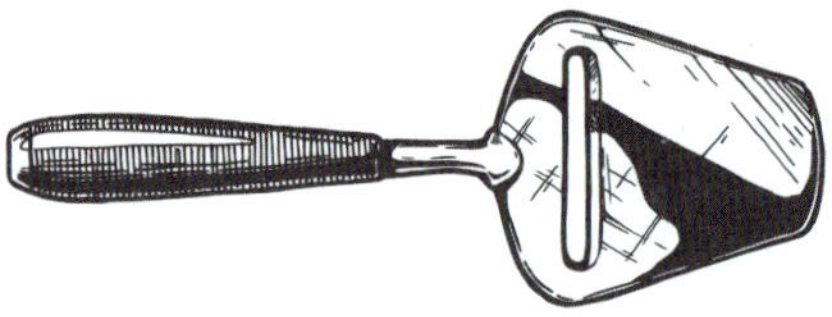

4 Sehr lange gereifte Käse, die nicht mehr schnittfest, sondern so gut gereift sind, dass sich eine krümelige Struktur bildet, sollten mit dem Hartkäsebrecher gestochen werden.

4.3 Begleitung von Halbhart-, Hart- und Extrahartkäsen

Getränkebegleitung

Die Getränkebegleitung richtet sich nach der Intensität der Würze, dem Fettgehalt (bei älteren Hartkäsen höher) sowie einer möglichen feinsäuerlichen, salzigen oder süsslichen Note.

Alkoholfreie Getränkebegleitung

Beerensäfte, Birnensaft, Ananassaft, diverse Fruchtnektare, roter Traubensaft, Milch, Molkegetränke, Schwarztee oder Kombucha Cranberry

Wein

Zu mildem, jungem Halbhartkäse (z. B. 4 Monate lang gereiftem Appenzeller): kräftige, gereifte, fruchtbetonte Weissweine mit eleganter Säure und höherem Alkoholgehalt (z. B. Chardonnay); Rotweine mit mittelkräftigem Körper, grossem Charakter und wenig Tannin (z. B. Merlot, Blauburgunder, Cabernet Sauvignon, Sangiovese, Tempranillos, Rotweincuvées)

Zu kräftigem Hartkäse (z. B. 12 Monate lang gereiftem Gruyère): fruchtige aber ausgeprägte Rotweine mit reifem Tannin (z. B. Cabernet Sauvignon, Walliser Syrah und Blauburgunder – auch aus dem Barrique); ausgeprägte, kräftige Weissweine mit höherem Alkoholgehalt bzw. mit Restsüsse (Petite Arvine, Gewürztraminer, Riesling Prädikatsweine)

Zu kräftigem Extrahartkäse (z. B. 18 Monate lang gereiftem Sbrinz): kräftige, Rotweine mit reifem Tannin (z. B. Cabernet Sauvignon, Nebbiolo, Blauburgunder, Barberas, Tempranillos); spritzige Weissweine wie Chasselas, Fendant und trockene Schaumweine

Most

Kräftige Mostsorten, vor allem aus oder mit Birne

Bier

Kräftiges, vollmundiges Lagerbier, Zwicklbier, Altbiere; zu lange gereiftem Bergkäse oder Parmesan auch malzaromatische Biere oder Starkbiere (z. B. Bockbier)

Brände

Aromatische, intensive Brände (z. B. Vogelbeere, Quitte, Johannisbeere) bzw. Tresterbrände

Beilagen/Garnituren

Nussbrot passt hervorragend zu Original Emmentaler.

Brot

Zu mildem Halbhart- und Hartkäse: Kantonsbrote, kräftiges Roggenbrot (Bauernbrot)

Zu würzigem Extrahartkäse: auch Vollkornbrot, Pumpernickel, Finnenbrot, Zwiebelbrot, Nussbrot und Vollkornknäckebrot

Gelees u. Ä.

Akazien- oder Löwenzahnhonig, Trüffelhonig, Erdbeeren mit Balsamico, Feigensenfsauce, Quittengelee, Birnengelee, Ananas-Chutney

Sonstiges

Trauben, Birnen, Äpfel, Kürbiskerne, Baumnüsse, Macadamia- und Kürbiskernöl

4.4 Verkauf von Halbhart-, Hart- und Extrakartkäse

Gereifte Rotweine haben wie Hartkäse auch ihre eigene Fangemeinde. Beide kommen nicht immer gut bei Gästen an, manche empfinden sie einfach als zu intensiv. Versuchen Sie, skeptische Gäste mit kleinsten Häppchen oder speziellen Angebotsformen von der Qualität der Hart- und Extrahartkäse zu überzeugen und sie für diese Käseart zu begeistern.

Seien Sie kreativ beim Einsatz von Hartkäse.

Einsatzmöglichkeiten

- Am Frühstücksbuffet (besonders milde Sorten)
- Als Znüni-Bestandteil in Sandwiches (besonders milde Sorten)
- Als Vorspeisen oder auf Salat (z. B. gewürfelt oder geraspelt)
- Für Käseteller oder spezielle Käsegerichte (auch als Hauptgang, z. B. als Käsefondue)
- In warmen Gerichten (z. B. zum Überbacken oder gerieben über Teigwaren bzw. in Pesto)

5 Besondere Herstellungsverfahren

Gewisse Käse lassen sich nicht so einfach in eine Kategorie einordnen. Brüh- oder Knetkäse etwa werden in heissem Wasser gezogen und gedreht, bevor sie als köstliche Delikatessen wie Mozzarella oder Provolone in den Verkauf kommen. Käse ist auf alle Fälle vielfältig, wie die nachfolgenden Herstellungsvarianten zeigen.

5.1 Grün- und Blauschimmelkäse

Schimmel ist grundsätzlich etwas Abstossendes für Menschen. Dennoch gibt es genussfähige und beliebte Käse mit grünem oder blauem Innenschimmel. Sowohl bei den Weich- als auch bei den Halbhartkäsen findet man Beispiele. Reifen sie sehr lange, können sie sogar zu Hartkäsen werden.

Bei sehr weichen Edelschimmelkäsen mit dichtem Teig muss der Blauschimmel meist direkt injiziert werden, da dieser in den cremigen, fettreicheren Käsen mit kaum einer Lochung schwer wachsen kann. Sie haben eher Schimmelflecken als Adern.

Meist werden Käse mit Innenschimmel aus Kuh- bzw. Schafmilch hergestellt – Ziegenmilch ist eher selten. Für viele berühmte Innenschimmelkäse wird Rohmilch verwendet. Dazu kommt während der Herstellung eine Art von Edelschimmelpilz.

Herstellungsbesonderheiten bei Käse mit Edelschimmel (Innenschimmel)

Meist wird entweder der Kulturschimmel Penicillium roqueforti (blaugrün) oder Penicillium glaucum (graugrün)

- der Milch (meist als Pulver oder flüssig) oder dem Molke-Bruch-Gemisch beigemengt (bei beiden Massnahmen ist der Schimmel später im Käse gleichmässiger verteilt) oder
- mit einer grossen Spritze in den frisch geformten Käse eingeimpft (dies kann auch während der Reifung noch wiederholt werden).

Der Bruch für Grün- oder Blauschimmelkäse wird nicht oder kaum gepresst, damit der Schimmel Platz zum Verteilen hat.

Beim Reifeprozess im sehr kühlen (meist ca. 8–10 °C) und sehr feuchten Reiferaum (oft Höhlen) entwickelt dieser Edelschimmel unter Sauerstoffeinfluss Adern, die

- mehr oder weniger tief und
- mehr oder weniger fein

im Käseteig verzweigt sind. Diese Ausbreitung dient letztlich als Qualitätskriterium (z. B. gilt der Käse als minderwertig, wenn der Pilz nur ganz innen ein geringes Pilzgeflecht entfaltet). Um dem Pilz bei der Ausbreitung zu helfen, wird der Käse während der Reifung (mehrmals) **pikiert.**

Pikieren = mit langen Nadeln mehrfach in den reifenden Käse stechen, um Sauerstoff zuzuführen und das weitere Pilzwachstum zu fördern. Diese später schimmelbewachsenen Stichkanäle bleiben häufig im Käse sichtbar.

Sobald sich der Edelschimmel vom Teiginnern bis zum Käserand wie gewünscht ausgebreitet hat, wird Grün- und Blauschimmelkäse meist in Alufolie gewickelt, weil dadurch die weitere Schimmelbildung verlangsamt wird und so die Käserinde nicht austrocknet.

Verkauf von Grün- und Blauschimmelkäse

Edelschimmelkäse mag man – oder eben nicht. Fragen Sie Ihre Gäste. Liebhaber dieser Käsesorte freuen sich, die Delikatesse professionell und mit entsprechender Beratung serviert zu bekommen.

Prädikatsweine (z. B. Beerenauslese, Trockenbeerenauslese, Eiswein) passen immer zu Grün- und Blauschimmelkäse – je reifer der Käse, umso mehr Restsüsse soll der Wein haben. Auch Portwein, Sherry, Madeira oder Obstschaumweine harmonieren gut.

5.2 Schmelzkäse

Anfang des 20. Jahrhunderts gab es noch keine Kühlmöglichkeiten für den Käsetransport. Dadurch war der Export von Käse fast unmöglich. 1911 gelang es erstmals in der Schweiz, Emmentaler durch Erhitzen länger haltbar zu machen. Der streichfähige Käse konnte nun mehrere Monate aufbewahrt und auch handlicher verpackt über weite Wege geschickt werden.

Herstellungsbesonderheiten bei Schmelzkäse

Schmelzkäse wird grundsätzlich aus einer oder mehreren fertig gereiften Käsesorten hergestellt. Nach einer Käsesorte benannt werden darf Schmelzkäse, wenn er mindestens 75 % dieser Käsesorte enthält.

Spricht man von **Schmelzkäsezubereitungen**, wurden noch andere Lebensmittel, wie z. B. Paprika, Schinken, Nüsse, Kräuter oder Pilze, zugegeben.

Ausgewählter Käse wird zerkleinert und eventuell werden verschiedene Sorten für den gewünschten Geschmack gemischt. Nun wird das Ganze erhitzt. Dabei werden dem Käse je nach Belieben Butter oder Rahm, Speisesalz bzw. spezielle **Schmelzsalze** zugefügt. Alle Zutaten werden unter Druck und Dampf cremig gerührt. Manche Sorten werden zuletzt noch geräuchert.

Schmelzsalze = funktionieren als Emulgatoren und verhindern, dass sich Fett oder Molke vom Käseprotein trennen.

Verkauf von Schmelzkäse

Schmelzkäse sind beliebte Frühstücks- und Znünikäse. Sie sind auch ungekühlt geeignet für unterwegs und lassen sich immer ideal portionieren und kalkulieren. Für die Gastronomie werden die Schmelzkäsescheiben in verschiedenen Grössen für Toasts, aber auch für Burger erzeugt. Diverse Fonduezubereitungen (meist Schmelzkäse mit Wasser, Stärke und Würzmitteln) gibt es sowohl für den Haushalt als auch für die Gastronomie.

5.3 Brüh- und Knetkäse

Typische Vertreter dieser Gruppe wie Mozzarella oder Provolone weisen auf die italienischen Wurzeln dieser Käseherstellung hin. Sie beinhalten auch die Untergruppe der Filatakäse («Pasta Filata» übersetzt «Ziehkäse»).

Es handelt sich meist um ungereifte, helle, fast weisse Käse, deren Teig elastisch-fest ist und die aufgrund der besonderen Herstellung eine leicht fasrige oder blättrige Struktur aufweisen. Gereifte Käse werden schliesslich körnig. Der Geschmack ist je nach verwendeter Ausgangsmilch mild-süsslich, rahmig, frisch, leicht salzig, rein säuerlich oder würzig-kräftig. Der Höchstwassergehalt beträgt 52 %.

Mozzarella stammt ursprünglich aus Neapel. «Mozzare» heisst «abschlagen» (vom Käsestrang). Dieser Käse entstand angeblich zufällig, als ein Stück Käsebruch irrtümlich in einen Eimer mit heissem Wasser fiel.

Herstellungsbesonderheiten bei Brüh- und Knetkäse

Der Käsebruch wird in kleine Stücke geschnitten, mit ca. 60–80 °C heissem Wasser gebrüht und dann gezogen, geknetet oder gedreht, bis lange, plastische Käsestränge entstehen. Davon werden gleichmässige Stücke abgeteilt. Diese werden zu Kugeln geformt (z. B. für Mozzarella), aber auch zu Zöpfen geflochten oder in andere Formen gebracht. Danach werden die Käse **meist in Molke oder Salzlake gelagert**. Letzteres macht sie würziger und fester. Sie haben eine geschlossene, glatte Oberfläche ohne Rinde. Fallweise werden die Käse auch geräuchert. Provolone hingegen wird noch in ein Paraffinbad getaucht, wodurch er gut geschützt lagern kann. Die meisten Brüh- und Knetkäse werden bereits nach relativ kurzer Reifung gegessen.

Burrata ist eine spezielle Art von Mozzarella. Hierbei wird ein Säckchen aus dem Mozzarellateig geformt und mit Mozzarellastreifen und Rahm, oft Doppelrahm, gefüllt und verschlossen. Das Innere des Burratas ist leicht cremig und rahmig.

Provolone wird gern geschnürt und hängend gelagert – ein Blickfang.

Verkauf von Brüh- und Knetkäse

Die vielfältigen Brüh- und Knetkäse sind mannigfaltig einsetzbar, z. B. als Antipasti, zu Salat oder klassisch in typischen italienischen Gerichten wie Caprese (Mozzarella mit Tomaten). Bekannt ist Brüh- und Knetkäse in erster Linie in geschmolzener Form auf der Pizza und auf anderen italienischen Gerichten.

5.4 Molkekäse

Der Ausgangsstoff von Molkekäse ist nicht Milch, sondern Molke, das Nebenprodukt der Käseherstellung (siehe S. 215). Sie enthalten daher kein Kasein, sondern nur Molkeprotein (Albumin und Globulin). Reine Molkekäse sind sehr fettarm.

Noch gespeichert oder brauchen Sie eine kleine «Datenauffrischung»? Auf S. 39 finden Sie alles zum Nachlesen.

Herstellungsbesonderheiten bei Molkekäse

Die Proteinstoffe aus der Molke werden mithilfe von Säure und Hitze (bis 95 °C) ausgefällt und dann abgeschöpft. Das Produkt daraus wird in verschiedenster Weise vollendet (z. B. fein geschlagen für Ricotta).

Bekannte Vertreter von Molkekäse sind Ziger oder Ricotta.

6 Vegane «Käse»

Seit einigen Jahren gibt es Pflanzenfett-Protein-Zubereitungen, die Käse bei veganer Ernährung ersetzen sollen. Die Käse müssen so gekennzeichnet und beworben werden, dass es den Konsumenten möglich ist, die tatsächliche Art des Lebensmittels zu erkennen und es von Erzeugnissen, mit denen es verwechselt werden könnte, zu unterscheiden. Die Produkte dürfen weder in ihrer Aufmachung noch in irgendwelchen Abbildungen den Eindruck von Käse erwecken.

Dementsprechend findet man vegane Produkte wie «Pizza-Mix», «Gastromix», «Pizzaschmelz», «Sandwichscheiben», «Geriebener Pizzabelag» oder «Lebensmittelzubereitung mit Pflanzenfett zum Überbacken».

Käseimitate (z. B. von Streukäse oder Mozzarella) kommen mittlerweile auch in Fertigprodukten, Bäckereien, Imbissbetrieben und in der Billiggastronomie zum Einsatz. Der Grund dafür ist einfach: Sie sind um etwa 30–40 % billiger als echter Käse und garantieren stabile (Schmelz-)Eigenschaften.

Herstellung von Pflanzenfett-Eiweiss-Zubereitungen

Grundsätzlich werden folgende Zutaten verwendet:

- **Protein:** z. B. aus Sojabohnen, Nüssen, gekeimtem Vollkornreis, Flohsamenschalen, Cashewkernen oder Hefeflocken
- **Fett:** Sonnenblumenöl, Kokosöl, Palmfett
- **Gewürze:** z. B. Salz, Kräuter, Knoblauchpulver
- Pflanzliche **Gerinnungs- bzw. Verdickungsmittel:** z. B. Guarkernmehl (E 412), Agar-Agar (E 406)
- Eventuell **Zusatzstoffe** wie Aromen, Farbstoffe, Säureregulatoren oder Konservierungsstoffe

Rückschlüsse auf den ernährungsphysiologischen Wert können Sie also nur anhand der Inhaltsstoffliste ziehen. Auch der Geschmack einzelner Produkte ist individuell zu beurteilen.

Käsenationen – Top 3

Käse wird von Hand gemacht und damit von den Menschen, die ihn herstellen, geprägt. Jeder Käse spiegelt eine Region und deren Bewohner wider. Deshalb entstehen in jedem Land unterschiedliche regionale Spezialitäten, die sich in Herstellung und Geschmack stark voneinander unterscheiden.

Ausgewählte Käse werden mit einem Ursprungssiegel, sozusagen als besondere Regionsvertreter, ausgezeichnet (z. B. g. U., AOP, IGP). Käse mit diesem Zusatz repräsentieren sich als «Original» und sind oft eng mit ihrem Herkunftsgebiet (manchmal auch nur mit einem einzigen Tal), der dort vorhandenen Umwelt und der ansässigen Bevölkerung verbunden.

Nachfolgend werden die «Käselandschaften» der Schweiz, Frankreich und Italien beschrieben.

Meine Ziele

Nach Bearbeitung dieses Kapitels kann ich

- Käseländer und ihre typischen Käse nennen;
- Gästen eine Käsenation durch ausgewählte Beispiele auf einer Käseplatte präsentieren;
- Unterschiede zwischen AOP- bzw. namensgleichen Käsen aus anderen Gebieten aufzeigen;
- regionstypische oder nationale Käse mit den übrigen Angeboten aus Küche und Keller kombinieren.

1 Käse aus der Schweiz

Die Schweiz und der Käse sind ein untrennbares Paar und die meisten denken dabei an einen hellgelben Käse mit grossen Löchern. Der Schweizer Käse ist auch ein Klischee, verkörpert er doch für viele eine intakte Bergwelt und urige Traditionssennereien.

Finden Sie mehr über den begehrten «Swiss Cheese Award» heraus. Wie oft findet dieser Wettbewerb statt und wer waren die letzten Sieger?

Fakt ist, dass in der Schweiz seit Jahrhunderten international berühmte Käse produziert werden. Die Käseherstellung lässt sich bis in die Zeit des Römischen Reiches nachweisen. Aufgrund der Berge war in der Schweiz schon immer nur wenig Ackerbau möglich, man konzentrierte sich auf die Tierwirtschaft. Käse war die beste Lösung, Milch für die langen Winter in den Bergen haltbar zu machen.

Knapp die Hälfte der Schweizer Milch wird verkäst. Ein Grossteil der Milch wird in Grosskäsereien verarbeitet. Diesen stehen noch wenige kleine Dorfkäsereien und regionale Käsegenossenschaften gegenüber. Gerade die beiden letzteren erhalten den regionstypischen Charakter bestimmter Käse. Ein eigenes Schweizer Käsemarketing (**Switzerland Cheese Marketing**) zielt darauf ab, Schweizer Käse im Ausland noch bekannter zu machen.

Von den **über 450 Schweizer Käsesorten** zählen der Emmentaler, der Gruyère, der Appenzeller oder der Sbrinz zu den bekanntesten. Darüber hinaus gibt es viele weitere interessante und ausgezeichnete Schweizer Käse.

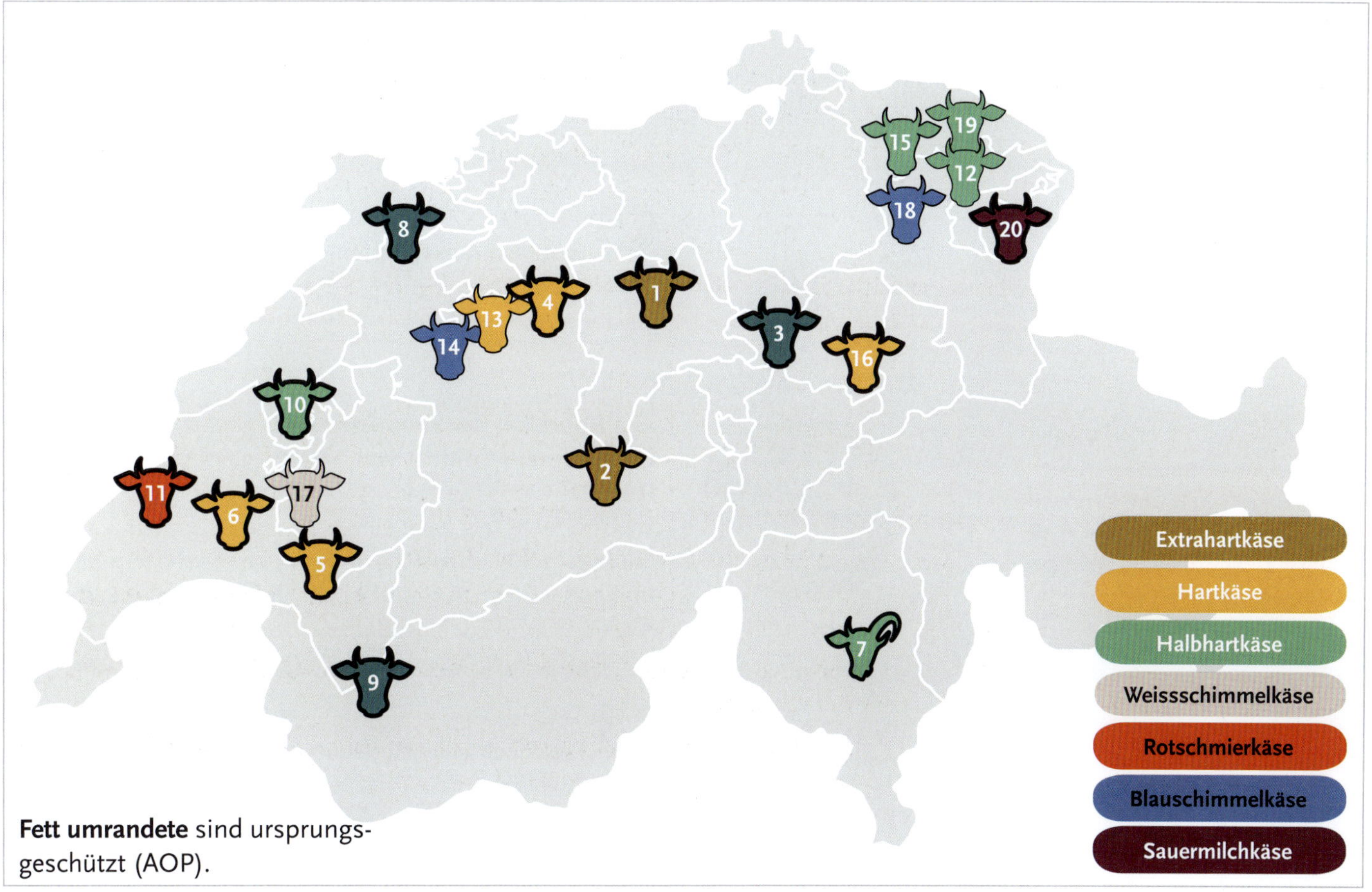

Fett umrandete sind ursprungsgeschützt (AOP).

«Sbrinz» hat seinen Namen von der italienischen Bezeichnung der historischen Sammelstelle für Käsetransporte in der Schweiz: Brienz (italienisch: «Sbrinzo»). Der Käse wird auch gerne als«Vater» des späteren italienischen Parmesans bezeichnet.

1 Sbrinz AOP

Extrahartkäse
45 % F. i. T.
würzig- kräftig

Dieser extraharte Käse wird in Grosslaiben (ca. 45 kg) aus roher Heuvollmilch hergestellt und ist nicht so bröckelig wie Parmesan. Er wird von 30 ausgewählten Alpkäsereien gekäst und verpflichtend im ersten Jahr im Ursprungsgebiet, also der **Innerschweiz,** gelagert. Sbrinz **reift mindestens 18 Monate** (zuletzt hochkant stehend). Es gibt ihn bis zu 4-jährig, wobei er mit dem Alter aromatischer und würziger wird. Sein **elfenbeinfarbener oder hellgelber Teig** ist nur schwach verformbar und hat keine oder nur wenige kleine, runde Löcher. Er riecht fruchtig-würzig und verströmt leichte Röstaromen. Seine Rinde wird durch die Salzbäder und die lange Reifezeit sehr hart. Er **schmeckt würzig, leicht salzig, saftig-mürbe** und ist wegen seiner extrem langen Reifung besonders leicht verdaulich.

Erste Getränkeempfehlung: Cidre, fruchtige Schweizer Weissweine oder Blauburgunder, fruchtbetonte Schaumweine

Im Berner Oberland wird auf ca. 560 Alpen Käse hergestellt.

2 Berner Alp- und Hobelkäse AOP

Extrahart-/Hartkäse
45 % F. i. T.
würzig-kräftig

Als typischer Alpkäse wird er nur im Sommer auf der Alp produziert. **Allerfrischeste, würzige Rohmilch,** deren Geschmack von Berner Alpenkräutern geprägt ist, bildet die Basis für diese **geschützte Spezialität.** Nach einer Reifezeit von 4 ½ bis 12 Monaten hat er sein ausgeprägtes Aroma.

Als Original ist er durch die Laibprägung «CasAlp» erkennbar. Für Hobelkäse wird dem Alpkäse nach 5–7 Monaten die Rotkultur («Schmiere») abgewaschen und er darf im Lagerraum bei ca. 12 °C und einer Luftfeuchtigkeit von ca. 70 % nachreifen, bis er nach 2–3 Jahren ein extraharter Hobelkäse mit **brüchig-trockenem Teig** ist.

Erste Getränkeempfehlung: regionale Riesling-Silvaner aus Spiez

«Alpkäse» (im Gegensatz zu allgemeinen Bergkäsen) ist ein Saisonprodukt und kann wie andere saisonale Produkte (z. B. Beeren) zu speziellen Zeiten bei Gästen angepriesen werden.

3 Glarner Alpkäse AOP

Halbhartkäse
50 % F. i. T.
aromatisch bis würzig-kräftig

Aus **Rohmilch der Sommermonate** gekäst, reifen die Laibe mit einem Gewicht von 5–8 kg mindestens 8 Wochen lang. Die Rinde hat eine rotbraune, trockene Rotkultur. Der speckig-feste Teig zeigt einige wenige Löcher. Er schmeckt **anfangs mild-aromatisch** (August bis Oktober) oder **aromatisch-würzig** (November bis Februar), dann **intensiv rezent.** Er wird von der Glarona Käsegenossenschaft nördlich der Glarner Alpen in der Ostschweiz produziert.

Erste Getränkeempfehlung: Ostschweizer Weiss- und Rotweine)

13 Belper Knolle

Frischkäse/Hartkäse
42 % F. i. T.
würzig-kräftig

Diese aussergewöhnliche Spezialität, auch **«Schweizer Trüffel»** genannt, wird aus Frischkäse mit Himalayasalz und Knoblauch mit einer Pfefferhülle hergestellt. Dieser so affinierte Frischkäse ist sofort verzehrbereit, kann aber auch weitere 9 Wochen getrocknet werden, bis er zum Hartkäse wird. Der **mittelbrüchige Teig** schmilzt zart im Mund. Das lang anhaltende Aroma ist **angenehm prickelnd im Mund** und der Geschmack wird als umami beschrieben.
Der Hartkäse wird wie Parmesan über Gerichte gehobelt oder pur genossen bzw. auch geschmolzen.

Erste Getränkeempfehlung: kräftige, strukturierte Weine (z. B. aus dem Sauternes)

Die heute in der Spitzengastronomie bekannte «Belper Knolle» in Form von Hartkäse entstand eigentlich dadurch, dass die Frischkäsevariante immer wieder zu lange liegen blieb und hart wurde.

Umami = Geschmacksbeschreibung wie süss oder sauer; beschreibt eine schmackhafte, würzige Empfindung am Gaumen.

14 Blaues Hirni

Frischkäse / Blauschimmel
45 % F. i. T.
würzig-kräftig

Dieser Frischkäse ist aufgrund seines **blauen Aussenschimmels** ein Hingucker. Er wird aus Rohmilch als 140 g-Gupf gekäst. Seinen Namen hat er von seiner runzelig-blauschimmeligen Oberfläche mit Himalayasalz. Je reifer er ist, umso stärker schmilzt er und umso stärker wird sein ohnehin intensives Aroma.

Erste Getränkeempfehlung: Elsässer Gewürztraminer, Deutsche Prädikatsweine, Petite Arvine

15 Müller-Thurgau

Halbhartkäse
56 % F. i. T.
aromatisch-würzig

Dieser geschmackvolle Käse entsteht seit dem Jahr 2000 aus **silofreier Rohmilch.** Die 7-kg-Laibe reifen 6 Monate, bis ihr **cremiger Teig** das typische vollmundige Aroma offenbart. Er **schmeckt cremig-mild.** Es gibt ihn – auch in mehreren Varianten (z. B. 8 Monate gelagert mit dem Zusatz «rezent») – von der Familienkäserei Müller-Thurgau im Kanton Thurgau.

Erste Getränkeempfehlung: Thurgauer Riesling-Silvaner und Blauburgunder

«Müller-Thurgau» bezeichnet bei Wein eine Weissweinsorte, die auch «Riesling-Silvaner» genannt wird, diese wurde nach ihrem Züchter Hermann Müller aus dem Kanton Thurgau benannt.

«Tomme» ist die allgemeine Bezeichnung für Weichkäse aus Savoyen (französische Alpenregion südlich des Genfersees). Diese werden meist aus Rohmilch gekäst, wie z. B. der französische «Tomme Fleurette». In den angrenzenden Gebieten der Schweiz und Italiens gibt es verwandte Käse mit dieser Bezeichnung, wie den Schweizer «Tomme Vaudoise».

16 Tomme Vaudoise

Weissschimmelkäse
45 % F. i. T.
mild-fein

Dieser bekannte Weichkäse wurde ursprünglich nahe dem Genfersee, im Tal der Arve (Val d'Arve), hergestellt. Heute gibt es die etwa 100 g schweren Laibe in der ganzen französischsprachigen Schweiz. Nach nur 7–10 Tagen Reifezeit ist der Käse von feinem Weissschimmel bedeckt. Sein **Teig zeigt sich cremig, zart schmelzend**. Seine Rinde ist besonders dünn und etwas runzelig. Er **schmeckt mild nach Milch**.

Erste Getränkeempfehlung: Schaumwein, Chablis, reife Rotweine (z. B. aus dem Bordeaux)

Es wird nicht nur der Zigerkäse zum Schaben bzw. Reiben (Schabziger) hergestellt, sondern auch einfach Ziger (eigentlich der Begriff für Milchprotein). Es handelt sich um einen Molkekäse wie z. B. Ricotta.

17 Schabziger

Hartkäse
0 % F. i. T.
würzig-kräftig

Diese Spezialität ist das **älteste Markenprodukt der Schweiz**. Die frische entrahmte Kuhmilch aus der Glarner Bergwelt wird auf über 90 °C erhitzt. Langsam werden die Milchsäurekulturen eingerührt und die Milch trennt sich in Ziger, der das ganze Protein enthält, und in Schotte (Molke). Der frische Ziger lässt in flachen Becken Schotte ab und kühlt aus, bevor er im Gärbehälter eine erste Reifung während 4–12 Wochen durchläuft. Dann wird der Käse zerrieben, gesalzen und mindestens 3 Monate lang in Silos gelagert. Danach wird **pulverisierter Schabzigerklee** (Blauer Bockshornklee) hinzugefügt, was ihm die **lindgrüne Färbung** verleiht. Schliesslich wird er in die typische gestutzte Kegelform gepresst und durch mindestens 2 weitere Monate Trocknung zum idealen würzigen Reibkäse.

Erste Getränkeempfehlung: Cidre, IPA-Biere, Fruchtbiere, frische Blauburgunder

Jersey-Milch von gleichnamigen Kühen ist dank ihres hohen Fettgehaltes gelblich und sehr aromatisch, da Fett ein idealer Geschmacksträger ist.

18 Jersey Blue

Blauschimmelkäse
55 % F. i. T.
weich, cremig

Frische Milch von Jersey-Kühen aus dem Toggenburg, veredelt durch zarten Blauschimmel: Der Jersey-Blue von der **Städtlichäsi Lichtensteig** ist der Weltmeister unter den Jersey-Käsen und in vielen exklusiven Restaurants rund um den Globus auf dem Käsewagen anzutreffen.

Die feine Jersey-Milch enthält mehr Vitamin A, mehr Fett und mehr Proteine als herkömmliche Milch. Der Teig ist **sehr cremig, gelblich und intensiv im Geschmack.**

Erste Getränkeempfehlung: Schweizer Süssweine, Deutsche Prädikatsweine, Sauternes (Bordeaux)

19 Tilsiter

Halbhartkäse
48 % F. i. T.
mild bis würzig

Der Tilsiter Switzerland ist ein Klassiker unter den Schweizer Halbhartkäsen. In Familienbetrieben in den Kantonen Thurgau und St. Gallen sowie im Zürcher Oberland werden die 4–4,5 kg schweren Laibe von Hand gefertigt und während der Reifezeit im Käsekeller gepflegt.
Der rot-weisse mittelreife Tilsiter wird während 70–110 Tage gereift. Er wird wie der Surchoix mit der **schwarzgoldenen Laibetikette** (der 120–180 Tage reift) aus frischer Rohmilch aus silofreier Fütterung, teilweise auch thermisiert, hergestellt.
Der Bio-Tilsiter mit der rot-weissen Laibetikette und mit Bio-Knospe im Zentrum wird exklusiv in der Käserei Maseltrangen in Rufi SG hergestellt. Die Bio-Knospe steht für einen schonenden Umgang mit den Tieren, der Natur und ihren Rohstoffen. Er reift 70–180 Tage.

Erste Getränkeempfehlung: Ostschweizer Riesling-Silvaner und Blauburgunder, Merlot

Schweizer Auswanderer verbreiteten die Kunst des Käsens in vielen Ländern. So auch im einstigen Ostpreussen, das heute zu Russland gehört. Von dort, aus einem Städtchen namens Tilsit, kehrte der Thurgauer Otto Wartmann 1893 heim. In der Manteltasche hatte er ein Käserezept. Er verfeinerte es auf dem Holzhof in Bissegg, im Thurgau und kultivierte die Käseherstellung mit völlig neuen Qualitätsmassstäben.

20 Bloder Sauerkäse AOP

Sauermilchkäse
2–15 % F. i. T.
mild-fein

Aus Magermilch und etwas Vollmilch wird dieser nur sehr schwach gesalzene Käse **komplett ohne Lab** hergestellt. In der Region Toggenburg nahe St. Gallen und in Werdenberg nahe Liechtenstein produzieren einige Betriebe «Bloderchäs» in Blöcken. Sein Teig ist **frisch ganz weiss, saftig, körnig und in gereiftem Stadium fest, trocken** und von einer dann speckigen Rinde umschlossen. Er schmeckt **milchig, leicht säuerlich** und lässt sich aufgrund seines relativ neutralen Geschmacks gut mit anderen Lebensmitteln kombinieren. Als Varianten gibt es ihn mit Kräutern eingelegt, unterschiedlich gewürzt oder auch in gekochter Form (mit speckigem Teig wie bei allen typischen Kochkäsen).

Erste Getränkeempfehlung: junge Weiss- oder Roséweine

2 Frankreich

> *Essen wie Gott in Frankreich – das ist ohne Käse undenkbar! In Frankreich ist es täglich gelebte Tradition, ein Menü mit einer Käseauswahl zu beenden. Zumindest steht die Wahl zwischen Süssspeise und Käse immer offen.*

Besonders durch die Herstellung von Rohmilchkäse ist Frankreich als die Käsenation der Welt gross geworden.

Die grosse Käseauswahl in Frankreich ist geschichtsträchtig. Schon Winston Churchill sagte sinngemäss, dass eine Nation mit derart vielen Käsesorten unmöglich untergehen könne. Der ehemalige französische Präsident Charles de Gaulle beschrieb seine schwierige Aufgabe mit dem Kommentar: «Wie soll man ein Land regieren, in dem es mehr Käsesorten als Tage im Jahr gibt?»

Für Franzosen ist nicht nur die Herstellung von Käse von Bedeutung, sondern auch die Zusammenstellung von Käsen für den Gast. In Frankreich ist Käse eine Wissenschaft, aber gleichzeitig auch ein Genuss mit allen Sinnen. Jede Region hat ihre eigenen Delikatessen und meist gleich die passenden Weine bzw. Getränke dazu.

Der berühmteste Käseaffineur aus Frankreich kommt aus dem Elsass. Bernard Antony veredelt Käse oft jahrelang zu kreativen Spitzenprodukten.

Die Abbildung liefert einen Überblick über die wichtigsten AOP-Käse Frankreichs. Insgesamt gibt es rund 45 AOP-Käse, viele IGP-Käse und eine riesige Auswahl an regionalen Käsespezialitäten. Teilweise gibt es sich überschneidende Produktionsgebiete mit Nachbarländern. Bei den **angegebenen Fettgehalten** handelt es sich um **Mindestwerte,** die je nach Herstellbetrieb oder Saison variieren können.

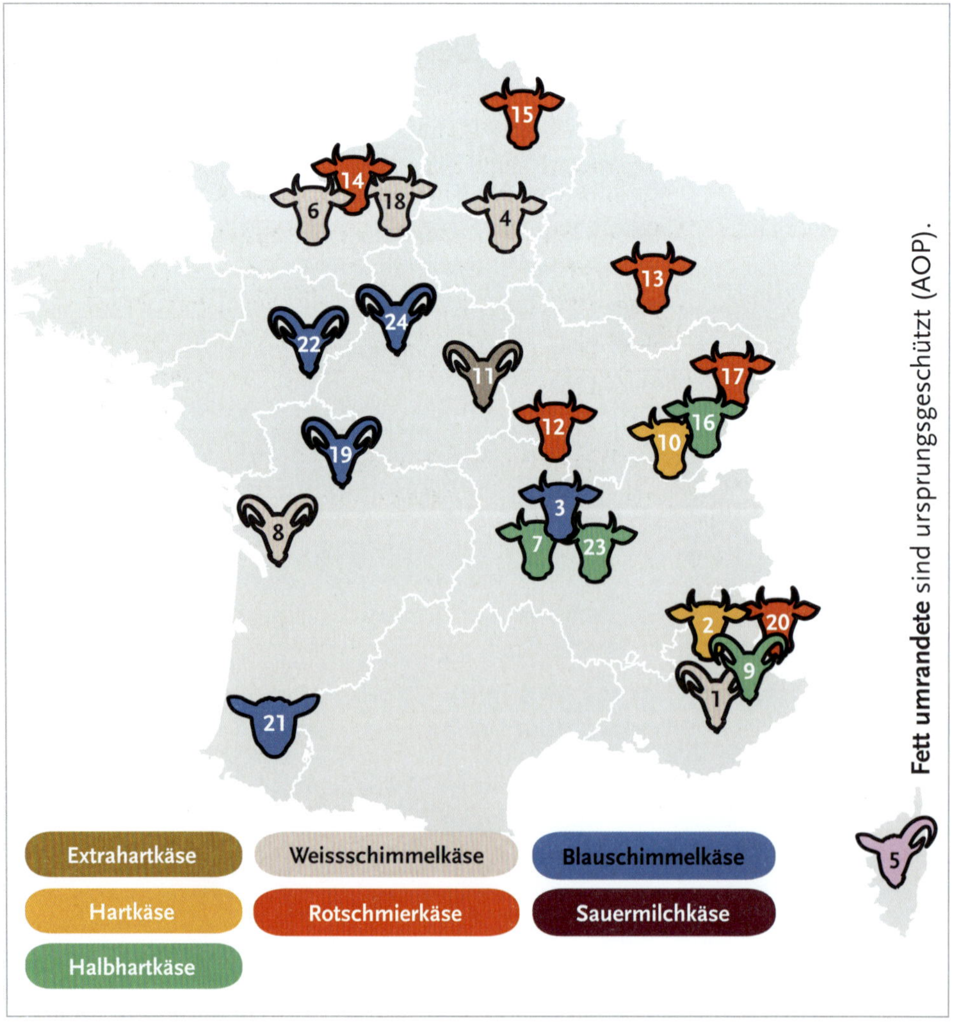

Abgesehen von der AOP- bzw. IGP-Klassifizierung geben weitere Zusätze beim Käsenamen Informationen für den Verkauf.

- **«Fermier»:** nur aus Rohmilch von hofeigenen Tieren eines Bauernhofs (grünes Etikett).
- **«Artisanal»:** ebenso wie «fermier» auf einem Bauernhof in Handarbeit gekäst, aber es darf Milch von anderen Höfen zugekauft werden.
- **«Laitier»:** von einer Molkerei in Handarbeit gekäst. Die Milch stammt aus der Umgebung und wird nach strengen Qualitäts-richtlinien ausgewählt.
- **«Industriel»:** Überregional angelieferte Milch wird in grossen Molkereibetrieben mit industriellen Methoden produziert.

fermier	*fermjeh*
laitier	*lätjeh*
industriel	*adüstrjel*

❶ Banon AOP

Weissschimmelkäse
40–50 % F. i. T.
mild-fein bis aromatisch

Dieser kleine Rohmilchkäse kommt aus Südfrankreich, wo er im Gebiet Alpes-de-Haute-Provence nach **alten bäuerlichen Rezepten** in Laiben von 6–8 cm Durchmesser gekäst wird. Seine Milch wird mit einer höheren Labmenge angesetzt, weil die hohen Temperaturen im Süden eine möglichst rasche Dicklegung erfordern. Der etwa 4 Wochen gereifte Käse hat eine natürliche Rinde. Diese wird während der Reifung mit Tresterbrand affiniert. Der Käse wird schliesslich in Edelkastanienblätter gewickelt (5–8 Stück pro Käse) und mit Naturbast geschnürt, um den Käse vor Austrocknung zu schützen und ihn durch die Tannine der Blätter weiterreifen zu lassen. **Der Teig ist cremig-weich, besonders glatt und schmeckt von feinsäuerlich bis kräftig** nach Laub, Holz und Nuss. Je reifer er ist, umso fliessender und intensiver wird sein Inneres. Aufgrund der Blätterverpackung ist er optisch ein besonderes Highlight bei jeder Käsepräsentation.

Erste Getränkeempfehlung: frische, fruchtige Weissweine, Roséweine (z. B. auch aus der Provence), junge Rotweine (z. B. ebenso aus der Region wie aus dem nahen Cassis)

«Banon» hat seinen Namen von einem Ort in der Region. In der kargen Landschaft und im trockenen Klima Südfrankreichs können vor allem Ziegen gehalten werden.

Eine bei uns sehr bekannte Ziegenkäsemarke aus Südwestfrankreich ist «Chavroux». Sie bietet diverse Ziegenfrischkäse ohne AOP-Auszeichnung an.

Banon	*Banoh*
Beaufort	*Bofohr*

❷ Beaufort AOP

Hartkäse
50–60 % F. i. T.
aromatisch

Aus der Alpenregion Beaufort im Gebiet Savoyen stammend wird dieser Käse aus Rohmilch **seit jeher in Klöstern gekäst.** Er wird gerne auch als **«Prinz der Gruyères»** bezeichnet, weil er dem Gruyère in jeder Hinsicht ähnelt. Die Käsemasse erhält nach dem Dicklegen, Zerkleinern, Erhitzen in Kupferkesseln und Abtropfen im Leinentuch durch das Abfüllen in Holzformen ihre typische konkave Form. Anschliessend reift er 5–10 Monate, wobei er mehrmals gewendet und mit Salzlake eingerieben wird. Er schmeckt **fruchtig und pflanzlich.** Junger Beaufort ist eher mild. Länger gereift hat er ein volles und reiches Aroma.

Erste Getränkeempfehlung: zu jungem Beaufort Chardonnay oder Roséweine, zu gereiftem Fleurie oder Burgunder

Der Käselaib wird praktisch mit einem «Holzgürtel gespannt».

Ein weiterer französischer Blauschimmelkäse aus Zentralfrankreich, der zwar kein AOP-Käse, aber bei uns bekannter ist, ist der «Saint Agur». Er hat eine typische achteckige Form ohne Rinde. Sein geschmeidiger, elfenbeinfarbener, fester Teig mit blauem Edelschimmel schmeckt feinwürzig.

3 Bleu d'Auvergne AOP

Blauschimmelkäse
50 % F. i. T.
würzig-kräftig

Dieser Blauschimmelkäse wird **seit dem 16. Jahrhundert** in der Auvergne produziert. Der Käser Antoine Roussel entdeckte damals zufällig Laibe, die im Keller Blauschimmel angesetzt hatten, was den Geschmack deutlich verbesserte. Den gleichen Schimmel entdeckte er auf Roggenbrot. Für weitere Käse rieb er also dieses angeschimmelte Roggenbrot sehr fein und fügte es dem Käseteig zu. Ausserdem stach er immer wieder mehrmals mit einer Nadel in die Käselaibe, um Luft ins Innere zu leiten und dadurch den Edelpilz im ganzen Käse wachsen zu lassen. Die Laibe mit meist 20 cm Durchmesser reifen mindestens 4 Wochen in feuchten, kühlen Kellern der Region und werden dabei regelmässig gewendet und mit Salz abgerieben.

Heute wird dieser Käse mit der gleichen Blauschimmelkultur wie Roquefort angesetzt, jedoch mit Kuhmilch. Immer noch wird er pikiert, also von Hand mit Nadeln durchstochen. Die Rinde ist grau und etwas weiss von Milchschimmel. Sein **elfenbeinfarbener Teig** ist fest und von gleichmässig verteilter blau-grüner Marmorierung durchzogen. Er **schmeckt feucht, buttrig,** nach wilden Champignons und **leicht salzig-nussig,** je nach Reife aromatisch bis pikant. Im Vergleich mit anderen Blauschimmelkäsen wirkt er mild.

Erste Getränkeempfehlung: kräftige Rotweine (z. B. Cahors, Côtes du Rhône), Elsasser Weissweine, Deutsche Prädikatsweine

Bleu d'Auvergne	*Blö d'Overnje*
Saint-Agur	*Sänt Agür*
Brie de Meaux	*Bri dö Mo*

4 Brie de Meaux AOP

Weissschimmelkäse
45 % F. i. T.
mild-fein

Vom «Käse der Könige» (Lieblingskäse von Karl dem Grossen und Ludwig XVI.) stieg dieser Weichkäse mit weissem Edelschimmel beim Wiener Kongress 1814/15 zum «König der Käse» auf. Er wurde dort von allen Diplomaten zum Siegerkäse gekürt. Der Käse wird in der historischen Region Brie östlich von Paris hergestellt. Die Rohmilch wird bei besonders niedrigen Temperaturen schonend mit Lab zum Gerinnen gebracht. Mit einer speziellen **Brie-Schaufel** wird der Käsebruch schichtweise und vor allem gleichmässig in Formen mit etwa 36 cm Durchmesser gefüllt. Trocken gesalzen und mit Penicillium candidum behandelt, werden die Käselaibe von Hand gewendet und 6–8 Wochen gereift. Der etwa 2,8 kg schwere, flache Laib hat eine dünne Rinde mit flauschigem Weissschimmel mit roten Flecken (Zeichen eines Originals). Sein **strohgelber, elfenbeinfarbener oder gelber Teig** ist anfangs fest, später cremig-weich (nicht fliessend!). Er schmeckt **mild-fruchtig bis aromatisch-würzig** nach Gras und Haselnüssen. Reif bis überreif entwickeln sich auch Ammoniakdüfte.

Brie gehört zu den meistkopierten Käsen der Welt. Nur **Brie de Meaux** und der ebenfalls aus der Region stammende kräftigere **Brie de Melun** sind AOP-geschützte Briekäse. In der Schweiz darf durch ein Abkommen mit Frankreich ein sogenannter «Brie Suisse» hergestellt werden.

Erste Getränkeempfehlung: Champagner, Beaujolais oder Burgunderweine

5 Brocciu AOP

Frischkäse
40 % F. i. T.
mild-fein bis würzig-kräftig

Dieser Frischkäse aus Korsika wurde früher nur aus Schafmilch gewonnen, heute wird er auch aus Ziegenmilch hergestellt. Für Brocciu werden Schaf- und Ziegenmolke, die bei der Produktion von anderen Halbhartkäsen anfallen, mit wenig Schaf- und Ziegenmilch sowie Salz vermischt. Der Bruch wird beim Erhitzen ständig gerührt. Daher hat der Käse auch seinen Namen («brocciu» = der Geschlagene). Nach dem Abschöpfen wird er traditionell zum Abtropfen in Flechtkörbe gefüllt. Frisch schmeckt er nach zwei Tagen **mild-cremig sowie süsslich** und er wird wie Ricotta verwendet. Bis zu einem Monat gereift («passu») dagegen schmeckt er würzig-pikant und salzig-herb.

Erste Getränkeempfehlung: Weissweine mit zartem Körper (z. B. Sauvignon blanc, Trebbiano di Romagna), Prosecco

Brocciu *Brotschu*

6 Camembert de Normandie AOP

Weissschimmelkäse
40–45 % F. i. T.
mild-fein

Aus **tagesfrischer Rohmilch** wird dieser Weichkäse mit weissem Edelschimmel noch heute von Hand in 10–12 cm grossen Laiben produziert. Einer Legende nach wurde er während der Französischen Revolution von der Bäuerin Marie Harel erfunden. Der Käse wurde zudem bereits bei Napoleons Staatsbanketten aufgetischt. Der gesäuerte, mit Lab versetzte geronnene Bruch wird nicht gebrochen, sondern wie beim Brie in etwa fünf Schichten von Hand in die Formen geschöpft. So bleibt viel Molke enthalten, wodurch der Käse seine Cremigkeit behält. Nach dem ersten Tag werden die Laibe trocken gesalzen (aussen mit Salz bestreut) und mit Edelschimmel (Penicillium camemberti) behandelt. Dann darf der Camembert im Reifekeller rund 2 Wochen seinen weissen Edelschimmel entwickeln. Nach weiteren 4–5 Tagen wird er für den Verkauf fertig gemacht. Er wird immer noch in Spanholzschachteln verpackt, die schon 1890 vom Ingenieur Eugène Ridel als Transportschutz erfunden wurden. Sein **hellgelber bis goldgelber Teig ist anfangs fest und mit zunehmender Reife cremig fliessend.** Reifer Camembert kann sogar Löcher im Teig haben. Er **schmeckt sahnig, leicht salzig-fruchtig** und nach wilden Champignons.

Erste Getränkeempfehlung: Cidre, Schaumweine, trockene Weissweine (z. B. Pinot gris, Sancerre), elegante, fruchtige Rotweine, Sancerre, Calvados

Auch Camembert wird international tausendfach nachgekäst – mit unterschiedlichen Ergebnissen. Die Schweiz hat wie beim Brie ein Abkommen mit Frankreich, das erlaubt, einen «Camembert Suisse» herzustellen.

Neufchâtel AOP, auch ein Weichkäse mit Weissschimmel aus der Normandie, wird in verschiedenen Formen gekäst, u. a. in der beliebten Herzform.

Camembert de Normandie *Kamombehr dö Normondih*
Neufchâtel *Nöfschatell*

Die Herstellung dieses Käses ist dem des Cheddars ähnlich. Die zweite Pressung ist einzigartig in Frankreich und macht den Cantal besonders.

Cantal ⮞ *Kohta*

7 Cantal AOP

Halbhartkäse
45 % F. i. T.
aromatisch bis würzig-kräftig

Dieser Halbhartkäse aus der Auvergne darf nur aus der **besonders fetthaltigen Milch der Salers-Kühe** und nur zwischen dem **1. Oktober und dem 19. Mai** gekäst werden (sonst heisst der Käse nur «Salers»). Die Milch wird mit Lab dick gelegt, die Gallerte zerkleinert und in Formen gepresst. Danach wird der ausgereifte Käse nochmals zerkleinert, gesalzen, ausgeformt und nochmals hydraulisch gepresst. Er reift mindestens 30 Tage in feuchten, kühlen Räumen. Sein elfenbeinfarbener, milder Teig mit der feinen Rinde schmeckt **jung** («jeune») mild-herb, säuerlich, bevor die Rinde goldgelb gepunktet wird und schliesslich bei **gereiftem** («vieux») Cantal dick und schwarz wird. Zuletzt schmeckt er kräftig, prickelnd-pikant.

Erste Getränkeempfehlung: duftige Weissweine (z. B. Chardonnay, Gavi aus dem Piemont), Rotweine (z. B. Loireweine, nördliche Rhône-Weine oder Burgunder)

Schon die Sarazenen haben Ziegenkäse in der Region Poitou hergestellt. Der heutige Name geht auf die einstige Bezeichnung dieses arabischen Stammes für Ziege («chebli») zurück.

Sainte-Maure de Touraine (siehe S. 275) ist ein mit dem Chabichou du Poitou verwandter Käse. Abgesehen von dem AOP Käse wird sogenannter Chabi (Ziegenweichkäse) in ganz Frankreich hergestellt.

Chabichou du Poitou ⮞ *Schabischu dü Poatu*
Chaumes Schom ⮞ *Chevrotin Schewrotäh*

8 Chabichou du Poitou AOP

Weissschimmelkäse
45% F. i. T.
mild-fein

Nördlich der Charente (Cognacgebiet) und südlich der Loire wird dieser Ziegenkäse im Kalkgebirge der Region Poitou produziert. Mit Milchsäurebakterien und nur wenig Lab versetzt, wird die Ziegenrohmilch zum Abtropfen in ein Tuch gegeben und dann in die typischen Kegelstumpfformen, «bondes» genannt, geschöpft. Zum Reifen kommt der Käse mindestens 10 Tage (bis zu 2 Monate) in einen Trockenraum, wo er anfangs mit Salz gepflegt wird. Sein etwa 6 cm hoher **Teig ist anfangs zartschmelzend, frisch und wird gereift fester, trockener und krümeliger.** Die Naturrinde zeigt anfangs weissen und blauen Schimmel, später schwarze, grüne oder gelbe Schimmelpunkte. Er schmeckt **ziegig-mild und säuerlich.** Gereift wird er kräftiger und entwickelt ein Aroma wie Trockenfrüchte.

Erste Getränkeempfehlung: Sauvignon blanc (z. B. Pouilly fumé, Sancerre), Riesling Auslese, Schaumweine

Kennen Sie Fol Epi?
Übersetzt heisst das «verrückte Ähre». Der hierzulande sehr bekannte Laib mit dem Ährenrelief ist ein nicht AOP-zertifizierter Halbhartkäse aus Kuhmilch aus dem westlichen Loiretal. Der zarte Teig schmeckt fruchtig-nussig, mild.

Südlich vom Loiretal, in der Region Bordeaux, wird der bei uns sehr beliebte **Chaumes** gekäst (übersetzt «Stroh» wegen seiner goldgelben Farbe).
Er wurde sozusagen für Bordeauxweine kreiert. Es ist ein cremiger, würziger Weichkäse aus pasteurisierter Kuhmilch mit Rotkultur (ohne AOP-Zertifikat).

9 Chevrotin AOP

Halbhartkäse
45% F. i. T.
aromatisch-cremig

Der Halbhartkäse aus dem Gebiet Savoyen (Region Rhône-Alpes) darf nur aus **Ziegenrohmilch der eigenen Herde** hergestellt werden. Diese Ziegen müssen im Sommer mindestens 5 Monate im Hochland weiden und in den übrigen Monaten überwiegend mit Trockenfutter der Region gefüttert werden. Alle Produktionsschritte erfolgen in **Handarbeit.** Nach der Dicklegung mit Lab wird die Gallerte auf Reiskorngrösse zerkleinert. Der Bruch wird in zylindrische Formen (Durchmesser 9–12 cm) geschöpft, gewendet und gepresst. Er wird gesalzen und 5–9 Tage unter täglichem Wenden getrocknet. Sein **weiss-gelber feiner Teig ist cremig** und seine rötlich-braune Rinde ist von leichtem weissem Flaum bedeckt. Er **schmeckt vollmundig,** weist eine **aromatische Säure** auf und zeigt Aromen von Wildkräutern und Haselnüssen.

Erste Getränkeempfehlung: halbtrockene weisse Loireweine, körperreiche, aromatische Weissweine (z. B. Montrachet, reife Chardonnays), junge, Rotweine (z. B. Fleurie)

Chevrotin heisst übersetzt «kleine Ziege» und gilt als kleiner Bruder des Reblochon (siehe S. 274). Es gibt in der Region zwei AOP-zertifizierte: «Chevrotin des Aravis» und «Chevrotin des Bauges».

Chevrotin reift mindestens drei Wochen auf Fichtenbrettern, wobei die Oberfläche mit den beiden zulässigen Farbstoffen Carotin und Bixin behandelt werden darf.

10 Comté AOP

Hartkäse
45 % F. i. T.
würzig-kräftig

Aus teilentrahmter, **tagesfrischer Rohmilch** gekäst, ist dieser Käse aus der Region Franche-Comté der **meistverkaufte AOP-Käse in Frankreich.** Die rund 45 kg schweren Käselaibe dürfen nur im Juramassiv an der Grenze zur Schweiz produziert werden. Der Bruch wird klein geschnitten, erhitzt und dann 20 Stunden gepresst. Danach werden die Käselaibe trocken gesalzen und reifen in der Region für mindestens 4 Monate, oft auch bis zu 18 Monate, wobei sie von Hand auf Eichenholzbrettern gewendet werden. Der **Teig ist sehr dicht, trocken und leicht krümelig.** Je nach Jahreszeit und Produktionsbetrieb variiert der Comté von mild-fruchtig (wegen der jungen Gräser und Kräuter im Frühjahr) über **kräftig-würzig** mit gelbem Teig im Sommer bis zu erdig-herzhaft und fast weissem Teig im Herbst und im Winter (aufgrund der Heufütterung).

Erste Getränkeempfehlung: regionale Jura-Weine (z. B. Chardonnay), zu jungem Comté Sancerre, zu gereiftem Pinot blanc, Roséweine und leichtere Pinot Noir.

Die **Qualität von Comté** wird von einer Expertenjury geprüft und bewertet. Die unterschiedlichen Qualitätskategorien zeigen sich über das Etikett:

- **grün:** höchste Qualität (extra)
- **braun:** hohe Qualität

Comté *Konteh*
Crottin de Chavignol *Krotäh dö Schawinjoll*

Ziegen geben wenig Milch. Deshalb ist der Crottin de Chavignol ein sehr kleinformatiger Käse (etwa 140–160 g, je nach Trocknungszeit).

«Crottin» ist häufig die Bezeichnung eines kleinen Ziegenkäses. Ein entsprechender Namenszusatz gibt Auskunft über den Herkunftsort. Die Ziegenkäse gibt es in den Varianten «enrobé» («ummantelt»), in verschiedenen Zutaten gewälzt oder «à l'huile d'olive», (in Olivenöl und Kräuter oder Gewürze eingelegt, daher haltbarer).

⑪ Crottin de Chavignol AOP

Ziegenfrischkäse
45% F. i. T.
würzig-kräftig

Das kleine Dorf Chavignol nahe von Sancerre ist die Heimat des weltberühmten Crottin (übersetzt «Pferdeapfel», was auf das Aussehen der kleinen Käsezylinder nach längerer Reifung anspielt). Rohe Ziegenmilch wird mit Milchsäurebakterien zur Gerinnung gebracht. Der abgeschöpfte Bruch wird nicht gepresst. Der Käse reift nach dem Salzen mindestens 10 Tage, normalerweise jedoch 2–4 Wochen in kühler, luftiger Umgebung. Sozusagen frisch ist er ein gereifter Frischkäse. Der **Teig wirkt feucht, ist zart schmelzend und leicht bröckelig.** Er schmeckt in diesem Stadium leicht säuerlich, nussig und mild-würzig. Die Oberfläche zeigt leichten blau-grünen Schimmel. Lässt man ihn in dieser Phase längere Tage in einem Tontopf reifen, wird er ganz mild und auch sehr cremig. Nach einem weiteren Monat Trocknungszeit ist die Rinde ganz von Schimmel bedeckt, der Teig riecht streng nach Ziege und schmeckt kräftig. Erst nach zwei Monaten wird die Rinde braun, dann schwarz und rauer. Von Ziegenkäsefans wird die Rinde im Anfangsstadium mitgegessen, später wird sie mit einer Reibe entfernt. Der Teig ist zuletzt sehr brüchig und schmeckt scharf-würzig.

Erste Getränkeempfehlung: kräftige, körperreiche Weine (z. B. regionale wie Sancerre oder Pouilly Fumé), zu gereiftem Crottin zuckerreiche Weine (z. B. Recioto) bzw. sehr kräftige Rotweine (z. B. aus Montepulciano)

Epoisses gehört, obwohl er zu den am stärksten riechenden Käsen der Welt zählt, international zu den ganz grossen Käsen. Käseneulinge können die Rinde vor dem Genuss entfernen. Beim Überbacken entwickelt er, sparsam eingesetzt, seine süssliche Seite.

Epoisses – *Epoass*
Langres – *Lohngrä*

⑫ Epoisses (de Bourgogne) AOP

Rotschmierkäse
50 % F. i. T.
würzig-kräftig

Epoisses geht wie viele Käse auf Mönche bzw. ein Kloster zurück. Er hat seinen Namen von einem Ort in der Region und wird heute nur noch in **drei Käsereien** hergestellt. Diese Laibe mit etwa 10–19 cm Durchmesser werden aus Milch von bestimmten regionalen Freilandkuhrassen gekäst. Beim Dicklegen wirken eigene Milchsäurebakterien und nur wenig zugesetztes Lab. Der grob geschnittene Käsebruch kommt in Plastikkörbe, wo er immer wieder gewendet und einmal gesalzen wird, um möglichst viel Flüssigkeit zu entziehen. Danach beginnt die Trocknung, die wegen einer gewissen nötigen Feuchtigkeit einige Tage dauert. Zuletzt erfolgt die Reifezeit, wobei die Oberfläche mindestens 5 Wochen lang mehrmals mit Salzlake, die zunehmend mit Marc de Bourgogne (Tresterbrand) gemischt wird, gewaschen wird. So wird die Rotschmierrinde elfenbeinfarben bis orange-braun, klebrig und aromatisch. Der **weisse bis hellgelbe, cremige Teig** hat ein vielschichtiges, äusserst intensives und alkoholreiches Aroma. Er **schmeckt fein und dennoch kräftig.** Je reifer er wird, umso eher kann er ausgelöffelt werden: Das Zerlaufen des Käses gilt als Qualitätsmerkmal.

Erste Getränkeempfehlung: gehaltvolle Rotweine (z. B. aus der Region, also Burgunder), Grauburgunder, Deutsche Prädikatsweine, Marc de Bourgogne

⑬ Langres AOP

Rotschmierkäse
50 % F. i. T.
würzig-kräftig

Langres heisst die Landschaft südöstlich von Paris, wo der Käse **vor etwa 300 Jahren seinen Ursprung** hatte. Aus **tagesfrischer Milch** mit Milchsäurebakterien, Säureweckern und wenig Lab werden die Laibe meist zylindrisch hergestellt. Dann wird der Käse mit Trockensalz eingerieben und anschliessend 3 Wochen lang bei Salzwasserwaschungen mit Rocou/Annatto (einem deklarationspflichtigen Farbstoff) ohne Wenden (!) gereift. Dadurch wird die Rinde hellgelb bis bräunlich, je nach Reifegrad, und fällt auch an der Oberfläche immer mehr ein (eine Vertiefung entsteht). Der **weisse Teig wird zunehmend cremig und klebrig-schmelzend.** Er schmeckt **würzig, kräftig-durchdringend,** aber etwas milder als der sonst ähnliche Epoisses. Langres ist auch warm geniessbar, indem er mit etwas Alkohol in der Vertiefung der gereiften Käselaibe (z. B. Tresterbrand) flambiert wird.

Erste Getränkeempfehlung: Champagner, kräftige, gereifte Rotweine (z. B. aus dem Burgund), Marc de Champagne

Mehr zum Thema «Annatto» finden Sie auf S. 291.

Langres Petit wiegt statt der üblichen 300 g meist nur etwa 180 g und eignet sich daher besonders fürs Affinieren. Er wird auch gerne im Bastkorb angeboten.

Samen des Orleanstrauchs, zur Herstellung von Annatto.

⑭ Livarot AOP

Rotschmierkäse
40–45 % F. i. T.
würzig-kräftig

Livarot verdankt seinen Namen einem Städtchen in der Normandie. Der **Käsebruch wird nach dem Schneiden geknetet,** damit die Molke besonders gut ablaufen kann, bevor er in runde Formen gefüllt wird. Früher wurde der geformte Käse mit fünf Grasstreifen umwickelt, damit er nicht einsackte. Wegen der fünf Streifen hat er auch den Spitznamen **«Colonel»** erhalten. Heute lässt sich das Einsacken technisch vermeiden und die Natur- oder Papierstreifen sind nur noch Dekoration. Nach dem Salzen kommt der Käse mindestens zwei Monate in den Reifekeller, wo er mit leicht gesalzenem und mit Annatto versetztem Wasser eingerieben wird.
Die leicht klebrige Rinde ist orangebraun bis dunkelbraun. Der goldgelbe Teig ist elastisch, fein und feucht-cremig. Livarot riecht ausgeprägt würzig-erdig und besitzt einen **herben, leicht säuerlich-topfigen und vollen Geschmack.** AOP-Livarots gibt es nur mit 7, 9 oder fast 11 cm Durchmesser.

Erste Getränkeempfehlung: Cidre, strukturierte Rotweine mit höherem Alkoholgehalt, deutsche Prädikatsweine, Tresterbrände

Livarot	*Liwaroh*
Maroilles	*Maroall*

⑮ Maroilles AOP

Rotschmierkäse
45 % F. i. T.
würzig-kräftig

Maroilles ist vergleichbar mit den belgischen Käsesorten Limburger und Romadour.

Der Käse kann auf eine **über tausendjährige Geschichte** zurückblicken und hat seinen Namen von der Abtei Maroilles, dem Ort seiner Entstehung. Während des Abtropfens mehrmals auf Gittern gewendet (daher seine «linierte» Oberfläche), darf der Käse erst bei der Reifung mehrfach gewaschen werden. Dabei entwickelt sich das orangerote Ferment, das die weisse Rinde verschwinden lässt und dem Käse seinen pikanten Charakter verleiht. Er reift mindestens 4 Wochen, jedoch meist bis zu 4 Monate. Die weiche Naturrinde ist je nach Reife hellgelb bis rot. Der **goldgelbe Teig ist weich und sahnig.** Er schmilzt im Mund, schmeckt dabei **würzig-fruchtig** und entwickelt einen süssen Abgang. Die Form des Käses erinnert an einen Pflasterstein (übersetzt «le pavé») und hat ein Gewicht von 720 g. Es gibt aber auch kleinere Varianten:

- «Sorbais» (550 g)
- «Mignon» (360 g)
- «Quart» (160 g).

Erste Getränkeempfehlung: körperreiche Weissweine (z. B. Hermitage, Gewürztraminer), sehr kräftige Rotweine (z. B. Châteauneuf-du-Pape)

⑯ Morbier AOP

Halbhartkäse
45 % F. i. T.
würzig

Morbier war ursprünglich ein Produkt der Resteverwertung: Entweder blieb bei der regionalen Comté-Produktion (siehe S. 269) noch Käsebruch übrig oder Bauernhöfe hatten nur geringe Milchmengen. Morbier reifte auch schneller als Comté und war so für die einfachen Leute eine unkomplizierte Nahrungsquelle und ein rasches Zusatzeinkommen.

Er hat seinen Namen vom Dorf Morbier in der Region Franche-Comté, die an die Schweiz grenzt. Der graue Streifen im Käse geht auf seine **Entstehung vor über 200 Jahren** zurück. Die Bauern verwendeten **Holzasche** aus ihrem Feuer, um den Käsebruch der Abend- oder Morgenmilch vor Bakterien, Insekten und Austrocknung zu schützen. Am nächsten Morgen bzw. Abend fügten sie den Bruch der Morgen- oder Abendmilch hinzu, um einen ganzen Käselaib zu schaffen. Morbier wird aus **roher Heumilch** gefertigt. Heute wird der Bruch nicht mehr in zwei Phasen hinzugefügt, sondern es wird ein Laib gekäst. Dieser wird nach dem leichten Pressen waagrecht in zwei Teile geschnitten. Auf die Schnittfläche kommt die traditionelle Pflanzenasche (Lebensmittelzusatzstoff E 153), bevor die Teile wieder zusammengepresst werden. Dann reift der Käse mindestens 45 Tage, wobei er mit Salzwasser, eventuell mit Milchsäurebakterien versetzt, gepflegt wird. Sein 5–8 kg schwerer Laib hat eine hellgraue bis orangebraune glatte Naturrinde. Sein **elfenbeinfarbener bis gelber Teig** ist fein, cremig, weich, elastisch und schmeckt **rahmig bis fruchtig-kräftig.** Nur um den Aschestreifen können einige Löcher auftreten.

Morbier	*Morbjeh*
Munster	*Möhstehr*

Erste Getränkeempfehlung: französische Weissweine (z. B. Arbois, Muscadet, Sancerre), fruchtig-leichter Beaujolais

17 Munster (Münster) AOP

Rotschmierkäse
45 % F. i. T.
sehr aromatisch
bis würzig-kräftig

Als Benediktinermönche aus Italien die Region um Colmar (im französischen Elsass, angrenzend an die Schweiz und an Deutschland) besiedelten, brachten sie den ansässigen Bauern diese Käseherstellung mit. Leicht entrahmte, erwärmte – meist rohe – Milch wird mit Lab und Milchsäurebakterien versetzt. Der Bruch wird dann in runde Formen mit 13–19 cm Durchmesser gefüllt (bzw. in kleinere mit 7–12 cm Durchmesser). Zu Beginn der Reifung werden die Laibe mit Salzlake eingerieben. Dann reifen sie mindestens 21 Tage in Reifekellern (kleine Laibe mindestens 14 Tage), wobei sie alle 3 Tage mit Salzwasser und Rotkulturen gewaschen und gewendet werden. Dadurch bildet sich nach und nach die Rotkultur auf der Oberfläche und der durchdringend kräftige Geruch entsteht. Der **geschmeidige gelbe Teig** schmeckt im Gegensatz zu seinem Geruch **cremig, buttrig** und erst bei längerer Reifung intensiv würzig.

Erste Getränkeempfehlung: Bier, aromatische Weissweine – eventuell mit Restsüsse (z. B. Gewürztraminer Spätlese), körperreiche Rotweine (z. B. aus dem Haut-Médoc), Kirschwasser

Nach dem lateinischen Wort für Kloster, «monasterium», wurde die für den Käse später namensgebende Siedlung Munster benannt (deutsch: Münster).

18 Pont-l'Evêque AOP

Weissschimmelkäse
45 % F. i. T.
mild-fein

Dieser weitere berühmte und eigentlich uralte Rohmilchkäse aus der Normandie wird meist in der typischen Karreeform (zu ca. 350 g) hergestellt. Sein Name stammt vom gleichnamigen Ort im Departement Calvados. Heute wird pasteurisierte oder rohe Milch teilentrahmt und dickgelegt, bevor der Bruch geschnitten und geknetet abgefüllt wird. Die Laibe werden schliesslich gesalzen und reifen unter laufendem Bürsten und Waschen mindestens 12 Tage (meist bis zu 6 Wochen) auf Gittern (einst Strohmatten). Danach präsentiert sich die Rinde goldgelb bis orangerot – bisweilen auch mit weissem Milchschimmel – und erkennbarem Streifenmuster. Der **strohgelbe, glatte Teig** weist kleine Löcher auf. Er schmeckt **süsslich nach Haselnüssen, vollmundig-aromatisch, buttrig** und mit zunehmender Reife kräftiger bis scharf. Der Käse wird in Spanschachteln verkauft.

Erste Getränkeempfehlung: Cidre, Starkbier, körperreiche Rotweine (z. B. aus dem Bordeaux, Burgund, von der Rhône, Nebbiolo d'Alba)

«Pont-l'Evêque» bedeutet «Bischofsbrücke». Er wurde einst von Zisterziensermönchen gekäst. Heute gibt es ihn in drei quadratischen Grössen und in einer rechteckigen Form.

Pont-l'Evêque *Poh l'Ewek*
Pouligny Saint Pierre *Pulinji Sä Pjär*

Die meisten Pouligny-Saint-Pierre werden auf Bauernhöfen produziert, also «fermier», und tragen ein grünes Etikett. Industriell gefertigte Käse haben ein rotes. Oft verwendet wird auch der Spitzname «Pyramide» oder «Eiffelturm».

⑲ Pouligny Saint Pierre AOP

Ziegenfrischkäse
45 % F. i. T.
mild-fein

Dieser Käse, ebenfalls nach einer Gemeinde benannt, soll seine auffällige Form einem Kirchturm des Ortes verdanken oder dem geplanten Feldzug Napoleons nach Ägypten (zu den Pyramiden). Für den **traditionellen Rohmilchkäse** wird der Käsebruch in pyramidenartige Formen ohne Spitze (ca. 250 g) geschöpft, rund einen Tag von der abfliessenden Molke getrennt, gesalzen und etwa 3 Tage auf Strohmatten getrocknet. Der Käse reift mindestens 10 Tage, jedoch meist bis zu 5 Wochen.

Beim gereiften Frischkäse ist die unebene, trockene Naturrinde anfangs gelblich und weist dann mehr und mehr eindrucksvolle grau-blaue Schimmelkultur auf, teilweise mit rotbraunen oder weissen Flecken ausgetrocknet. Der **weisse Teig ist feucht-weich** und hat ein deutliches, aber mildes Aroma nach Ziege und Heu. Der Käse schmeckt zunächst **mild-säuerlich, dann salzig und später süssnussig** mit langem Abgang. Der Käse ist auch warm ein Genuss.

Erste Getränkeempfehlung: trockene, fruchtige Weissweine (z. B. aus dem Loiretal wie Sancerre und Pouilly Fumé), säurearmer Riesling, Grauburgunder aus dem Elsass

---

Viele andere Käse aus Savoyen beginnen mit der Bezeichnung «Tomme». Wissen Sie, was diese Käse gemeinsam haben? Wenn nicht, lesen Sie auf S. 262 nach. Finden Sie heraus, was «Tomme» in anderen Regionen Frankreichs bedeutet.

Der Name Reblochon leitet sich ab von: «reblocher» = wieder melken.

Reblochon	*Röbloschoh*
Roquefort	*Rokfohr*

⑳ Reblochon (de Savoie) AOP

Rotschmierkäse
45 % F. i. T.
aromatisch bis würzig-kräftig

Der Reblochon wurde in Savoyen als «Steuervermeidungskäse» berühmt. Um die Steuern auf die Milchmenge zu reduzieren, molken die Bauern die Kühe erst vollständig fertig, wenn die Steuereintreiber weg waren. Diese «Restmilch» war besonders cremig und fettreich. Heute wird aus **roher, tagesfrischer Heumilch** aus dem Melkvorgang am Nachmittag gekäst. Schon bei den geformten Käselaiben erfolgt die Qualitätskennzeichnung durch grüne oder rote Gelatineblättchen, die auf den Käsebruch gelegt werden. Dann wird der Käse mit Gewichten gepresst, in Salzlake gebadet und schliesslich mindestens 3 Wochen (bis zu 12 Wochen) auf Nadelholzbrettern gelagert. Seine gelb-orange, trockene Rinde mit weissem Milchschimmel schützt einen **geschmeidigen Teig,** der anfangs **süsslich-cremig und später nussig-vollmundig** und nach Kräutern schmeckt. Das Innere wird mit zunehmender Reife fliessender. Aufgrund seiner hervorragenden Schmelzeigenschaften wird er oft in der regionalen Küche verwendet. Für den Verkauf wird er zur Stabilität auf ein kleines Holzbrettchen gelegt und in ein spezielles Papier gewickelt, damit er gleichmässig feucht bleibt.

Erste Getränkeempfehlung: leichtes Bier, süsser Cidre, Weissweine (z. B. Montrachet, gereifter Chardonnay, gereifter Riesling, Grauburgunder) junge leichte, tanninarme Rotweine (z. B. Beaujolais, Merlot)

21 Roquefort AOP

Blauschimmelkäse
52 % F. i. T.
würzig-kräftig

Die rohe Schafmilch rund um das Dorf Roquefort-sur-Soulzon dient als Basis für diesen uralten, heute weltbekannten Käse. Er war der **allererste französische Käse mit geschütztem Ursprung** (1925) und soll auf einen verliebten Hirten zurückgehen, der wegen eines Mädchens seinen Käse in den Höhlen vergessen haben soll. Der geformte Käsebruch wird zum Abtropfen mehrmals täglich gewendet und zuletzt gesalzen. Immer schon wurde dieser Hirtenkäse in den tiefen, gut durchlüfteten, feuchten Kalksteinhöhlen der Region (Combalou) mindestens 3 Monate gereift. Dazu wurden und werden Roggenbrote gelegt, die, von grauem Schimmelpilz besiedelt, dann als getrocknetes Pulver (Penicillium roqueforti) auf frische Käselaibe gestreut werden.
Die 2,5–3 kg schweren Käselaibe werden mit langen Nadeln pikiert, damit die Blauschimmelsporen besser in den losen Bruch eindringen können. Nach ca. 4 Wochen in den Höhlen werden die Laibe in Zinnfolie gewickelt, um weiteren Schimmel auf der Rinde zu vermeiden. Die Rinde ist daher offen und löchrig. Der **anfangs krümelige und später glatte, buttrige Teig** ist zunehmend von Adern und Höhlungen mit Schimmel durchzogen – je gleichmässiger, umso hochwertiger. Dieser Schimmelbesatz wird bei jedem Laib kontrolliert und klassifiziert, indem dieser horizontal durchgeschnitten wird. Daher gibt es keine ganzen Laibe zu kaufen. Der fertige, in Zinn- oder Aluminiumfolie gewickelte Käse **schmeckt gleichzeitig cremig, salzig, süss und pikant-scharf.** Roquefort wird vielfach in der Küche eingesetzt. Echter AOP-Roquefort wird heute in sieben Käsereien hergestellt.

Erste Getränkeempfehlung: Sauternes, Likörweine (z. B. Madeira oder Portwein), Vendage tardives

Wie bei allen Käsen schmecken auch beim Roquefort im Frühjahr die Milch und ebenso der Käse frischer, leichter und im Spätsommer würziger, kräftiger und vielschichtiger. Auf alle Fälle enthält er den höchsten Glutamatgehalt aller natürlich produzierten Lebensmittels.

Glutamate = Geschmackverstärkende Salze, die für die sensorische Empfindung «umami» sorgen.

In der Nähe von Roquefort entsteht ein weiterer, in der Schweiz beliebter Käse: Saint Albray mit seiner typischen Blütenform (wodurch er besonders gleichmässig durchreift). Dieser mild-würzige und zart-cremige Weichkäse aus Kuhmilch mit Rotkultur ohne AOP-Zertifikat kommt vom Fusse der Pyrenäen.

22 Sainte-Maure de Touraine AOP

Ziegenfrischkäse
45 % F. i. T.
mild-frisch

Der Name verweist auf die Zeit, als die Region rund um Tours von arabischen Siedlern mit Ziegenherden bevölkert wurde. Gleichzeitig bezeichnet der Name heute eine Ortschaft. Für den Käse wird frische Rohmilch mit Milchsäurebakterien und nur sehr wenig Lab einen Tag lang dickgelegt. Der Bruch wird dann von Hand in gelochte, 28 cm lange, für die Region typische Zylinder gefüllt, wo die Molke zwei Tage lang ablaufen kann. Dann wird der Käse aus der Form genommen. In Kleinbetrieben wird mittig ein Strohhalm (mit den Betriebsdaten) eingesteckt, damit der zarte Käse stabil in Form bleibt und nicht bricht. Nun werden die Käserollen in Salz, gemischt mit Pflanzenasche, gewälzt. So affiniert reift der Käse mindestens 10 Tage (bis zu 6 Wochen) im Reifekeller. Je nach Reife dieses Frischkäses ist die Rinde zunehmend blau-grau (der blaue Edelpilz setzt sich nach ca. 3 Wochen durch) bis grau-weiss und ist mehr und mehr von trockenen Falten übersät.

Sainte-Maure de Touraine *Sänt Mohr dö Turähn*
Saint Albray *Sänt Albräh*

Die sechs bekanntesten Käse aus der Loire, alles Ziegenkäse in spezieller Form, sind weltweit bekannt:

- Chabichou du Poitou AOP
- Crottin de Chavignol AOP
- Pouligny-Saint-Pierre AOP
- Selles-sur-Cher AOP
- Valençay AOP
- Sainte-Maure de Touraine

Der Teig vom jungen Käse ist **feucht, körnig und hat einen leichten Zitrusgeschmack.** Der nach etwa 3–6 Wochen gereifte Frischkäse hat einen **cremig-dichten, immer noch weissen Teig** und schmeckt **aromatisch-salzig** sowie nach Pilzen und Walnüssen. Das charakteristische Ziegenaroma ist dezent. Die Käserollen werden in Holzschachteln, auf Stroh gebettet, verkauft.

Erste Getränkeempfehlung: zu jungem Käse körperreiche, trockene Weissweine (z. B. Sancerre, Weissburgunder) oder frische regionale Roséweine, zu reifem Käse Rotweine (z. B. Saumur, Côtes du Rhône)

㉓ Saint-Nectaire AOP

Halbhartkäse
45 % F. i. T.
aromatisch-würzig

Saint-Nectaire *Sä-Nektähr*

Dieser Käse wird in Zentralfrankreich auf den kräuterreichen Vulkankegeln der Auvergne in etwa 1,7 kg schweren Zylindern hergestellt. Heute wird er wie viele Käse in Frankreich sowohl industriell als auch handwerklich in bäuerlichen Kleinbetrieben («fermier») hergestellt.
Für Fermier-Käse wird der **handgeschöpfte Bruch** aus **tagesfrischer Rohmilch** per Hand gepresst, aber nicht nachgewärmt. Dann wird der Laib gesalzen und in ein Tuch geschlagen. So kommt er in eine Form aus Weidengeflecht, wovon mehrere übereinander gestapelt werden. Diese Käsetürme werden von einer Maschinenpresse noch einmal gepresst. Dann geht es zur Reifung in den Höhlenkeller. Die ersten 2 Wochen wird der Käse zweimal täglich mit Salzwasser gewaschen und gewendet. In Kleinbetrieben liegen die Laibe auf Roggenstroh. Dabei setzt sich natürlicher grauer Schimmel aus der Luft auf die Oberfläche. Nach 4–8 Wochen Reife wird der Käse in spezielles Papier gewickelt, um sich weiter zu entfalten.
Die Rinde von handgefertigten, gewaschenen Laiben ist gelb-rot bis bräunlich mit weiss-grauem Schimmel – dieser ist essbar und ein wichtiger Teil des Käsegenusses. Je reifer der Käse, umso dicker und härter wird seine Rinde und umso intensiver verströmt sie ein süssliches bis stechendes Aroma von (feuchtem) Keller und Pilzen. Der **geschmeidige, speckige Teig** zeigt eventuell einige Bruchlöcher und **schmeckt milchig-nussig.**

Seinen Namen verdankt er dem Namen eines Marschalls, der diesen Käse erstmals Ludwig XIV gebracht haben soll, der davon sehr entzückt war.

Erste Getränkeempfehlung: mineralische, blumige Weissweine (z. B. Côtes d'Auvergne), leichte, fruchtige Rotweine (z. B. Beaujolais, Côte du Rhône)

4 Manchego DOP

Hartkäse
45 % F. i. T.
würzig-kräftig

Heute wird der bekannteste Käse Spaniens aus der zentralspanischen Provinz La Mancha in die ganze Welt verkauft. Der mit Lab dickgelegte, geschnittene und nachgebrannte Käsebruch wird in zylindrische Formen geschöpft, gepresst, aus der Form genommen und gewendet zurück in die Form gegeben. Nun wird er nochmals gepresst, damit möglichst viel Molke abfliesst. Die Formen geben dem Käse das spätere Merkmal: Zickzack-Muster am Rand und Linienmuster an der Ober- und Unterseite. Die grünen Käselaibe baden 24–48 Stunden in Salzlake und reifen dann 2–24 Monate kontrolliert in Reifekellern. Dabei werden sie mit Olivenöl gepflegt, wodurch eine dunkle, später sogar grau-schwarze Rinde entsteht. Der **elfenbeinfarbene Käseteig** weist eine durchgehende Bruchlochung auf und ist kompakt, anfangs geschmeidig, dann zunehmend fest. Er **schmeckt leicht säuerlich, kräftig-würzig und mit zunehmender Reife scharf.** Manchego kommt wie die meisten spanischen Käse ebenso in den verschiedenen Reifestufen in den Verkauf:

- «Fresco» (frisch)
- «Semicurado» (2 Monate und länger gereift)
- «Curado» (6 Monate und länger gereift)
- «Viejo»(alt; ab 1 Jahr)

Erste Getränkeempfehlung: Likörweine (z. B. Sherry Fino) kräftige spanische Rotweine

Es gibt Hinweise darauf, dass ein Vorläufer des Manchego bereits vor mehreren tausend Jahren erzeugt wurde und sich die Produktion des Käses kaum verändert hat.

Manchego aus Schafrohmilch erkennt man am Zusatz «artesano». Die Milch kommt in jedem Fall von den Manchega-Schafen, die in der Region besonders wohlriechendes Futter finden.

Majorero	*Machorero*
Manchego	*Mantschego*
viejo	*wijecho*

5 Tetilla DOP

Halbhartkäse
25 % F. i. T.
aromatisch

Sein Name bestimmt auch sein unverwechselbares Äusseres in Form einer kleinen weiblichen Brust (übersetzt «Tetilla»). Die 28–32 °C warme Milch wird mit Lab dickgelegt. Die Gallerte wird zerkleinert, der Bruch gewaschen und in die einzigartigen Formen geschöpft, in die der Bruch mindestens 3 Stunden lang hineingepresst wird. Anschliessend stehen etwa 24 Stunden in Salzlake auf dem Herstellungsplan. Schliesslich reift der Tetilla unter laufendem Drehen und Wenden mindestens 7 Tage (bis mehrere Monate).
Der **strohgelbe Teig** ist elastisch und schnittfest und zeigt eine Bruchlochung. Er **schmeckt mild-buttrig, leicht säuerlich und mit zunehmender Reife würzig.**

Erste Getränkeempfehlung: fruchtige Rotweine (z. B. Ribeira Sacra, Rioja)

Zur ungewöhnlichen Form gibt es eine Legende: In Santiago de Compostela, im nordwest-spanischen Galicien, steht gegenüber dem Propheten Daniel (an der Kathedrale) eine Statue der Königin von Saba. Das Lächeln Daniels wurde von der Bevölkerung mit dessen Aussicht auf das Dekolleté der Königin begründet. Ein Erzbischof soll daher Steinmetzen befohlen haben, den Busen abzuflachen, woraufhin ein Käse in der Form dieser weiblichen Brust gekäst worden sein soll.

IGP = **«Indicación Geográfica Protegida»** (EU-geschützte geografische Angabe).

6 Valdeón IGP

Blauschimmelkäse
45 % F. i. T.
würzig-kräftig

Im Valdéon-Tal dienen seit der Zeit der Römer unzählige Höhlen zur Reifung der Käse und Ahornblätter als deren natürliche Verpackung (heute noch das Markenzeichen). 28–32 °C warme Milch wird mit Lab und Blauschimmel versetzt. Der geschnittene, abgetropfte Bruch wird in zylindrische Formen geschöpft, wo er ruht, aber nicht gepresst wird. Nach dem Salzen wird jeder Käse zur Förderung des Blauschimmels mit Stahlnadeln durchbohrt und reift im Anschluss daran bei 5–10 °C und über 85 % Luftfeuchte mindestens 2 Monate in regionalen Höhlen. Der **weissgelbliche Teig** ist cremig und mit grau-blauem Schimmel durchzogen. Der Käse schmeckt **ausgeprägt salzig, säuerlich-pikant und leicht scharf nach Pilzen.**

Erste Getränkeempfehlung: Prädikatsweine (z. B. Beerenauslese), Banyuls, Portwein, Sherry Cream, Moscatel

Tetilla — *Tetija*
Valdeón — *Waldeon*

2 Portugal

Portugal hat dank seiner traditionellen Weideflächen, ebenso wie Spanien, eine hervorragende Milchqualität. Dennoch sind portugiesische Käse in Mitteleuropa wenig bekannt.

1 Pico DOP

Weichkäse
45 % F. i. T.
mild-fein

Auf der Azoreninsel Pico mitten im Atlantik wird dieser gleichnamige Käse hergestellt. Nachdem die Kuhrohmilch dickgelegt worden ist, lässt man die Molke langsam abfliessen. Mit Käsereitüchern gepresst, wird er zuletzt von Hand aussen glatt gestrichen. Nach dem trockenen Salzen reift der Käse 17–30 Tage. Sein **hellgelber Teig** hat eine weiche Konsistenz. Er schmeckt **leicht salzig und mild.**

Erste Getränkeempfehlung: Dessertweine (z. B. Madeira)

2 Queijo da Serra DOP

Halbhartkäse
45 % F. i. T.
mild-fein

Der **international bekannteste portugiesische Käse** kommt aus der Region Serra da Estrela (höchster Gebirgszug Portugals). Er wird hauptsächlich im Winter gekäst und mit Distelauszügen langwierig dickgelegt. Sein Teig ist je nach Reife **cremig-weich, fast dickflüssig,** später weich bis schnittfest. Er schmeckt **mild- säuerlich.**

Erste Getränkeempfehlung: leichter, trockener Rotwein (z. B. aus dem Douro-Gebiet)

Beide portugiesische Käse gibt es auch aus Schaf- oder Ziegenmilch (dann ohne DOP-Zertifikat).

Pico — *Piko*
Queijo da Serra — *Keischu da Serra*

3 Grossbritannien

Käse hat in Grossbritannien uralte Wurzeln und die englische Käsekultur wurde in den letzten Jahrzehnten wieder vermehrt gefördert. Ideale Weideflächen – häufig in Meeresnähe, was für würzige Milch sorgt –, grosse Kuh-, Schaf- und Ziegenherden sowie die kreative Vielfalt der Käsemacher schaffen ideale Bedingungen für die über 1000 britischen Käsesorten – und damit weit mehr als die französischen Sorten.

❶ Cheddar

Halbhartkäse
48 % F. i. T.
würzig-kräftig

In der südenglischen Grafschaft Somerset beginnt die Cheddar Gorge, die tiefste Felsschlucht Englands mit zahlreichen Höhlen, wo **schon im 17. Jahrhundert** Cheddar reifte. Die typische orange Farbe erhält er durch den Zusatz von Annatto, das den Geschmack nicht beeinflusst. Die ca. 39 °C warme Milch wird dickgelegt, der sehr klein geschnittene Käsebruch in Formen geschöpft, wo die Molke abtropft und sich der Käsebruch festigt. Hier beginnt die sogenannte **Cheddar-Herstellung.**

Das «Cheddarring»
Vom festen Käsebruch werden 15 cm dicke Blöcke abgeschnitten. Nun kommen jeweils zwei Blöcke aufeinander, um so ca. 10 Minuten zu ruhen. Dieser Stapel Käse wird nun gewendet, und zwei der Stapel werden aufeinandergelegt, die wiederum ruhen. Diesen Vorgang wiederholt man so lange, bis die gewünschte Höhe erreicht ist (meist vier Stapel übereinander).

Währenddessen säuert der Käse nach. Anschliessend wird der fertige Käsestapel unter Rühren zerkleinert (in ca. 1,3 cm grosse Stücke) und Salz eingemischt. Der Käseteig ist nun leicht fasrig, er wird in Formen gefüllt (häufig in Ziegelform) und gepresst. Nun lagert der Cheddar meist 13–15 Monate. Sein Teig **schmeckt anfangs mild, später aromatisch-pikant und leicht nussig sowie säuerlich.** Cheddar gibt es u. a. in folgenden Varianten:

- «**Farmhouse Cheddar**»: reift mindestens 14 Monate («King of Cheddar», Reifung in Tüchern)
- **«Sage Derby»:** durch Salbei grün gemaserter Cheddar (kräuterwürzig)
- **«Cheddar mit Aromen»:** z. B. Zusatz von Bier, Whisky, Portwein (die Farbe der Zusätze macht die spezielle Bruchbearbeitung sichtbar)

Erste Getränkeempfehlung: strukturierte Weissweine (z. B. Grauburgunder), leichte Rotweine (z. B. Blauburgunder)

Cheddar gehört zu den weltweit meistproduzierten Käsen. Es gibt bei ihm keinen nationalen oder EU-weiten Gebietsschutz, weshalb er weltweit produziert und als «Cheddar» verkauft werden darf. Industriell hergestellter Cheddar wird oft schon nach 1 Monat Reifezeit verkauft und zählt dann zu den Schnittkäsen.

Annatto (auch Rocou)= ist die Bezeichnung für die als Gewürz, zur Gewinnung von Vitaminen und als Lebensmittelfarbe (E 160b) verwendeten rötlich-gelben Samen des südamerikanischen Orleanstrauch.

Gestapelter Käsebruch für das Cheddarring.

Cheddar — *Tschedar*

PDO = **«Protected Designation of Origin»** (geschützte Ursprungsbezeichnung in Grossbritannien).

Stilton ⊃ *Stiltn*

Klassisch: Stilton mit Portwein affiniert. Die cremige Stilton-Portwein-Paste lässt sich mit einem Löffel herausarbeiten und mit Crackern geniessen.

❷ Stilton PDO

Blauschimmelkäse
50 % F. i. T.
würzig-kräftig

Weltberühmt machte den edlen englischen Käse das «Stilton Inn». Pasteurisierte Kuhmilch wird mit Lab dickgelegt und mit Edelschimmelpilzen versetzt. Aufgrund der klassischen Edelschimmelherstellung hat der geformte Käse eine offene Textur (also viele luftgefüllte Hohlräume), sodass sich der Blauschimmel perfekt ausbreiten kann. Stilton reift mindestens 9 Wochen lang, wobei er nach der Rindenbildung zur weiteren Schimmelförderung pikiert wird. Das Pilzgeflecht wird somit klassisch von der Mitte zum Rand hin immer deutlicher. Der mit zunehmender Reife immer **weichere und dunklere Teig** weist eine **leuchtend blaugrüne** Äderung auf. Die schuppige, graubraune Rinde ist zunehmend von mit Weissschimmel behafteten Pikierlöchern überzogen. Der Käse **schmeckt kräftig nussig, würzig und teilweise fruchtig.** Nach mindestens 10 Wochen Reifung wird er als **«mature blue»** (übersetzt «gereifter Blauer») und nach mindestens 15 Wochen Reifezeit als **«vintage blue»** (übersetzt «Jahrgangsblauer») bezeichnet.

Erste Getränkeempfehlung: kräftige Rotweine (z. B. Rosso di Montalcino), edelsüsse Weine (z. B. Sauternes), Likörweine (z. B. Portwein), rauchiger Whisky

4 Niederlande (Holland)

Die Niederlande sind berühmt für ihren Gouda, dabei ist er nur ein Käse unter vielen Spezialitäten.

BGA = **«Beschermde Geografische Aanduiding»** (geschützte Ursprungsbezeichnung in den Niederlanden).

❶ Edamer BGA

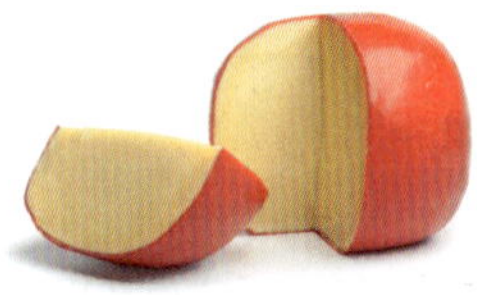

Halbhartkäse
30 % F. i. T.
mild bis aromatisch

Edamer wurde schon im Mittealter produziert und mit einer Wachsschicht haltbar gemacht, um als idealer Schiffsproviant verkauft werden zu können. Heute wird Edamer für das Inland meist mit Naturrinde und für den Export mit Paraffin angeboten. Als typische Form des Edamers gilt eine abgeflachte Kugel (international nachgekäst wird er meist in Blockform). Edamer **schmeckt leicht säuerlich und mild-nussig,** wobei er mit zunehmender Reife kräftiger und herber wird. Varianten dieses Käses sind von aussen rasch zu erkennen:

- **rote Paraffinschicht:** junger, milder Edamer (6–8 Wochen gereift)
- **schwarze Paraffinschicht:** gereifter Edamer (mindestens 17 Wochen Reifezeit)
- **grüne Paraffinschicht:** mit Zusätzen (z. B. Knoblauch oder Kräutern)

Erste Getränkeempfehlung: körperreicher Rotwein (z. B. Syrah, also Shiraz)

Der früher immer aus Rohmilch gekäste Edamer war würziger und schärfer als die heutigen Exemplare aus meist pasteurisierter Milch. Der Urtyp des Edamer war die Vorlage für einen verwandten französischen Käse: den Mimolette.

2 Gouda Holland bzw. Noord-Hollandse Gouda BGA

Halbhartkäse
48 % F. i. T.
mild bis aromatisch

Gereifte Abendmilch wird zusammen mit der **Morgenmilch** auf 30 °C erwärmt, gesäuert und mit Lab dickgelegt. Der geschnittene Käsebruch wird gewaschen (dadurch wird der spätere Käse süsslicher). Nun wird der Bruch in die typischen runden Formen geschöpft, einige Stunden gepresst und erhält dann ein Salzbad. Nach einigen Tagen Trocknung erhält (meist) Exportgouda seinen Wachsüberzug (manchmal auch eine Kunststoffhülle), damit er gegen Austrocknung geschützt ist. So reift der Käse mindestens 4 Wochen. Jeder Gouda erhält ein **Siegel** (mit Herstellungsort und -datum). **Junger Gouda** (bis 8 Wochen Reifung) schmeckt **cremig-mild,** mittelalter Gouda («pikantje», 3–6 Monate gereift) ist herzhaft würzig. Als besondere Delikatesse gilt Gouda aus Rohmilch von Kleinkäsereien, der als **«Boerenkaas»** bezeichnet wird.

Erste Getränkeempfehlung: Pils, Exportbier, fruchtige Weissweine (z. B. Grauburgunder), zu gereiftem Gouda auch Rotweine (z. B. Barolo, Pinot noir)

Lange gereifter Gouda (8–18 Monate) wird zu orangefarbenem Hartkäse, der dann entsprechend würziger und intensiv nussig schmeckt. Er wird wie Parmesan herausgebrochen.
Aufgrund des Handels mit international verkehrenden Schiffen gibt es auch gewürzte Goudas (z. B. mit Kreuzkümmel, Kümmel, Pfefferkörnern oder Gewürznelken).

Gouda — *Gauda*

5 Griechenland

Obwohl die meisten Touristen bei griechischem Käse automatisch an Feta denken, finden sich in Griechenland gut 100 Käsesorten. Feta ist der international meistverbreitete griechische Käse. Er wird mittlerweile in vielen nicht griechischen Käsereien nachgekäst. Als Feta darf nur der nachfolgend beschriebene Käse vom griechischen Festland oder der Insel Lesbos bezeichnet werden. Alle anderen Käse heissen z. B. Hirtenkäse, Käse in Salzlake oder griechischer Schafskäse.

Feta verdankt seinen Namen dem griechischen Wort für «Scheibe». Die älteste Beschreibung seiner Herstellung findet sich in Homers «Odyssee».

1 Feta g. U.

Frischkäse
30 % F. i. T.
mild-fein

Traditionell aus Schaf- und manchmal etwas Ziegenmilch (maximal 30 %) hergestellt, wird Feta immer in Salzlake gelegt (Salzlakenkäse). Der abgeschöpfte, ungepresst geformte Käsebruch wird nach dem Ablaufen der Molke oberflächlich trocken gesalzen. Dann wird der grüne Käse in Schalen gelegt und mit 7%iger Salzlake aufgefüllt. So ist er haltbar und kann in Reifekammern bei bis zu 18 °C und 85 % Luftfeuchtigkeit 15 Tage und anschliessend noch für etwa 2 Monate bei 2–4 °C reifen. Der rindenlose Feta ist **krümelig-weich und schneeweiss.** Er schmeckt **mild, leicht säuerlich** und aufgrund der Salzlake durchgehend leicht salzig.

Erste Getränkeempfehlung: fruchtig-würzige Weissweine (z. B. Greco di Tufo), fruchtige Weine (z. B. aus der Arneis-Traube wie der piemontesische Roero Arneis, Chardonnay und Riesling)

Feta wird in der kalten und warmen Küche verwendet.

Verkauf von Käse

Der Verkauf von Käse hängt stark mit seiner Präsentation zusammen. Die Gäste müssen wissen, was angeboten wird. Je schöner der Käse präsentiert wird, desto grösser ist die Chance, dass er bestellt wird.

Meine Ziele

Nach Bearbeitung dieses Kapitels kann ich

- die Servicegegenstände und Werkzeuge für die Bearbeitung und Präsentation von Käse benennen und richtig einsetzen;
- die unterschiedlichen Formen der Käsepräsentation beschreiben;
- den Aufbau eines Käsewagens nach den Grundsätzen der Verkaufs- und Präsentationstechniken beschreiben.

1 Servicegegenstände

Um Käse in seiner besten Form präsentieren und servieren zu können, bedarf es der entsprechenden Servicegegenstände: Käsewagen, -glocke oder -brett.

Es ist für Gäste und Mitarbeiter gleichermassen praktisch, wenn die verschiedenen Käsesorten mit kleinen Schildern namentlich gekennzeichnet sind.

1.1 Der Käsewagen

Der Käsewagen – das «Dienstfahrzeug des Käsesommeliers» – begeistert seit Jahrzehnten die Gäste in internationalen Toprestaurants. Viele Gäste schätzen es, wenn sie Käse direkt beim Tisch auswählen können und von einem Käsesommelier beraten werden.

Das Design der Käsewagen hat sich entwickelt. Die Käsevielfalt kann heute den Gästen mit noch besserer Qualität und Optik präsentiert werden. Zu den wichtigsten Verbesserungen zählen:

- ein inkludiertes Kühlfach, das für eine bessere Lagertemperatur sorgt;
- geräumige Schubladen für geruchsintensive Käse, Schneidewerkzeug und anderes Zubehör;
- nach allen Seiten drehbare Räder, die das Manövrieren erleichtern;
- beidseitig ausziehbare Abstellflächen, die zusätzlichen Platz zum Anrichten von Käseteller oder Käseplatte direkt beim Gast bieten.

Wichtige Punkte, auf die beim Kauf eines Käsewagens geachtet werden sollte:

- Ist die Abdeckhaube abnehmbar und gut zu reinigen?
- Ist die Arbeitshöhe optimal?
- Sind Laden für Werkzeug und geruchsintensivere Käse vorhanden?
- Gibt es ein Ausziehbrett zum Schneiden und Anrichten?

1.2 Die Käseglocke

Die Käseglocke ist eine gute Alternative zum Käsewagen. Sie kann auf einem Servicewagen/Gueridon oder am Buffet eingesetzt werden. Die Glas- oder Plexiglashaube verhindert bei der Käseglocke eine Geruchsbelästigung und das Austrocknen verschiedener Käse.

1.3 Das Käsebrett/die Käseplatte

Das Käsebrett/die Käseplatte ist die traditionelle Art, Käse anzurichten. Diese Form ist fester Bestandteil beim Frühstücks-, Zvieri- oder Abendbuffet. Je nach Anlass wird der Käse rustikal auf einem Holzbrett oder klassisch auf einer Glas- oder Silberplatte mit oder ohne Holzeinsatz angerichtet.

Wie schneidet man die unterschiedlichen Käsetypen? Wie war das nochmal?

Noch gespeichert oder brauchen Sie eine kleine «Datenauffrischung»? Auf S. 205 finden Sie alles zum Nachlesen.

Käse richtig zu portionieren ist eine Frage der Wirtschaftlichkeit und der entsprechenden Schnitttechnik.

2 Schneiden und Anrichten von Käse

Sie wissen bereits, dass Käse ein lebendiges, aber auch empfindliches Naturprodukt ist. In diesem Kapitel geht es nun darum, Ihr Fachwissen anzuwenden und den Käse perfekt in Szene zu setzen.

Als Restaurantfachmitarbeiter muss man wissen, wie man Käse mit möglichst wenig Verlust schneidet und wie man ihn anrichtet, um ihn in seiner besten Form zu präsentieren.

2.1 Richtiges Schneiden von Käse

- Weiche Käsestücke sollten auf keinen Fall gedrückt werden, damit der Käseteig nicht ausfliesst.
- Die Schneidetechnik sollte an die Käseform (Block, Laib, Rolle, Torte etc.) angepasst sein und wenig Schnittverlust verursachen.
- Der Käse sollte immer in möglichst gleich grosse Teile geschnitten werden.
- Jedes Käsestück sollte gleich viel Rindenanteil haben.
- Werden mehrere Segmente aus einem Käsestück geschnitten, sollte die Schnittfläche immer gewechselt werden, damit der Käse nicht einseitig austrocknet.

2.2 Anrichten eines Kästellers

Aufgrund der Geschmackskategorien von Käse ergibt sich beim Anrichten auf einem Teller oder auf einer Platte eine logische Reihenfolge (von mild bis kräftig).

Die Uhrmethode

Richtet man Käse nach der Uhrmethode an, kann man sich den **Käseteller** wie das **Ziffernblatt einer Uhr** vorstellen. Der mildeste Käse wird bei grösserer Stückzahl (7–8 Sorten) in der Mitte des Tellers platziert und bei geringerer Stückzahl (5–6 Sorten) an die Stelle von 6.00 Uhr. Je nach Geschmacksintensität reihen sich die weiteren Käsesorten im Uhrzeigersinn ein.

Worauf es beim Anrichten von Käse ankommt

- Ideale Menge
  - 7–8 Käsesorten als Hauptgericht: insgesamt ca. 180–200 g
  - 4–6 Käsesorten als Käse in der Menüreihenfolge: insgesamt ca. 80–120 g
- gleichmässig geschnittene Käsestücke
- **Verzehrtemperatur:** 20 °C, bei Frischkäse 8 °C
- **Garnituren** separat reichen oder als Fixierungspunkt auf den Teller setzen (Motto: Weniger ist mehr).

Nur rechtzeitig belüfteter und temperierter Käse entfaltet sein Aroma.

2.3 Anrichten einer Käseplatte

Bevor mit dem Gestalten der Käseplatte begonnen wird, sollten einige grundsätzliche Punkte geklärt sein. Die Firma Schärdinger hat dazu 10 Tipps zusammengestellt:

1. **Der Anlass bestimmt die Auswahl:** Welche Sorten passen am besten zum Anlass?
2. **Je mehr Personen, umso mehr Käsesorten:**
   - 2–9 Personen – ca. 5 Käsesorten
   - 10–19 Personen – ca. 8 Käsesorten
3. **Der Anlass bestimmt die Präsentation:** Für einen rustikalen Rahmen eignen sich z. B. Holzbretter, für eine festliche Veranstaltung Porzellan- oder Spiegelplatten.
4. **Die Sortenauswahl bestimmt den Geschmack:** Es ist auf einen durchgängigen Aufbau von mild-fein bis würzig-kräftig zu achten.
5. **Die richtige Schneidetechnik ist entscheidend:** Käse sollte immer in gleich grosse Stücke (vorwiegend Dreiecke) geschnitten werden. Der Rindenanteil sollte ebenfalls gleich sein.
6. **Keine Schneidemaschine verwenden:** Dünn aufgeschnittener Käse trocknet rasch aus, verliert den Geschmack, verändert die Farbe und klebt unter Umständen zusammen.
7. **Käse richtig auflegen:** Die Anordnung entspricht jener des Käsetellers. Die Käsestücke können dabei in Fächerform oder als Fischgrätmuster aufgelegt werden. Grosslochkäse wie Emmentaler werden würfelig oder in kleine Stifte geschnitten und zwischen den anderen Sorten platziert.
8. **Dezent garnieren:** Der Fokus liegt auf dem Käse, weshalb die Dekoration sparsam eingesetzt werden sollte. Die Garnitur sollte sich auf einen oder zwei Punkte der Platte konzentrieren.
9. **Richtige Lagerung:** Ist die Käseplatte gestaltet, soll sie bis zum Verzehr in eine atmungsaktive Klarsichtfolie eingepackt sein. Die ideale Lagertemperatur liegt zwischen 8 und 12 °C. Um die gewünschte Temperatur von 20 °C zu erreichen, sollte die Käseplatte mindestens eine Stunde vor dem Verzehr aus dem Kühlschrank genommen werden. Da Frischkäse am besten bei 8 °C schmeckt, sollte er erst unmittelbar vor dem Service aus dem Kühlschrank genommen werden.
10. **Auf ideale Kombinationen achten:** Neben schönem Aussehen, der richtigen Temperatur, Geschmacksreihenfolge und Stückgrösse rundet eine ideale Brot- und Getränkeauswahl die Vorbereitungen für den Käsegenuss ab.

Aus kleinen runden Laiben wird immer ein Käsedreieck geschnitten und mit der Schnittfläche zum Gast auf den Laib gesetzt.

Warum die Spitzen der Käsestücke nach aussen zeigen sollen

Beim Verkosten von Käse wird mit dem milden Teil des Käses (der Spitze) begonnen und erst am Schluss der Teil mit der Rinde verzehrt – andersherum würde der Gaumen zu sehr beeinflusst. Auch der Käseteig (Farbe, Lochung etc.) ist bei dieser Anrichteweise besser zu erkennen.

2.4 Der richtige Aufbau des Käsewagens

Von mild bis würzig – so wird der Käse platziert.

Das Wissen, wie man einen Käsewagen richtig aufbaut, ist wichtig für die alltägliche Arbeit im Betrieb. Beachten Sie Folgendes:

- **Richtige Menge:** 8–12 verschiedene Käsesorten.
- **Korrekte Auswahl:** Alle Käsesorten (Käsegruppen), alle Milcharten und die unterschiedlichen Reifungsarten sollen vertreten sein.
- **Platzierung nach Geschmack:** Aus der Sicht des Gastes werden die Käse von links nach rechts in der Reihenfolge von mild bis würzig platziert.
- **Richtige Platzierung:** grössere/höhere Stücke hinten, kleinere/flachere Stücke vorne.
- **Präsentation:** Jedes Käsestück wird angeschnitten, damit der Gast den Käseteig sieht.
- **Garnierung:** Trauben, Nüsse, Äpfel, Birnen und Erdbeeren werden als Blickfang auf eine oder zwei Stellen des Wagens zwischen den Käsen platziert.

Beim Aufbau und bei der Platzierung des Käsewagens gibt es zwei Möglichkeiten:

- Mit der Öffnung der Abdeckung zum Gast: Der Gast kann den Käse sehen und riechen. Der Mitarbeiter steht neben dem Käsewagen.
- Mit der Öffnung zum Mitarbeiter: Der Käse ist durch die Plexiglasscheibe vom Gast getrennt. Der Mitarbeiter steht hinter dem Käsewagen.

Beispiel für den Aufbau eines Käsewagens

1. Frischkäse (Kuh, Schaf, Ziege)
2. Weissschimmelkäse
3. Mittelgereifter Schaf- oder Ziegenkäse
4. Milder Halbhartkäse
5. Speziell gereifte und affinierte Käse
6. Junger, milder Weichkäse mit Rotkultur
7. Gereifter Schaf- oder Ziegenkäse
8. Rotschmierkäse mit ausgeprägtem Aroma
9. Hartkäse (Bergkäse)
10. Doppelschimmelkäse (Blau-/Weissschimmel)
11. Geschmacksintensive Käse
12. Blauschimmelkäse

2.5 Anrichten von Käse auf Käsebuffet

Auch auf einem Käsebuffet lassen sich Käse ideal präsentieren. Bei der Wahl der Schnittform ist darauf zu achten, wie lange das Buffet im Restaurant aufgebaut bleibt. Grundsätzlich wird der Käse so geschnitten, dass dieser wenig an Qualität einbüsst. Überdauert angerichteter Käse längere Zeit ungeschützt, serviert man ihn in möglichst grossen Stücken. Auf diese Weise trocknet er nicht so schnell aus. Darüber hinaus sollte Käse so lange wie möglich mit Folie abgedeckt bleiben. Frischkäse werden erst kurz vor Eröffnung des Buffets eingestellt.

Käse als Blickfang

3 Auswahl der Käsesorten

Nachdem entschieden worden ist, ob der Käse auf dem Wagen, unter einer Käseglocke oder auf einem Brett präsentiert wird, geht es um die Auswahl der Käsesorten. Dabei ist auf folgende Punkte zu achten:

- Bieten Sie ein verkaufsstarkes Käsesortiment an (Standard, regionale Käse, internationale Spezialitäten).
- Das Angebot sollte auf die Präsentationsform abgestimmt sein.
- Setzen Sie Impulse entsprechend der Jahreszeit, z. B. im Winter mit Blauschimmelkäse und Bergkäse bzw. im Sommer mit Frischkäse und Kräuterkäse.
- Temperieren Sie Käse mindestens eine Stunde vor dem Service (ausser Frischkäse).
- Setzen Sie regionale Dekorationen (Apfelschnitze, Trauben, Nusskerne in Glasschüsseln etc.) sparsam ein.

Verkauf, Beratung, Service

Je grösser das Fachwissen und praktische Können von Restaurantfachmitarbeitern ist, umso sicherer sind diese im Service. So können sie nicht nur bei den Gästen punkten, sondern haben auch mehr Spass an der Arbeit.

Neben den Vorbereitungsarbeiten für einen perfekten Käseservice ist das Verkaufsgespräch zentral.

Aktives Verkaufen bedeutet, durch Service und Beratung Umsatzziele zu realisieren. Dabei geht es nicht nur um eine hohe Anzahl von Bestellungen. Mindestens so wichtig sind die sogenannten Soft Facts: Sind die Gäste zufrieden oder – noch besser – begeistert, werden sie wiederkommen und Ihren Betrieb weiterempfehlen.

Meine Ziele

Nach Bearbeitung dieses Kapitels kann ich

- die verschiedenen Fragetechniken für eine optimale Gästeberatung einsetzen und so den Verkauf von Käse verbessern;
- die Präsentations- und Verkaufstechniken situationsbedingt einsetzen;
- einen Käseservice mithilfe des Käsewagens durchführen;
- passende Getränke zu Käsetypen empfehlen.

1 Das Verkaufsgespräch

Wer Käse überzeugend verkaufen will, muss wissen, wie der Käse schmeckt. Dieses Know-how gewinnt man, indem man Käse selbst verkostet. So lernen Sie die Geschmacksnuancen zu unterscheiden. Eignen Sie sich diese Kenntnisse Schritt für Schritt an: Wer jede Woche ein oder zwei Käse probiert, eignet sich im Laufe eines Jahres ein breites Wissen an. Hat man sich eine Basis erarbeitet, kann man sich Neuheiten zuwenden, und den Gästen noch mehr interessante Informationen zu liefern.

Wie sag ich's meinem Gast?
Es gibt nichts Peinlicheres, als mit Fachausdrücken um sich zu werfen und sie dann nicht erklären zu können. Nebenbei wird man beim Gast nicht gut ankommen und noch viel weniger verkaufen.

Gelungene Gästeberatung

Der Spruch «Der Gast ist König» bedeutet, der Gast soll immer zufrieden sein. Im Bezug auf eine gelungene Gästeberatung heisst dies:

- Beschreiben Sie den Käse so, dass der Gast es auch versteht. Verwenden Sie nur Fachbegriffe, die Sie selbst verstehen bzw. die der Gast selbst verwendet.
- Hören Sie dem Gast zu. So finden Sie am schnellsten heraus, was der Gast wirklich möchte.
- Bei Unklarheiten fragen Sie den Gast nochmals – nicht immer drücken sich Gäste klar und deutlich aus.
- Achten Sie auf die Körpersprache Ihrer Gäste. Haltung, Auftreten, Mimik und Gestik senden deutliche Signale.
- Bedanken Sie sich beim Gast für seine Bestellung.

Ein freundliches Anfangsklima bestimmt den Verlauf des Beratungs- und Verkaufsgesprächs.

Geben Sie dem Gast Zeit, auf Ihre Fragen zu antworten.

Setzen Sie die richtige Fragetechnik ein.

	🙂	☹
Stellen Sie **offene Fragen** (Was …? Welche …? Wie viel … ? Wozu …?). Fragen, die mit Ja oder Nein beantwortet werden können, beenden oft vorzeitig das Verkaufsgespräch.	«Was sagen Sie zu einer schönen Käseauswahl als Dessert?»	«Möchten Sie Käse zum Dessert?»
Setzen Sie **Alternativfragen** ein.	«Darf ich Ihnen eine Frischkäserolle mit Kräutern oder eine in Olivenöl eingelegte Schaffrischkäsekugel anbieten?»	«Möchten Sie etwas von der Frischkäserolle mit Kräutern?»
Stellen Sie dem Gast **Fragen, die seine Neugierde wecken.**	«Kennen Sie schon den fabelhaften …?» «Haben Sie schon einmal den … probiert, der gerade eben prämiert worden ist?» «Möchten Sie vielleicht den neuen Käse aus dem Hause … probieren?»	«Wir haben auch den …»
Stellen Sie dem Gast **kurze Fragen** und vermeiden Sie sogenannte «Bandwurmfragen».	«Hätten Sie gerne als Beilage unser selbst gemachtes Merlot-Gelee oder lieber ein wenig von der Tomatenkonfitüre?»	«Möchten Sie als Beigabe lieber Merlot-Gelee, Tomatenkonfitüre, Kürbis-Chutney oder Feigensenf? Dazu könnte ich Ihnen noch Trauben, Nüsse oder ein Stück von der Birne servieren. Oder hätte Sie doch lieber etwas Trüffelhonig?»

Verwenden Sie passende Worte, um den Käse zu beschreiben.

Es ist nicht immer einfach, die richtigen Worte zu finden. Es gibt jedoch eine Leitregel, an der man sich orientieren kann: Der Gast soll den Käse mit allen Sinnen geniessen. Schildern Sie ihm also, wie der Käse mit Augen, Nase, Mund und Händen wahrgenommen werden kann.

Mithilfe der vier Sinne können Sie systematisch jeden Käse beschreiben.

Das beste Geschmackserlebnis haben Sie, wenn Sie beim milden Frischkäse beginnen und sich im Uhrzeigersinn von mild bis würzig vorarbeiten.

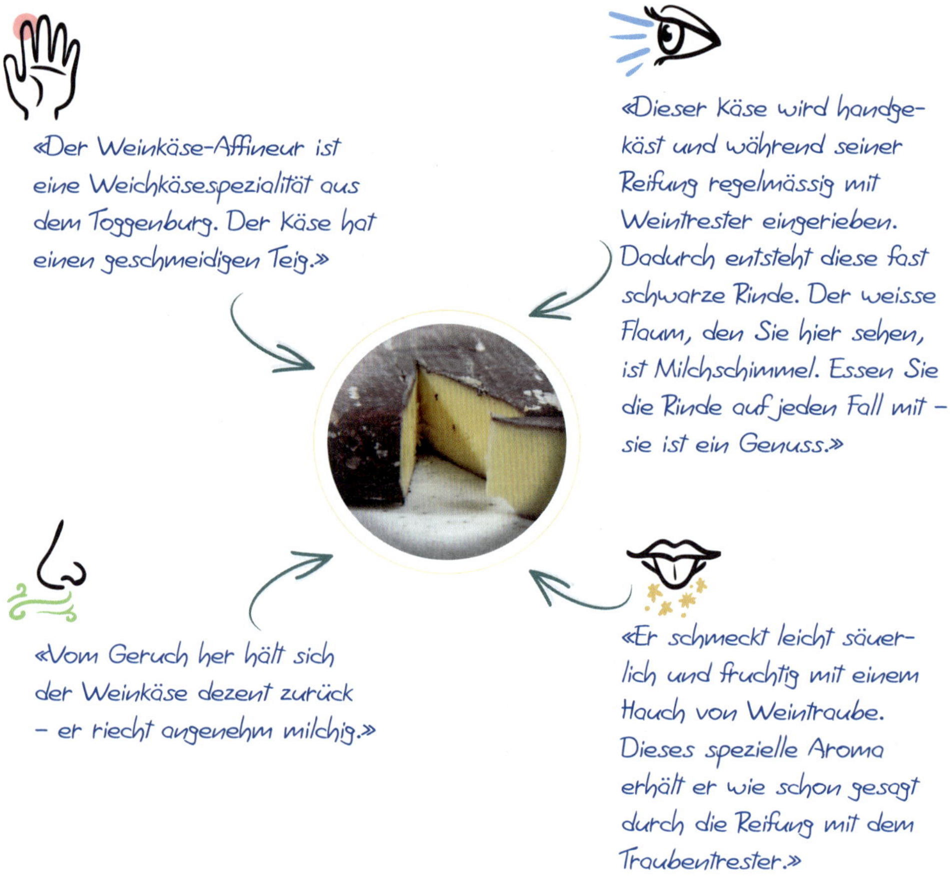

2 Käseservice mit dem Käsewagen

Wer Käse optimal präsentieren und verkaufen möchte, sollte einige Grundsätze beachten. So muss z. B. die Mise en Place für den Service gut vorbereitet sein, damit im Anschluss der Käseservice reibungslos abläuft.

2.1 Mise en Place

- Vorspeisenteller oder spezielle Käseteller (keine Dessertteller) zum Anrichten
- Dessertgabeln und Dessertmesser auf einem Serviertablett oder Teller mit Besteckserviette zum Eindecken
- Brotkörbe mit verschiedenen Brotsorten
- Beilagen, Garnituren und Saucen (entweder in Originalbehältern oder in kleinen Glasschüsseln) mit Kaffeelöffeln oder Vorleger zum Entnehmen
- Käsewerkzeuge und Vorleger zum Anrichten

2.2 Ablauf

- Fahren Sie den vorbereiteten Käsewagen zum Gästetisch. Positionieren Sie ihn so, dass das Käsesortiment für die Gäste gut sichtbar ist.
- Begrüssen Sie die Gäste zum Einstieg in das Verkaufsgespräch.
- Stellen Sie das Käsesortiment in der richtigen Reihenfolge kurz vor (siehe S. 298). Zeigen Sie mit dem Vorleger oder Messer auf die jeweils vorgestellte Käsesorte.
- Fragen Sie die Gäste:
  1. «Für wen darf ich einen Käseteller anrichten?»
  2. «Welche Portionsgrösse darf es sein?»

  Achtung: Fragen Sie nach Geschmackspräferenzen und weisen Sie auf Spezialitäten hin.
- Stellen Sie die Gästeteller bereit.
- Heben Sie einen der ausgewählten Käse (nicht alle gleichzeitig) mit dem korrekten Schneidemesser und einer Vorlegegabel auf die Schneidefläche. (Das Schneidemesser befindet sich unter dem Käsestück, die Vorlegegabel fixiert das Käsestück vorsichtig von oben).
- Schneiden Sie den Käse richtig (siehe richtiges Schneiden, S. 296 und im Skills-Training-Book) und heben Sie den restlichen Käse wieder an seinen Platz zurück.
- Richten Sie das Käsestück nach der Uhrmethode (siehe S. 296) – beginnend auf 6.00 Uhr – im Uhrzeigersinn an. Platzieren Sie das Käsestück mit dem Vorleger (Gabel links, Löffel rechts) auf dem Teller mit der Spitze nach aussen. Fahren Sie mit allen anderen Käsestücken so fort. Den Frischkäse können Sie auch in der Mitte des Tellers anrichten.
- Empfehlen Sie Beilagen und Garnituren.
- Richten Sie die Beilagen auf 5.30 Uhr an bzw. stellen Sie Gelees etc. in kleine Glasschüsseln mit Löffel und Trageteller ein.
- Stellen Sie den Käseteller ein. Der Käse, der zuerst gegessen werden sollte, steht auf 6.00 Uhr.
- Bieten Sie Brot und evtl. Butter an.
- Machen Sie Getränkeempfehlungen.

Nachdem die Käsestücke für den Käsewagen geschnitten worden sind, muss der restliche Käse – jeder Käsetyp für sich – wieder sorgfältig verpackt und gelagert werden. Dies ist auch wichtig, damit die Schimmelkulturen nicht übertragen werden.

Wer fragt, der führt.
Setzen Sie die richtige Fragetechnik ein (siehe S. 301).

Wechseln Sie bei den unterschiedlichen Käsetypen unbedingt die Vorleger und die Messer.

3 Allgemeine Empfehlung von Getränken

Ein Gast fragt Sie: «Könnten Sie uns bitte zu unserer Käseplatte einen passenden Wein empfehlen?»
Zu einem bestimmten Käse ein passendes Getränk zu finden, ist relativ einfach. Was aber müssen Sie beachten, wenn eine Weinempfehlung zu einer gemischten Käseplatte gewünscht wird?

Zu einer Käseauswahl einen Wein zu empfehlen, ist kaum möglich, da die unterschiedlichen Käsesorten unterschiedlich schmecken. Stimmt man das Getränk auf den mildesten Käse ab, wird es nicht mit dem kräftigsten Käse mithalten können. Orientiert man sich hingegen am dominantesten Käse, wird das gewählte Getränk vermutlich die milden Käse überdecken.

Sinnvoll ist, wenn man sich an einem durchschnittlich aromatischen Käse auf dem Teller orientiert oder an jenem Käsetyp, der am häufigsten vorkommt.

3.1 Alkoholfreie Getränke

Säurebetont sind z. B. Säfte aus Zitrusfrüchten und Johannisbeeren.

Der wichtigste Grundsatz bei der Kombination von Käse mit alkoholfreien Getränken lautet: Keine säurebetonten Säfte. Die Fruchtsäure würde sich mit der Säure des Käses zu einem bitteren Geschmack summieren.

Passende Getränke:
- aromatisierte Mineralwässer, z. B. in den Geschmacksrichtungen Lemongrass oder Birne-Melisse (eignen sich besonders gut zu Frischkäse)
- naturtrüber Birnen- oder Apfelsaft
- weisser und roter Traubensaft
- Aprikosennektar

3.2 Alkoholische Getränke

Frischkäse generell	Asti spumante, Schaumweine oder Weizenbier
Frischkäse aus Kuhmilch	Fruchtige, spritzige, säuremilde Weissweine (Chasselas, Silvaner, Johanniter) oder Weizenbier
Weissschimmel	Gehaltvolle Weissweine (Chardonnay, Weissburgunder) oder helles Weissbier
Frischkäse aus Schaf und Ziegenmilch	Fruchtige, säuremilde, frische Weissweine (Riesling-Silvaner, Silvaner, Weissburgunder) oder Weizenbier
Rotschmierkäse	Gehaltvolle Weissweine (Chardonnay, Spätlesen), tanninarme Rotweine (Blauburgunder, Merlot) oder Zwickelbier
Halbhartkäse	Kräftige Weissweine (Weissburgunder, Chardonnay, Chasselas) oder Zwickelbier
Gereifter Hartkäse (Bergkäse)	Fruchtige Rotweine (Zweigelt, Merlot, Blauburgunder) oder dunkles Malzbier
Grün- und Blauschimmelkäse	Süssweine (Beerenauslese) oder Bockbier, Portweine, Süsse Sherry

IV Speisen- und Menükunde

Im Service ist es wichtig, Gästen ein Gesamtpaket (Essen und Trinken) empfehlen zu können. Dabei muss einerseits auf individuelle Wünsche Rücksicht genommen werden, andererseits sind Grundregeln zu beachten. Bei der Abfolge von mehreren Speisen (und Getränken) gilt es dementsprechend noch mehr zu bedenken.

Klingt kompliziert, ist es aber nicht. Alle klassischen Regeln dienen heute als Grundgerüst und Stütze bei der persönlichen Beratung. In den nachfolgenden Kapiteln wird das Grundwissen zu den Regeln der Menü- und Speisekartengestaltung sowie zu den Gartechniken der verschiedenen Speisen vertieft.

Menükunde

Menüs sind aufeinander abgestimmte Gerichte in einer festgelegten Reihenfolge.

Im Inhalt eines Menüs sollen sich der individuelle Charakter und die Leistungsfähigkeit des Betriebes widerspiegeln. Es soll keine Langeweile aufkommen (z. B. durch Wiederholung), aber auch keine Irritation (z. B. durch nicht harmonisierende Menüteile).

In den nachfolgenden Kapiteln wird das Grundwissen zu den Regeln der Menü- und Speisekartengestaltung sowie zu den Gartechniken der verschiedenen Speisen vertieft.

Meine Ziele

Nach Bearbeitung dieses Kapitels kann ich

- die Speisefolge nach klassischen und neuzeitlichen Gesichtspunkten aufzeigen;
- die einzelnen Gänge der Menüfolge beschreiben;
- die Gartechniken der einzelnen Speisen zuordnen und erklären;
- passende Beilagen und Gerichte-Kombinationen (Saucen etc.) bestimmen und empfehlen;
- den Gästen die Herstellung von bekannten Gerichten verkaufsfördernd erklären.

1 Geschichte

Haben Sie in Ihrem Betrieb schon öfter von «klassischen» Gerichten gehört? Was ist damit gemeint?

Welche klassischen Gerichte werden in Ihrem Betrieb angeboten? Erstellen Sie eine Liste aller klassischen Gerichte, die Sie kennen.

Viele geschichtliche Ereignisse und wichtige Persönlichkeiten prägten – und prägen immer noch – die Koch- und Gastronomieentwicklung. Die wichtigsten Etappen sind:

Etappe	Veränderungen
Klassische französische Küche *19./20. Jahrhundert*	**Merkmale:** ■ Geschmackliche und stoffliche Vollkommenheit, ■ überschaubare Portionen, ■ nur noch essbare Garnituren. Serviert wurde nicht mehr ab Platte, sondern vor den Gästen. Dies bezeichnen wir heute als «Gueridon-Service» (früher «russischer Service»).
Nouvelle Cuisine *20. Jahrhundert*	**Merkmale:** ■ Marktfrische, regionale Produkte, ■ kreatives Anrichten, ■ geschmackliche Vollkommenheit, ■ allgemeine Spontanität bezüglich der Zusammensetzung der Menüs.
Neuzeitliche Küche *Gegenwart*	**Merkmale:** ■ Ökologische, ■ energetische und ■ diätetische Erkenntnisse werden miteinbezogen.
Vollwertküche *Gegenwart*	**Merkmale:** ■ Unraffiniertes Getreide (Vollkorn), ■ viel Rohkost, ■ nährstoffschonende Gartechniken. ■ Im Vordergrund steht das Verwenden von umweltfreundlich erzeugten Lebensmitteln.

Küchen, die das 21. Jahrhundert geprägt haben:

- **Cuisine du marché**
  Marktfrische Küche, die Produkte aus regionalen Angeboten verarbeitet.
- **Mediterrane Küche**
  Berücksichtigt Traditionen aus mittelmeernahen Ländern: frisches Gemüse, schonende Zubereitungsarten, Verwendung kaltgepresster Ölen
- **Internationale Küche**
  Französische oder europäische Küche, geprägt durch Einflüsse anderer Länder: exotische Gewürze, Gemüse, Früchte
- **Molekulare Küche**
  Befasst sich mit der Zusammensetzung von Stoffen und der naturwissenschaftlichen Betrachtung von Kochvorgängen.

Köche, die die Entwicklung der Küche stark beeinflusst haben

Auguste Escoffier (1846–1935)

war ein französischer Meisterkoch, der durch seine Publikation «Guide Culinaire» Weltruhm erlangte.

Paul Bocuse (1926–2018)

war einer der besten Köche des 20. Jh. und einer der bekanntesten Vertreter der «Nouvelle Cuisine». Er wurde 40-Mal in Folge mit drei Michelin-Sternen ausgezeichnet. 1989 wurde er vom «Gault-Millau» zum «Koch des Jahrhunderts» ernannt.

Ferran Adrià (1962–heute)

gilt als einer der einflussreichsten Köche der Gegenwart. Durch experimentelle Lebensmittelvorbereitung, -zubereitung und -präsentation wurde er zum Begründer der Molekularküche.

Ein Menü kann auch als «Plan des Essens» bezeichnet werden.

Kombinationen von Gängen =
Kalte Vorspeisen können mit warmen Komponenten oder Suppenkreationen mit kalten Beigaben serviert werden. Verschiedene Vorspeisen werden gleichzeitig in mehreren Anrichtegeschirren serviert, Salat wird mit Fisch oder Fleisch kombiniert und eine Selbstverständlichkeit ist heute, dass das Gemüse mit dem Hauptgericht angerichtet wird.

Bei Tagesmenüs wird heute oft ein Drei- bis Vier-Gänge-Menü serviert, bei dem zuerst die Suppe, danach der Salat, das Hauptgericht und eventuell eine Süssspeise serviert wird.

2 Das Menü

Ein Menü zeichnet sich dadurch aus, dass es verschiedene, aufeinander abgestimmte Speisen, in der richtigen Reihenfolge, meist zu einem festgelegten Preis anbietet. Diese Speisefolge richtet sich nach den Grundsätzen des 13-gängigen Menügerippes, das auch in den heute üblichen verkürzten Speisefolgen eingehalten wird.

Die modernen Speisefolgen bestehen meistens aus drei bis sechs Gängen, bei denen oft in einem Gang auch Kombinationen verschiedener Gänge serviert werden. Den Mittelpunkt bildet jeweils das Hauptgericht, das je nach Wunsch mit weiteren Gängen ergänzt werden kann. Ein wichtiger Grundsatz dabei ist die Abwechslung. Um den Gästen ein gesundes, mit allen Nährstoffen versehenes und attraktives Menü anbieten zu können, braucht es zwingend Abwechslung bei den Zutaten, Zubereitungsarten, Farben, Formen, Texturen und Geschmäckern.

Restaurantfachleute müssen in der Lage sein, dem Gast die Speisen zu erklären. Deshalb ist eine gute und enge Zusammenarbeit zwischen Service und Küche von besonderer Bedeutung. Der Gast soll eine komplette, für ihn optimale und abgestimmte Beratung erhalten.

3 Das klassische Menügerippe

Das klassische Menügerippe, das Ende des 19., Anfang des 20. Jahrhunderts eingeführt wurde, kann heute noch als Leitfaden bei der Menüplanung verwendet werden.

	Deutsch	Französisch	Englisch
1	Kalte Vorspeise	Hors-d'oeuvre froid	Cold starter/Appetizer
2	Suppe	Potage	Soup
3	Warme Vorspeise	Hors-d'oeuvre chaud	Hot Starter/Hot Appetizer
4	Fischgericht	Poisson	Fish
5	Hauptplatte	Grosse pièce	Main Course
6	Warmes Zwischengericht	Entrée chaude	Hot Entrée
7	Kaltes Zwischengericht	Entrée froide	Cold Entrée
8	Sorbet	Sorbet	Sherbet
9	Braten und Salat	Rôti et salade	Roast with salad
10	Gemüsegericht	Légumes	Vegetables dish
11	Süssspeise	Entremets	Sweets
12	Nachtisch	Dessert	Dessert
13	Würzbissen	Savouries	Savouries

3.1 Die verkürzte Menüfolge

Die Menüfolge berücksichtigt sowohl die verwendeten Zutaten als auch die Zubereitungsart. Bei Menüs sollen sich beispielsweise die Grundzutaten der Vorspeise nicht bei der Hauptspeise wiederholen. Natürlich gibt es Ausnahmen, z. B. bei einem Spezialmenü, wie einem Jagdmenü, Fischmenü, Spargelmenü etc.

Appetithäppchen	... gelten nicht als Gang. Sie werden unabhängig davon, wie viele Gänge das Menü umfasst, serviert. Oft werden sie auch als «Amuse-Bouche» oder «Gruss aus der Küche» bezeichnet.
Kalte Vorspeisen	... sind immer der erste Gang. Die appetitanregenden, leichten, kalten Gerichte sind an die nachfolgenden Gerichte angepasst.
Suppe	Alle Arten von Suppen (auch kalte), müssen sowohl in der Menge als auch in den Zutaten mit dem gesamten Menü harmonisieren.
Warme Vorspeise	... können fleischlose Gerichte sein, sowie Gerichte mit Fisch, Geflügel, Innereien, Eiergerichte, Teiggerichte etc.
Hauptgericht	... ist der zentrale Gang im Menü. Er beinhaltet in der Regel Fleisch, Fisch, Geflügel oder eine vegetarische Hauptkomponente mit passenden Stärkebeilagen und meistens mit Gemüse.
Süssspeise oder Dessert	Heute wird nicht mehr zwischen Süssspeise oder Dessert unterschieden. Die Süssspeise bildet immer den Abschluss eines Menüs. Werden Käse und Süssspeise serviert, wird zuerst der Käse gereicht.

F	Hors-d'œuvre froid	*Ohr döwre froa*
	Potage	*Potahsch*
	Hors-d'œuvre chaud	*Ohr döwre schoh*
	Poisson	*Poassoh*
	Grosse pièce	*Gross Pieess*
	Entrée chaude	*Ohntreh schohd*
	Entrée froide	*Ohntreh froad*
	Rôti	*Roti*
	Salade	*Saladh*
	Légumes	*Legühm*
	Entremets chaud	*Ohntremeh schoh*
	Entremets froid	*Ohntremeh froa*
	Dessert	*Dessehr*
	Entremets sucré	*Ohntremeh sükreh*
	Savouries	*Savurieh*
GB	Appetizer	*Äpeteisa*
	Main course	*Mein Kohrs*
	Warm entrée	*Wohm Ohntreh*
	Cold entrée	*Kohld Ohntreh*
	Sherbet	*Schörbet*
	Vegetables	*Wedschetebls*
	Dessert	*Desört*
	Savouries	*Seiwuries*

4 Die einzelnen Gänge

Im Betrieb von Corinne ist ein Geburtstagsessen mit acht Gängen geplant. Corinne teilt die einzelnen Gerichte dem Gerippe des klassischen Menüaufbaus zu. Welche Menüfolge ist auf der Speisekarte Ihres Betriebes angeführt?

Ob zur Erstellung eines Menüs oder für den Aufbau einer Speisekarte: Alle Gerichte werden nach der eben erlernten Menüfolge eingeteilt und in dieser Reihenfolge genannt. Selbstverständlich können einige Elemente weggelassen werden – je nach Betrieb oder Anlass.

Im Service ist es aber wichtig zu erkennen, welche Speise in welche Kategorie gehört. Dabei ist eine genaue Absprache mit der Küche (z. B. über die angerichtete Menge) wichtig.

Amuse-Bouche können warm oder kalt serviert werden. Es gibt unzählige Variationen.

Amuse-Bouche dürfen keine Wiederholung der möglichen nachfolgenden Gänge darstellen.

Die kalte Vorspeise darf nicht sättigen, sondern soll den Magen auf die nachfolgenden Gänge einstimmen.

Eine detaillierte Beschreibung und Grundrezepte von Terrinen, Pasteten, Galantinen und Mousses finden Sie in ihrem digitalen Zusatzpaket.

4.1 Appetithäppchen (Amuse-Bouches)

«Amuse-Bouches» sind appetitanregende Häppchen. Sie werden auf einem kleinen Teller, auf einem Löffel («Partylöffel») oder in kleinen Gläsern angerichtet und meist einzeln pro Person serviert. Sie ersetzen in der modernen Speisefolge den Würzbissen/Savouries.

Amuse-Bouches werden als Überraschung des Hauses im Rahmen eines Menüs serviert. Sie sollen die Wartezeit bis zum ersten Gang überbrücken und werden oft mit den Worten «Eine kleine Aufmerksamkeit der Küche» oder «Ein Gruss aus der Küche» serviert. Dabei wird den Gästen erklärt, was sie serviert bekommen.

Beispiele:
Pikantes Blätterteiggebäck, Frühlingsrollen, Käsekrapfen, Lachstatar, Espumas etc.

4.2 Kalte Vorspeisen

Der im klassischen Menügerippe als kaltes Zwischengericht bekannte siebte Gang, wird heute fast nur noch als kalte Vorspeise eingesetzt.

Kalte Vorspeisen sind kleine Gerichte, die ein Menü einleiten und durch ihren pikanten Geschmack den Appetit erhöhen sollen. Dazu werden Butter und Toast bzw. verschiedene Brotsorten serviert.

Mit Rücksicht auf die nachfolgenden Gänge können die kalten Vorspeisen aus Fleisch, Fisch, Geflügel, Krustentieren, Gemüsen, Obst, Milchprodukten, Pilzen, Getreide etc. hergestellt werden.

Beispiele:
Carpaccio, Austern, Crevetten-Cocktail, gefüllte Artischockenböden, Pasteten, Terrinen, Melone mit Rohschinken, marinierter Lachs etc.

Kalte Zwischengerichte, welche als kalte Vorspeisen serviert werden können, unterteilen sich wie folgt:

Pasteten

Unter Pasteten versteht man in einer Teighülle gebackene Farcen. Diese werden meist erkaltet und mit Sulz aufgefüllt. Die bekannteste Form ist die Kastenform.

Pasteten als kalte Vorspeisen können aus Schlachtfleisch, Wild, Geflügel oder Fisch bestehen. Dazu werden die meist rohen, zerkleinerten Bestandteile gut gewürzt, in eine mit Pastetenteig ausgelegte Form gefüllt, oft mit einer Einlage in der Mitte – wie z. B. ein angebratenes Filet der entsprechenden Farce – aufgefüllt und anschliessend mit Farce und Teig verschlossen. In den Deckel werden «Kamine» eingesetzt, damit der Dampf entweichen kann und die Pastete beim Backen knusprig wird. Danach wird die Pastete im Ofen gebacken, bis die entsprechende Kerntemperatur erreicht ist.

Beispiele:
Hauspastete, Kalbfleischpastete, Hirschpastete etc.

Passende Saucen zu kalten Vorspeisen finden Sie auf S. 316.

Terrinen

Klassisch wird die Terrine in einer Form pochiert.

Die Farcen von Terrinen werden aus Schlachtfleisch, Wild, Geflügel, Fisch, Krusten- und Weichtieren hergestellt.

Moderne Terrinen können auch ohne Fleisch hergestellt werden, wie z. B. Pilz- oder Gemüseterrinen. Diese werden entweder mit einem Eier-Rahm-Guss pochiert oder ohne Pochieren mit Bindemitteln wie Sulze, Agar-Agar etc. gebunden.

Beispiele:
Hechtterrine, Geflügelleber-Terrine, Eierschwämmli-Terrine etc.

Galantinen

Darunter versteht man in einem «Mantel» eingerollte Farcen, die in einem kräftigen Fond pochiert werden. Klassischerweise besteht die Galantine aus einer Hülle und einer Farce (Füllung). Klassischerweise besteht die Galantine aus der ausgelösten Hülle von Geflügel, Fleisch oder Fisch. Für die Fülle wird aus dem ausgelösten Fleisch eine Farce hergestellt.

Farce = fein zerkleinerte, cremige Mischung, hergestellt aus rohem Fisch, Fleisch, Geflügel etc.

Für die Hülle wird ein dünngeklopftes Fleischstück des gewünschten Tieres genommen. Die Farce wird auf die Innenseite dressiert und das Ganze wird in Alufolie eingerollt. Diese Roulade wird nun in einem kräftigen Fond pochiert. Nach dem Garen wird die Galantine im Fond abgekühlt, so bleibt sie saftig und nimmt noch mehr Geschmack vom Fond auf.

Beispiele:
Forellengalantine, Wachtelgalantine, Maispoularden-Galantine etc.

Mousses

Mousses sind pürierte, gegarte Bestandteile aus Fisch, Fleisch, Geflügel, Gemüse, Pilzen etc., die mit einem Bindemittel abgebunden und mit geschlagenem Rahm aufgelockert werden.
Mousses werden meist in einer Schüssel erkaltet und danach mit dem Löffel zu Nocken abgestochen.

Beispiele:
Karottenmousse, zweifarbiges Spargelmousse, Schinkenmousse etc.

Aspike

Diese werden zubereitet, indem gegarte, meist kleingeschnittene Bestandteile mit der dazu passenden Sulze in beliebige Formen gefüllt und nach dem Erkalten gestürzt werden.

Aspiken werden umgangssprachlich oft als «Sülzli» bezeichnet.

Als Aspik können Fleisch-, Fisch-, Geflügel oder Wildgerichte ebenso wie vegetarische Gerichte zubereitet werden. Bei vegetarischen Gerichten wird die Sulz durch einen mit Alginaten abgebundenen Gemüsefond ersetzt.

Beispiele:
Aspik von Gemüsewürfeln, Forellen-Aspik mit Crevetten, Schinken Aspik mit Spargelspitzen etc.

Passende Getränke zu kalten Vorspeisen

Zu kalten Vorspeisen passen trockene Weiss-, Rosé- und Schaumweine sowie Lager- und Starkbiere.

Beispiel für eine verkaufsfördernde Speisenerklärung

Das ist ein in feine Scheiben geschnittenes Rindsfilet mit kalt gepresstem Olivenöl und frischem Basilikumpesto. Darüber werden Rucola und Parmesanspäne gestreut. Es wird mit ofenwarmem Weissbrot serviert.

Sehr gut passt dazu ein trockener, gehaltvoller Weisswein, z. B. ein Chardonnay aus dem Weinbaugebiet ... (Name) vom Weingut ... (Name) in ... (Ort).

Carpaccio mit Rucola, Pesto und Parmesan.

4.3 Suppen

Sie sind klassischer Bestandteil eines Menüs. Es gibt eine enorme Vielfalt an Suppen, so kann stets eine gefunden werden, die zum Menü passt.

Eventuelle Einlagen werden der Suppe meist beigefügt. Einlagen oder Beigaben zur Suppe, die knusprig sind, werden «à part» (extra in Gefässen) gereicht, wie z. B. Croûtons, da diese sonst in der Suppe aufweichen. Die Menge und die Art der Suppe müssen mit dem anschliessenden Hauptgericht harmonieren.

Heute wird oft auch die Einlage im Teller schön arrangiert und die Suppe erst vor dem Gast über die Einlage eingegossen.

In einem mehrgängigen Menü sollen die Suppen den Magen vorwärmen und den Appetit anregen. Suppen können aber auch sättigend wirken und als Snack oder Hauptmahlzeit eingesetzt werden.

- Als **Hauptgericht** werden etwa 3 dl Suppe serviert.
- Als **sättigende Vorspeise** ca. 2,5 dl.
- Als **Vorspeise** etwa 1,5 dl.
- Bei **Essenzen** oder Suppen in längeren Menüfolgen reicht etwa 1 dl.

Essenzen = geschmacksintensive, klare Suppen, die meist durch das Einkochen eines Fonds hergestellt werden oder durch Zugabe von mehr Klarifikation bei der doppelten Kraftbrühe.

Handelt es sich nicht um eine klassische Suppe, soll die Namensgebung stets auf die Hauptkomponenten hinweisen. Auch sind die verschiedenen Kraftbrühen nach den hauptgeschmacksgebenden Zutaten zu bezeichnen, z. B. Geflügel- oder Wild-Kraftbrühe etc.

Beispiele:
Spargelcremesuppe, Blumenkohl-Püreesuppe, Bouillon mit Flädli, Hummercremesuppe, Gelberbsensuppe etc.

Beschreibung der einzelnen Suppen

Klare Suppen

- **Bouillons** werden durch das Auskochen von Knochen, Gräten oder Abschnitten gewonnen. Sofern es nicht anders gekennzeichnet wird, ist Bouillon aus Rindsknochen hergestellt. Andere Brühen müssen mit dem entsprechenden Grundprodukt bezeichnet werden.
- **Kraftbrühen** sind mit einer Klarifikation geklärte kräftige Bouillons.

Mögliche Einlagen:
Gemüse fein geschnitten, (z. B. «Brunoise»), Eierstich, Flädli, Fideli, Backerbsen, Griessklösschen etc.

Fleisch- und Fischcremesuppen

Der entsprechende Fond wird mit «Roux» (Geschmolzene Butter mit Mehl) abgebunden und mit Rahm verfeinert.

Gemüsesuppen

- **Gemüsecremesuppen:** Die entsprechenden Gemüse werden nach dem Andünsten mit Mehl gestäubt, nach dem Weichsieden püriert, fein abpassiert und mit Rahm verfeinert.
- **Gemüsepüreesuppen** werden durch ihre eigenen Bestandteile und evtl. durch Zugabe von Kartoffeln abgebunden, püriert und nicht ganz so fein passiert wie Cremesuppen.
- **Gemüsesuppen:** Die Gemüse werden gleichmässig geschnitten, angedünstet, mit Fond aufgefüllt und nicht gemixt oder passiert. Dazu wird Reibkäse «à part» serviert.

Hülsenfrüchte- und Getreidesuppen

- **Hülsenfrüchte- oder Getreidesuppe:** Die eingeweichten Hülsenfrüchte oder die Getreideprodukte, wie Griess, Flocken etc., werden angedünstet, mit Fond aufgefüllt und ohne Mixen oder Passieren serviert.
- **Hülsenfrüchte-Püreesuppe:** Nach dem Weichwerden der Hülsenfrüchte wird die Suppe gemixt und oft auch durch ein grobes Sieb passiert.
- **Getreidecremesuppe** wird mit Getreidemehlen hergestellt, fein abpassiert und mit Rahm verfeinert.

Beim «Beeftea» wird eine sehr kräftige Fleischbrühe noch einmal stark eingekocht.

Was bedeuten die Fachbegriffe «Julienne» und «Brunoise»?

Schleimsuppe für Patienten mit Schluckbeschwerden
Dafür werden Flocken mit Fond ausgekocht und dann fein abpassiert. Diese Suppe ist als Krankenkost gedacht.

Suppen sollten, ebenso wie das ganze Speisenangebot, der Saison angepasst sein. Recherchieren Sie im Internet jeweils zwei Suppen, die in verschiedene Jahreszeiten passen.

Bouillon	*Buijoh*
Consommé	*Konsommeh*
Gemüse-julienne	*Gemüse-schülienn*
double	*duhbl*
Brunoise	*Brünoahs*
Bisque	*Bisk*
Clear Oxtail Soup	*Klier Oxtähl Suhp*
Bouillabaisse	*Buijabähs*
Gazpacho	*Gasspatscho*
Vichyssoise	*Wischisoahs*

Die genaue Beschreibung einzelner Nationalsuppen finden Sie in Ihrem digitalen Zusatzpaket.

Spezialsuppen

Die Herstellung dieses Suppentyps kann nicht einheitlich definiert werden. Es handelt sich um Suppen, deren Herstellung speziell ist oder deren Zutaten exklusiv sind, z. B. Hummer, teure Weine, Trüffel etc.

Nationalsuppen

Je nach Gegend können Nationalsuppen sehr stark variieren. Sie sind zusammengesetzt aus den Zutaten der entsprechenden Gegend und sind meist aus Eintöpfen entstanden, welche früher die Hauptmahlzeit bildeten.

Kalte Suppen, und Säfte

Als kalte Suppen werden meist abgekühlte, klassisch hergestellte Suppen serviert. In der modernen Küche können diese durch Kaltschalen, Smoothies, Gemüse- oder Fruchtsäfte ersetzt werden.

Passende Getränke zu Suppen

Zur Verkaufsförderung kann zur Suppe ein eigener Wein empfohlen werden, obwohl die Regel heisst: «zur Suppe im Menü kein eigenes korrespondierendes Getränk». Es wird der Wein weitergetrunken, der vorher zur kalten Vorspeise serviert wurde. Beginnt das Menü mit einer Suppe, wird ohnehin vorher ein Getränk (z. B. Aperitif-Wein) serviert. Nur zu besonders intensiven Suppen werden spezielle Getränke empfohlen, wie z. B.:

- **zu Gulasch-, Bohnen- und Currysuppen:** helles Bier (Lager, Spezialbiere),
- **zu Fisch-, Zwiebel-, Knoblauchsuppen sowie Suppentöpfen:** trockene Weissweine,
- **zu Essenzen oder Spezialsuppen:** trockene Champagner oder kräftige trockene Weissweine.

Beispiel für eine verkaufsfördernde Speisenerklärung

Unsere Champignoncremesuppe ist püriert und mit Rahm verfeinert.

Dazu passt ein trockener, gehaltvoller Weisswein, z. B. ein Chasselas aus dem Weinbaugebiet ... (Name) vom Weingut ... (Name) in ... (Ort).

4.4 Warme Vorspeisen

Warme Vorspeisen bzw. warme Vorgerichte sind kleine, warme, pikante Gerichte. In der Menüreihenfolge sind sie der leichte Übergang nach der Suppe zum Fisch oder zum Hauptgericht.

In der modernen Menüreihenfolge lassen sich verschiedene Gerichte als warme Vorspeisen servieren: Teig(-warengerichte), Getreide-, Käse-, Pilz-, Eier-, Gemüsegerichte sowie Fisch-, Krustentier- und Weichtiergerichte, wenn danach kein entsprechender Gang folgt.

Beispiele:
mit Meeresfrüchten gefüllte Artischockenböden, Spargel Mailänder Art, Blätterteigkissen mit Pilzragout, Toast mit sautierter Geflügelleber, Fischknusperli, Omelette mit Ratatouille, Risotto mit Trüffel, Käsekuchen, Lasagne, Spaghetti mit Pesto, Gemüsestrudel etc.

In Ihrem Betrieb werden sicher auch Vorspeisen angeboten. Fassen Sie alle Gerichte auf der Speisekarte zusammen, die als warme Vorspeise serviert werden könnten.

Grundsätzliches zu warmen Vorspeisen

- Warme Vorspeisen werden heiss serviert.
- Aus hygienischen und geschmacklichen Gründen werden in der Regel keine lauwarmen Speisen serviert.
- Einige Gemüsegerichte, wie z. B. ganze Artischocken oder Spargel, dürfen mit den Fingern gegessen werden.
- Warme Vorspeisen werden (fast immer) auf Tellern angerichtet.
- Aus Fleisch und Geflügel werden vor allem Innereien wie Leber oder Milken als Vorspeise serviert.
- Werden Meeresfrüchte (Krusten-, Schalen- und Weichtiere) serviert, gilt es nicht als Wiederholung, wenn danach ein Fischgericht folgt.
- Ein grosser Teil der warmen Vorspeisen ist auch als Fingerfood geeignet.
- Findet sich beim Hauptgericht ein Hinweis «kann als kleine Portion bestellt werden», erübrigt sich die Kategorie Vorspeisen auf der Karte.

Gefüllte Crêpes als warme Vorspeise.

Die Portionengrösse und die Zutaten müssen an das ganze Menü angepasst werden.

Passende Getränke zu warmen Vorspeisen

Zu warmen Vorspeisen passen gehaltvollere, kräftigere, manchmal sogar würzige Weissweine oder leichte Rosé- und Rotweine sowie Lager- und Spezialbiere.

Beispiel für eine verkaufsfördernde Speisenerklärung

Tagliatelle sind bissfest gekochte schmale Bandnudeln. Diese werden mit Rahmsauce, Pilzen wie Eierschwämmli, Steinpilzen und Kräutersaitlingen serviert.

Dazu passt ein trockener, gehaltvoller Weisswein, z. B. ein Pinot blanc aus dem Weinbaugebiet ... (Name) vom Weingut ... (Name) in ... (Ort).

Tagliatelle mit Rahmsauce und Pilzen.

4.5 Hauptgericht

Das Hauptgericht wird oft auch als Hauptgang bezeichnet. Darunter versteht man das Gericht, das den grössten Sättigungswert hat. In der Regel ist es auch der Gang, der in der Zubereitung am aufwendigsten ist.

In einer Reihe von Gängen ist der Hauptgang jener, der die zentrale (leitende) Stelle einnimmt. Aus dem klassischen Menügerippe lassen sich im verkürzten Menü folgende Gänge als Hauptgericht servieren:

- **Warme Vorspeise,** z. B. Lasagne
- **Fischgericht,** z. B. Forelle Müllerin Art
- **Hauptplatte,** z. B. Glasiertes Schweinskarree
- **Warmes Zwischengericht,** z. B. Kalbssteak mit Morchel-Rahmsauce
- **Braten mit Salat,** z. B. Gebratene Mastpoularde mit Nüsslisalat
- **Gemüsegericht,** z. B. Spargel mit Sauce Hollandaise

Hauptgerichte werden in der Regel warm serviert und sind mit entsprechenden Beilagen garniert. Meistens sind dies eine Stärkebeilage und Gemüse. Auch werden Hauptgerichte meistens von einer Sauce begleitet, die zum Hauptbestandteil gehören oder «à part» serviert werden.

Gerne werden heute auch vegetarische Hauptgerichte serviert, wie z. B. gebackenes Gemüse, Risotto, Gemüsestrudel, Getreidetäschchen, Spargel mit Sauce Hollandaise etc.

Aufbau der Saucen

Wie soll sie sein, die perfekte Sauce? Sie muss mit dem Gericht harmonieren und den Grundgeschmack hervorheben, darf ihn aber keinesfalls überdecken. Die Basis einer vorzüglichen Sauce sind geschmacklich passende und intensive Fonds.

Saucen werden grundsätzlich in die nachfolgenden Kategorien eingeteilt

Braune Saucen	Weisse Saucen	Buttersaucen	Gemüsesaucen
Hergestellt aus braunen Fonds.	Hergestellt aus hellen Fonds oder Milch.	Hergestellt aus Eigelb und ausgelassener Butter.	Hergestellt aus gekochten, pürierten Gemüsen.
Bratensauce (Jus), Demiglace, Wildsauce etc.	Rahmsaucen, Béchamel etc.	Holländische Sauce und Ableitungen	Gemüse-Coulis, Tomatensauce etc.

Ölsaucen	Salatsaucen	Spezialsaucen
Hergestellt aus Speiseöl und evtl. Ei als Bindung.	Klare Salatsauce, gemixte Salatsauce, gebundene Salatsauce	Warme Spezialsaucen, kalte Spezialsaucen
Mayonnaise, Vinaigrette und deren Ableitungen	French Dressing, italienische Salatsauce etc.	Apple-Sauce, Cumberland-Sauce etc.

Saucengerichte werden mit Sauce nappiert.
Bei **ganz gebratenen Stücken** wird wenig Sauce als Spiegel auf den Teller gegeben, der Rest wird separat gereicht.
Bei **sautierten Gerichten** unterscheiden wir zwischen Saucengerichten wie Geschnetzeltem oder trockenen Gerichten wie panierten Schnitzel.
Bei **grillierten Gerichten** wird die Sauce immer separat gegeben.

Nappieren = gleichmässiges Übergiessen, Überziehen, oder auch Bedecken mit Sauce oder Gelee.

Teilen Sie die Saucen, die in der betrieblichen oder schulischen Speisekarte vorkommen, der jeweiligen Gruppe zu und bestimmen Sie, ob die Sauce über das Gericht nappiert oder à part gereicht wird.

Die genaue Beschreibung einzelner Saucen finden Sie in Ihrem digitalen Zusatzpaket.

Gartechniken der Hauptgerichte

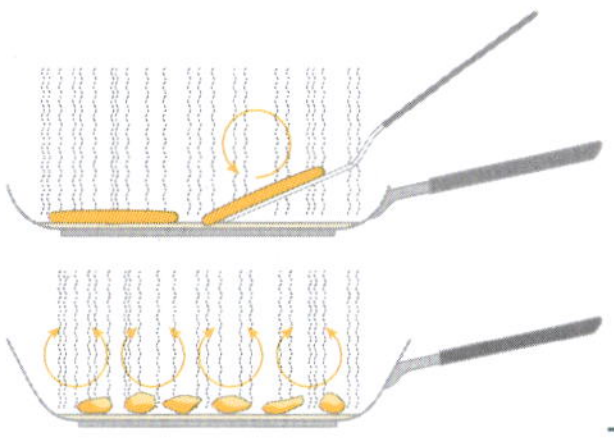

Sautieren/Kurzbraten

- **Fleisch:** z. B. Koteletts, Schnitzel, Cordon bleu, Geschnetzeltes à la minute, Steak, Piccata, Rehschnitzel, Hirschfiletmedaillons
- **Geflügel:** z. B. Pouletbrust, Straussensteak, Entenbrust, Streifen von Geflügel
- **Fisch:** z. B. ganze Fische, wie Forelle, Fischfilets, panierte Filets; Tranchen oder Stücke; Meeresfrüchte wie Riesencrevetten

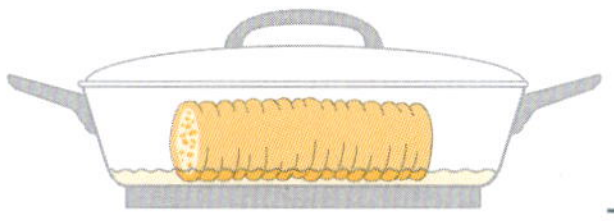

Schmoren

- **Fleisch:** z. B. Rindsschmorbraten, Saftplätzli, Kalbsvoressen, Rehpfeffer, Fleischvögel
- **Geflügel:** z. B. Hähnchen im Rotwein, Chicken-Curry, Gefüllter Pouletschenkel
- **Fisch:** z. B. Karpfen in Bier

Braten im Ofen

- **Fleisch:** z. B. Schweinsnierstück, Roastbeef, Lamm-Kronenbraten, Hirschrücken, ganze Kalbsbrust
- **Geflügel:** Beinahe jedes junge Geflügel lässt sich am Stück braten.
- **Fisch:** z. B. grosse Stücke, wie Mittelstück vom Salm, oder ganze Fische, wie ganzer Seesaibling

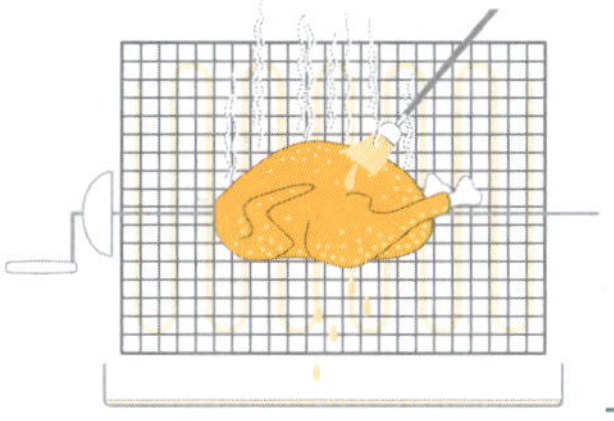

Braten am Spiess

- **Fleisch:** z. B. grosse Stücke wie Kalbsstotzen, Schweinshals etc.; ganze Tiere wie Ochse am Spiess, ganzes Kaninchen, Spanferkel etc.; vorverarbeitetes Fleisch, wie Kebab etc.
- **Geflügel:** beinahe jedes junge Geflügel lässt sich am Spiess braten
- **Fisch:** z. B. ganze Forelle, Lachsseiten

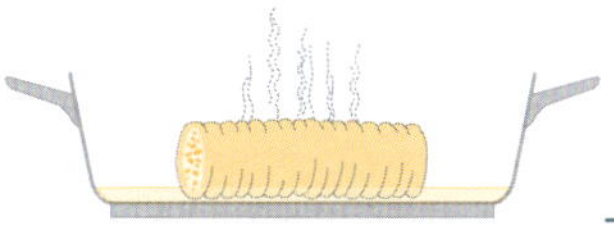

Braten im Niedertemperatur-Verfahren

Ungelagertes Fleisch wird über einen langen Zeitraum langsam gegart, z. B. Schweinsbrust, Rindsfilet am Stück, Schweins-Kotelettstück

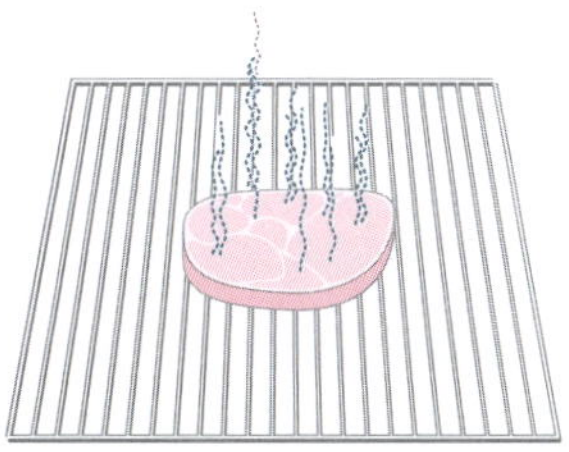

Grillieren

- **Fleisch:** z. B. zarte Fleischstücke wie Schweinshuft-Schnitzel, Kalbskoteletts, Hirschfilet-Steak, Rumpsteak, Lamm-Crostini; Fleischprodukte wie Hamburger oder Würste etc.
- **Geflügel:** z. B. alle zarten Stücke wie Brüstchen von jungen Tieren etc.
- **Fisch:** z. B. Meeresfrüchte, Filets, Tranchen oder Schnitten verschiedenster Fischarten

Genaue Beschreibungen der Gartechniken finden sie ab S. 328.

Sautieren von paniertem Schnitzel.

Rindsschmorbraten

Die meisten Gartechniken lassen sich auch für andere Lebensmittelgruppen anwenden, z.B. Pilze, Gemüse, Kartoffeln, Getreide etc.

Roastbeef im Kombidämpfer gebraten.

Siedfleisch

Pochieren im Fond

Viele Nationalgerichte entstanden aus Eintöpfen, die in Feuerstellen geschmort wurden.

Stellen Sie mit Hilfe der betrieblichen oder schulischen Speisekarte eine Liste aus Nationalgerichten zusammen und ordnen Sie diese den Gartechniken zu.

Die Fleischaufteilung der einzelnen Schlachttiere finden Sie ab S. 120.

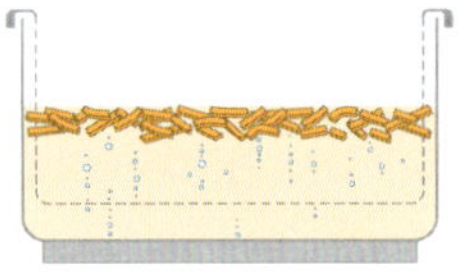

Frittieren

- **Fleisch** wird sehr wenig frittiert. Eine Ausnahme ist z. B. «Gitziküchlein».
- **Geflügel:** z. B. «Chicken Nuggets», Pouletschenkel etc.
- **Fisch**: z. B. Fischstücke paniert oder im Bierteig («Knusperli»), «Seezunge Colbert», kleine Fische im Ganzen, wie Sardellen etc.

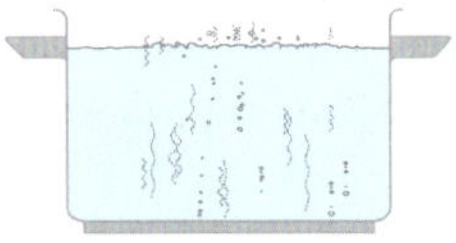

Sieden

- **Fleisch:** z. B. Siedfleisch, Lammgigot, Blankett
- **Geflügel:** z. B. Suppenhuhn
- **Fisch** wird wegen seiner feinen Struktur nicht gesotten.

Dünsten

Fleisch: z. B. Gulasch, Kalbsfrikassee etc.

Pochieren im Fond

- **Fleisch:** z. B. Pökelwaren wie Schinken, Rippli etc.; sehr zarte Fleischstücke wie Rindsfilet, Wurstwaren wie Siedwurst etc.
- **Geflügel:** z. B. zarte Stücke wie Brüstchen von Maispoularde etc.
- **Fisch:** ganze Fische oder grosse Stücke wie z. B. Forelle blau, Mittelstück vom Salm etc.

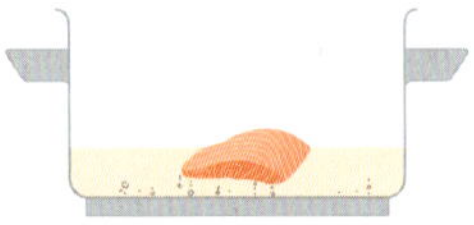

Pochieren mit wenig Fond

Fisch: für Filets oder in Tranchen geschnittene Fische wie z. B. Steinbutt-Tranche im Weisswein, Goldbrassenfilet im Rotwein etc.

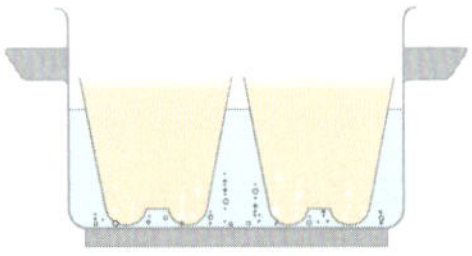

Pochieren im Wasserbad ohne Bewegung

Für alle Arten von **Terrinen** wie z. B. Gemüseterrine etc., oder in Förmchen abgefüllte Farcen, wie z. B. «Hecht-Timbale» etc.

Backen

- **Teiggerichte:** z. B. Gemüsestrudel etc.
- **Fleisch:** z. B. Rindsfilet Wellington, oder Fleischerzeugnisse, wie z. B. Rippli im Brotteig, Saucisson im Briocheteig etc.
- **Fisch**
- **Geflügelteile**

Garstufen

Werden als Hauptgericht kurz gebratene Stücke von Fleisch (z. B. Rindsfilet) gewählt, muss jeder einzelne Gast nach der gewünschten Garstufe gefragt werden.

(CH) **blau, stark blutig**
(F) **bleu**
(GB) **rare**

Das Steak hat eine dünne braune Kruste, ist innen aber noch roh; an der Oberfläche erscheinen Bluttropfen.

(CH) **blutig, stark rosa**
(F) **saignant**
(GB) **medium rare**
Unter der braunen Kruste des Steaks ist das Fleisch im Kern noch fast blutig; der Fleischsaft ist ebenfalls noch blutig.

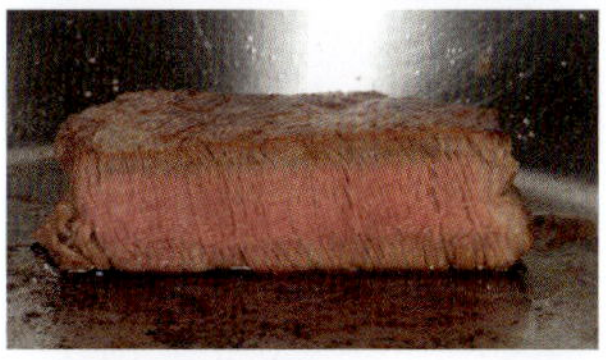

(CH) **auf den Punkt**
(F) **à point**
(GB) **medium**
Das Steak hat eine schöne braune Kruste und der Kern ist zartrosa; der Fleischsaft ist ebenfalls rosa.

(CH) **durchgebraten**
(F) **bien cuit**
(GB) **well done**
Das Steak ist gleichmässig durchgebraten; der austretende Fleischsaft ist klar und hell.

bleu	*blöh*
rare	*rea*
saignant	*seihnjoh*
à point	*a poa*
bien cuit	*biäh kui*
À-la-minute	*A la Minüt*

4.6 Beilagen zu den Hauptgerichten

Es gibt vier Arten von Beilagen zu einem Hauptgericht:

- **Salat:** wird zum Hauptgericht auf dem Teller angerichtet; zum Teil auch «à part».
- **Gemüse:** wird fast immer auf dem Teller zum Hauptbestandteil angerichtet.
- **Sättigungsbeilagen** oder auch Stärkebeilagen: können auch separat gereicht werden.
- **Garnituren:** Zutaten-Komponenten, die zum Hauptgericht dazugehören und oft dem Gericht den Namen geben, wie z. B. Rehpfeffer Jäger Art (Champignons, Perlzwiebeln, Brotcroutons und Speckstreifen).

Salate

Geeignet als eigenständige Gerichte, Vorspeisen, oder Beilage zu grillierten, sautierten oder gebratenen Gerichten.

Einfache Salate

Aus einer einzelnen Komponente hergestellte Salate, wie z. B. Linsensalat mit Speck, Gurkensalat mit Dill, Maissalat etc., aber auch Blattsalate aus einer oder mehreren Sorten.

Blattsalat

Gemischte Salate

Mehrere Komponenten werden zusammen angemacht, wie z. B. «Coleslaw-Salad», «Russischer Salat», «Waldorfsalat» etc.

Zusammengestellter Salat

Einzelnen Salate unterschiedlichster Art werden bouquetartig auf dem Teller angerichtet. Im Allgemeinen sprechen die Gäste hier von «gemischtem Salat».

Russischer Salat

Die Zubereitungsarten sind unterschiedlich und oft werden mehrere Gartechniken angewendet. Blumenkohl z. B. wird gedämpft, danach im Bierteig frittiert oder gekochte Spargel werden mit Sauce gratiniert etc.

Gemüse im Blickpunkt
Unter Gemüsegerichten werden meistens Kompositionen aus einem oder mehreren Gemüsen verstanden welche eigenständig serviert werden, z. B.: Spargel, Artischocken, Gemüselasagne, Gemüsestrudel etc.

Gemüse

Gemüse, die zu gegarten Hauptgerichten serviert werden, sind immer gegart. Einige rohe Gemüse können auch als Salat verwendet werden.

Einteilung der Gemüse		Mögliche Zubereitungen
Blattstielgemüse	Fenchel, Kardy, Stangensellerie, Rhabarber, Krautstiel etc.	Sieden, dämpfen, Sous-vide-garen, schmoren
Blütengemüse und Blütenstände	Romanesco, Brokkoli, Blumenkohl, Artischocken etc.	Kochen, dämpfen
Fruchtgemüse	Kürbisse, Melonen, Gurken, Peperoni, Okra, Aubergine	Dünsten, eventuell glasieren, sautieren; einige eignen sich auch sehr gut zum Grillieren.
Hülsen- und Samengemüse	Bohnen, Erbsen, Kefen	**Vorbereitung:** Feuchthitzetechnik, wie blanchieren, sieden etc. **Zubereitung:** Schmoren, dünsten, sautieren
Knollen- und Wurzelgemüse	Karotten, Weissrüben, Pastinaken, Petersilienwurzeln, Sellerie, Randen, Rettich, Stachys, Topinamburen, Schwarzwurzeln, Radieschen etc.	Wegen des hohen Zuckergehaltes sehr gut geeignet zum Dünsten und Glasieren; Kochen, dämpfen
Kohlgemüse	Weisskohl, Rotkohl, Wirsing, Chinakohl, Rosenkohl, Federkohl etc.	Sehr gut zum Schmoren; einige werden typischerweise fermentiert, z. B. Sauerkraut.
Salatartige Blattgemüse	Brüsseler Endivie, Endivie, Cicorino, Eisberg, Eichblatt, Kopfsalat, Lattich, Kresse, Zuckerhut, Rucola, Lollo, Löwenzahn, Nüsslisalat etc.	Typische Salatgemüse werden roh serviert. Als gegartes Gemüse sind der geschmorte Brüsseler, Endivien und Lattich beliebt.
Spinatartige Blattgemüse	Blattspinat, Schnittmangold	Nach dem Blanchieren meistens in Butter gedünstet
Stängel- und Sprossengemüse	Kohlrabi, Spargel	Sieden, dämpfen oder Sous-Vide-garen; Kohlrabi eignet sich sehr gut zum Dünsten und Glasieren.
Zwiebelgemüse	Lauch, Schalotten, Zwiebeln, Knoblauch	Würzkomponenten bei vielen Gerichten; Werden oft geschmort.

Klassische Gemüsegerichte

Ratatouille
Geschmortes Gemüsegericht aus Zwiebeln, Paprika, Aubergine, Zucchini und Tomaten.

Spargel
Spargel mit Sauce Hollandaise

Gefülltes Gemüse
Geeignete Gemüsesorten sind Champignons, Artischockenböden, Tomaten, Kohlrabi, Zucchini, Kohl, Kraut etc. Gefüllt wird z. B. mit Duxelles, Spinat, Schafskäse, Weissbrot, Polenta, Reis.

Gemüsestrudel
Vielfältiges Gericht, das in vielen verschiedenen Variationen zubereitet werden kann.

Sättigungsbeilagen

Sie werden auch Stärkebeilagen genannt, weil deren Inhaltsstoffe zum grössten Teil aus Stärke bestehen und es ihre Hauptaufgabe ist, satt zu machen.

Eine detaillierte Beschreibung der Sättigungsbeilagen finden Sie in Ihrem digitalen Zusatzpaket.

Beispiele für Sättigungsbeilagen	
Kartoffeln	■ **Gekocht oder gedämpft:** z. B. Salzkartoffeln, Gschwellti, Kartoffelpüree etc. ■ **Gebraten:** z. B. Schlosskartoffeln, Bratkartoffeln etc. ■ **Frittiert:** z. B. Kroketten, Pommes frites etc. ■ **Sautiert:** z. B. Rösti, Kartoffelgaletten etc. ■ **Geschmort:** z. B. Schmelzkartoffeln, Savoyer Kartoffeln etc. ■ **Gebacken:** z. B. Baked potatoes, halbierte gebackene Kartoffeln etc. ■ **Gerichte aus Kartoffelmasse:** z. B. Herzogin-Kartoffel, Gnocchi, Schupfnudeln, Dauphine-Kartoffeln, Galetten, Kroketten, Kartoffelknödel etc.
Gerichte aus Mehl, Dunst, Griess	Teigwaren, z. B. Nudeln, Hörnli, Spaghetti etc. Spätzli, Griessschnitten, Polenta etc.
Gerichte aus Getreide oder getreideähnlichen Pflanzen	Pilaw-Reis, Risotto, Trockenreis, Venere-Reis, gedämpfter Reis, Ebly, Couscous, Gerstotto, Quinoa, Wildreis, Pizokel etc.

Griessschnitten

Garnituren

Garnituren, mit denen Hauptspeisen ergänzt werden können	
Pilze	Steinpilze, Eierschwämmli, Champignons, Morcheln, Trüffel etc.
Saucen	Pfeffersauce, Rotweinsauce, Portweinsauce, Kräuterrahmsauce etc.
Gemüse	Mit Parmesan gratinierter Spinat («Florentiner Art»), mit Ei garnierte Spargeln («Argenteuille»), mit Erbsen gefüllte Tomate («Clamart») etc.
Sonstiges	Speckstreifen, Croûtons, Kräuter, Silberzwiebeln, gefüllter Apfel, Früchte etc.

Siedfleisch

Hirschrücken

Passende Getränke zu Hauptgerichten

- Zu **gekochtem oder gedünstetem hellem Fleisch** trockene, leichte bis mittelkräftige Weissweine; zu **dunklem Fleisch** mittelkräftige Weissweine
- Zu **gebratenem hellem Fleisch** trockene, mittelkräftige bis kräftige Weissweine und mittelkräftige Rotweine; zu **dunklem Fleisch** mittelkräftige bis kräftige Rotweine
- Zu **Feingemüse** (z. B. Spargel, Blumenkohl oder Kefen) eher keinen Rotwein
- Zu **gebackenen Gerichten** kräftige Weissweine (Chardonnay/Pinot blanc)
- Zu **Gulasch und Currygerichten** Bier (Stark- oder Lagerbier)
- Zu **asiatischen (Curry) oder sehr scharfen Gerichten (Chili)** halbtrockene, extraktreiche Weissweine (z. B. Riesling/Sauvignon blanc)

Beispiele für verkaufsfördernde Speisenerklärungen

Siedfleisch ist ein Rindfleischstück, das in einer Suppe mit Wurzelgemüse und Gewürzen langsam gegart wird. Wir servieren es mit feinem Rahmspinat und Salzkartoffeln sowie mit einer kalten Schnittlauchsauce und frischem Apfelmeerrettich.

Dazu passt ein trockener, gehaltvoller Weisswein, z. B. ein Grüner Veltliner aus Österreich, aus dem Weinbaugebiet ... (Name) vom Weingut ... (Name) in ... (Ort) oder, wenn ein Rotwein gewünscht wird, ein Blauburgunder aus dem Weinbaugebiet ... (Name) vom Weingut ... (Name) in ... (Ort).

Der hiesige Hirschrücken wird rosa gebraten. Als Beilagen servieren wir Rotkraut und Kartoffelkroketten.

Dazu passt ein trockener, mittelkräftiger bis kräftiger Rotwein, z. B. ein Blauburgunder aus dem Weinbaugebiet ... (Name) vom Weingut ... (Name) in ... (Ort).

4.7 Käse

«Käse schliesst den Magen» ist eine alte Weisheit, die auch erklärt, weshalb Käse in einem Menü am Schluss serviert wird. Werden Käse und eine Süssspeise serviert, so wird der Käse zuerst gereicht und die Süssspeise bildet den Abschluss.

- Eine Portion Käse als Dessert wiegt 80–100 g. Wird nur Käse gereicht, wird doppelt so viel serviert.
- Reichen Sie vier bis sechs Sorten, entweder auf dem Käsewagen, auf dem Käsebrett oder unter der Käseglocke, mit entsprechendem Käsebesteck.
- Kleine, beschriftete Schilder erleichtern die Orientierung beim Käse.

Erlesene Käseauswahl vom Wagen

In der Menüfolge soll sich auch der Käse nach dem Hauptgericht orientieren. Ideal abgestimmt wirken z. B. halbkräftige, cremige Käse nach Geflügel, Käse mit gewaschener Rinde nach Rindfleisch und Blauschimmelkäse nach Wild bzw. Käse mit brüchiger Konsistenz nach Lamm.

Roquefort	*Rokfohr*
Stilton	*Sstiltn*
Gruyère	*Grühjehr*
Kürbischutney	*Kürbistschatni*

Passende Getränke zu Käse

Käseart	Beispiele	Passende Getränke
Weissschimmelkäse	Brie, Camembert, Tomme Vaudoise	**Jung, mild:** mittelkräftige, mildere, vollmundige Weissweine **Gereift, würzig:** gehaltvolle, kräftigere Weissweine und milde, mittelkräftige Rotweine ohne Tanninstruktur
Rotschmierkäse	Romadur, St.Albray, Epoisses, Reblochon, Limburger, Münster, Vacherin Mont d'Or	**Je nach Salzgehalt und Würze** der Rinde: extraktreiche Weissweine wie Spät- und Auslesen; fruchtige, körperreiche, vollmundige Rotweine
Blau-/ Grünschimmelkäse	Gorgonzola, Roquefort, Stilton	Körperreiche, gereifte Spätlesen, Auslesen und Beerenauslesen mit ausbalanciertem Süsse-Säure-Spiel, Prädikatsweine: von der Auslese bis zur Trockenbeerenauslese, Tokaji Aszú, Portwein, Madeira, Oloroso-Sherry, Banyuls
Halbhartkäse	Appenzeller, Tilsiter, Tête de Moine, Vacherin Fribourgeois	**Jung, aromatisch:** alkoholreichere, kräftige, fruchtbetonte Weissweine mit feiner Säure, mittelkräftige Rotweine
Hartkäse	Emmentaler, Gruyère, Bergkäse	**Gereift, kräftig, würzig:** alkoholreiche, ausgeprägte, kräftige Weissweine und körperreiche Rotweine mit gereiftem Tannin
Extrahartkäse	Parmesan, Sbrinz, Hobelkäse	

Beispiele für verkaufsfördernde Speisenerklärungen

Darf ich Sie mit einem fein zusammengestellten Käseteller begeistern?

Zur Käsevariation empfehle ich Ihnen einen fruchtigen, mittelkräftigen Rotwein, z. B. einen Blauburgunder aus dem Weinbaugebiet ... (Name) vom Weingut ... (Name) in ... (Ort).

Was würden Sie zu einer schönen Auswahl von gut affiniertem Käse direkt von unserem Käsewagen sagen?

Möchten Sie als Beilage ein Kürbis-Chutney oder lieber Feigensenf?

Eine detaillierte Beschreibung aller Süssspeisen finden Sie in Ihrem digitalen Zusatzpaket.

Im klassischen Menügerippe werden Süssspeisen und Dessert unterschieden. Im modernen Speiseservice ist dies nur noch selten der Fall.

Besprechen Sie in der Gruppe, wie Crêpes Suzette zubereitet werden.

Choux *Schuu*

Griess Viktoria

Eisauflauf, mit Hochprozentigem nappiert und zum Teil flambiert serviert.

4.8 Süssspeisen

Unter Süssspeisen versteht man in der Regel eine Speise, die aufgrund ihres süssen Geschmacks nur nach allen anderen Gerichten serviert werden kann, da sie sonst den Geschmack der anderen Gerichte übertönen würde. Sie werden von der Zubereitung her in folgende Kategorien unterteilt:

- **Warme Süssspeisen**
- **Kalte Süssspeisen**
- **Gefrorene Süssspeisen**

Beispiele von warmen Süssspeisen	
Apfel im Schlafrock	Früchtegratin
Apfelküchlein	Gefüllte Pfannkuchen
Apfelstrudel	Kaiserschmarren
Crêpes Suzette	Vanille-Auflauf
Flambierte Banane	Warmes Schokoladenküchlein

Beispiele von kalten Süssspeisen	
Bayerische Crème	Karamellköpfchen
Blanc manger	Meringue
Brandteigkrapfen/Choux/Windbeutel	Panna Cotta
Crème katalanische Art	Reis Kaiserin-Art
Früchtemousse	Schokoladenmousse
Frische Früchte	Vermicelles
Joghurtcreme mit Früchten	Fruchtsalat (mariniert oder natur)

Beispiele von gefrorenen Süssspeisen	
Früchteeis	Sorbet
Rahmgefrorenes	Granité
Rahmglace	Eistorten

Eisspezialitäten	
Aufgeschlagener Eiskaffee	Eis-Frappés
Cassata	Soft-Ice
Eisauflauf	Wiener Eiskaffee

Eisbecher, Coupes	
Bananensplit	Banane, Vanilleeis, Schokoladensauce, Schlagrahm
Coupe Dänemark	Vanilleglace, Schokoladensauce und Schlagrahm
Le Colonel	Zitronensorbet mit Vodka
Coupe Maison	Vanilleglace, Zitronensorbet, Erdbeerglace und Fruchtsalat
Coupe Romanoff	Marinierte Erdbeeren mit Vanilleglace, Erdbeersauce und geschlagenem Rahm

Kuchen, Torten und Schnitten	
Aargauer Rüeblitorte	Himbeer-Roulade
Apfelkuchen	Gugelhupf
Charlotte Royale / Russe	Sacher Torte
Cremeschnitte	Schwarzwälder Kirschtorte
Erdbeer-Quarkschnitte	Saint-Honoré-Torte
Früchtetorte	Tarte Tatin
Zuger Kirschtorte	Zitronencake

Weitere gebackene Süssigkeiten	
Berliner	Jalousien
Muffins	Tarteletten

Friandise/Petit Four

«Petit Four» ist ein klassisches Feingebäck der französischen Küche. «Petits Fours» werden unterteilt in **«frische Petits Fours»** und in **«trockene Petits Fours». «Glasierte Petits Fours»** werden aus einem Biskuitteig ausgestochen oder geschnitten, mit Cremes und Marzipan gefüllt und anschliessend mit Zuckerguss glasiert und reichhaltig und kunstvoll verziert. Die unglasierte Petit-Four-Variante bezeichnet man auch als «trockene Petits Fours». Für sie werden kleine Makronen, Biskuits oder kleines Blätterteiggebäck verwendet. Sie werden in der Regel gleichfalls mit Creme gefüllt, jedoch nicht mit einem Zuckerguss garniert. «Petit Four» werden oft am Schluss eines Menüs zum Kaffee oder Tee serviert, sozusagen als krönender Abschluss.

Trockene Petit Fours

Frische Petit Fours

Pralinen

Pralinen sind mit einer Ganache oder Nougat, Nüssen, Pistazien, Likör, Marzipan oder ähnlichem gefüllte Konfekte aus Schokolade. Pralinen gelten aufgrund ihrer aufwendigen Herstellung als die Krönung der Chocolatierskunst.

Pralinen

Eine Legende besagt, dass die Heiligen Drei Könige auf ihrem Rückweg von Bethlehem das Elsass bereist hätten und dort herzlich empfangen wurden. Zum Dank hätten sie ihren Gastgebern einen Kuchen gebacken, dessen Form an ihren Turban angelehnt war – der Gugelhupf war geboren.

Petits Fours	*Peti Fuhr*
Mille Feuille	*Mill Fäu*

Blätterteig = Besteht aus einem Vorteig (Mehl, Wasser, Fett, Aromen) und einem Fettziegel (z. B. Butter oder Blätterteigmargarine). Die Besonderheit dieses Teiges ist das in den Grundteig eintourierte Fett.

Das Ergebnis nach dem Backprozess nennen die Franzosen «Mille Feuille» zu deutsch «1000 Blätter».

Dessertsaucen und Fruchtspiegel

Dessertsaucen sind warme oder kalte, meist süsse Saucen, die zu Puddings, Flammeris, Mehlspeisen, süssen Aufläufen oder pochierten Früchten serviert werden.

- **Warme Dessertsaucen:** z. B. Vanillesauce, Weinschaumsauce
- **Kalte Dessertsaucen:** z. B. Fruchtsaucen, Karamellsauce, Sauce Melba, Schokoladensauce

Fruchtspiegel sind meist in Flächen auf dem Gästeteller aufgetragene fruchtige, kalte Saucen. Als Geschmacksgeber dienen Fruchtmark und Fruchtsäfte, Marmeladen, Spirituosen und Liköre.

Passende Getränke zu Süssspeisen

Detaillierte Beschreibungen der Süssweine finden Sie im Buch Sommelier.

Zu Süssspeisen passen Süssweine wie Spätlesen, Auslesen, Eisweine, Beerenauslesen und Trockenbeerenauslesen sowie süsse Likörweine (Portwein, Madeira, Malaga) und halbtrockene Schaumweine.

Kaffee oder Tee wird nicht mehr in die Menüreihenfolge einbezogen, bildet aber bei jeder Speisenfolge den Abschluss. Dazu werden kleine Leckerbissen (wie Konfekt) und/oder Kleingebäck (wie «Petits Fours») gereicht.

Beispiel für eine verkaufsfördernde Speisenerklärung

Unsere traditionell hergestellte Tarte Tartin aus Blätterteig wird «kopfüber» im Ofen mit regionalen karamellisierten Äpfeln zubereitet und lauwarm serviert.

Dazu passt ein süsser Wein, z. B. eine Beerenauslese aus dem Weinbaugebiet ... (Name) vom Weingut ... (Name) in ... (Ort).

Gartechniken

Garen ist der Überbegriff für die Zubereitung von Gerichten. Die klassischen Gartechniken (Kochen, Sieden, Blanchieren etc.) sind das Herzstück der Küche.

Beherrschen Sie die Zubereitungsmethode der Gerichte haben Sie gewonnen. Bei perfekt gegarten Speisen stimmen die Temperatur und die Garzeit auf den Punkt genau und das ist das Ziel.

Meine Ziele

Nach Bearbeitung dieses Kapitels kann ich

- moderne Gartechniken nennen und beschreiben;
- erklären was Sous-Vide, Sphärisierung und Cryo Cooking bedeuten;
- die klassischen Gartechniken nennen und Anwendungsbeispiele geben;
- anhand von Beispielen die verschiedenen Garstufen von Fleisch beschreiben.

1 Gartechniken

Gartechniken werden oft auch als Garmethoden oder Kochmethoden bezeichnet.

Martin soll am Tisch die Zubereitung eines poelierten Perlhuhns erklären, dafür braucht er Grundkenntnisse der Gartechniken. Wie viele davon gibt es denn eigentlich?

Unter einer Gartechnik versteht man den Teil der Zubereitung, bei dem das Lebensmittel gar gemacht wird. Ein Gericht kann mehrere Gartechniken beinhalten. Wir sprechen dann von Vorbereitungs-, Haupt- und Nachgartechnik.

1.1 Grundlagen

Das Beherrschen der Gartechniken ermöglicht eine einwandfreie Durchführung der Kochprozesse. Das heisst, nur wer die Gartechniken beherrscht und konsequent anwendet, ist auch in der Lage, komplizierte Gerichte davon abzuleiten. Denn jedes Gericht ist in irgendeiner Form mit einer oder mehreren Gartechniken hergestellt.

An jedem Kochprozess sind vier Elemente beteiligt:

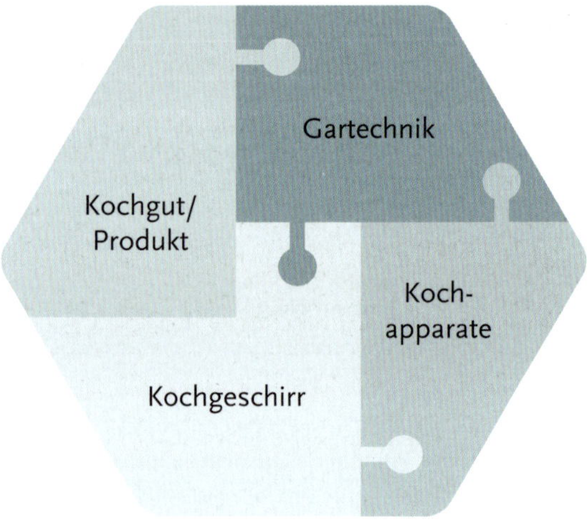

Die Wärme, die an das Gargut kommt, nennt man **«Wärmeart»**. Sie wird folgendermassen unterteilt:

Wärmeart	Mögliche Zubereitungsarten
Kontaktwärme	Sautieren, Grillieren (Griddle)
Strahlungswärme (Wärme durch Abstrahlung)	Gratinieren, Rösten
Übertragungswärme	Sieden, Frittieren, Dämpfen, Pochieren, Dünsten, Blanchieren, Backen, Schmoren
Wärme durch elektrische Strahlung	Mikrowelle zum Auftauen oder Regenerieren
Kombinationswärme	Braten, Poelieren

Suchen Sie in der betrieblichen oder schulischen Speisekarte zu jeder Wärmeart ein typisches Beispiel.

Die Gartechniken werden in drei Untergruppen eingeteilt:

- **Vorbereitungs-Gartechniken:** z. B. das Blanchieren oder Rösten
- **Haupt-Gartechniken**
- **Nachgartechniken oder Fertigungs-Gartechniken:** z. B. das Gratinieren, das Glasieren oder das Schwenken in Butter

1.2 Übersicht über die Gartechniken

Gartechniken

Feuchthitzetechniken

- Blanchieren
- Sieden
- Dünsten
- Dämpfen
- Schmoren
- Glasieren
- Pochieren

Trockenhitzetechniken

- Sautieren
- Grillieren
- Braten
- Rösten
- Gratinieren
- Poelieren
- Frittieren
- Backen

Feuchthitzetechniken benötigen immer eine Flüssigkeit für den Garprozess. Bei Trockenhitzetechniken wird keine Flüssigkeit eingesetzt.

Blanchieren

Schnelles Aufkochen und anschliessendes Abkühlen in Eiswasser.
Anwendung: Gemüse, Kartoffeln, Fleisch etc.

Beispiel: Blattspinat

Blattspinat in sprudelndes Salzwasser geben und kurz aufwallen lassen.

Aus dem Wasser nehmen.

In Eiswasser abschrecken.

Wenn Sie z. B. Tomaten, Pfirsiche oder Mandeln schälen wollen, müssen Sie diese nur kurz im Wasser blanchieren, dann löst sich die Schale ganz einfach.

Das Vorfrittieren nennt man Blanchieren in Fett, dies wird z. B. bei Pommes frites angewendet.

Sieden

Am oder über dem Siedepunkt in Flüssigkeit garen.
Anwendung: Teigwaren, Gemüse, Kartoffeln, Fleisch, Reis etc.

Beispiel: Siedfleisch

Blanchiertes Fleisch wird zusammen mit Gemüse, die als Aromaten dienen, am Siedepunkt gegart.

Zu den Gemüse-Aromaten gehören Karotten, Sellerie, Lauch, Kohl und geschwärzte Zwiebeln, die eine schöne dunkle Farbe erzeugen sollen. Oft werden auch Tomatenabschnitte beigefügt.

Ca. eine halbe Stunde vor dem Ende wird ein Kräuterbündel und ein Gewürzsäcklein mit Nelken, Lorbeer und Pfefferkörnern beigegeben.

Dünsten

In der eigenen Flüssigkeit zugedeckt weichgaren. **Anwendung:** Gulasch, Pilze, Früchte, Gemüse etc.

Beispiel: Kalbsgulasch mit Paprika

Fein geschnittene Zwiebeln in Fettstoff andünsten, Paprikapulver und Tomatenmark beigeben.

Mit Wein deglacieren und mit hellem Kalbsfond aufgiessen.

Das in Würfel geschnittene Fleisch und die Gewürze (ausser Salz) beigeben, evtl. etwas Fond nachgiessen (das Fleisch sollte nicht ganz bedeckt sein), dann zugedeckt dünsten, immer wieder umrühren.

Da das Gargut nicht direkt mit der Flüssigkeit in Berührung kommt, ist das Dämpfen eine besonders schonende Gartechnik. So bleiben der Eigengeschmack und wertvolle Inhaltsstoffe erhalten.

Der optimale Garpunkt ist erreicht, wenn der Fisch in der Mitte noch leicht glasig ist.

Dämpfen

Hier wird mit oder ohne Druck und einer Temperatur zwischen 60 °C bis ca. 120 °C gearbeitet. Gedämpft werden kann im Dampfkochtopf, im Drucksteamer, im Kombidämpfer, in einem Topf mit Siebeinsatz und Deckel, in Reiskochgeräten oder in asiatischen Bambusdämpfern. **Anwendung:** Gemüse, Kartoffeln etc.

Beispiel: Gedämpfte Lachsforellenfilets

Fischfond oder Court-bouillon aufkochen.

Den Siebeinsatz mit Butter bestreichen, die Fischstücke darauf legen.

Entweder mit Butterpapier oder passendem Deckel verschliessen und über Dampf garen.

Bei hellem Fleisch wird in der Endphase der Deckel abgenommen und mit der Flüssigkeit überglänzt.

Schmoren und Glasieren

Mit Flüssigkeit und Deckel im Ofen bei mittlerer Hitze garen.
Anwendung: Gemüse, Fleisch etc.

Beispiel: Schmorbraten

Fleisch anbraten.

Deglacieren.

Mit Fond aufgiessen und zugedeckt weich garen.

Dann die Sauce passieren und z. B. mit in Rotwein angerührter Stärke binden.

Glasieren

Beim Glasieren wird zur Fertigstellung von zuckerhaltigem Gemüse mit der einreduzierten Garflüssigkeit überglänzt. Karotten z. B. werden zuerst mit wenig oder ohne Fremdflüssigkeit gedünstet und danach im einreduzierten Fond glasiert. Gemüse können auch vorgängig gedämpft und anschliessend mit einer Glasur fertig gemacht werden.

Auch das **Gratinieren von Fisch,** das **Überglänzen von Kuchen** mit Glasur, das **Schmoren von hellem Schlachtfleisch** oder das Zubereiten von **Marroni im Karamellzucker** werden als Glasieren bezeichnet.

Beispiel: Glasieren von vorgegarten Karotten

Zucker in einer Pfanne schmelzen.

Etwas Butter dazugeben.

Das gegarte Gemüse und wenig Flüssigkeit zufügen, in der Glasur fertig garen.

Am Schluss das Gemüse in der Glasur schwenken.

Pochieren mit Flüssigkeit

In der Flüssigkeit oder mit wenig Fond zwischen 65 °C bis 80 °C garen.
Anwendung: für zarte Produkte, Gepökeltes, Eier, Fisch etc.

Beispiel Pochierte Fischfilet

Pochierflüssigkeit (Fond) erhitzen.

Fischfilets einlegen.

Abdecken und im Backofen fertig garen.

Pochieren im Wasserbad

- **Mit Bewegung auf dem Wasserbad,** z. B. für Sabayon, Saucen (siehe Beispiel)
- **Ohne Bewegung im Wasserbad,** z. B. «Caramellköpfli», Terrine. Dabei wird eine Form mit den Zutaten in ein Wasserbad gestellt und im Ofen pochiert. Beim Pochieren im Kombidämpfer kann ohne Wasserbad gearbeitet werden, da die Umgebung feucht ist.

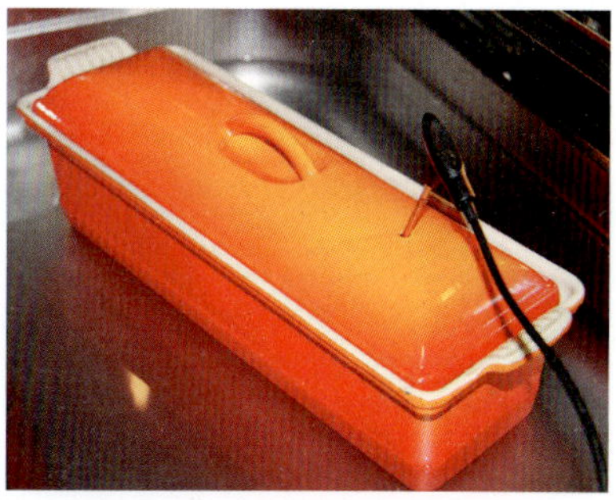

Das vorbereitete Gargut wird in einer Form in das heisse Wasserbad gestellt und im Backofen gegart.

Beispiel: Holländische Sauce

Mit Eschalotten, Pfefferkörnern, Nelke, Lorbeer, Weisswein und Essig eine Reduktion herstellen.

Butter durch Auskochen klären und abpassieren.

Eigelb vom Eiweiss trennen und in eine Metallschüssel geben.

Die Reduktion abpassieren und zu den Eigelb geben.

Auf einem heissen Wasserbad die Masse aufschlagen, bis diese schön cremig ist.

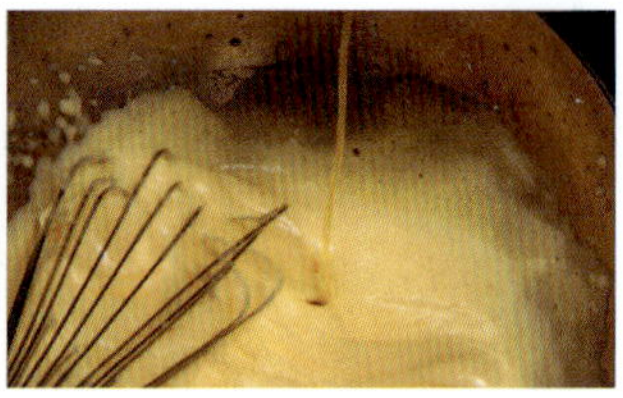

Die geklärte Butter langsam (in einem Faden) unter die Eimasse rühren. Die Sauce abpassieren und abschmecken mit Zitronensaft, Cayenne und Salz.

Sautieren von Kalbsfilettranchen.

Erklären Sie den Begriff «Arrosieren».

Sautieren

Auch Kurzbraten genannt, mit Fettstoff und Farbgebung.
Anwendung: Fleisch, Fisch, Gemüse etc.

Beispiel: Lachsforellenfilets

Mit Salz, Pfeffer und Zitronensaft würzen und auf der Hautseite mehlieren.

In einer Pfanne Fett erhitzen, Fisch mit der Hautseite einlegen und fast fertig sautieren; die Haut soll kross sein.

Filet wenden und unter Arrosieren fertig sautiert.

Grillieren

Zarte Produkte auf einem Grillrost mit wenig oder ohne Fettstoff.
Anwendung: Fleisch, Wurst, Geflügel, Gemüse etc.

Fleisch, Fisch, Geflügel etc. werden meistens eine längere Zeit mariniert (mind. zwei Stunden, am Besten im Kühlschrank über Nacht).

Beim Einlegen auf den Grill ist darauf zu achten, dass keine Flammen entstehen.

Die Grilladen werden auf einer Seite zuerst mit dem Grillmuster gezeichnet, dann gewendet und fertig grilliert.

Braten

Mit Fettstoff, im Ofen ohne Deckel und ohne Flüssigkeit bei mittlerer Hitze garen.
Anwendung: Kartoffeln, Fleisch, Geflügel etc.
Ausnahme: Niedergartemperatur-Braten bei tiefen Temperaturen für Fleisch, und Braten am Spiess mit Strahlungshitze (Poulet, Kebab etc.)

Beispiel: Niedergartemperatur-Braten Roastbeef

Das Roastbeef mit Salz, Pfeffer und Senf würzen, rundherum scharf anbraten.

Das Roastbeef bei 85 °C im Ofen bis zu einer Kerntemperatur von 56 °C garen.

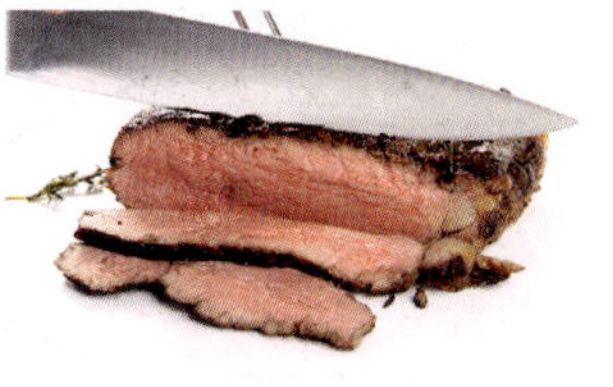

Bei dieser Gartechnik ist das Roastbeef durch und durch schön rosa und wunderbar saftig.

Vor dem Aufschneiden sollten sie rosa gebratenes Fleisch immer ca. zehn Minuten zugedeckt ruhen lassen. Dadurch bleibt der Saft im Fleisch und verteilt sich beim Aufschneiden nicht auf dem Brett.

Rösten

Ohne Fett, ohne Deckel und ohne Flüssigkeit garen, um Farbe und Aroma zu erzeugen.
Anwendung: Nüsse, Croûtons, Toast, Knochen etc.

Klein gehackte Knochen in einem Rondeau so lange rösten, bis sie schön braun sind. Dies kann auch im Rotissoir im Ofen, in einem Bratblech im Kombidämpfer oder in der Kippbratpfanne geschehen.

Kurz bevor die Knochen fertig sind ein Mirepoix zufügen und mitrösten.

Gratinieren

Starke Oberhitze zum Bräunen oder Schmelzen des Gargutes als Fertigstellung des Gerichts. **Anwendung:** Beerengratin, Käsetoast, Fischgerichte etc.

Beispiel: Gratinierte verlorene Eier auf Spinat

Pochierte Eier auf gedünsteten Spinatsockel setzen, mit Käserahmsauce überziehen und unter den Salamander stellen.

Mit Infrarot-Strahlen und einer Hitze bis zu 400 °C wird die Sauce gratiniert.

Ziele des Gratinierens sind eine schöne braune Farbe und ein Röstaroma.

Poelieren

Im Ofen, mit Fettstoff, ohne Flüssigkeit bei geringer Hitze garen, zu Beginn mit Deckel, am Schluss ohne Deckel.
Anwendung: Geflügel oder sehr zarte Stücke Fleisch

Geklärte Butter in eine geeignete Pfanne geben.

Ein buntes Matignon schwach andünsten.

Das gewürzte Gargut darauf legen und mit Butter übergiessen.

Unter öfterem Arrosieren zwei Drittel der Zeit mit Deckel im Ofen bei max. 160 °C poelieren. Zum Fertig-Machen im letzten Drittel der Garzeit ohne Deckel poelieren, damit das Gargut eine hellbraune Farbe bekommt.

Frittieren

Im Fettstoff bis max. 175 °C schwimmend garen.
Anwendung:
- Frische Kartoffeln: Pommes frites, Pommes Chips, Gaufrette-Kartoffeln etc.
- Kartoffelmassen: Kroketten, Berny-Kartoffeln, Williams-Kartoffeln etc.
- Fisch: Fischstäbli, Seezunge Colbert, Fish and Chips etc.
- Geflügel: Chicken Nuggets, Wiener Backhendl etc.
- rohe oder gegarte Gemüse im Mehl gewendet, paniert, im Teig
- Teiggerichte: Frühlingsrollen, Tempurateig mit Käsefüllung etc.

Beispiel: Williams-Kartoffeln

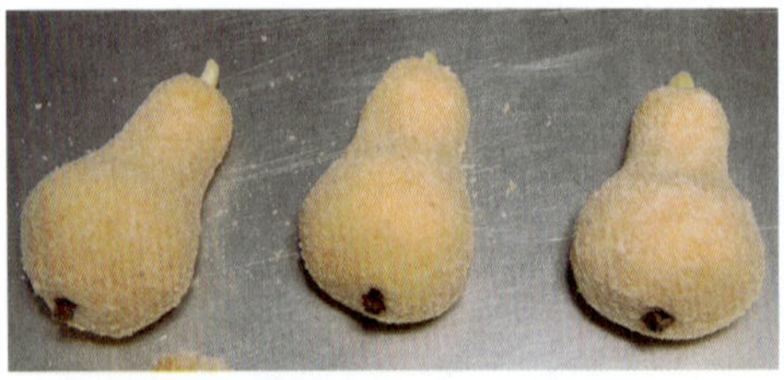

Duchesse-Masse (trockenes Kartoffelpüree mit Eigelb) beliebig formen, panieren und garnieren.
Williams-Kartoffeln werden mit einer Nelke und einem Stück Spaghetti gespickt.

Im max. 175 °C heissen Fettstoff goldgelb schwimmend backen.
Achtung: Mit zu heissem Fett bildet sich in der Stärke der Giftstoff Acrylamid.

Mehr bekannte Kartoffelgerichte, die frittiert werden, und deren Schnittarten, finden Sie in Ihrem digitalen Zusatzpaket.

Backen

Im Ofen, ohne Flüssigkeit, ohne Fettstoff bei mittlerer Hitze garen.
Anwendung: Kuchen, Gebäck, Fleisch oder Fisch in einem Teig etc.

Für Fleisch oder Fisch sind Blätterteig, Briocheteig oder Brotteig geeignet.
Beispiele: Schinken im Brotteig, Hechtklösschen auf Spinat im Blätterteig, Waadtländer Saucisson im Briocheteig.

Unter dem Begriff Kuchen werden Gebäcke verstanden, die nach dem Backen nicht weiter behandelt werden (ausser Glasieren und Tränken). Torten werden nach dem Backen aufgeschnitten, gefüllt und zusammengesetzt.
Beispiele: Marmorkuchen (zweifarbige Masse in Form gebacken); Zuger Kirschtorte (helles, mit Kirschwasser getränktes Biskuit mit rosa Buttercreme).

Gebäck oder Guetzli sind kleine, in verschiedenen Formen gebackene Teige oder Massen, die ohne weitere Arbeitsschritte serviert werden, oder die noch gefüllt, glasiert oder in Schokolade getunkt werden können.

Als «schwimmend Backen», werden in Deutschland und Österreich das Frittieren oder Sautieren in viel Öl bezeichnet.

1.3 Weitere spezielle und moderne Gartechniken

Spezielle und moderne Gartechniken

Spezielle Gartechniken
- Garen in einer Hülle
- Garen im Vakuumbeutel (Sous-Vide-Verfahren)
- Garen im Salamander
- Garen im Salzmantel
- Garen im Smoker

Avantgarde-Gartechniken
- Sphärisierung
- Gelifikation
- Emulsifikation
- Verdickung
- Cryo-Cooking
- Weitere Techniken der Avantgarde-Küche

Besprechen Sie im Team, welche dieser aussergewöhnlichen Gartechniken Sie schon kennen gelernt haben. Bringen Sie Ihre Erlebnisse ins Plenum ein.

Garen in einer Hülle

In der Hülle gegart wird meistens im Ofen. Es kann aber auch in der Glut gegart werden, sogar die Abwaschmaschine, oder der Automotor bei längeren Fahrten werden für diese Gartechnik genutzt.

Die Hülle kann ein Bratschlauch sein, Backpapier, Alufolie, etc. in die das Gargut eingepackt wird, um es im Ofen zu garen.

Auch Banenblätter oder Ähnliches werden manchmal zum Garen als Hülle verwendet.

Sous-Vide ist eine Unterart des Dämpfens und ist ein verbreitetes Verfahren für die Vorbereitung von verschiedenen Lebensmitteln.

Garen im Vakuumbeutel (Sous-Vide-Verfahren)

Die Lebensmittel werden roh vakuumiert und im vakuumierten Zustand in einem Wasserbad oder im Kombidämpfer fast fertig gegart. Je nach Produkt werden sie zur Fertigstellung dem Vakuumbeutel entnommen, kurz in der Pfanne angebraten (Fleisch), in Butter geschwenkt (Gemüse) oder direkt serviert (Salzkartoffeln).

Beispiel Lamm-Rückenfilet

In Vakuumbeutel mariniert einschweissen und bei konstanter Temperatur (ca. 70 °C) garen.

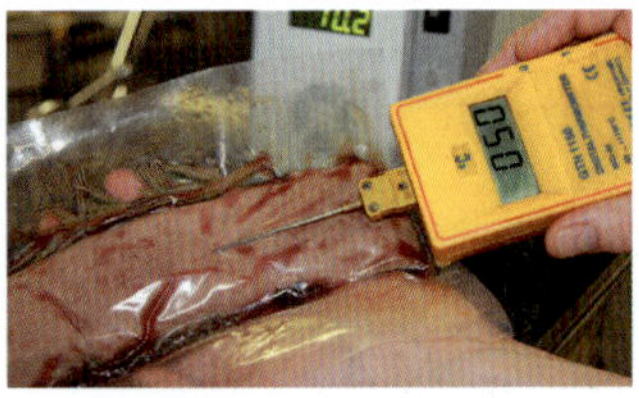

Der richtige Garpunkt ist bei einer Kerntemperatur von 49–50 °C erreicht. Die Gardauer beträgt etwa 20–25 Minuten.

Nachwürzen und in vorbereiteter brauner Butter kurz sautieren.

Garen im Salamander

Garen im Salamander ist für fein aufgeschnittene Lebensmittel mit zarter Struktur möglich. Anwendung: Fischschnitzel, dünn geschnittenes Rindsfilet etc.

Fisch wird im Salzmantel serviert.

Garen im Salzmantel

Garen in der Salzkruste wird hauptsächlich für ganze Fische angewendet. Grobes Salz wird mit wenig Eiklar und Wasser angefeuchtet und der Fisch darin eingepackt. Im Ofen gegart wird das Salz fest und kann am Tisch von fachkundigem Service-Angestellten «aufgeklopft» und tranchiert werden. Der so gegarte Fisch braucht kein weiteres Gewürz.

Das Garen in einem Smoker wird fälschlicherweise oft als Grillieren bezeichnet, ist jedoch eine spezielle Gartechnik.

Garen im Smoker

Im Smoker kommen unterschiedliche Gartechniken zum Einsatz: Räuchern, Niedrigtemperaturverfahren, Grillieren, Backen, Braten und auch Sautieren. Ausschlaggebend für die Gartechnik ist die Temperatur und die Wärmeart, mit der gegart wird, sowie die Position des Garguts im Smoker.

Sphärisierung

Durch das Verfahren der Sphärisierung nehmen Tropfen des Extrakts die Form von Sphären an: Eine kugelförmige Aussenhülle umschliesst den flüssigen Kern. Hierzu verwendet man Alginatlösungen und kalziumreiches Wasser.

Olivensaft in das Alginatbad tropfen, 2–3 Minuten ziehen lassen

Sphären vorsichtig trennen, damit sie nicht zusammenkleben

Herausheben, vorsichtig mit kaltem Wasser abspülen und in Öl einlegen

Cryo-Cooking

Der zuvor hergestellte Schaum, z. B. Gin-Tonic-Limetten-Schaum, wird auf einem Löffel in Stickstoff getaucht. Der in Stickstoff getauchte Schaum erhält eine cremige Konsistenz.

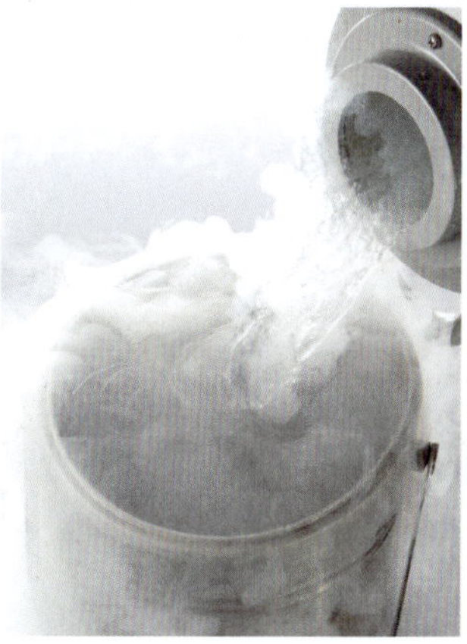

Stickstoff in ein Dewargefäss (doppelwandiges Spezialgefäss) oder in eine metallene Schlagschüssel füllen

Löffel im Stickstoff kühlen, Schaum über dem Stickstoff aufdressieren

Schaum für ca. 20 Sekunden in den Stickstoff tauchen, einmal umdrehen, entnehmen

Stichwortverzeichnis

H

I

J

N

O

P

W

X

Y

Z

Literaturverzeichnis

Kirchner, J. u.a., (2017). Die Käsekenner. Linz: Trauner Verlag.
Schreiber, M. u.a., (2019). Service: Ernährung und Lebensmittel. Linz: Trauner Verlag.
Stalder, K. u.a., (2018): 14. Die Allergene. Deklarationspflicht in der Gastronomie. Bern: ReNovium.
Reisinger, J. u.a., (2014): Küche. Garmethoden und Rezepte. Linz: Trauner Verlag.
https://www.admin.ch/opc/de/classified-compilation/20143409/ (letzter Zugriff: 18.07.2019)
http://www.admin.ch/opc/de/classified-compilation/81.html#817 (letzter Zugriff: 18.07.2019)
https://www.gartenjournal.net/pilze-gemuese (letzter Zugriff: 18.07.2019)
https://www.zoeliakie.ch/de/glutenfreie-ernaehrung/einkaufen.html (letzter Zugriff: 18.07.2019)
https://www.blv.admin.ch/blv/de/home/das-blv/kooperationen/internationale-institutionen.html (letzter Zugriff: 18.07.2019)
https://www.gesundheit.de/ernaehrung/naehrstoffe/naehrstoffwissen/maltodextrin (letzter Zugriff: 18.07.2019)
http://www.sge-ssn.ch/ich-und-du/essen-und-trinken/ausgewogen/schweizer-lebensmittelpyramide/ (letzter Zugriff: 18.07.2019)
http://www.delia-winke.de/images/pyramide_tabelle_portionsgroesse.pdf (letzter Zugriff: 18.07.2019)

Bildnachweis

S. 90: Brotsorten, ©Richemont Kompetenzzentrum / Bäckerei Konditorei Confiserie, Luzern
S. 91: Kantonsbrote, Kleinbrote ©Richemont Kompetenzzentrum / Bäckerei Konditorei Confiserie, Luzern
S. 218: maschinelles Wenden der Käselaibe, Thomas Zagler 2014 / Shutterstock.com
S. 223: geschmückte Kuh, Stefano Ember / Shutterstock.com
S. 256: Almabtrieb Berner Oberland, Stefano Ember / Shutterstock.com
S. 262: Jersey Blue ©Willi Schmid, Städtlichäsi Lichtensteig, Toggenburg
S. 263: Tilsiter, ©Tilsiter Switzerland GmbH
S. 265: Käselaib, Viacheslav Silantev/ Dreamstime

Rechteinhaber unbekannt:
S. 67: Bio-Müsli Basismischung
S. 74: Mindesthaltbarkeitsdatum, Verbrauchsdatum
S. 108: Aromatisierte Buttermilch
S. 113: Ovotop Eigelb
S. 204: Auf den Spuren des Käses (3000 v.Chr.)
S. 256: Sbrinz AOP, Berner Alp- und Hobelkäse AOP, Glarner Alpkäse AOP
S. 257: Emmentaler AOP (inkl. RS) , L'Etivaz AOP
S. 258: Gruyère AOP, Tessiner Alpkäse AOP
S. 259: Tête de Moine AOP, Walliser Raclette AOP, Vacherin Fribourgeois AOP
S. 260: Vacherin Mont d'Or AOP, Appenzeller
S. 261: Belper Knolle, Blaues Hirni, Müller-Thurgau
S. 262: Tomme Vaudoise, Schabziger
S. 263: Bloder Sauerkäse AOP
S. 265: Banon AOP, Beaufort AOP
S. 266: Bleu d'Auvergne AOP, Brie de Meaux AOP
S. 267: Brocciu AOP, Camembert de Normandie AOP, Neufchâtel AOP (RS)
S. 268: Cantal AOP, Chabichou du Poitou AOP
S. 269: Chevrotin AOP, Comté AOP
S. 270: Crottin de Chavignol AOP, Epoisses (de Bourgogne) AOP (inkl. RS)
S. 271: Langres AOP, Livarot AOP
S. 272: Maroilles AOP, Morbier AOP
S. 273: Munster (Münster) AOP, Pont-l'Evêque AOP
S. 274: Pouligny Saint Pierre AOP, Reblochon (de Savoie) AOP
S. 275: Roquefort AOP, Sainte-Maure de Touraine AOP, Saint Albray (RS)
S. 276: Saint-Nectaire AOP
S. 277: Selles-sur-Cher AOP
S. 278: Assagio DOP
S. 280: Fiore Sardo DOP, Fontina DOP
S. 287: Cabrales DOP
S. 290: Valdéon IGP, Pico DOP, Queijo da Serra DOP

Alle weiteren Abbildungen wurden entweder vom TRAUNER Verlag eigens erstellt oder über die Bildagenturen Adobe Stock, iStockphoto bzw. Shutterstock erworben.

Unsere komplette **Lehrbuch-Reihe:**

- **Band 1:** Grundlagen im Service
- **Band 2:** Ernährung und Lebensmittel
- **Band 3:** Sommelier
- **Band 4:** Barkeeper
- **Band 5:** Barista
- **Band 6:** Chef de Rang

Deckt den Grundstoff für die neuen Ausbildungen Restaurantfachfrau/Restaurantfachmann EFZ und Restaurantangestellte/Restaurantangestellter EBA modular und umfassend gemäss den neuen Berufsbildern ab – in gedruckter Form wie auch digital.

Handlungsorientierter Lernaufbau mit enormem Praxisbezug – so macht Lernen Spass, eröffnet neue Sichtweisen und weckt berufliches Interesse.

https://shop.renovium.ch/